全国高等教育自学考试指定教材

西方政治制度

（含：西方政治制度自学考试大纲）　课程代码　00316

（2023 年版）

全国高等教育自学考试指导委员会　组编

主编　谭君久　陈刚

中国人民大学出版社

·北京·

中国人民大学出版社自考数字教材配套数字资源使用指南

由全国高等教育自学考试指导委员会组织国内相关领域知名专家，编写了最新版自考教材，并首次配套数字资源。本数字教材有以下特点：

（1）知识点微课贯穿全书，视频扫码随时学。

（2）在线自测题按章分布，边学边练效果好。

（3）支持课程互动和评论，让学习不再孤单。

（4）考试资讯和资源更新，关注公号享服务。

凡是购买正版教材的考生，可凭封面的兑换码免费兑换教材配套数字资源。

数字资源获取方法和使用说明如下：

（1）扫描并关注教材中的“人大社 e 自考”微信公众号。

（2）点击“课程中心”，下拉进入“个人中心”，找到“兑换中心”。

（3）刮开本书所附卡片涂层，获取数字资源兑换码，即可兑换教材配套数字资源。

（4）在“个人中心”—“我的课程”里找到已兑换的课程进行学习。

如兑换码有误或有其他问题，请关注“人大社 e 自考”微信公众号并留言。

组编前言

21世纪是一个变幻莫测的世纪，是一个催人奋进的时代。科学技术飞速发展，知识更替日新月异。希望、困惑、机遇、挑战，随时随地都有可能出现在每一个社会成员的生活之中。抓住机遇、寻求发展、迎接挑战、适应变化的制胜法宝就是学习——依靠自己学习、终身学习。

作为我国高等教育组成部分的自学考试，其职责就是在高等教育这个水平上倡导自学、鼓励自学、帮助自学、推动自学，为每一个自学者铺就成才之路。组织编写供读者学习的教材就是履行这个职责的重要环节。毫无疑问，这种教材应当适合自学，应当有利于学习者掌握和了解新知识、新信息，有利于学习者增强创新意识，培养实践能力，形成自学能力，也有利于学习者学以致用，解决实际工作中所遇到的问题。具有如此特点的书，我们虽然沿用了“教材”这个概念，但它与那种仅供教师讲、学生听，教师不讲、学生不懂，以“教”为中心的教科书相比，已经在内容安排、编写体例、行文风格等方面都大不相同了。希望读者对此有所了解，以便从一开始就树立起依靠自己学习的坚定信念，不断探索适合自己的学习方法，充分利用自己已有的知识基础和实际工作经验，最大限度地发挥自己的潜能，达到学习的目标。

欢迎读者提出意见和建议。

祝每一位读者自学成功。

全国高等教育自学考试指导委员会
2022年8月

目 录

全国高等教育自学考试

西方政治制度
自学考试大纲

全国高等教育自学考试指导委员会　制定

大纲前言

为了适应社会主义现代化建设事业的需要，鼓励自学成才，我国在 20 世纪 80 年代初建立了高等教育自学考试制度。高等教育自学考试是个人自学、社会助学和国家考试相结合的一种高等教育形式。应考者通过规定的专业课程考试并经思想品德鉴定达到毕业要求的，可获得毕业证书；国家承认学历并按照规定享有与普通高等学校毕业生同等的有关待遇。经过 40 多年的发展，高等教育自学考试为国家培养造就了大批专门人才。

课程自学考试大纲是规范自学者学习范围、要求和考试标准的文件。它是按照专业考试计划的要求，具体指导个人自学、社会助学、国家考试及编写教材的依据。

随着经济社会的快速发展，新的法律法规不断出台，科技成果不断涌现，原大纲中有些内容过时、知识陈旧。为更新教育观念，深化教学内容和方式、考试制度、质量评价制度改革，使自学考试更好地提高人才培养的质量，各专业委员会按照专业考试计划的要求，对原课程自学考试大纲组织了修订或重编。

修订后的大纲，在层次上，本科参照一般普通高校本科水平，专科参照一般普通高校专科或高职院校水平；在内容上，及时反映学科的发展变化，增补了自然科学和社会科学近年来研究的成果，对明显陈旧的内容进行了删减，以更好地指导应考者学习使用。

全国高等教育自学考试指导委员会
2023 年 5 月

I 课程性质与课程目标

一、课程性质和特点

“西方政治制度”是全国高等教育自学考试政治学与行政学（专升本）专业的必考课程，是为培养和检验考生掌握关于西方政治制度的基本原理、基本知识、基本概念和对西方政治制度进行分析的基本能力而设置的一门专业基础课程。

“西方政治制度”是一门以西方国家的政治制度为研究对象的课程。本课程以历史唯物主义的基本原理为指导，坚持实事求是，分析当代西方国家政治制度的基本特点及形成和发展的规律。本课程以主要西方国家为重点，研究西方国家政治制度的历史演进、阶级性质、基本原则和西方国家的选举制度、政党制度、国家政权的组织形式、国家结构形式、国家机关的组织体系和运作机制等。因此，本课程是一门兼具掌握基础理论知识和培养理论分析能力的课程。通过学习本课程，考生可以了解西方国家公共管理理论产生的制度背景和西方国家公共管理实践赖以进行的制度环境，提高分析西方国家公共管理和政治现象、理解国际事件的能力，为学好行政管理专业打下良好的知识基础。

二、课程目标

本课程设置的目标是使考生在掌握关于西方政治制度的基本原理、基本知识的基础上，掌握认识、理解和分析西方政治制度的基本方法，能够有分析、有批评地认识西方国家政治统治和公共管理的制度、方式和方法。

具体地说，本课程设置的目标是使考生：第一，理解西方政治制度的本质属性及在各国国情的条件下形成的特点；第二，了解西方国家政治制度的各种具体制度和国家机关的设置、组织形式和相互关系；第三，理解西方国家政治制度的运作方式，理解政治制度与公共管理的关系。

三、与其他相关课程的关系

西方政治制度与政治学原理的关系。政治学原理的研究对象是围绕国家政权发生的社会现象，其中就包括以什么样的制度形式来组织国家政权，因此，政治学需要研究本国的和外国的政治制度，并在一定的范围、从一定的角度进行比较；西方政治制度所研究的就是“西方”这个特定的范围内的各国统治阶级整合国家和组织政权的形式与方式，属于政治学的分支学科比较政治的内容。对西方政治制度的研究不能离开政治学的基本理论指导和基本方法的运用，研究西方国家政治制度的共同特点和发展的一般规律，同时了解和比较不同国家政治制度的不同特色和发展的特殊规律，有助于拓展、丰富和深化政治学的知识与理论。

西方政治制度与公共行政学的关系。从学科历史和学科发展来看，西方政治制度与公共行政学的关系更为密切。公共行政学是从宏观层面研究整个国家的行政管理问题，主要涉及行政管理的基本原理和方法，对西方政治制度研究有重要的指导意义。而任何国家的公共行政都是在一定的政治制度中发生的，都必须依托一定的制度，受一定的制度的规制和约束，又反过来对制度的发展产生影响。西方政治制度则是对西方的、属于同一历史类型的国家的政治制度进行研究，有助于丰富公共行政学的知识，深化公共行政学的研究。

西方政治制度与中国政治制度的关系。作为一门学科，它们都是政治学的重要内容，都以政治制度为研究对象。中国政治制度是中国政治学以本国的政治制度为研究对象，分析本国政治制度的特点及历史演进和发展的规律，认识本国政治制度对本国国情的适应性。西方政治制度则是以西方这一特定范围、特定类型的国家的政治制度为研究对象，分析这些国家政治制度的特点及历史演进和发展的规律，认识西方政治制度对这些国家的国情的适应性。因此，学好“西方政治制度”这门课程有利于更深刻地认识中国政治制度的特点、优越性以及不断发展、完善的规律性。

Ⅱ　考核目标

本大纲在考核目标中，按照识记、领会、简单应用和综合应用四个层次规定考生应达到的能力层次要求。这四个能力层次是递进关系，各能力层次的含义分别是：

识记（Ⅰ）：要求考生能够识别和记忆西方政治制度的主要内容，如名词、定义、术语、特点、原则、规律、原理等，并能做出正确的表述、判断和选择。

领会（Ⅱ）：要求考生能够全面领悟和理解西方政治制度的基本概念和基本原理的内涵与外延，能掌握和分析有关概念和原理的区别与联系，并能根据考核的不同要求，对西方政治制度的基本问题做出正确的判断、解释和说明。

简单应用（Ⅲ）：要求考生能够根据已掌握的西方政治制度知识，分析西方政治制度的基本问题，得出正确的判断或结论，并能正确地把分析的过程和结论表达出来。或者能运用本课程的个别知识点，简要分析和解决如何认识和理解西方政治制度的一些简单问题。

综合应用（Ⅳ）：要求考生能够综合运用西方政治制度的基本概念和基本原理，分析和解决如何认识和理解西方政治制度的一些比较复杂的理论和实际问题。或者能综合运用本课程的多个知识点，综合分析和解决比较复杂的问题。

需要特别指出的是，试题的难易程度与能力层次的高低不是一个概念。试题的难易程度是指思维过程的复杂程度和分析处理的繁简、技巧。能力层次体现的是对西方政治制度概念和西方政治制度发展规律的理解程度，以及对这一规律的综合应用能力，在各个能力层次中，有不同难易程度的试题，切勿混淆。

Ⅲ　课程内容与考核要求

导　言

一、学习目的与要求

1. 理解政治制度的概念和内容。
2. 理解研究西方政治制度的目的与意义。
3. 了解研究政治制度的方法，理解基本研究方法与其他各种方法之间的关系。

二、课程内容

1. 本课程的研究内容和范围。
2. 研究西方政治制度的意义。
3. 研究西方政治制度的方法。

三、考核知识点及考核要求

1. 识记：(1) 国体；(2) 政体；(3) 国家结构；(4) 政府制度；(5) 政治体制；(6) 亚里士多德；(7) 孟德斯鸠；(8)《政治学》；(9)《论法的精神》。

2. 领会：政治制度的概念和所包含的内容。

3. 简单应用：(1) 研究西方政治制度的目的与意义；(2) 历史唯物主义对于研究西方政治制度的指导意义；(3) 一国政治制度与该国国情的关系；(4) 如何历史地认识和评价资产阶级国家的政治制度；(5) 解释为什么同样是西方国家，政治制度却可能很不相同；(6) 比较政治研究的两个取向；(7) 系统分析对政治制度研究的意义。

第一章　西方政治制度的历史变迁

一、学习目的与要求

1. 了解西方政治制度的发展过程，特别是英、美、法等国政治制度的确立过程，理解西方政治制度的内容与意义。

2. 理解古代希腊、罗马的政治制度，掌握公民大会、元老院、执政官、保民官等政治机构。

3. 了解中世纪西欧封建制度，理解分封制、封建君主制、自治城市的制度原理。

二、课程内容

（一）古希腊城邦的政治制度

1. 城邦的社会结构与政体形式

2. 雅典的城邦民主制

3. 雅典城邦民主制的意义和局限

（二）古罗马国家的政治制度

1. 古罗马国家的形成和发展

2. 古罗马的政治制度

3. 古罗马政治制度的影响

（三）中世纪西欧政治制度

1. 中世纪西欧封建制度的形成

2. 中世纪封建时期的西欧政治制度

3. 中世纪西欧政治制度的影响

（四）近现代西方政治制度的形成和发展

1. 走出中世纪

2. 近代西方政治制度的形成

3. 现代西方政治制度的发展与扩散

三、考核知识点及考核要求

（一）古希腊城邦的政治制度

1. 识记：（1）城邦；（2）公民；（3）政体；（4）贵族制政体；（5）民主政体；（6）君主制政体；（7）僭主制；（8）雅典民主制；（9）梭伦改革；（10）克里斯提尼改革；（11）公民大会；（12）五百人议事会；（13）陪审法庭；（14）十将军委员会。

2. 领会：（1）雅典民主制的主要内容和特征；（2）雅典城邦民主制的意义和局限。

3. 简单应用：雅典民主制的形成和发展。

（二）古罗马国家的政治制度

1. 识记：（1）古罗马的王政时代；（2）库里亚大会；（3）长老会议；（4）古罗马的共和时代；（5）罗马共和国；（6）元老院；（7）执政官；（8）独裁官；（9）保民官；（10）监察官；（11）罗马共和国的人民大会；（12）罗马帝国的元首体制；（13）四帝共治体制；（14）君士坦丁体制；（15）行省制度；（16）共和国。

2. 领会：（1）古罗马政治制度发展的阶段性；（2）罗马共和国政治制度的内容；（3）元首体制的内容；（4）波里比阿和西塞罗关于混合政体的理论。

3. 简单应用：古罗马政治制度对后世的影响。

（三）中世纪西欧政治制度

1. 识记：（1）封建采邑制；（2）封建君主制；（3）贵族君主制；（4）等级君主制；（5）专制君主制；（6）宗教裁判所；（7）自治城市；（8）城市共和国；（9）佛罗伦萨长老会议；（10）鲁昂“百人会”；（11）威尼斯大议会。

2. 领会：（1）中世纪西欧封建君主制的演变；（2）中世纪封建社会的政治、经济特征；（3）中世纪自治城市的形成及特征；（4）自治城市的自治权的表现形式；（5）中世纪基督教教会的统治体系。

3. 简单应用：（1）中世纪自治城市的自治机关与自治内容；（2）中世纪西欧王权与教权的合作与冲突。

4. 综合应用：分析中世纪西欧封建制度对于近代西方政治制度的影响。

（四）近现代西方政治制度的形成和发展

1. 识记：（1）文艺复兴；（2）启蒙运动；（3）宗教改革；（4）大宪章；（5）光荣革命；（6）权利法案；（7）议会君主制；（8）独立宣言；（9）邦联条例；（10）1787 年宪法；（11）总统共和制；（12）法国大革命；（13）拿破仑；（14）人权宣言；（15）法兰西第三共和国；（16）议会共和制；（17）帝王般的总统；（18）首相民主；（19）法兰西第五共和国；（20）门罗主义。

2. 领会：（1）近代国家兴起的原因及过程；（2）英国的议会君主制；（3）美国的总统制的形成；（4）法国的议会共和制；（5）现代西方国家行政集权化过程；（6）现代西方国家的政治民主化。

3. 简单应用：（1）启蒙运动为资产阶级政治革命提供的思想与舆论准备；（2）20 世纪以来西方国家地方自治的发展。

4. 综合应用：（1）分析比较英国、美国、法国近代政治制度形成的历史过程；（2）现代西方政治制度的发展和扩散。

四、本章重点

公民大会；雅典民主制；罗马共和国；启蒙运动；英、美、法三国政治制度的形成。

第二章　西方政治制度的基本原则

一、学习目的与要求

1. 了解西方政治制度的基本原则，特别是这些原则所包含的政治理论内涵。
2. 理解人民主权原则、代议制原则、法治原则、分权制衡原则、人权原则的主要内容。
3. 通过对西方政治制度基本原则的掌握，了解西方政治制度的制度原理。

二、课程内容

（一）人民主权原则

1. 主权理论的提出和演变

2. 人民主权原则在西方主要国家的确立
（二）代议制原则
1. 代议制的产生与性质
2. 代议制的理论基础
3. 西方国家代议制通行的具体原则
（三）法治原则
1. 法治的概念及其内涵
2. 西方法治思想的产生与发展
3. 法治原则的主要内容
（四）分权制衡原则
1. 近代分权制衡制度的理论基础
2. 西方国家分权制衡制度的三种模式
（五）人权原则
1. 人权和人权思想的提出
2. 人权原则的确立
3. 人权原则的发展

三、考核知识点及考核要求

（一）人民主权原则

1. 识记：（1）主权；（2）君主主权；（3）人民主权；（4）议会主权；（5）政教分离；（6）博丹；（7）霍布斯；（8）卢梭；（9）洛克。

2. 领会：人民主权原则的主要内容。

3. 简单应用：从君主主权到人民主权理论的发展。

4. 综合应用：比较洛克的议会主权理论与卢梭的人民主权理论。

（二）代议制原则

1. 识记：（1）代议制；（2）直接民主制；（3）间接民主制；（4）《代议制政府》；（5）伯克；（6）密尔。

2. 领会：（1）近代代议制度的发展过程；（2）直接民主制与间接民主制的区别；（3）密尔关于代议制的论述；（4）代议制是现代国家政府形式的必然选择；（5）西方国家代议制通行的具体原则。

3. 简单应用：（1）如何解决现代国家民主与规模的问题；（2）代议机关的议事规则应体现哪些要求。

4. 综合应用：密尔对“理想上最好的”并且实际可行的政府形式的论述。

（三）法治原则

1. 识记：（1）亚里士多德；（2）西塞罗；（3）阿奎那；（4）法治；（5）自然法；（6）法治国；（7）公民权利；（8）成文宪法；（9）不成文宪法；（10）法律的普遍性和公开性；（11）公民权利与政治权利；（12）司法独立。

2. 领会：（1）法治的含义及法治与法制、依法治国的区别；（2）西方近代法治思想；

(3) 法治原则的主要内容；(4) 司法独立的含义。

3. 简单应用：法治原则的主要内容。

4. 综合应用：分析法治原则与公民权利的关系。

(四) 分权制衡原则

1. 识记：(1) 波利比阿；(2) 混合政体；(3) 洛克的分权学说；(4)《政府论》；(5) 孟德斯鸠的三权分立学说；(6) 杰斐逊的分权思想；(7) 麦迪逊的分权思想；(8) 汉密尔顿的分权思想；(9) 制衡（制约与平衡）；(10)《联邦党人文集》。

2. 领会：(1) 分权制衡的含义；(2) 三种不同的分权制衡模式的不同特点；(3) 孟德斯鸠的三权分立学说。

3. 简单应用：近代分权理论的发展过程及特点。

4. 综合应用：分析美国政治制度中分权制衡原则的体现。

(五) 人权原则

1. 识记：(1)《权利请愿书》；(2)《人身保护令法》；(3) 自然权利；(4) 天赋人权；(5)《人权宣言》；(6)《独立宣言》；(7) 美国的《权利法案》。

2. 领会：(1)《大宪章》的宪政精神；(2) 自然权利的主要内容；(3)《独立宣言》中体现的近代政治学说。

3. 简单应用：人权原则的发展与人权的主要内容。

4. 综合应用：近代自然权利学说对于西方政治制度的影响。

四、本章重点

人民主权原则；代议制原则；法治原则；分权制衡原则；人权原则。

第三章　西方国家的选举制度

一、学习目的与要求

1. 了解西方选举制度的发展过程，特别是英、美、法等国普选制的确立过程，理解西方国家普选制的意义。

2. 理解西方选举制度中的普遍原则，掌握平等原则和自由投票原则，了解选举公开原则。

3. 了解选民和候选人的资格，理解选区划分的形式和原则，掌握选区划分的类型，了解选举地理学。

4. 理解候选人提名权及提名方式，掌握美国总统预选的含义，了解竞选的机构、资金及竞选方式，掌握选票计算方法。

5. 了解选举监督的主体及内容，理解竞选资金的控制方法，了解选举诉讼的含义与分类，理解选举诉讼的管辖机关及管辖模式。

二、课程内容

(一) 西方选举制度的产生和发展

1. 选举制度的产生

2. 普选权的实现与现代选举制度的确立

3. 西方国家普选制的意义
（二）西方选举制度的原则
1. 普遍原则
2. 平等原则
3. 自由投票原则
4. 选举公开原则
（三）选民、候选人和选区划分
1. 选民资格
2. 候选人资格
3. 选区划分
（四）选举的过程与程序
1. 直接选举与间接选举
2. 候选人提名
3. 竞选
4. 选票计算
（五）选举的管理和保障
1. 选举监督
2. 竞选资金的控制
3. 选举诉讼

三、考核知识点及考核要求

（一）西方选举制度的产生和发展

1. 识记：（1）积极公民和消极公民；（2）普选制；（3）宪章运动。

2. 领会：（1）选举的含义；（2）选举制度的含义；（3）英国 1832 年的选举改革；（4）美国内战后南部各州对黑人选举权的限制。

3. 简单应用：（1）英国妇女争取选举权的过程；（2）美国实现选举权种族平等的过程。

4. 综合应用：（1）英、美、法三国普选制的确立；（2）西方国家普选制的意义。

（二）西方选举制度的原则

1. 识记：（1）复票制；（2）差别代表；（3）澳大利亚选票；（4）强制投票。

2. 领会：（1）普遍原则的含义；（2）平等原则的含义；（3）自由投票原则的含义；（4）选举公开的内容。

3. 简单应用：西方国家历史上的不平等选举现象。

4. 综合应用：（1）对西方选举制度的原则的评析；（2）分析西方国家普选权的实现过程。

（三）选民、候选人和选区划分

1. 识记：（1）选举保证金；（2）小选区；（3）大选区；（4）职业代表制；（5）地域代表制；（6）一人一票；（7）选举地理学；（8）杰里蝾螈（Gerrymander）。

2. 领会：(1) 选民资格的含义；(2) 选民资格的要件；(3) 候选人的资格要求；(4) 执政党利用“选举地理学”操纵选区划分的主要手法。

3. 简单应用：西方国家选区划分的基本原则。

4. 综合应用：分析西方国家选区划分方式对政党的影响。

(四) 选举的过程与程序

1. 识记：(1) 直接选举；(2) 间接选举；(3) 算法选举；(4) 多数代表制；(5) 比例代表制；(6) 名单比例代表制；(7) 单记名可转让投票制；(8) 混合代表制；(9) 相对多数代表制；(10) 绝对多数代表制；(11) 两轮多数投票制；(12) 预选；(13) 关门预选；(14) 开门预选。

2. 领会：(1) 候选人提名的分权型与集权型方式；(2) 美国总统候选人的提名方式；(3) 美国总统竞选资金的来源；(4) 德国联邦议院的选举方式；(5) 日本众议院的选举方式。

3. 简单应用：(1) 西方国家的竞选机构、竞选手段和竞选经费；(2) 西方各国对投票轮次的限制。

4. 综合应用：分析多数代表制对政党格局的影响。

(五) 选举的管理和保障

1. 识记：(1) 软钱；(2) 硬钱；(3) 政治行动委员会。

2. 领会：(1) 选举监督的内容；(2) 对竞选资金的控制方式；(3) 选举诉讼的内容；(4) 选举诉讼的类型；(5) 受理选举诉讼的机关；(6) 选举诉讼的管辖模式。

3. 简单应用：介绍西方国家选举诉讼的管辖机关种类。

4. 综合应用：分析选举诉讼与选举监督的联系与区别。

四、本章重点

西方选举制度的基本原则；选民与候选人的资格；选区划分的形式、原则及种类；三种选票计算方法；竞选资金的控制。

第四章　西方国家的政党与利益集团

一、学习目的与要求

1. 了解政党的概念和特征，并在此基础上了解西方政党是如何产生和发展的。

2. 掌握政党分类的主要标准，理解政党分类的意义。

3. 掌握政党制度的含义，对一党制、两党制和多党制在西方国家的运行有正确的理解，并了解西方国家政党制度在21世纪的新发展。

4. 理解政党政治的含义和特点，并了解西方政党的主要功能，即西方政党在社会政治生活中发挥的作用。

5. 理解西方国家政党政治运行的一般内容，并了解西方国家政党的组织机构。

6. 掌握利益集团的概念，了解利益集团产生的社会背景，了解利益集团的基本分类，了解西方利益集团影响政治的主要方式，理解西方国家利益集团政治的意义。

二、课程内容

（一）现代政党的产生与发展

1. 政党的概念及基本特征

2. 现代政党的起源

3. 现代西方国家政党的分类

4. 西方国家政党的产生和发展

（二）西方国家政党制度的类型和发展

1. 西方国家政党制度的类型

2. 西方国家政党制度在21世纪的新发展

（三）西方国家的政党政治及其运行

1. 西方国家政党政治的特点

2. 西方国家政党的功能

3. 西方国家政党政治的运行

4. 西方国家政党的组织机构

（四）利益集团

1. 利益集团的概念

2. 利益集团的产生与分类

3. 利益集团影响政治的主要方式

4. 利益集团政治的影响与意义

三、考核知识点及考核要求

（一）现代政党的产生与发展

1. 识记：（1）政党的概念；（2）英、美、法、德、日五国的主要政党；（3）体制内政党；（4）体制外政党；（5）社会党国际。

2. 领会：（1）政党的特征；（2）现代政党产生的两种形式；（3）英国现代政党的产生。

3. 简单运用：西方国家主要政党的分类。

4. 综合运用：（1）现代政党产生的历史条件；（2）英、美、法、德、日五国的政党发展特点；（3）社会主义政党的兴起和演变。

（二）西方国家政党制度的类型和发展

1. 识记：（1）一党制；（2）两党制；（3）多党制；（4）悬浮议会；（5）左右共治；（6）“两个半政党”体制；（7）“55体制”。

2. 领会：英国两党制和美国两党制的比较。

3. 简单运用：英、美、法、德、日五国政党制度的特点。

4. 综合运用：西方国家政党制度在21世纪的新发展。

（三）西方国家的政党政治及其运行

1. 识记：（1）政党政治的含义；（2）利益的表达；（3）利益的聚合；（4）党鞭。

2. 领会：（1）西方国家政党政治的特点；（2）西方国家政党政治运行的内容；（3）政党是如何组织和参加选举的。

3. 简单运用：政党在政治录用中是如何发挥作用的。

4. 综合运用：（1）政党的政治社会化功能分析；（2）政党政治运行的意义。

（四）利益集团

1. 识记：（1）利益集团的概念；（2）特殊利益集团；（3）公共利益集团；（4）体制化利益集团；（5）结社性利益集团；（6）政治性利益集团；（7）压力集团；（8）院外活动。

2. 领会：利益集团的产生背景和社会条件。

3. 简单运用：利益集团影响政治的主要方式。

4. 综合运用：利益集团政治对西方政治与政治制度带来的影响和变化。

四、本章重点

政党的概念和特征；政党的分类；政党的功能；西方国家政党的组织特点；政党政治的含义；一党制、两党制和多党制；利益集团影响政治的主要方式。

第五章　西方国家的议会制度

一、学习目的与要求

1. 了解西方国家议会制度产生的历史背景，理解近代议会是资产阶级革命的产物，同时掌握西方议会发展中的阶段特点。

2. 了解西方议员的产生方式，特别是选举方式，了解议员的基本权利和义务，了解议员的基本政治活动。

3. 理解西方议会体制的含义，并了解一院制、两院制和多院制在西方主要国家的实践；了解议长的产生和权力，理解议会的组织和领导方式；了解议会委员会的组成，并理解议会委员会的重要性；了解议会党团的活动以及议会党团与政党的关系。

4. 了解西方国家议会的主要职权，即立法权、预算权和监督权的具体内容，了解这些权力的运用的特点，并理解议会的性质和议会在西方国家的地位。

5. 了解议会立法工作程序，特别是一读、二读、三读程序的含义；了解议会质询、调查、倒阁、弹劾与罢免程序；了解议会的基本议事规则，包括会议制度和议事原则。

二、课程内容

（一）议会制度的产生与发展

1. 西方国家议会的起源

2. 现代西方国家议会的产生

3. 西方国家议会的发展

（二）议员

1. 议员的任职资格、产生方式和任期

2. 议员的权利与义务

3. 议员的政治活动

（三）议会的体制和内部组织结构

1. 议会的体制

2. 议长与议会的组织和领导

3. 议会的委员会

4. 议会党团

（四）议会的权力

1. 立法权

2. 预算权

3. 监督权

（五）议会的立法工作程序和议事规则

1. 议会的立法工作程序

2. 议会的主要议事规则

三、考核知识点及考核要求

（一）议会制度的产生与发展

1. 识记：(1) 等级代表会议；(2) 英国的大会议；(3) 法国的三级会议；(4) 西门国会。

2. 领会：近代西方议会制度是资产阶级革命的产物。

3. 简单运用：(1) 近代议会与封建等级会议的区别；(2) 历史上法国和英国的等级代表会议的区别。

4. 综合运用：西方国家议会在发展中的阶段性特点。

（二）议员

1. 识记：(1) 议员的任职资格；(2) 议员的产生方式；(3) 议员的任期。

2. 领会：议员的权利和义务。

3. 简单运用：西方国家议员的主要政治活动。

4. 综合运用：理解西方国家议员的各项特权。

（三）议会的体制和内部组织结构

1. 识记：(1) 一院制；(2) 两院制；(3) 常设委员会；(4) 临时委员会；(5) 联合委员会；(6) 议会党团。

2. 领会：议长的地位和作用。

3. 简单运用：委员会在议会中的作用。

4. 综合运用：议会党团的地位和重要意义。

（四）议会的权力

1. 识记：(1) 立法权；(2) 预算权；(3) 监督权；(4) 质询权；(5) 听证；(6) 调

查权；(7) 倒阁权；(8) 建设性不信任投票；(9) 弹劾权。

2. 领会：立法权是议会的基本权力。

3. 简单运用：西方国家议会预算权的具体内容。

4. 综合运用：议会监督权的主要方式。

(五) 议会的立法工作程序和议事规则

1. 识记：(1) 公议案和私议案；(2) 一读、二读、三读程序；(3) 议会的常会；(4) 议会的非常会议；(5) 议会的休会；(6) 议会议事的法定人数；(7) 一事不再议。

2. 领会：议会立法工作程序是议会立法权力实现的重要保证。

3. 简单运用：议会立法程序的各个环节是密切联系的。

4. 综合运用：一事不再议与议会工作效率的关系。

四、本章重点

近代议会的产生；议员的权利和义务；议会委员会制度；西方国家议会的体制；议会的权力；议会的立法工作程序、监督程序；议会的议事规则。

第六章　西方国家的政府制度

一、学习目的与要求

1. 了解国家元首的概念和特征，理解国家元首的分类，掌握国家元首的职权，了解国家元首的特殊待遇。

2. 掌握政府与内阁的含义，了解内阁的起源与发展过程。

3. 掌握政府体制中的内阁制、总统制和半总统制，理解委员会制，了解政府的产生过程，理解相容和不相容原则，了解禁止兼职和从事营业性活动的原则、现役军人不得入阁原则。

4. 了解政府职能的基本内容及发展概况，掌握政府机构的设置。

5. 掌握政府决策的主体及机构，了解政府制定政策的过程。

二、课程内容

(一) 国家元首制度

1. 国家元首的概念和特征

2. 国家元首的分类

3. 国家元首的权力

4. 国家元首的特殊待遇

(二) 政府与内阁概述

1. 政府与内阁的含义

2. 近代内阁的起源与发展

（三）政府的体制

1. 内阁制

2. 总统制

3. 半总统制

4. 委员会制

（四）政府的组成与机构

1. 政府的产生及组成原则

2. 政府机构的设置

（五）政府的职能和决策机制

1. 政府职能的范围

2. 政府决策的主体和机构

3. 政府制定政策的过程

三、考核知识点及考核要求

（一）国家元首制度

1. 识记：（1）国家元首；（2）政府首脑；（3）个人元首、集体元首；（4）君主退位；（5）虚位元首、实权元首；（6）二元君主立宪制；（7）国家元首的特殊待遇。

2. 领会：（1）国家元首的特征；（2）“临朝而不理政”；（3）“国王不得犯错误”；（4）英国国王在国家政治生活中的作用。

3. 简单应用：（1）君主制国家王位继承的规则；（2）国家元首的公布法律权及其他职权。

4. 综合应用：西方各国国家元首所属的类型。

（二）政府与内阁概述

1. 识记：（1）政府；（2）内阁；（3）首相沃波尔。

2. 领会：（1）政府的性质；（2）内阁的起源；（3）英国小内阁的形成。

3. 简单应用：英国责任内阁制的确立。

4. 综合应用：分析英国内阁的发展变化。

（三）政府的体制

1. 识记：（1）内阁制；（2）委员会制；（3）中期选举；（4）连带责任；（5）共进退；（6）看守内阁；（7）分治政府；（8）“戴高乐体制”；（9）瑞士联邦委员会。

2. 领会：（1）内阁制的含义及特点；（2）总统制的含义及特点；（3）半总统制的含义及特点；（4）美国总统的权力。

3. 简单应用：（1）政府首脑任命阁员应考虑的因素；（2）内阁制和多党制相结合的可能弊端；（3）法国总统与总理的关系。

4. 综合应用：总统制与内阁制的区别。

（四）政府的组成与机构

1. 识记：（1）相容原则；（2）不相容原则；（3）现役军人不得入阁原则；（4）政府公司；（5）独立管制机构。

2. 领会：（1）政府各职能部门；（2）政府首脑的办事机构；（3）政府的直属机构。

3. 简单应用：美国独立管制机构的特点。

4. 综合应用：英、美、法三国政府机构的设置。

（五）政府的职能和决策机制

1. 识记：（1）行政国家；（2）总理民主制；（3）厨房内阁；（4）内阁委员会；（5）咨询机构和智库。

2. 领会：（1）决策创议；（2）决策制定；（3）决策执行；（4）决策评估；（5）决策调整。

3. 简单应用：（1）西方国家政府职能的基本内容；（2）政府首脑集权的原因。

4. 综合应用：（1）政府职能的发展概况及趋势；（2）美、英、法三国内阁会议的比较。

四、本章重点

国家元首的分类；内阁制、总统制、半总统制的含义及特点；政府组成的主要原则；政府职能的发展概况及趋势；英、美、法三国内阁的比较；内阁委员会的出现及作用；政府决策过程的各阶段。

第七章 西方国家的司法制度

一、学习目的与要求

1. 了解西方国家的司法传统，掌握关于罗马法、日耳曼法和大陆法系、英美法系的历史渊源和形成发展的基本线索，理解西方国家的司法原则。

2. 了解司法机关的分类，了解西方国家的审判机关、检察机关和司法行政机关的组织系统，了解主要西方国家司法机关的组织结构特点。

3. 了解西方国家的法官制度、律师制度和陪审制度，理解这些制度所体现的原则和意义。

4. 掌握西方国家司法审查制度的原理，了解司法审查制度的起源，了解司法审查的对象和一般内容，了解司法审查机关的两种类型和司法审查的两种基本方式。

5. 了解行政裁判制度的形成，了解各国的行政裁判制度的特色，包括行政诉讼的范围、行政裁判机构的设置和裁判方式等，了解行政裁判制度的四种类型。

二、课程内容

（一）西方国家的法律传统与司法原则

1. 欧美国家的法律传统和渊源

2. 大陆法系与英美法系

3. 西方国家的司法原则

（二）西方国家的司法机关

1. 西方国家的审判机关及其体制

2. 西方国家的检察机关

3. 西方国家的司法行政机关

（三）审判制度与诉讼程序

1. 法官制度

2. 辩护制度和律师制度

3. 陪审制度

（四）司法审查制度

1. 司法审查制度的起源

2. 司法审查的机关和方式

3. 司法审查的对象和内容

（五）行政诉讼与行政裁判制度

1. 行政诉讼与行政裁判的性质

2. 行政裁判的类型及其沿革

三、考核知识点及考核要求

（一）西方国家的法律传统与司法原则

1. 识记：（1）罗马法；（2）日耳曼法；（3）《十二铜表法》；（4）《查士丁尼法典》；（5）《罗马法大全》；（6）蛮族法典；（7）《萨利克法典》；（8）《拿破仑法典》；（9）《德国民法典》。

2. 领会：（1）大陆法系及其特点；（2）英美法系及其特点；（3）成文法；（4）判例法；（5）衡平法。

3. 简单应用：（1）司法独立原则；（2）法律面前人人平等原则；（3）公平审判原则。

4. 综合应用：（1）西方国家司法传统的形成及意义；（2）大陆法系与英美法系的比较。

（二）西方国家的司法机关

1. 识记：（1）英国大法官；（2）美国联邦最高法院；（3）美国联邦最高法院首席法官；（4）法国大审法院；（5）英国治安法院；（6）英国的付酬法官和支薪法官；（7）站着的司法官；（8）坐着的司法官；（9）日本的法务省。

2. 领会：（1）法院作为审判机关的特性；（2）法院的分类；（3）法院体系的分类；（4）英国苏格兰的法院系统；（5）西方国家司法体制的共同特点；（6）法国的检察官制度；（7）英国的总检察长和皇家检察署；（8）美国的检察官制度。

3. 简单应用：（1）法国的法院组织；（2）德国的法院组织；（3）英国的法院组织；（4）美国的法院组织。

4. 综合应用：（1）比较法国、德国的法院组织与英国、美国的法院组织；（2）英国最高法院的成立及特点。

（三）审判制度与诉讼程序

1. 识记：（1）法官不可更换制；（2）纠问式诉讼；（3）抗辩式诉讼；（4）陪审制度；（5）大陪审团；（6）小陪审团。

2. 领会：（1）法官的任命和选举；（2）法官保障制度；（3）辩护制度；（4）律师制

度；（5）英国出庭律师和诉状律师；（6）德国的参审制。

3. 简单应用：（1）律师的基本职能及其行使方式；（2）陪审团制度的起源；（3）西方国家陪审团成员的挑选；（4）陪审团的职能；（5）西方国家陪审团审案的方式。

4. 综合应用：西方国家为保证司法独立而采取的措施。

（四）司法审查制度

1. 识记：（1）马伯里诉麦迪逊案；（2）马歇尔首席法官；（3）不告不理；（4）预防性审查。

2. 领会：（1）司法审查的含义；（2）法国宪法委员会；（3）意大利宪法法院。

3. 简单应用：（1）行使违宪审查权的机关的两种类型；（2）行使违宪审查权的两种方式。

4. 综合应用：（1）司法审查的主要内容；（2）司法审查制度的理论根据和意义。

（五）行政诉讼与行政裁判制度

1. 识记：（1）行政裁判；（2）法国的权限争议法庭；（3）美国的州际贸易委员会。

2. 领会：（1）法国行政法院；（2）英国行政裁判所；（3）美国的独立管制机构；（4）瑞典的议会督察专员。

3. 简单应用：（1）法国行政法院的职能；（2）20 世纪 90 年代以来英国行政裁判制度的变革；（3）美国独立管制机构的性质和意义。

4. 综合应用：行政裁判制度对西方政治制度的发展所具有的意义。

四、本章重点

大陆法系和英美法系的特点；西方国家的司法传统和司法原则；英、美、法、德等国司法机关的组织系统及其特点；司法审查制度的内容和不同类型；行政裁判制度的内容和不同类型。

第八章　西方国家的地方制度

一、学习目的与要求

1. 了解国家结构形式的含义，掌握单一制、联邦制的概念及特点，理解中央集权单一制和地方分权单一制，掌握单一制和联邦制国家中央与地方的分权，了解近年来地方政府改革及其特点。

2. 了解一般地域型、市镇型、民族区域型、特别型地方政府，理解行政体地方政府和自治体地方政府，掌握行政区域划分应遵循的原则，了解西方国家的最高层地方政府和中间层地方政府。

3. 掌握西方国家地方政府职能的含义和特点，理解地方政府职能的演变，了解地方政府职能的具体内容，掌握地方政府机构发展的趋势，理解地方政府机构改革概况，了解主要西方国家地方政府机构的设置。

4. 掌握西方国家城市政府的概念和分类，了解城市政府的产生和发展，理解城市政府职能的特点，了解城市政府职能的扩大及城市政府面临的困境，掌握议会委员会制、议会市长制、市长议会制、议会-经理制的含义及特征。

5. 了解西方国家基层政府的范围，掌握地方自治的英美模式和法日模式，理解基层政府的作用，了解基层政府的管辖规模。

二、课程内容

（一）国家结构与地方政府制度

1. 国家结构形式的含义与分类

2. 西方国家地方政府制度及其改革

（二）西方国家地方政府的类型与层级

1. 西方国家地方政府的类型

2. 行政区划与地方政府的层级

（三）西方国家地方政府的职能和机构设置

1. 地方政府的职能

2. 地方政府的机构设置

（四）西方国家的城市政府

1. 城市的形成和城市政府的演变

2. 城市政府职能的扩大

3. 城市政府的组织形式

（五）西方国家的基层政府

1. 基层政府的范围

2. 基层政府的地位和作用

3. 基层政府的管辖规模

三、考核知识点及考核要求

（一）国家结构与地方政府制度

1. 识记：（1）国家结构形式；（2）单一制；（3）联邦制。

2. 领会：（1）中央集权单一制和地方分权单一制的比较；（2）20 世纪晚期以来西方国家的地方政府改革。

3. 简单应用：（1）单一制的特点；（2）联邦制的特点。

4. 综合应用：（1）单一制国家中央与地方的分权；（2）美国和德国的联邦制比较。

（二）西方国家地方政府的类型与层级

1. 识记：（1）一般地域型地方政府；（2）市镇型地方政府；（3）民族区域型地方政府；（4）法国的大区；（5）美国特别区；（6）州内单一制。

2. 领会：（1）特殊型地方政府的含义及类型；（2）最高层地方政府的含义；（3）中间层地方政府的含义。

3. 简单应用：（1）行政体地方政府的含义及优势和劣势；（2）自治体地方政府的含义及优势和劣势；（3）地方政府的层级划分。

4. 综合应用：行政区域划分应遵循的原则。

（三）西方国家地方政府的职能和机构设置

1. 识记：（1）地方政府职能；（2）地方政府职能的特点；（3）政府服务外包；（4）地方政府职能的具体内容；（5）英、法、美三国地方政府机构的设置。

2. 领会：（1）地方政府职能与中央政府职能的比较；（2）地方政府职能合并的两种方式。

3. 简单应用：（1）地方政府机构的发展趋势；（2）地方政府机构的改革。

4. 综合应用：西方国家地方政府职能的演变。

（四）西方国家的城市政府

1. 识记：（1）城市政府的概念；（2）城市政府的分类；（3）城市政府职能的含义；（4）议会委员会制；（5）议会市长制；（6）市长议会制；（7）议会-经理制。

2. 领会：（1）城市政府的产生和发展；（2）城市政府职能的特点；（3）城市政府职能扩大的趋势；（4）市长议会制的含义及特征；（5）议会-经理制的含义及特征。

3. 简单应用：城市政府面临的困境。

4. 综合应用：西方国家城市政府组织形式的比较。

（五）西方国家的基层政府

1. 识记：（1）基层政府的产生和发展；（2）基层政府的作用；（3）法国的市镇。

2. 领会：地方自治的英美模式和法日模式。

3. 简单应用：基层政府管辖规模与其职能的关系。

4. 综合应用：英、美、法三国基层政府的设置。

四、本章重点

单一制、联邦制的概念及特点；近年来西方国家地方政府改革及其特点；西方国家地方政府的类型；西方国家地方政府职能的演变；西方国家地方政府机构的设置；西方国家城市政府职能的发展；西方国家城市政府的组织形式；西方国家基层政府的地位和作用。

Ⅳ　关于大纲的说明与考核实施要求

一、自学考试大纲的目的及作用

课程自学考试大纲是根据专业考试计划的要求，结合自学考试的特点制定的，目的是对个人自学、社会助学和课程考试命题进行指导和约定。

课程自学考试大纲明确了课程自学的内容和深度、广度，规定了课程自学考试的范围和标准，是编写自学考试教材的依据，也是进行自学考试命题的依据。

二、自学考试大纲与教材的关系

自学考试大纲是进行学习和考核的依据，教材的内容是大纲所规定的课程知识和内容的扩展与发挥。课程内容在教材中可以体现一定的深度或难度，但在大纲中对考核的要求一定要适当。

三、关于自学考试教材

《西方政治制度》，全国高等教育自学考试指导委员会组编，谭君久、陈刚主编，中国人民大学出版社，2023年版。

四、关于自学要求

自学要求指明了课程的基本内容以及对基本内容应掌握的程度。

属于自学要求中的知识点构成了课程内容的主体部分。因此，自学要求中的内容是自学考试考核的主要内容。自学要求中对内容掌握程度的要求，是依据专业考试计划和专业培养目标确定的。因此，自学考试将按自学要求中提出的掌握程度对基本内容进行考核。

自学要求对各部分内容掌握程度的要求，由低到高分为三个层次，依次为：了解、理解、掌握。

为了有效地指导个人自学和社会助学，各章的自学要求明确了自学的重点。

本课程共6学分。

五、自学方法指导

1. 本课程涉及面广，内容丰富，对自学考试应考者来说有一定的难度。自学考试应考者应认识到本门课程对拓宽知识面、提高分析西方国家公共管理和政治现象的能力的必要性和重要性，了解西方政治制度的丰富内容，充分认识了解西方政治制度与全面掌握公共管理的理论和知识的密切联系，在不断学习中逐步提高兴趣。同时要准备付出相当的努力，克服学习中遇到的各种困难，掌握西方政治制度的系统知识。

2. 一般知识学习与重点内容深入学习相结合。自学考试应考者应在全面阅读教材的基础上，掌握西方政治制度的一般理论和知识，识记应当掌握的基本原理、基本概念、基本事实、组织机构、权力架构和权力配置等，并深入理解其内涵。自学考试应考者在阅读教材时，可以适当做些读书笔记，在教材上适当做些标记，标出关键词和主要内容。在全面系统学习西方政治制度一般知识的基础上，有目的地深入学习重点内容，以掌握重点、突破难点。切忌在没有全面系统地学习教材的情况下孤立地去抓重点，甚至猜题、押题。

3. 为了更好地理解西方政治制度的基本概念和原理，自学考试应考者应注意从基本事实和典型现象归纳、概括和总结出相关的概念和规律，重视知识形成的方法、背景和思路，注意总结所学知识的来龙去脉，在理解的基础上下功夫，在理解的基础上进行记忆，切勿死记硬背。

4. 理论联系实际。本课程所阐述的内容来源于西方国家的政治制度发展的历史与现实，与我国的政治制度的发展虽有某些共同的规律，但是，更值得注意的是与我国政治制度之间存在巨大的差别甚至根本性的区别，与学习者的政治经历、体验和知识也会有巨大的差距，因此，自学考试应考者在学习中应十分重视理论联系实际，把学习西方政治制度理论与观察、分析国际政治生活中发生的事件联系起来，特别是应格外注意西方政治制度的发展趋势，结合本课程的学习不断了解西方政治制度发展中的新情况、新问题，更深刻地领会教材内容，提高自己分析和解决实际问题的能力。

5. 制订好自学计划。建议自学考试应考者制订出周密详尽的计划，每天安排好适量的自学任务，定时定量自学，有意识地督促自己在所安排的时间范围内完成自学任务，并通过读报、看电视新闻等对国际时事进行了解和观察，这样不仅会感到很有收获，而且会非常轻松、愉快。

6. 适当做一些典型习题和真题，以加深对西方政治制度内容的理解，对西方政治制度知识能够熟练运用，巩固学习成果；了解西方政治制度自考命题的规律。

六、应考指导

1. 养成良好的生活习惯。首先，坚持运动，强身健心。健康的身心是做好任何一件事的前提和基础，每天适量的运动能使人保持积极乐观的心态。如果在考试期间因生病而影响发挥，岂不是得不偿失。其次，规律饮食。要保持良好的饮食习惯，不可偏食挑食，不可暴饮暴食，也不可饥肠辘辘。最后，保证充足的睡眠，不要熬夜，以保持良好的精神状态。

2. 放松心情，沉着应考。在考前复习阶段，自学考试应考者往往会产生信心不足、焦躁不安等不良的心理状况，为此，自学考试应考者首先可以用听音乐、唱歌、看电影、看小说等娱乐形式，转移注意力，缓解自己的心理焦虑。娱乐很容易使人心情放松，缓解疲劳。其次，提前到考场，熟悉考场环境。自学考试应考者最好提前半小时到考场，一方面可以熟悉考场周围的环境，另一方面可以再回顾一下所学知识点，做到胸有成竹，增强自己的信心。再次，自我激励，做深呼吸。考前自我激励和做深呼吸是减轻心理压力行之有效的方法，告诉自己，这和平时在家做练习题一样，以前可以做好，现在也一定可以。最后，沉着应考。不慌不忙，保持平和的心态，尽自己所能，在考试中发挥自己的最佳水平。当然，积极准备是能够沉着应考的前提条件，只有在考前做了充分准备，才能做到胸有成竹，处变不惊。

3. 合理安排时间，保持卷面整洁。合理安排答题时间，千万不能在某一道题上耗费过多时间，遇到不会做的题目不要慌，认真看题，读懂题目要考查的知识点，实在做不出来，就做下一题。卷面整洁非常重要，特别是对非选择题的回答，字迹要工整、清楚，不要写得太细长；字距适当，行距不宜过密。注意答题位置，不要随意更改答题位置。卷面赏心悦目有助于教师评分，因为教师只能为他能看懂的内容打分。

七、对社会助学的建议

1. 社会助学的目的是帮助考生系统地学习本门课程，达到课程大纲规定的各项要求。社会助学者要熟知考试大纲对本课程总的要求和各章的知识点，准确理解各知识点要求达到的认知层次和考核要求，并在辅导过程中切实有效地帮助考生掌握这些要求，引导他们避免自学中的各种偏向，切忌随意增删内容和提高或降低要求。

2. 引导考生着重理解和掌握西方政治制度的基本概念及应用，培养和提高考生认识、分析和解决实际问题的能力，从总体上提高考生的思维能力和综合素质。社会助学者不应把考生引向猜题、押题，不应仅仅把通过考试作为辅导的唯一目的。

3. 社会助学辅导可依据本大纲所列的自学教材循序渐进。

八、关于命题考试的规定

1. 考试采用闭卷笔试，考试时间为 150 分钟，用蓝（黑）色圆珠笔或钢笔作答。

2. 本课程命题考试的范围为本大纲各章所列考核知识点规定的内容。命题要注意试题的覆盖面，并适当突出重点章节的内容，加大重点内容的覆盖密度。

3. 合理安排反映不同能力层次的试题。在一份试卷中对不同能力层次要求的分数比例约为：识记占 20%，领会占 30%，简单应用占 30%，综合应用占 20%。

4. 合理安排难度结构，做到难易适中。试题难易度分为易、较易、较难、难四个等级。每份试卷中四种难易度试题的分数比例一般为：易占 20%，较易占 30%，较难占 30%，难占 20%。

5. 本课程考试采用的题型主要有：单项选择题、多项选择题、名词解释题、简答题、论述题、案例分析题等。

6. 本课程考试满分为 100 分，达到 60 分者为合格，合格者得 6 学分，获得本课程的单科合格证书。

附录：题型举例

一、单项选择题（在每小题列出的备选项中只有一项是最符合题目要求的，请将其选出。）

1. 法兰西第五共和国总统的选举采取

A. 两轮多数代表制　　B. 相对多数代表制

C. 三轮多数代表制　　D. 比例代表制

2. 西方国家的政党产生于

A. 古希腊时期　　B. 古罗马时期　　C. 中世纪　　D. 资本主义时期

二、多项选择题（在每小题列出的备选项中至少有两项是符合题目要求的，请将其选出。错选、多选或少选均无分。）

1. 罗马共和国时期的行政官员包括

A. 执政官　　B. 独裁官　　C. 行政长官　　D. 监察官

E. 保民官

2. 下列政党中，属于议会内起源的政党有

A. 英国保守党　　B. 美国共和党　　C. 美国民主党　　D. 英国工党

E. 德国社会民主党

三、名词解释题

1. 相对多数代表制

2. 悬浮议会

四、简答题

1. 简述国家主权理论的发展。

2. 简述西方国家候选人的资格条件。

五、论述题

试论述现代西方国家地方政府职能的演变。

六、案例分析题

阅读下面的新闻材料，根据材料回答问题：

2017年9月24日，德国举行了联邦议院选举，由基督教民主联盟和基督教社会联盟组成的联盟党保持了议院第一大党团地位，但并未获得绝对多数。在大选中遭受重挫的社会民主党一度宣布不参与新政府组阁，联盟党最初尝试与自由民主党、绿党联合组阁，但以失败告终。到年底，总统施泰因迈尔不得不出面斡旋，在总统的敦促下，联盟党与社会民主党经过艰难的谈判，双方在移民、税收等政策上均做出了较大让步，最终于次年2月

12日达成了联合组阁的原则协议。

但是，在社会民主党内，对于与联盟党组成联合政府的协议存在强烈的反对意见，该党高层遂将这一协议交予全党基层党员表决，表决截至3月2日晚间结束。据悉，在社会民主党逾46万基层党员中共有78.4%的党员参与了本次表决，其中有66%的党员投了赞成票。3月4日，德国社会民主党宣布，由于已经获得基层党员投票批准，该党决定与联盟党共同组建新政府。这一结果意味着德国长达逾五个月之久的组阁悬案终于尘埃落定。联盟党方面，基督教民主联盟早在2月26日就举行了特别代表大会，参会的1 000多名代表以975票对27票的压倒性多数通过了与社会民主党达成的联合组阁协议。

2018年3月14日，德国联邦议会以364票赞成、315票反对以及9票弃权的投票通过，默克尔第四次被确定为德国总理。随后，默克尔及内阁部长们宣誓就职。至此，默克尔终于结束了她12年总理生涯中最严重的危机，她领导的联盟党与社会民主党联合政府走马上任。

请回答以下问题：

(1) 简要说明德国各政党组阁执政必须具备的基本条件。

(2) 试分析德国主要政党内是如何做出本党政治决策的。

(3) 请说明德国总统在政治生活中的作用。

大纲后记

《西方政治制度自学考试大纲》是全国高等教育自学考试委员会根据公共管理类专业考试计划组织制定的。

本大纲以2011年版大纲为基础修订，2011年版大纲由谭君久主持编撰，谭君久（武汉大学）、田为民（中国政法大学）、蒋永甫（广西大学）、刘彩虹（华中科技大学）、陈刚（武汉大学）编写了各章的课程内容与考核要求，由谭君久修改定稿。本次修订由谭君久、陈刚主持，谭君久、孙昊（中国政法大学）、蒋永甫（南京审计大学）、刘彩虹、陈刚编写修订了各章的课程内容与考核要求，谭君久、陈刚在此基础上修改、撰写并定稿。

2023年5月，全国考委公共管理类专业委员会召开审稿会，对本大纲进行审定。参加本大纲审稿的专家有：清华大学杨雪冬教授担任主审，首都师范大学谢新水教授担任副审。

全国高等教育自学考试指导委员会
公共管理类专业委员会
2023年5月

全国高等教育自学考试指定教材

西方政治制度

全国高等教育自学考试指导委员会　组编

编者的话

当今世界是一个由众多国家组成的地球村，联合国成员国就有近两百个，随着全球化的进程，交通和通信越来越便捷，互联网的出现一下子拉近了各国之间的距离，各国民众相互了解和交流的愿望越来越强烈。不同的国家有不同的环境、不同的历史、不同的人民，形成了不同的传统、不同的制度。习近平总书记在和平共处五项原则发表60周年纪念大会上指出，“我们要倡导交流互鉴，注重汲取不同国家、不同民族创造的优秀文明成果，取长补短，兼收并蓄，共同绘就人类文明美好画卷”。西方国家有着不同的国情，社会性质、政治制度也与我们有着根本的区别。要准确地把握西方各国的内政外交及其走向，理解国际关系的发展趋向，从而透彻理解中国的外交战略和政策、策略；要分清中国政治制度与西方政治制度的根本区别及其产生的历史背景、社会环境，从而更深刻地理解中国人民的历史选择；要了解包括西方国家在内的其他国家政治制度，认识其局限，认清其本质，吸取其教训，剔除其弊端，借鉴其经验。因此，了解和认识西方政治制度都是非常必要的。“文明因交流而多彩，文明因互鉴而丰富”，学习“西方政治制度”这门课程，是在这个新时代关心国内外天下事的需要。本教材的编写就是顺应这一需求，为参加高等教育自学考试的考生提供力所能及的帮助。

为适应我国高等教育自学考试教育发展的新形势，培养应用型人才，满足广大考生学习的需要，我们在全国高等教育自学考试指导委员会的指导下，编写了这本教材。

本教材的特点如下：

(1) 制度描述与理论分析的统一。本书坚持运用历史唯物主义的基本原理对西方政治制度及其发展进行分析，但避免简单化、标签化，做到批判性与客观性的结合。本课程名为“西方政治制度”，知识和理论的阐述立足于讲清楚“政治制度”，写政治思想服务于阐释制度安排中所包含的原理、原则和智慧。

(2) 制度稳定性与演变时效性的统一。本书着眼于写清楚西方的政治制度，即国家机构的设置、权力配置、规则、惯例等制度性安排，帮助学生树立制度意识，养成对上述制度问题的敏感性。但政治制度又处于不断的演变中，本书既写清楚西方政治制度发展历史中的重要史实和事件，也及时跟踪其最新的发展变化，重要数据和案例更新到全书付梓之时。

(3) 学术性与普及性的统一。本书充分考虑到自学考试的特点和考生对未来发展的不同需要，在全面梳理本课程知识点的前提下，名词和概念均提供了概括性表述。无论是对制度细节的描述还是关于制度原理的分析，既严谨、准确、贴切，又力求通俗、简明。

本教材此次修编强化了马克思主义的批判性立场，同时在学术提升与追求时效性两个方面下功夫，增加了外文资料的引用，充分利用了相关各国国家机关官方网站的最新资料，增加了图表展示。在案例收集和编写过程中，也充分参考、吸收了 21 世纪以来国内专家、学者研究西方政治制度的新成果，在此致以诚挚的谢意。

2011 年版《西方政治制度》由谭君久任主编，田为民、蒋永甫任副主编，各章分别由谭君久（导言、第八章）、蒋永甫（第一、二章）、刘彩虹（第三章）、田为民（第四、五章）、陈刚（第六、七章）撰稿，蒋永甫、田为民分工审读了部分书稿，全书由谭君久最后修改定稿。

本次教材修编以 2011 年版书稿为基础，依据最新的考试政策的变化，按照全国高等教育自学考试指导委员会的要求，由谭君久、陈刚共同主持完成。具体分工为：谭君久，导言、第七章（原为第八章）；蒋永甫，第一、二章；刘彩虹，第三章；孙昊和谭君久，第四章；孙昊和陈刚，第五章；陈刚，第六章、第八章（原为第七章）。全书由谭君久、陈刚最后修改定稿。

本教材在策划、编写和出版过程中，得到了全国高等教育自学考试指导委员会公共管理类专业委员会的大力支持和帮助，谨表深切谢意。

由于时间、精力和水平有限，书中难免有不妥之处，欢迎广大读者和考生批评指正。

主编　谭君久　陈刚

2023 年 5 月

导　言

一、本课程的研究内容和范围

政治制度包含的内容

本课程研究的是西方政治制度，这里就涉及“西方”和“政治制度”这两个概念。何谓“西方”？所谓“西方”，既是一个地理概念，也是一个文化概念和政治概念。从地理上说，中国古代与欧洲的交往和对欧洲的了解甚少，自汉代起，中原王朝把玉门关外地区通称为“西域”，狭义的“西域”仅限于葱岭即帕米尔高原以东，而广义的西域则包括从印度半岛、中亚、西亚，乃至地中海东部沿岸的广大地区，但实际的政治、经济、文化上比较密切的交往大体上限于葱岭东西两侧的区域，而被纳入中原王朝版图管辖的范围则止于葱岭。到明、清两朝，由于利玛窦、汤若望、南怀仁等欧洲传教士的到来，中国与欧洲之间才相互有了一些朦胧的了解。到了近代，随着鸦片战争的炮火打开了清王朝的大门，中国人才被动地睁开双眼看世界，相继知道了欧美文明的存在。至此，“西域”的概念逐渐被“西方”取而代之。作为一个地理概念，“西方”指的就是欧洲和西半球的美洲。但是，人们在谈到“西方”时更多的是从文化上和政治上来使用这个概念的，尤其是经过冷战时期东西方两大阵营的分野，进一步强化了“西方”的政治内涵。作为一个政治概念的“西方”，当时指的就是资本主义阵营。简言之，所谓“西方”指的就是发达资本主义的世界体系，其涵盖的地理区域不仅包括欧洲、北美洲，也包括大洋洲以及其他地区的实行资本主义类型的社会制度和政治制度的发达国家。其中，地理上属于东亚的日本自明治维新起即“脱亚入欧”，全面学习、引进欧美的经济制度、价值观念、教育体系等，大幅采用了欧美模式，而在第二次世界大战中日本战败，日本在盟军的占领下所建立的政治制度基本上移植、仿照了英、美两国的制度，因此日本也被归入西方国家的行列。本课程在涉及具体国家时，由于考虑到在西方政治制度的发展中的典型意义，我们将较多地以英、美、法、德、日等国作为分析的案例，同时适当兼顾其他国家。

什么是政治制度呢？在回答这个问题之前，我们需要解释一下与“政治制度”相关的几个具体概念。首先，什么是国体。所谓国体，指的就是“社会各阶级在国家中的地位”[①]，说到底就是国家的根本体制，在这个体制下，哪些阶级占统治地位，哪些阶级处于被统治地位，或者简单地说，就是国家的性质所决定的国家根本体制。实际上，国体不仅是一个国家的政治制度的组成部分，而且是决定性的部分。因此，当我们对政治制度进行

---

① 毛泽东．毛泽东选集：第2卷．2版．北京：人民出版社，1991：676．

分类时，国体将是最重要的分类。正因为如此，我们在研究政治制度时，必然地把实行资本主义制度的西方国家作为“同一类型”的一组国家来进行研究。一个国家的国体是什么，意味着这个国家是哪个阶级的国家，这是政治制度的核心内容。内容决定形式，一个国家的国体决定了这个国家的形式，也就是政治制度的形式。

政治制度的形式有很多方面，主要有政体、政府制度、国家结构、政治体制等。什么是政体？毛泽东指出，政体指的就是“政权构成的形式问题”①，即一定的社会阶级取何种形式去组织政权机关。“没有适当形式的政权机关，就不能代表国家。”② 简言之，所谓政体指的就是一个国家的统治阶级如何组织自己的政权，即政权组织形式。但这只是一个比较抽象的解释，如果探究政体的具体内容，则包含国家机关的设置和权力配置的一整套原则，体现了一个国家横向的权力结构和权力配置，具体包括设置哪些国家机关尤其是中央国家机关，它们如何组织、如何产生、权力如何划分、如何相互配合和牵制，以及运行的程序，等等。作为国家政权的组织形式，政体与国家政权的阶级性质有着最为直接的关系，直接体现了国家的统治者如何进行统治。其中，最重要的就是行使最高国家权力的机关是由一个人组成，还是由一个集体组成，也就是由一个人还是由一个集体的机构行使最高国家权力；国家最高统治权由一个机关集中行使，还是由数个机关分工行使。从当代政治学对各国政体的研究以及对当代各国政体的划分比较来看，人们在划分政体时主要是依据最高国家权力的构成（一个人还是一个集体）、产生方式和任期、中央国家权力机关的设置以及它们之间的权力分配、地位和相互关系等，尤其是国家的立法机关与国家元首和行政机关的权力配置及相互关系。

关于政府制度，首先需要弄清楚“政府”这个概念。所谓政府，本来有广义和狭义的概念，广义的“政府”概念指的是国家政权的整体，不仅包括元首、立法、行政和司法等部门，甚至包括执政党以及作为国家统治机器的所有部分；狭义的“政府”概念则仅仅指国家的行政机关。目前国内学者普遍采用的政府概念主要是指狭义的政府，尤其是国家的中央行政机关，政府制度也主要是指一个国家行政机关的制度，主要内容包括国家行政机关的组织形式，以及它在整个国家机关中的地位及与其他机关的关系。一般来说，一个国家的政府制度与政体有比较密切的关系，实行什么样的政体，就会有什么样的政府制度。

国家结构是政治制度形式的另一个重要方面，它指的就是国家的各个部分是如何整合成为一个国家的，即国家的整合形式，制度安排上则具体表现为如何规范和维护国家整体与部分（包括地域的、行政的、民族的等）之间的关系，中央政府与地方政府之间或全国政府与成员政府之间的权力分配关系，决定了调整和处理国家整体与部分之间的相互关系和权力划分的基本原则。简言之，国家结构体现的是一个国家纵向的权力结构和权力划分。当代西方国家的国家结构形式主要就是单一制和联邦制。

什么是政治体制呢？政治体制是中国改革开放过程中广泛使用的一个政治术语，并成为中国政治学的一个特有概念，其目的就是区别于国家的根本政治制度。中国的改革是社会主义制度的自我完善，而不是要改变其根本制度。同样，政治领域的改革只表述为政治

①② 毛泽东．毛泽东选集：第2卷．2版．北京：人民出版社，1991：677.

体制改革，而不说政治制度改革或政治改革，就是强调要坚持根本政治制度，同时通过改革这个制度的具体形式、具体环节和运作方式来完善政治制度。因此，所谓政治体制，指的是国家机构的具体设置和具体形式、运作的具体方式、具体程序和具体环节，如国家机关产生和选举的具体方式与具体形式、国家机关的决策程序、政府机构的具体设置和规模、中央对地方实行领导和控制的方式与手段、国家机关公职人员的选用和管理方式等。显然，与政体相比，它们只是组织、管理和控制国家机器的具体环节，属于制度的细节方面。同时，政治体制还涉及国家机关以外但又与国家权力的行使密不可分的一些制度，如政党活动的方式和规则、执政党的执政方式、对公民权利的实现和保障、利益群体和社会团体的活动与管理方式等。

明确了上述几个概念后，就比较容易解释什么是政治制度了。所谓政治制度，指的是一个国家的整个政治统治形式，不仅包含国体，也包含政体；不仅涉及政体、国家结构和政府制度，而且涉及国家机关、政府机关之外的一切政治单位或政治角色（公民和选民、政党和利益集团、新闻和大众传媒等）活动的具体形式和具体环节，等等。因此，政治制度实际上包括了国体、政体、国家结构、政府制度和政治体制的所有内容，不过，作为国家政权的组织形式，政体和国家结构是政治制度中最重要、最基本的内容。

在后面的研究中，本课程的大部分篇幅将用来介绍、解释和分析西方国家政治制度的具体形式，这是因为政治制度的形式比起它的内容来会显得更加复杂、更加多样化、更加丰富多彩。形式表现内容，国体相同、性质相同的国家，政治制度的本质属性和基本原则也是相同的，并采取大体上相同的政治制度形式。但是，一个国家的政治制度形式不仅为国家性质所决定，同时还要受到这个国家的具体国情的影响，包括该国的历史发展过程、文化传统、国民构成、经济发展水平甚至自然条件和地理环境等。因此，形式表现内容并不是直接地、简单地投影和摹写，而是折射的、复杂的。国体相同、性质相同的国家，所采取的政治制度形式也会有很多差别，形成各自的特色。尽管如此，当我们在了解西方政治制度的具体形式时，始终要注意分析这些具体形式是如何表现资本主义的本质内容，如何服务于资产阶级统治的需要，如何被限制在资本主义的范围之内的。

二、研究西方政治制度的意义

研究西方政治制度的目的和意义

自从中国实行改革开放以来，随着国门的打开，中国人越来越多地了解了外部世界，也愈发感到需要更多地了解外部世界，其中包括了解外国的尤其是西方发达国家的政治制度。

首先，了解和认识西方国家的政治制度，有助于我们分清中国政治制度与西方政治制度的根本区别，理解这种区别产生的历史背景、社会环境和国情条件，从而更深刻地理解中国特色社会主义政治制度是中国人民的历史选择，理解根据中国的国情为什么要实行中国特色社会主义政治制度而不是其他的政治制度，理解为什么中国人民对于国家的政治制度做出了这样的选择，而不是别样的选择。

其次，了解和认识西方国家的政治制度，是我们面向世界进行“文明交流、文明互鉴”的需要。习近平总书记指出，“文明因交流而多彩，文明因互鉴而丰富”①，“我们要倡导交流互鉴，注重汲取不同国家、不同民族创造的优秀文明成果，取长补短，兼收并蓄，共同绘就人类文明美好画卷。”② 西方国家有着不同的国情，社会性质也与我们有着根本的区别，但西方各国经过数百年的发展，所积累的国家治理和社会治理的经验，形成的一套比较成熟的制度和机制，这套制度所蕴含的原理和设计体现了人类政治智慧在一定历史阶段上的成就，是人类文明成果的组成部分。为了发展全过程人民民主，推进社会主义民主政治的制度化、规范化、程序化，全面推进建设法治中国，深化党和国家机构改革，推进国家治理体系和治理能力现代化，我们就需要在“弘扬和平、发展、公平、正义、民主、自由的全人类共同价值”和“尊重世界文明多样性”的思路指导下，了解和研究包括西方国家在内的其他国家政治制度，认识其局限，认清其本质，吸取其教训，剔除其弊端，借鉴其经验。

再次，了解和认识西方国家的政治制度，有助于我们更准确地把握西方各国的内政外交及其走向，分析其内外政策的形成根源和制定过程，分析国际关系的发展趋向，从而更透彻地理解中国的外交战略和政策、策略。同时，在与西方发达国家交往的过程中，无论是政治领域、外交领域的交往，还是经济领域、贸易领域的交往，都要知己知彼，这也需要掌握关于西方国家政治制度的知识。因此，对西方政治制度的研究一直是政治学、公共管理学、国际关系学及其他相关学科的研究热点之一，也是当代中国公众关注的问题之一。在当今世界，在这个“地球村”里，任何人要把自己封闭起来都是行不通的。

最后，了解和认识西方国家的政治制度，有助于完善我们的知识结构。从知识的学科和专业分类来看，关于西方政治制度的知识属于外国政治的范围。就政治学和行政学研究的内容来说，既要研究本国的政治和行政，也要研究外国的政治和行政，正如人文社会科学的许多学科都包括本国研究和外国研究一样，如中国史与世界史、中国文学与外国文学、中国哲学与外国哲学、中国经济与外国经济（或世界经济）。不过，政治学很早就重视从比较分析的角度来研究外国政治，因此，政治学一直把关于外国政治的研究通称为比较政治，比较政治也成为政治学的一个重要分支。如果我们正在或将来从事本国政治的研究或者从事政务管理类的实际工作，就要懂得政治现象的规律，除了准确地、深刻地理解本国政治和政治制度，也必须对外国的政治现象有较多的了解，这样有助于更准确、透彻地理解执政党和国家对内对外的方针政策。即使我们正在或者将来从事的是非政务管理类的工作，作为一个关心国内外天下事的普通公民，也需要对外国政治和政治制度有一定的认识和理解，进而更准确地理解世界上发生的种种事情。总之，作为一种知识储备，在我们人生道路和职业生涯中，本课程将要学习的内容都是必不可少的。

三、研究西方政治制度的方法

研究西方政治制度没有专门的方法，研究西方政治制度和研究本国的或者其他类型国

---

① 习近平．在纪念孔子诞辰2565周年国际学术研讨会暨国际儒学联合会第五届会员大会开幕会上的讲话．新华网，2014-09-24.

② 习近平．弘扬和平共处五项原则　建设合作共赢美好世界——在和平共处五项原则发表60周年纪念大会上的讲话．人民网，2014-06-28.

家的政治制度的方法没有什么不同。所以，这里要介绍的也就是研究政治制度的一般方法。迄今为止，许多思想家、政治学家从不同角度研究政治制度，不仅为我们留下了丰富的关于各种政治制度的材料，也为我们留下了可供借鉴的研究政治制度的种种方法。

1. 历史唯物主义对于研究西方政治制度的指导意义

历史唯物主义对于研究西方政治制度的指导意义

历史唯物主义的方法是指导比较政治研究的根本方法。历史唯物主义认为，上层建筑必须适合社会经济基础，一定的上层建筑是产生于一定的经济基础并与之相适应的。马克思指出，“物质生活的生产方式制约着整个社会生活、政治生活和精神生活的过程”[①]。恩格斯对此进一步解释说，“在历史上出现的一切社会关系和国家关系，一切宗教制度和法律制度，一切理论观点，只有理解了每一个与之相应的时代的物质生活条件，并且从这些物质条件中被引申出来的时候，才能理解”[②]。历史唯物主义告诉人们不应孤立地、静止地描述某一种政治制度，而是要说明它为什么是那样的；而在探求这种原因时，不是找到说明这种政治制度的政治思想、政治学说就止步了，而是要从“物质生活条件”“物质生活的生产方式”，也就是从社会生产力的发展和生产方式的交替、变化、确立中寻找政治制度之所以发展、形成和存在的原因。但是，大体上同时由传统农业社会向现代工业社会转变的国家却可能经历了极不相同的政治发展过程；经济基础的基本特征相同并且经济发展水平也大体相同的国家，政治制度却可能大不相同。对这个问题，历史唯物主义同样提供了解释的路径，即经济因素并不是决定历史过程的唯一因素。恩格斯指出，“经济状况是基础”，但是，“对历史斗争的进程发生影响”的，“还有上层建筑的各种因素”，如政治理论、法律理论、哲学、宗教等，这些因素“在许多情况下主要是决定着这一斗争的形式”。“这一切因素间的相互作用”，是“通过无穷无尽的偶然事件”向前发展的。[③] 因此，我们在历史唯物主义的指导下研究政治制度，就应该看到，影响各国政治制度的因素是多方面的，所有这些因素综合起来就是一个国家的国情。所谓国情，不仅包括经济制度，而且包括历史特点、文化传统、民族构成和民族习惯、国际环境、阶级力量的对比，甚至人口、地理位置、自然条件等，所有这些都可能对一个国家的政治制度的建立和选择产生影响。因此，我们在运用历史唯物主义研究政治制度时应该谨记的是：任何一个国家的政治制度都是这个国家所特有的，它要适合该国的生产力发展水平和生产方式，适合这个国家的国情。

把政治制度放在一个国家的国情中来认识，就应避免简单地用好与坏来评判某个国家的政治制度，脱离一个国家的社会制度和国情简单地评判该国的政治制度，这显然是主观臆断的，也是不科学的。任何一种政治制度，都只能存在于一定的时间和空间，都不是永恒的，不可能超越时空而存在，都不会是抽象地好、绝对地好或者抽象地坏、绝对地坏的，而只能是相对地适合或者不适合某个国家在某一历史阶段的经济关系和基本国情，适合或者基本适合，就会有利于这个国家的稳定和发展，如果不适合就要改革，拒绝改革就

① 马克思，恩格斯．马克思恩格斯选集：第2卷．3版．北京：人民出版社，2012：2.

② 同①8.

③ 马克思，恩格斯．马克思恩格斯选集：第4卷．3版．北京：人民出版社，2012：604.

可能衰颓直至崩溃。既然任何政治制度都是一个国家所特有的，都要适合这个国家的国情，各国的国情又千差万别，那么，适合这个国家的政治制度，就不一定或者必然不可能适合其他国家。不同国家之间的政治制度，可以互相交流、互相借鉴，但既不能强加，也不能照搬。任何把某种政治制度奉为神圣，标榜为最优，而企图“输出”到他国，都注定会“水土不服”，也注定是要碰壁的。正如习近平总书记所说，“鞋子合不合脚，只有穿的人才知道”①。习近平总书记还指出，“世界上不存在完全相同的政治制度，也不存在适用于一切国家的政治制度模式。‘物之不齐，物之情也。’各国国情不同，每个国家的政治制度都是独特的，都是由这个国家的人民决定的，都是在这个国家历史传承、文化传统、经济社会发展的基础上长期发展、渐进改进、内生性演化的结果。”② 任何一个国家都需要建立本国特有的、适合本国国情的政治制度。美国的政治制度也许适合美国，却不可能适合中国；同样，中国的政治制度适合中国，却不可能适合美国。事实上，世界上没有任何两个国家的政治制度是完全相同的，即使同样是资本主义的西方国家，它们的政治制度也是相异有别、各具特色的。

2. 比较研究方法是研究政治制度的基本方法

如前所述，政治学在研究外国政治时重视比较分析，没有比较，就没有区别、没有互鉴，也就不能认识任何具体事物，不仅不能准确地发现和把握它的个性特征，也不能理解和掌握它与其他事物的共性特征，进而归纳和概括出这些事物如何构成一种事物类型，同时认识一类事物与另一类事物之间的区别。每个国家的政治制度都是这个国家所特有的，不同国家的政治制度都是相互区别的。这就要求我们在研究政治制度的时候，具有一种比较的视角。无论是认识我们自己的政治制度，还是认识其他国家的政治制度，都需要比较，也就是把不同国家的政治制度互为参照，通过比较来认识一个国家的政治制度的特点，认识它的优点和弊端。

最早对政治制度进行比较研究的是古希腊的思想家亚里士多德，作为政治学学科的创始人，他就是在对古希腊城邦政治的比较研究的基础上，总结出实现城邦的优良治理的一系列原理，写出了成为政治学学科创立标志的著作《政治学》，奠定了政治学的基础。据说亚里士多德曾研究了古希腊 158 个城邦的社会结构和政治制度，写下了大量的详尽研究各个城邦政治制度的著作。我们从《政治学》这部著作中，就可以看到古代希腊城邦国家的政治制度的大量实例。正是在对这些实例进行比较分析的基础上，亚里士多德提出了对城邦的政体进行分类的原则和标准，勾画了他理想中的政体。他所使用的比较研究方法，也对后世的思想家和研究者产生了重要影响。18 世纪的法国思想家孟德斯鸠曾经游历欧洲各国进行考察，写出了《论法的精神》这部影响了所有欧美国家的著作，他运用比较分析的方法，研究了欧洲各国以及东方一些国家的政治和经济、文化、习俗、宗教乃至气候、地理等，通过考察和比较，总结了在各种不同的环境下的政治特征，论证了政治统治的一般原理和法的精神，比较完整地阐述了分权理论。

① 习近平．坚持和完善中国特色社会主义制度 推进国家治理体系和治理能力现代化．中国共产党新闻网，2020－01－01.

② 习近平．在庆祝全国人民代表大会成立六十周年大会上的讲话．人民网，2014－09－05.

比较政治研究可以有两个取向：一个是国别研究，另一个是跨国研究。前者是专门对某一个外国的政治和政治制度的研究，要求对研究的对象国的政治制度及其赖以产生、形成、发展和运行的环境作深入的考察，不仅要研究该国的政治，还要全面考察它的国情，诸如经济体制、经济发展水平、社会、文化、宗教、历史、人口、地理等。国别研究可能只是研究某一个国家，也就是说，所谓比较政治并不意味着每研究一个问题都要有比较，“比较政治学常常不涉及比较，而是去研究另外一个国家的政治”①。但这又不等于说研究者就没有比较的视角，只不过它可能是隐性的、不自觉的，它是潜在地存在于研究者的意识中，没有比较就没有鉴别，人们总是在比较中认识事物的。政治制度的研究者首先势必会自觉或不自觉地以本国的甚或进而加入其他国家的政治制度作为参照。而后者即跨国研究作为一种“大样本的比较研究”，要求占有两个以上的不同国家的政治制度以及经济、社会、文化、宗教等方面的资料，直接进入比较分析。跨国研究中，首先面对的问题就是研究对象国的选择，可以选择一组具有某些相似特征的国家来开展研究，譬如某个地区的若干国家，同属某种类型的一组国家，或者在某一方面具有可比性、共通性的一组国家，也可以选择若干个代表不同类型的典型国家。选择哪些国家，取决于一定的研究目的和理论预设。本课程就是选择了发达的资本主义国家这一类型来进行研究的。

3. 政治制度研究的分析工具和研究路径

在历史唯物主义的指导下，在坚持比较分析为研究取向的前提下，还有一些具体的研究方法可以作为研究西方政治制度的分析工具或者规划研究的路径。这些方法大多是在借鉴其他学科的研究方法的基础上形成的，如阶级分析、制度分析、历史分析、文化分析、系统分析等。

阶级分析是科学社会主义学说的重要内容，坚持历史唯物主义，就必然强调阶级分析。作为上层建筑重要构成的政治制度，要适合一个国家的经济基础和整个国情，首先就意味着要满足这个国家的统治阶级根据本国国情建立起有效统治的需要。政治制度是国家政权的整个统治形式，决定着国家政权机构的基本样式和架构，而国家正是“从控制阶级对立的需要中产生的，由于它同时又是在这些阶级的冲突中产生的，所以，它照例是最强大的、在经济上占统治地位的阶级的国家”②，在现代的资本主义国家，这个“占统治地位的阶级”就是资产阶级。因此，我们在认识西方国家的政治制度时，就不能离开阶级分析。“必须牢牢把握住社会划分为阶级的事实，阶级统治形式改变的事实，把它作为基本的指导线索，并用这个观点去分析一切社会问题，即经济、政治、精神和宗教等等问题。”③ 我们既要承认，相对于封建统治阶级，资产阶级是一个先进的阶级，在批判和推翻封建专制统治的历史进程中曾经发挥过积极的、领导的作用，更要看到，资产阶级成为统治阶级后，就要建立和维持对广大劳动者阶级的统治。所以，列宁在分析资产阶级国家的政治制度时，一方面充分肯定了“资产阶级的共和制、议会和普选制，所有这一切，从全世界社会发展

① 罗伯特·E戈定．牛津比较政治学手册．唐士其，等译．北京：人民出版社，2016：4.

② 马克思，恩格斯．马克思恩格斯选集：第4卷．3版．北京：人民出版社，2012：188.

③ 列宁．列宁选集：第4卷．3版．北京：人民出版社，2012：30.

来看，是一大进步"[1]；同时又明确指出，"国家的统治形式可以各不相同……但实质上政权总是操在资本手里，不管权利有没有资格限制或其他限制，不管是不是民主共和国，反正都是一样"[2]。

研究政治制度，当然不能没有制度分析。从制度入手研究政治现象是亚里士多德开创的传统，制度分析要求我们注意制度化了的政治，因此，要树立一种制度意识，也就是要对国家机构的设置及架构、法律框架和程序规则具有一种敏感性，关注政治中的组织机构、制度、规章、程序、惯例等问题。对于初步接触和认识西方政治制度的人来说，有必要把注意力更多地放在了解制度的细节上，包括各国的国家机构是怎样设置的，各种机构之间的关系是怎样的，它们在运行中要遵守哪些规则，行使权力时要履行哪些程序，受到什么样的限制，等等。只有这样，我们才能更清晰、更准确地了解西方尤其是西方主要国家的政治制度究竟是怎样的，以及不同国家之间的差别又是怎样的。制度是重要的，但制度并不就是一切。我们不仅要注意既定的、写在法律文书中的、正式的制度，还要注意政治制度的实际运行，了解在政治制度中的人的活动。

一般来说，对政治制度的比较研究主要着眼于各国现行的政治制度异同，是大体上在同一时间段上的横向比较分析，但有时也会涉及这些异同产生的历史环境和历史过程，这就要借用历史分析的方法。历史分析方法的意义就在于分析制度的历史演变过程，从而了解制度演变的原因和结果，认识制度演变的历史规律，这就要求我们必须占有丰富的史料，澄清基本的历史事实，按时间顺序厘清历史发展的次序和线索。在本课程的学习中，我们不仅要了解西方国家现实中的政治制度，而且要注意了解这些制度的历史由来和演变，着重从宏观上把握政治制度演变发展的规律。

在政治制度的研究中，在强调经济基础的决定作用的同时，我们还必须重视文化因素对政治制度的影响，正如恩格斯所说，如果把经济因素当成了"唯一决定性的因素"，那就是把唯物史观的命题变成了"毫无内容的、抽象的、荒诞无稽的空话"。他指出，"经济状况是基础，但是对历史斗争的进程发生影响并且在许多情况下主要是决定着这一斗争的形式的"，还有政治思想、法律理论、哲学、宗教等这样一些"上层建筑的各种因素"。[3]这些就是属于意识形态的文化因素，它们作为"更高的即更远离物质经济基础的意识形态"，"同自己的物质存在条件的联系，越来越错综复杂，越来越被一些中间环节弄模糊了"，但是，它们是作为"萦回于人们头脑中的传统"起作用的。[4]这种传统的力量能够对政治制度的历史演变产生重要影响。因此，我们也应重视文化分析在政治制度研究中的意义。譬如，美国与英国、法国的政治制度是很不相同的，如果仅仅从经济基础来分析这种差别就会闹笑话，就不可能做出令人信服的解释。研究政治文化有助于说明一个国家政治制度的特色以及它何以形成、何以存在、何以运行，尤其是有助于说明为什么经济基础的基本特征相同、经济发展大体上处于同一水平的国家会有不同的政体、不同的国家结构，

---

① 列宁．列宁选集：第4卷．3版．北京：人民出版社，2012：38.

② 同①37－38.

③ 马克思，恩格斯．马克思恩格斯选集：第4卷．3版．北京：人民出版社，2012：604.

④ 同③260，605.

因此，对于政治制度的比较研究，文化分析是一个具有特别意义的分析工具。这样，我们就不仅要了解西方政治制度及其演变、发展的事实，还要注意理解包含在这些制度中的原理和智慧，这就需要把政治制度研究与政治思想史的研究结合起来。

系统分析是把系统论、信息论等现代科学的方法引进政治学研究而产生的一种分析方法。运用系统分析方法研究政治制度，首先把政府（国家机关）看作一个有机的整体，这个有机体内部的各个部分相互联系、相互影响、相互制约，构成了一个系统，这就是政府系统。政府系统又与其他社会政治角色（政党、利益集团、新闻媒体、选民等）相互作用，构成了政治系统。然后政治系统又与其他系统如社会系统、文化系统、经济系统、人口系统、生态系统等相互作用，构成了更大的系统。系统分析对政治制度研究的最重要意义在于把政治制度放在一定的环境中来认识，有助于揭示政治制度与其他系统的关系。倡导将系统分析方法引进政治学的美国政治学家戴维·伊斯顿就主张“把政治系统看作一个行为系统，它处于一个环境之中，本身受到这种环境的影响，又对这种环境产生反作用”①。在系统论看来，相对于某个系统，其他系统都构成了它的环境，对政治系统来说，所有非政治系统构成了政治系统的环境，它们既影响政治系统又被政治系统影响。

由系统分析还发展出行为分析、结构-功能分析、政治经济学分析、政治心理分析、定量分析、田野调查等有用的方法。上述所有这些研究方法和分析工具，其实都是政治学与其他学科如历史学、法学、经济学、社会学、人类学、心理学、系统论、行为科学等学科交叉的结果。运用这些分析工具，并不是否定和改变坚持历史唯物主义的指导与基本研究取向，只要这些分析工具在历史唯物主义的指导下运用得当，就可以丰富政治制度研究的内容，大大拓宽研究的视野。

在线自测

扫一扫　练一练

① 戴维·伊斯顿．政治生活的系统分析．王浦劬，等译．北京：华夏出版社，1989：19.

第一章　西方政治制度的历史变迁

西方政治制度的源头可以追溯到两千多年前的古希腊、古罗马。古希腊的城邦公共生活经验，其中所包含的公民、自由、民主、法治及政体等政治观念，不同程度地为西方政治制度提供了精神养分。古罗马的政治实践则为西方政治制度提供了共和国、混合政体等制度形式。中世纪的西欧封建制度也深刻影响了现代西方的政治制度。西方政治制度中的制度构件如宪法制度、分权制度、政教分离制度等，都是在中世纪的政治、经济、社会和文化背景下生长出来的。研究西方政治制度，了解其制度原理、机制和特征，首先需要弄清楚西方政治制度的历史源头和变迁。

第一节　古希腊城邦的政治制度

一、城邦的社会结构与政体形式

城邦（city-state）是人类进入文明社会后的初始阶段建立的一种小型的城市国家，以一个单独的城市为中心和周围乡村组成，小国寡民，自给自足，独立自治。城邦曾广泛地存在于世界各地。古代希腊人生活在以爱琴海为中心的广大地区，除了希腊半岛外，还包括爱琴海中的岛屿、克里特岛和小亚细亚半岛的西部海岸地带。大约在公元前 8 世纪，古希腊人开始进入文明社会，形成了众多的城邦（古希腊语 polis），并在公元前 8 世纪至公元前 4 世纪的数百年达到鼎盛时期。古希腊人建立了 200 多个城邦，其中最著名的也最具代表性的城邦有雅典、斯巴达、叙拉古等。

1. 城邦的社会结构

奴隶制度是古代世界的一种普遍流行的制度，古希腊城邦也不例外。“没有奴隶制，就没有希腊国家，就没有希腊的艺术和科学。”[①] 城邦的整个人口一般划分为具有不同政治地位和法律地位的三个主要阶级：奴隶、外邦人和公民。以雅典为例，公元前 360 年左右，雅典人口总数估计在 40 万人，奴隶人口不少于 20 万人，自由人与奴隶的比例大约为 1∶1。不过，由于战争等原因，雅典总人口和奴隶人数也会有变化。[②] 奴隶处于社会底层，在城邦中毫无政治、法律地位。在古希腊人看来，奴隶只不过是一种会说话的生产工具而已。外邦人是古希腊城邦中的第二个主要集团。在雅典这样的商业城市里，外邦人的数量很

---

① 马克思，恩格斯．马克思恩格斯选集：第 3 卷．3 版．北京：人民出版社，2012：561.

② N G L 哈蒙德．希腊史：迄至公元前 322 年．朱龙华，译．北京：商务印书馆，2016：848.

大。外邦人和奴隶一样不能参与城市政治生活，但他们是自由人，对他们不存在任何社会歧视。公民是城邦的成员，而城邦就是一个公民的政治共同体。公民是指有资格参与城邦公共生活的人。“凡有权参加议事和审判职能的人，我们就可说他是那一城邦的公民。”① 因此，公民概念的核心是权利，即参与城邦政治生活的权利。“对于一个希腊人来说，公民资格始终意味着这样一种参与政治的权利，只不过参与的程度有所不同罢了。”②

2. 城邦政体形式的多样性

城邦虽属小国寡民，但同样必须建立一套公共生活的制度，建立系统的机构来管理城邦的公共事务。古希腊城邦由于其政治制度的丰富多样性，吸引了当时及后来众多研究者的关注。亚里士多德曾带领他的学生对当时希腊的150多个城邦的政治制度进行观察、调查和比较研究。亚里士多德认为政治制度构成了一个城邦的重要特征，他说“凡政制相承而没有变动的，我们就可以说这是同一城邦，凡政制业已更易，我们就说这是另一城邦”③，亚里士多德主要用政体这个概念来指称政治制度。政体就是“城邦一切政治组织的依据”，“确定最高统治机构和政权的安排”，是“全城邦居民由以分配政治权利的体系”。④不同的城邦采用了不同的政体，也就是采取了不同的统治形式。

亚里士多德的考察比较显示，古希腊城邦的政体主要有君主制、贵族制、民主制三种形式。君主政体即所谓一人统治，城邦最高统治权掌握在君主一个人手中。这是一种古老的政体形式，约在公元前2000—公元前1700年，克里特岛就产生了君主制国家。贵族政体，这是一种由少数贤人掌握城邦最高统治权的政体形式。在亚里士多德看来，凡少数人不止一人而又不是多数人为统治者的政体，就称为“贵族政体”。在古希腊城邦中，斯巴达曾经出现过比较完备的贵族政体。民主政体，是指城邦国家中全体公民享有平等的权利，共同决定城邦的公共事务和参与城邦管理的一种政体形式。雅典存在过的民主政体最为典型。这几种政体在各个城邦的历史上基本上都出现过，开始时通常实行君主制，后来城邦的统治权转移到少数人手里演变为贵族制，有的城邦后来又建立了民主制。上述这三种政体也可能出现其变态形式。僭主制是君主制的“变态”形式。所谓僭主，是指不依合法程序且不经公民授权而僭取城邦统治权力的人。僭主政体就是指某个军事首领、贵族或任何拥有机会的人通过政变建立起来的独裁政体。此外，贵族制的变态形式是寡头制，民主制的变态形式是平民制。在亚里士多德看来，变态政体都是只为统治者谋利益，而“不考虑城邦全体公民的利益”，如与君主制相比较，僭主制同样是以“一人为治”，却是“以他个人的利益为依归”。⑤ 因此，僭主制也是古希腊政治思想家们普遍认为的最为恶劣的一种政体。叙拉古的僭主制最为典型，存在的时间也最长。

二、雅典的城邦民主制

在古希腊城邦政治制度中，雅典的城邦民主制曾经鼎盛一时。雅典的城邦民主制是古

---

① 亚里士多德．政治学．吴寿彭，译．北京：商务印书馆，1983：119.

② 乔治·霍兰·萨拜因．政治学说史：上册．盛葵阳，崔妙因，译．北京：商务印书馆，1986：25.

③ 同①119.

④ 同①129，178，109.

⑤ 同①134.

代民主最为充分的发展形式，并为现代民主政治提供了分析和研究的历史原型。

1. 雅典民主制的形成与发展

雅典民主制出现在公元前 6 世纪的雅典城邦。雅典城邦先后经过梭伦改革和克利斯提尼改革，建立起民主政体，其特点就是直接民主和轮番为治。雅典位于希腊中部爱琴海岸的阿提卡半岛上。在氏族社会时期，雅典人分为四个部落，每个部落有三个胞族，每个胞族有 30 个氏族。在荷马时代（公元前 8 世纪前后），古希腊的氏族社会开始解体。在阶级分化、阶级对立过程中，雅典城邦国家产生了。早期的雅典城邦是由世袭贵族、自由民中的工商业者和农民三个等级组成的。由于雅典的国家是“从氏族社会本身内部发展起来的阶级对立中产生的”[①]，原先具有各种优势的氏族贵族执掌了城邦权力。工商业者包括固定职业者、手工业者、从事贸易者和自由劳工，他们的经济实力随着工商业的发展而得到增强，但由于他们出身平民，在政治上受到氏族贵族的歧视，处于无权地位。处于雅典城邦下层的是农民，他们是经济上最贫困的阶级，在氏族贵族的盘剥下，处境日益恶化，而且欠债的农民如不能如期偿还债务，土地就会被抵押，债务人也会沦为农奴。因此，雅典早期城邦的阶级矛盾和对立主要表现为城邦贵族与城邦平民（包括工商业者和农民）之间的矛盾冲突。这种矛盾冲突到公元前 6 世纪时引起了雅典平民与贵族之间的激烈斗争。梭伦改革就是在这种情况下发生的。

知识链接

古希腊历史中的重要事件

公元前 776 年	首届奥林匹克运动会
公元前 750—公元前 600 年	古希腊向地中海地区发起大规模殖民运动
公元前 594 年	雅典梭伦改革
公元前 561—公元前 527 年	庇西特拉图在雅典三度掌权，成为僭主，前后共约 22 年
公元前 490—公元前 480 年	马拉松战役和萨拉米海战，希腊联军战胜波斯
公元前 443—公元前 429 年	伯里克利担任雅典首席将军，掌握政权
公元前 431—公元前 404 年	伯罗奔尼撒战争，斯巴达最终战胜雅典
公元前 338 年	古希腊沦于马其顿国王统治之下
公元前 146 年	古希腊成为罗马的行省

（1）梭伦改革。

公元前 594 年，具有平民倾向的梭伦出任执政官，为了平息雅典贵族与平民之间激烈的社会斗争，推行改革，其目标是建立一种能使双方共容共存的制度。梭伦改革的具体内容包括以下三个方面：

1）经济改革方面，一是通过颁布“解除债负令”，取消了所有的债务负担（包括私人

① 马克思，恩格斯．马克思恩格斯选集：第 4 卷．3 版．北京：人民出版社，2012：186.

和国家债务），解除所有土地的抵押关系，禁止以自由民人身作为债务抵押，对被贩卖他乡遭受奴役的奴隶均索回予以释放，以缓和社会矛盾。二是积极促进工商业的发展，包括改革货币、统一度量衡等，以简化交易。特别值得一提的是，梭伦还鼓励外邦的手工业者移居雅典并给予其公民权，以促进雅典工商业的发展。

2）社会结构改革方面，打破原有的血亲组织，将全体雅典公民，不论是贵族还是平民，一律按照法定财产资格（以地产收入为基础）分为四个等级：凡收入在500麦斗以上谷物或油酒的为第一等级（称为“五百麦斗者”）；收入在300～500麦斗的为第二等级（称为“骑士”）；收入在200～300麦斗的为第三等级（称为兵士或“轭牛”，即自备牛车者）；其余财产不多或没有财产的列入第四等级（称为“日佣”）。前三个拥有财产的等级承担赋税并相应地享有荣誉。不纳税的则不得享有荣誉。

3）政治改革方面，致力于打破贵族对官职的垄断。首先，实行“按等级抽签选官”[①]。第一等级可以担任执政官及其他高级官职，第二、三等级可担任低级官职，第四等级则不能担任官职但可以参加公民大会。其次，将公民大会提升为城邦的最高权力机关，四个等级的公民均有权参加，公民大会有权决定战争与媾和等城邦大事，选举公职，进行重大审判等。最后，为了提高公民大会的地位，梭伦设立了两个重要机构。一是新成立四百人议事会，类似于公民大会的常设机构，主要负责为公民大会提供议案、处理日常事务。二是创立了“陪审法庭”，四个等级的公民均可通过抽签的方式参加陪审法庭，审理各种案件。同时规定任何公民“都有向陪审法庭申诉的权利”。陪审法庭变成雅典的最高司法机关，“成为一切公私事情的公断者”，也成为平民控制城邦政治权力的重要机构。

梭伦改革是雅典平民反对贵族斗争的一次胜利。梭伦以财产原则代替血缘出身作为政治的基础，从而在限制贵族垄断权力和提高平民在国家治理中的作用方面迈出了重要的一步。梭伦改革后，所有的雅典自由民，不论财产多寡，都能参加城邦政治生活，并且在立法、司法活动中为保护自身的利益发挥重要作用。梭伦改革在一定程度上奠定了雅典民主制的基础。

（2）克里斯提尼改革。

梭伦改革后，雅典城邦出现了三个政治派别，即反对梭伦改革的贵族后裔组成的平原派，坚持梭伦制度的商人和手工业者组成的海岸派，以及代表无地少地的山区农民的山地派。在这三派政治力量相互冲突中，雅典政权落到庇西特拉图手中。庇西特拉图在雅典建立了短暂的僭主政治，先后历时共约22年后便告结束。公元前508年，平民领袖克里斯提尼当选为首席执政官，他在梭伦改革的基础上进一步改革。首先，在社会结构上，他以地域组织取代血缘组织作为城邦的行政单位，取消了原来的四个氏族部落，把全雅典划分成10个地域型部落，每个地域型部落又有三个分区，分区之下设立许多赋予各种政治和军事职能的自治村社单位（德谟，demos），从而“使不同部落的成员混合起来”[②]，打乱了旧的部落，削弱了贵族后裔的势力。其次，在政治制度上，将四百人议事会的规模扩大为五百人。五百人议事会由分别来自10个地域型部落的公民代表组成，每个地域型部落

---

① 亚里士多德．雅典政制．日知，力野，译．北京：商务印书馆，1978：11.

② 同①25.

作为一个选区，每个选区以抽签方式选出 50 名年满 30 岁的公民进入五百人议事会，每年抽签改选一次，每个公民一生中都有机会当选。这样，第四等级公民也有了参加五百人议事会的权利和机会。此外，每个选区产生一名将军，组成“十将军委员会”，一年一任，统率军队。最后，建立“陶片放逐法”制度，规定公民大会有权通过投票决定放逐被认为是危害国家的人。表决时，公民在陶片或贝壳上写下应予放逐的人名，票数超过 6 000，则此人即须驱逐出国，十年后才许返国。但流放期间，其家产不得被没收，返回后，仍可恢复公民权。克里斯提尼的改革，使贵族寡头势力一蹶不振，雅典的民主制获得最终胜利。因此，雅典人把他们的这种政治制度称为 demokratia，即“人民的权力”。

（3）伯里克利改革。

到伯里克利执政时期（公元前 443 年到公元前 429 年），又推行了一系列的改革，如五百人议事会职能进一步扩大；除十将军外，一切官职都对所有等级的成年男性公民开放，公民大会成为立法机关和最高权力机关，提高陪审法庭的权力和地位并使之成为最高司法与监察机关，向担任公职和参加政治活动的公民发放津贴，等等，进一步增加了平民参政的机会。在一篇著名的演说中，伯里克利自豪地表示：“我们的制度之所以被称为民主政治，因为政权是在全体人民手中，而不是在少数人手中。……任何人，只要他能够对国家有所贡献，绝对不会因为贫穷而在政治上湮灭无闻。”① 伯里克利时代是雅典最辉煌的时代，雅典的民主政治也达到了鼎盛。

2. 雅典城邦民主制的内容

雅典城邦民主制表现为一系列有利于公民参与城邦公共事务管理的制度安排，主要包括：

雅典民主制的主要内容

（1）城邦官职向所有阶层开放。

梭伦改革虽然限制贵族对权力的垄断，并把选举和监督官吏的权利交给了平民，但城邦高级官职如执政官仍然只对第一等级开放，而第二、第三等级只能担任较低级官职，第四等级则不能担任官职。到伯里克利时代，城邦官职开始向所有阶层开放。第三等级甚至第四等级也取得了担任执政官的资格，并可以领取城邦给予的执政官生活津贴。

（2）公民大会。

公民大会是雅典城邦的最高权力机关，每个年满 20 岁的雅典公民都有资格参加。公民在公民大会上有权了解真实问题和情况，然后进行辩论和公议，决定城邦所有值得讨论的事情和政策，也就是那些比较大的事情和涉及大家利益的事情，特别是政治、法律和军事等涉及全城邦的事务。公民大会每隔 10 天召开一次，如果出现突发事件，还可以临时召开，每年召开大约 40 次。

（3）议事会。

梭伦和克里斯提尼建立的议事会是雅典最重要的统治机构。梭伦改革时设立的四百人议事会负责筹备公民大会的召开，准备和起草公民大会讨论的所有议案，执行公民大会的决定，接待使者和处理城邦的日常事务。克里斯提尼把四百人议事会扩大成五百人议事会

① 修昔底德．伯罗奔尼撒战争史：上册．谢德风，译．北京：商务印书馆，1960：130.

后，由来自每个地域型部落的50名议事会成员各自组成一个执行委员会，轮流行使处理日常事务的权力，每个执行委员会的任职时间为1年的1/10（35～36天），处理日常事务时除了这个执行委员会的50名成员外，其他9个地域型部落各派1名议事会成员参加。执行委员会以整个议事会的名义处理政务。议事会成员的任期只有1年，并且不得再次当选，这就为其他公民敞开参政之门，有机会轮流来处理公共事务。除节假日外，议事会每天都开会，管理雅典的财政，并事先审议提交给人民的每一件事。[①] 五百人议事会还负有监督官员的职权，如对即将任职的议事会成员、执政官等重要官吏，首先由五百人议事会审查其资格，而后再由陪审法庭审查。

（4）陪审法庭。

雅典的陪审法庭是整个城邦民主制度的“拱顶石”，它以全体公民的名义行使权力，不仅是雅典城邦的最高审判机关，而且可以对各级官吏行使监察权。法庭由各选区选出的陪审员组成，任何一个年满30岁的雅典公民都可能被挑选担任这个职务。在伯里克利时代，陪审法庭的人数增加至6 000人。陪审员任期1年，不得连任，主要通过抽签方式分派到各个法庭并审理各种案件。在审理案件时，陪审法庭听取双方意见后以表决方式决定其有罪或无罪。任何官吏如果触犯法律，都要受到陪审法庭的审判并接受惩处。除了审理案件外，陪审法庭也对所有官吏进行控制和监督，控制方式主要有三种：一是任前审查，即在官职候选人就职之前进行资格审查，如果认为某个候选人不适合任职，可以取消他的任职资格；二是在一个官员任期结束时可以责成他对自己的所作所为向法庭做一次陈述；三是每一个官员任期结束时，要专门查对他的账目和检查他经手的公款。对于官员的违法行为，陪审法庭可以向公民大会提请公诉。

（5）十将军委员会。

由十位将军组成的十将军委员会也是雅典民主制的重要组成部分。十将军属于军事人员，由于该职务的特殊职责，所以它的产生方式与其他官吏的产生方式不同。它不是由抽签方式而是在公民大会上通过举手方式选举产生。具体来说，每个选区产生一名将军，候选人必须年满40岁，同时必须具备一定的财产资格，因为这一职位没有薪俸。将军任期一年，但可以连选连任。在当时的雅典人看来，投票选举是贵族式的，而抽签才是民主的。在选举中，人们往往会青睐有名声、有地位的精英，富人和门第显赫者才易当选，抽签则体现了机会均等[②]。每个地域型部落产生一名将军，同时还要提供一定兵员。十将军委员会是雅典城邦的最高军事指挥机构，在经常会发生战争的情况下，十将军的作用与权力就会进一步加强。到伯里克利时期，十将军实际上拥有广泛的军事、司法和财政方面的行政权力。

3. 雅典城邦民主制的特征

雅典城邦民主制是人类历史上产生国家后影响深远的民主政治实践，它迥异于古代世界各地盛行的专制政治，也不同于现代民主政治，具有许多古代民主的特征。

---

① Dino Piovan, Giovanni Giorgini, eds.. Brill's companion to the reception of Athenian democracy : from the late middle ages to the contemporary era. Leiden: Brill Press, 2021: 35.

② 何立平．西方政治制度史．北京：中国政法大学出版社，2015：30.

(1) 直接民主。

雅典城邦民主制是一种政治体制上的直接民主。它通过各种制度安排，如抽签选官制度、陪审法庭制度，特别是创立了所有成年公民都能自由参加的公民大会作为城邦最高权力机关，让所有的公民都有机会直接参与城邦事务的管理。公民大会就在市政广场举行，所有公民都可以直接参与决定城邦的重大事务，包括粮食供给、城邦防御、宗教问题甚至罢免一般官员和将军等。这种直接民主不同于现代代表制下的间接民主。

(2) 抽签选官。

雅典采取的“抽签选官”制度也具有直接民主的意涵。抽签选官在梭伦时期就开始采用，但受到“按等级选官”的限制，对四个等级的公民全部开放抽签产生的只限于陪审法庭。到克里斯提尼时期，抽签的办法被广泛地用于选择公职人员，五百人议事会成员也采用抽签方式来产生。抽签选官的办法在城邦执政官的产生中得到最充分的运用，采取选举与抽签相结合的方式，即第一轮所有“德谟”根据人口数量按比例先选举产生500人作为有资格担任执政官的候选人，第二轮则采取抽签的方式从500名候选人中选出9名执政官。[①]

(3) 轮番为治。

“轮番为治”是指在一定范围内轮流担任某种官职。任职者“必须按年或按其他规定的时期，或按其他轮流的程序，交替执政”[②]。如五百人议事会就是由10个地域型部落的议事会成员轮流处理日常管理事务，而轮流的次序则是抽签确定，保证每个地域型部落都有代表。9名执政官也是轮流承担分工不同的工作，来自每个选区的执政官都能轮到承担不同工作。以10年为一周期，同一部落成员不能两次担任同一职务。

在当时的历史条件下，用抽签的办法来决定任职人选，有利于更多的公民参与政治，使包括执政官在内的所有重要职务都向所有公民开放。轮流任职主要是在部落之间进行，体现了部落代表原则。这样，通过轮流任职实现部落之间的平等，通过抽签实现公民承担公共职责的机会均等，体现了古代的平等观念。

三、雅典城邦民主制的意义和局限

1. 雅典城邦民主制的意义

雅典城邦民主制是古代直接民主的典范，不仅大大地促进了雅典经济的繁荣和雅典国家的发展，而且为现代民主政治的发展提供了重要的实践经验和理论资源，对后世特别是西方政治发展和政治制度的形塑也产生了深远的影响。具体表现在：

(1) 主权在民政治原则的萌发和尝试。

雅典城邦民主制体现了自由平等的公民主权，为后世民主政治实践提供了一个主权在民的初始原型。最能体现主权在民原则的就是城邦的公民大会制度。公民大会作为城邦的最高权力机关，所有成年的雅典公民都可以参加并且发言；一切法律都要在这里讨论通过；所有重要的国家官吏要在这里选举产生；一切关于战争与和平以及与其他城邦结盟等

---

① 解光晕．古典时期的雅典城市研究．北京：中国社会科学出版社，2006：117.

② 亚里士多德．政治学．吴寿彭，译．北京：商务印书馆，1983：46.

重大事务都要在这里经过辩论，以多数人的意见作决定。通过这种制度，雅典的普通公民确实有许多机会影响乃至决定城邦的决策。除了公民大会以外，对官员的选择和监督制度也同样体现主权在民的原则。

（2）强调法治。

雅典城邦民主制是和法治联系在一起的。宪法和法律是“城邦一切政治组织的依据”，在城邦民主政治中，已经具有法治高于人治的观念。“法律是最优良的统治者”，具有“毫无偏私的权衡”。[①] 推动雅典城邦民主制发展的改革家们，都是把制定宪法和法律作为推行改革的第一步。梭伦在获得雅典城邦的权力后，首先就是“创立了一个新的宪法，制定了一些新的法律”。法律写在牌子上，牌子立在柱廊里，所有人都发誓遵守法律，九名执政官也对着神坛发誓不违反任何一个法律。[②] 这种对法治的强调是基于城邦公民的自由、平等的观念。在雅典城邦民主制下，所有公民都是自由、平等的，没有人天生就是统治者，大家都接受法律的统治。梭伦在他的一首诗中写道：“我制定法律，无贵无贱，一视同仁。”[③] 在雅典城邦民主制下，法律是适用于所有人的，没有人能处于法律之外，享受特权。

2. 雅典城邦民主制的局限和困境

作为历史上存在的一种直接民主制度，雅典城邦民主制不可避免地存在历史局限性及制度缺陷性。即使当时生活在雅典的古希腊政治哲学家如柏拉图、亚里士多德等人，对雅典城邦民主制也多有批判。

（1）雅典城邦民主制的阶级局限性。

首先，雅典城邦民主制是城邦中占人口少数的自由公民的民主。构成雅典人口大多数的奴隶没有公民权，因而不能参与城邦政治生活。所以，正像恩格斯指出的那样，“使雅典灭亡的并不是民主制，像欧洲那些讨好君主的学究们所断言的那样，而是排斥自由公民劳动的奴隶制。”[④] 其次，雅典城邦民主制是建立在奴隶制经济基础之上的民主。在古代社会生产力发展水平比较低的条件下，民主是一件“奢侈品”，它既需要大量的金钱，也需要花费大量的时间。正因为奴隶制度的存在，才能为雅典直接民主实践提供大量的全职公民。因此，离开了奴隶制度，这种直接民主制度就不可能正常运行。最后，在雅典城邦民主制中，自由公民内部之间由于财产占有的不平等和公民之间的贫富分化，使得许多公民失去参加公民大会的兴趣和热情。针对雅典民主政治与财富占有不平等的矛盾，柏拉图就曾悲哀地说：“任何一个城市，不论它多么小，实际上都是分成两个，一个是穷人的城市，另一个是富人的城市。”[⑤] 因此，雅典城邦民主制实际上是少数人的民主，是奴隶主阶级的民主，而不是所有城邦居民的民主。

（2）雅典城邦民主制存在公民私人生活与城邦公共生活的尖锐冲突。

雅典城邦民主制是一种直接民主制，它要求的是一种全职的公民，积极投身于城邦公

---

① 亚里士多德．政治学．吴寿彭，译．北京：商务印书馆，1983：129，169，171.

② 亚里士多德．雅典政制．日知，力野，译．北京：商务印书馆，1978：9－10.

③ 同②15.

④ 马克思，恩格斯．马克思恩格斯选集：第4卷．3版．北京：人民出版社，2012：134.

⑤ 乔治·霍兰·萨拜因．政治学说史：上册．北京：商务印书馆，1986：36.

共生活。在这种直接民主形式中，公民能够充分感受到作为统治者参与城邦公共事务的乐趣。但在他们的私人生活方面，却没有自由而言。正如有的作者所描述的那样："在古代人那里，个人在公共事务中几乎永远是主权者，但在所有私人关系中却是奴隶。作为公民，他们可以决定战争与和平；作为个人，他的所有行动都受到限制、监督与压制。作为集体组织的成员，他可以对执政官或上司进行审问、解职、谴责、剥夺财产、流放或处以死刑；作为集体组织的臣民，他也可能被自己所属的整体的专断意志褫夺身份、剥夺特权、放逐乃至处死。"①

（3）雅典城邦民主制容易产生多数暴政。

在雅典城邦民主制下，强调多数人统治，但却没有保护少数人权利的相应机制，这就不可避免会出现多数暴政。实际上，这种多数暴政在雅典的民主制度安排中的最重要表现就是"陶片放逐法"。陶片放逐法意味着只要多数人同意就可以决定哪些公民被放逐。作为城邦最高权力机构，公民大会的规模常常保持在 6 000 人以上。通过多数表决做出的判决，在相当程度上取决于投票人的情绪，而投票人极有可能在少数人的鼓动下丧失理智。因此，这样的判决未必是理性的和经过深思熟虑的，也未必是公平的。尤其是到了雅典城邦政治的后期，党派斗争频繁尖锐，这种制度越来越暴露出它的弊端，失去了维护民主秩序的作用。

（4）雅典城邦民主制中直接民主的制度设计导致了民主质量的下降。

雅典城邦民主制的精神是"人民的统治"，而为了实现人民的统治，一是确立了所有成年公民都可自由参加的公民大会作为最高权力机关，由它来讨论和决定城邦一切重大事项；二是采取抽签选官，以保证所有公民的机会均等。但是，频繁举行大规模集会不可避免地会导致民主质量下降，因为公众聚集很容易形成非理性的激动情绪和盲目斗气，也非常容易被别有用心的人所蛊惑误导。正如有批评家指出的，在公共机构内从事戏剧表演的人，"通过引入多余的情感和奉承的因素，使公共机构的正常运作脱轨"②。另外，抽签选官的原初目的是让每个公民都有担任公职的同等机会，但其弊端和缺陷也显而易见。由于抽签选官不考虑个人的资质、能力和专业素质，因而具有一定的随意性和不负责任，也容易导致无能和低效。

第二节　古罗马国家的政治制度

一、古罗马国家的形成和发展

古罗马的兴起标志着从小国寡民的城邦到巨型帝国的发展和转变。古罗马人在城邦的基础上，形成了共和国的观念，后通过战争征服，又创立了罗马帝国。"一个世界国家、一种世界法律、一种世界语言和一种世界教会，是罗马才子的特殊表现。"③ 古罗

① 邦雅曼·贡斯当．古代人的自由与现代人的自由．阎克文，刘满贵，译．北京：商务印书馆，1999：27.
② Alex Gottesman. Politics and the street in democratic Athens. Cambridge：Cambridge University Press，2014：86.
③ 克拉勃．近代国家观念．王检，译．北京：商务印书馆，1959：10－11.

马国家的形成和发展历史通常可以划分为三个历史时期，即王政时代、共和时代和帝国时代。

1. 王政时代

古罗马国家是以罗马城为中心逐步发展起来的。罗马城位于意大利半岛的台伯河流域。罗马城是由7个山丘上的村落联合发展而成的。罗马城创建于公元前753年，其创建者为传说中的英雄罗慕路斯。从罗马建城到末代国王于公元前510年被驱逐，构成罗马国家形成的王政时代。王政时代类似于古希腊的英雄时代（荷马时代），是罗马从氏族社会向国家过渡的时期。王政时代的罗马社会组织的基本单位是氏族，一个氏族由若干家庭组成。10个罗马氏族组成1个库里亚（curia，意为胞族），10个库里亚组成1个特里布（tributa，即部落），3个特里布联合在一起，构成“罗马人民”（populus Romanus）。

在王政时代，罗马人一直在为自己在意大利的生存进行着不懈的斗争，其选择的斗争方式就是对周围地区不同势力的征服。建立王政的明确目的就是提供稳定和安全，而对周边地区的征服就是服务于这一目的。随着周围一个接着一个部落被征服以及罗马权力和影响的增长，氏族社会开始出现了贵族和平民的分化。某些富有家庭以及在氏族战争中形成权势的家庭逐步侵占公有土地和属于氏族的其他财产而成为氏族贵族。贵族是整个罗马社会中最富有和最有权势的成员，他们控制着大部分的贸易、行政管理和军队，而且只有他们才能够进入长老会议或被任命和选举为官员。平民主要由小农场主、劳动者和手工艺者构成，还包括部落中的非显贵世家、脱离保护关系的依附民、迁居罗马的外邦人和被罗马征服的拉丁部落的居民。平民占人口的大部分，他们是自由民，但没有政治权利，也不能分得氏族的公有地。同时，许多平民因还不起贵族的债务，而沦为债务奴隶。到公元前6世纪，平民在经济和军事中所起的作用越来越大，对于政治上受排挤、受摆布和受歧视的地位越来越不能忍受，平民与贵族之间的矛盾和斗争成为王政时代罗马社会内部的基本矛盾。这种矛盾最终导致了罗马第六王塞维·图利乌斯的改革。图利乌斯的改革瓦解了罗马的氏族制度，一个以地区划分和财产差别为基础的国家制度开始形成。

2. 共和时代

王政时代的最后一位国王在公元前510年被暴力驱逐，罗马人没有再推选出新的王，而是彻底摒弃了君主制，罗马进入了共和时代。罗马共和时代主要是指公元前509年到公元前27年之间的共和国时期，历时近500年。在共和时代，罗马的历史发展围绕两条主线展开：一条是罗马共和国内部平民与贵族的斗争继续发展，提升了罗马国家发展的内涵；另一条是罗马对意大利的征服和对外扩张，导致罗马国家发展的外延扩大，最终促使共和国的灭亡和罗马帝国的成长。

平民与贵族之间的斗争主要围绕土地问题、债务问题及政治权利问题而展开。罗马氏族制度时代的土地是氏族共同占有、分配和使用的，而随着氏族社会的解体和氏族社会的经济分化，享有特权的氏族贵族占有罗马建城以来夺得的大片公有土地，没落贫困家庭只有通过与贵族达成保护与被保护的关系才能领得其中一份，而氏族之外的人数越来越多的平民则被排除对公有土地的分配和占有。随着罗马的对外征服和扩张，平民的作用越来越大，但却被排斥在不断增加的“公地”之外。因此，土地问题成为平民与贵族斗争的中心内容。债务问题也与土地问题相关，平民由于受到贵族的高利贷盘剥，因此沦为债务奴隶。围绕债务问题，平民与贵族展开了长期的斗争。土地问题和债务问题也导致平民在政治上无权或少权的地位，在罗马国家形成的早期，氏族贵族掌握了国家的主要权力。掌握实权的元老院全部由贵族组成，其他高级官职也由贵族充任。总之，在政治、宗教、司法、土地分配、战利品分配、债务、诉讼等方面，贵族都有绝对权力。因此，打破贵族对国家权力的垄断，向贵族争取政治权利成为平民与贵族斗争的第三个内容。

在共和时代，平民与贵族围绕政治权力的斗争长达两个多世纪，最终以平民的胜利而告终。在共和国初期，贵族独占了所有的权力。由于平民发动的“分离运动”，迫使贵族让步，从而使平民获得了一定的政治权利，包括可以担任选任官员、成为元老院的议员，允许平民选举保护自己权益的保民官。但这些权利仅限于富有的平民，他们成为罗马的新贵。大多数平民仍然没有多少机会发挥重要的政治影响力。到公元前 3 世纪，平民反对贵族的长期斗争取得成效，改善了罗马平民的社会政治地位，提升了平民对于罗马国家的认同，促进了罗马国家的形成。

罗马的历史不仅是共和国内部平民与贵族的斗争史，也是一部对外扩张史。罗马社会内部平民与贵族的斗争，最终摧毁了旧的氏族制度，使罗马的国家机器变得日益完备，为罗马对意大利的征服和对外扩张事业创造了条件，迎来了势力得到最大扩张的时期，而罗马为争取在意大利的生存而进行的对外扩张则促进了罗马国家的进一步发展。到公元前 3 世纪 70 年代，除了北部的波河流域外，罗马几乎征服了整个意大利。从公元前 3 世纪中叶开始，罗马开始了对外的扩张。通过三次对迦太基人的布匿战争，到公元前 2 世纪，罗马由意大利的统治者扩张成为东起小亚细亚、西抵大西洋岸的地中海世界的霸主。过去建立在城邦基础上的共和国体制已不能适应变化的现实而面临解体，一种新的帝国体制成长起来。

3. 帝国时代

罗马的对外征服与扩张使其超出了城邦的狭窄范围而成为一个超级大国。版图的扩大必然带来统治形式的变化。随着共和国的权力日益向军事强人转移，共和体制被削弱；在军事强人的内战中，共和国终于走向衰亡，代之而起的是罗马帝国。公元前 27 年，屋大维在相继战胜政敌后，正式建立了个人的军事独裁统治。屋大维一方面保留了共和国时期的各种政治机构，如公民大会、元老院、执政官和其他官职，但却使之形同虚设；另一方面又在共和制的外衣下，独揽一切大权，成为元首（或可译作“第一公民”）、终身执政官、保民官、大祭司长、首席元老等。他可以推翻或否决元老院和公民大会的决议，推荐各种重要官职的人选，并获得了“奥古斯都”（意为至尊至圣）的尊号和“祖国之父”的称号。实际上，元首就是君主，元首制就是君主制。屋大维在位期间，不断对外征战，征服了西班牙、多瑙河中下游地区，把帝国版图扩大到莱茵河地区。经过连年征战，罗马帝国成为地跨欧洲、亚洲、非洲，地中海成为罗马内湖的庞大帝国。正如恩格斯所说，“罗马的世界统治一下子永远结束了小的联盟；军事暴力、罗马的审判权、税收机构彻底瓦解了传统的内部组织。”① 在其后的 200 余年，没有大的征伐活动，中央集权进一步加强，帝国的统治达到了全盛，国家稳定、社会繁荣，史称“罗马和平”。

---

① 马克思，恩格斯．马克思恩格斯选集：第 4 卷．3 版．北京：人民出版社，2012：343.

到公元3世纪，罗马奴隶制经济开始爆发危机，各地起义此起彼伏，政治局势极度动荡。帝国后期不断加强军事独裁，镇压奴隶、隶农反叛，遏制蛮族进攻，消灭争夺帝位的对手。395年，帝国最终分裂为东、西两部分，即东罗马帝国和西罗马帝国。随着帝国的衰落，北边的日耳曼蛮族不断入侵，并在西罗马帝国原来的土地上建立起众多的蛮族国家。476年，西罗马帝国的最后一位皇帝被日耳曼人废黜，西罗马帝国灭亡。

二、古罗马的政治制度

1. 王政时代的政治制度

王政时代是古罗马国家的形成时期，该时期正是罗马社会从氏族制度向国家的过渡时期。这一时期的政治制度表现出军事民主制的色彩。王政时代的罗马共有三个重要的机构，分别是王（勒克斯）、公民大会和长老会议。

（1）王。

王在拉丁语中被称作勒克斯（rex），是部落联盟首领的意思。王是军事首领、最高祭司，并主持某些重要的审判。王主要由公民大会选举产生。在整个王政时代，先后有7个王，其中有5个王是选举产生的。公元前6世纪，罗马氏族公社制度日益衰败。在平民的压力下，罗马第六王塞维·图利乌斯进行了两项改革，标志着罗马氏族社会向罗马国家的转变。

（2）公民大会。

公民大会又称库里亚大会，由全体氏族成年男子参加，按库里亚分组议事，在通过决议时，30个库里亚各有一票表决权。公民大会主要解决罗马公社生活中最重要的事务，如选举高级公职人员（包括“王”）、通过或否决一切法律、决定战争、审判重大案件等。由全体氏族成员参加的公民大会体现了氏族社会的原始民主精神。

（3）长老会议。

长老会议是王的咨询机构，由300个氏族的豪门贵族长老组成。长老会议相当于公民大会的预决机构，有权预先讨论向公民大会提出的重大问题。长老会议握有收税、征兵、媾和等权力，能操纵公民大会并对“王”施加决定性影响。

2. 共和时代的政治制度

公元前509年，罗马进入共和国时代。罗马人把自己的国家称为共和国（res publica，即公共事务），国家的管理权掌握在罗马公民——元老院和人民手中。人民通过人民大会制定公共政策，人民选举产生共和国的所有官吏，官吏负责执行人民大会所制定的各项决策。

（1）人民大会。

人民大会是罗马共和时代的最高国家权力机关，包括森杜里亚大会和特里布大会两种形式。森杜里亚大会即百人队大会，其最初是一种以军事内容为主的大会，后来成为公民参政性的最高类型的人民大会，具有立法权，决定战争与媾和的权力，选举包括执政官、监察官在内的一切普通高级职位的权力，还享有部分的司法权。特里布大会是罗马民主程度最高的人民大会，最初只有平民参加，因此又称为平民大会。作为立法机关，它日益取代森杜里亚大会而变成拥有最高立法权的主要机构。同时，它还具有选举权，选举产生财务官、营造官、保民官和其他低级官员等。此外，它还拥有司法审判权。

(2) 元老院。

元老院是罗马共和国时期最为重要的机构，由王政时代的长老会议发展而成，拥有着罗马共和国的最高权力。元老院一般由300人组成，最初进入元老院的是贵族，随着平民政治权利的扩大，他们在元老院的人数逐渐增加。到公元前3世纪，绝大多数的元老院议员都是新贵。元老院享有广泛的权力，提交人民大会的议案须经元老院预先同意，人民大会的决定也须经元老院批准，元老院可宣布非常状态，可任命独裁官。宣战、媾和以及盟约的权力虽属人民大会，但一切准备工作均由元老院进行。元老院还掌握着国家财政税收、编制预算、监督铸币等大权。在公元前123年格拉古兄弟改革以前，司法审判权也受元老院控制。总之，在罗马共和国的政制中，元老院处于权力的中心地位。

(3) 高级官员。

高级官员包括执政官、行政长官、监察官、独裁官和保民官等。执政官是罗马共和国的最高行政长官和军队统帅，执政官共有2人，由森杜里亚大会选举产生，任期1年。两名执政官职权相等，互有否决对方的权力，一切重要的民政事务必须共同决定、共同行动。执政官也是罗马军队的最高军事统帅，负责国内安全。但执政官的军事统帅权限于罗马城以外，战争结束后，执政官以公民身份入城。执政官有权召集元老院会议和人民大会，并担任主席，有权向元老院和人民大会提出建议和法案，并执行元老院和人民大会的决议。执政官还领导官吏选举。总之，执政官是罗马共和国内集军事、行政、立法、司法权力于一身的最高官吏。行政长官是负责诉讼方面的最高长官，是司法方面的最高领导者，自公元前242年起由2人担任，分别负责罗马和罗马以外的诉讼、审判事务，任期1年。随着罗马行省数目的增加，行政长官数量也在不断增加。行政长官被认为是仅次于执政官的最重要的官吏，在特殊情况下，可代理执政官。监察官是位于执政官和行政长官之后的高级官吏，他们的权力极为广泛，主要职责是审查元老院的名单、进行公民调查、管理公共财产和公共工程、监督公民道德等。监察官每5年选举一次，任期为18个月。独裁官是国家处于紧急状态下由元老院任命的特殊官职。独裁官享有最高军事权和民政权，但只能在一定的受委托的范围内行使，其权力的有效期不超过6个月。保民官也是罗马共和国时期的重要高级官吏，是平民与贵族斗争的重要成果。保民官由特里布大会选出，开始由2人组成，后为5人，公元前457年增至10人，任期1年。保民官本不是公职人员，没有强制权，随着人民大会作为立法机关权力的增长，其权力日趋扩大。保民官的主要职责是保护平民的利益不受贵族的侵犯。由于保民官是代表平民说话，反对任何官员滥用职权，因而保民官的人身是神圣不可侵犯的。后来，保民官的权力发展成为“否决权”，有权否决其他官员的命令、元老院的决定，非经保民官撤销否决，被其否决的命令和决定都不能生效。值得注意的是，保民官的否决权是分别拥有的，无须协议一致，一人否决即可生效。

共和时代的高级官员都具有这样几个共同的特点：其一，除独裁官等特殊职位外，所有的官吏都是经人民选举出来的；其二，这些官吏都是没有报酬的；其三，他们的任职都有一定的期限；其四，除保民官的否决权外，他们之间所作的决定必须一致通过，即使有一个成员反对也会使事情停顿下来；其五，除独裁官、监察官和保民官外，所有的官吏都要对任职期间的行为负责。

3. 帝国时代的政治制度

罗马的共和体制延续了近500年，于公元前1世纪开始走向衰败。公元前27年，屋大维被授予“奥古斯都”称号，罗马共和国的时代终结，代之而起的是罗马帝国。帝国时代的政治制度从某种意义上讲是一种君主专制体制。这种专制政体的建立首先适应了罗马从共和国到帝国的转变需要。从客观上讲，以城邦制为基础的共和体制已经不适应庞大帝国统治的要求。社会矛盾的复杂化和激化需要一种更强有力的统治体制。从主观上看，当时罗马已经具备了实行专制统治的力量，即手握重兵的军事统帅。罗马帝国的政治制度先后实行了元首制和君主制。

（1）元首制。

罗马帝国的元首制是由屋大维（被尊称为“奥古斯都”）创立的一种个人独裁体制，又称为奥古斯都体制。这种体制的特点是保留共和体制的形式，利用共和体制的合法程序赋予元首绝对权力，建立起凌驾于元老院、一切官员和全体人民之上的个人独裁统治。在元首制下，人民大会、元老院、执政官、监察官、保民官等共和体制机构仍然存在，但失去了原有的权力。屋大维通过共和体制的合法程序当选为元老院的“首席元老”和人民大会的“首席公民”，并被任命为终身执政官、终身保民官、行政长官、大省总督。与此同时，他还建立了一套与共和体制国家机构并存的元首制新机构：一是元首的专员督办，负责罗马城的粮食、给水、消防和道路修筑。这些事务在共和时代本是由各级官员去执行，现在则由元首另派专人管理，他们直接对元首负责。二是元首的御前会议。御前会议是以元首为中心的一个管理机构，其成员包括元首本人、行政长官、财务官等共和官员各1名，以及由抽签产生的元老院元老15人。御前会议制定一切重要政策，交付元老院通过。随着元首御前会议的设立，元老院的地位进一步下降。三是元首的内务府。管理元首办公室和宫廷内务的助手侍臣，掌管文书、档案、内库、司法等，他们比元老院和其他官员有更大的干政权。在地方治理方面，屋大维还整顿了行省制度。他把行省分为两大类：元老院管理的行省和直属元首的行省。前者由元老院任命副执政官进行统治，后者为元首的直属领地，由元首直接管理。

（2）君主制时期的政治制度。

公元284年，宫廷卫队首领戴克里先由军队拥立为帝，罗马帝国由元首制时期进入君主制时期。在君主制下，共和国的外衣被抛弃，元老院的政治权力被剥夺，所有的全国性的政治问题不再交元老院讨论，所有与共和体制相关的行政职位如执政官、监察官、保民官都成了荣誉称号，全部国家权力集中到了君主和他的官僚机构手中。罗马帝国的君主制又先后区分为四帝共治体制和君士坦丁体制。四帝共治体制由戴克里先所创立。为了更有效地巩固君主专制制度，戴克里先把帝国划分东、西两个总区，随后又将东、西两个总区各划分为两个大区，全国共分四个大区，分别由四个统治者治理。四个统治者中，戴克里先和马克西米为正职，称“奥古斯都”；加列里阿和君士坦丁为副职，称“恺撒”。帝国仍为一个统一的整体，奥古斯都缺位时，由恺撒递补，整个帝国的最高权力仍归戴克里先。公元323年，君士坦丁夺取罗马帝国的最高权力，废除了四帝共治体制，君士坦丁成为罗马帝国唯一的统治者，建立起一种彻底的君主专制政体，史称“君士坦丁体制”。在这种体制下，皇帝本身也已神化，所有的高级军政官员完全由皇帝指派，皇帝的意志成为唯一的法律。帝国的官僚机构空前扩大，官阶严整，品秩尊贵，职级分明。在君士坦丁体制时期，罗马帝国官僚体制中的重要机构是枢密院。枢密院又称御前会议，是皇帝直接主持的最高国务会议，其成员是由皇帝任命的高级官员，是根据皇帝的意志进行决策和对帝国进行管理的最高机关。

4. 古罗马的行省制度

行省制度是罗马在被其征服的地区建立的一种管理制度，形成于罗马共和国后期。“行省”一词源于拉丁文 provincia，有“委托”之意，原指意大利境内的行政区或境外由罗马官员治理的地区，后专指意大利境外那些必须向罗马国家纳贡的属地。行省设置约始于公元前 3 世纪下半叶，随着罗马国家的领土扩张，行省数目不断增加，到公元前 2 世纪已建立 9 个行省。每建一个行省，元老院都会制定治理该行省的法规，确定该行省的区域范围、城镇数目及行省居民的权利和义务，规定该行省应缴纳贡赋的品种与数量。行省的土地、资源等被宣布为罗马国有财产，由国家经营、转让或出租。行省的统治者称总督，一般由卸任的执政官担任。总督治理行省的期限通常为 1 年（后来总督的任职期限被延至 5 年）。总督对行省拥有军事、民政和司法的最高权力，在行省内拥有生杀予夺的全权。

到帝国时代，罗马共和国时就已经实行的行省制度得以延续并进一步完备。君主制时期，罗马帝国的地方行政单位是行省和行政区。帝国被划分为 101 个行省，每 10～12 个行省合为一个行政区。罗马帝国共划分为 12 个行政区。行省由总督和副执政官管理，军民分治，行省总督和副执政官不掌兵权。行政区则由副近卫长官管辖，副近卫长官从属于近卫长官。近卫长官则从属于奥古斯都。因此，罗马帝国的军政权力都掌握在奥古斯都和近卫长官手中。

三、古罗马政治制度的影响

1. “共和国”的观念和制度形式被后世广泛吸收

如果说城邦是古希腊人建立起来的基本政治单位的话，那么，古罗马人则在城邦的基础上创立了“共和国”的观念和制度。共和国是古代西方国家发展史的一个重大创新。古罗马人相比于古希腊人更具有开放性，他们接受了一批批强制迁入和自由移居罗马的自由民，吸收大量被征服地区的自由民，扩大了政治的基础，同时也突破了城邦的狭隘形式。政治共同体的基础不再是古希腊人的伦理，而是必不可少的法律以及法律规定的权利义务。政治的空间不再是城邦，而是对城邦政治形式的超越——共和国。共和国与城邦的区别不仅在于外延的扩大，而且在于内涵的深化。共和国的拉丁文是 res publica，字面含义是“公共事务”“共同的事业”。古罗马政治家西塞罗指出：“国家乃人民的事业，但人民不是人们某种随意聚合的集合体，而是许多人基于法的一致和利益的共同而结合起来的集合体。”[①] 这种共和国的观念和形式为后世所吸收，成为现代国家的一种重要形态。

2. 古罗马的混合政体启迪了后世的政治制度设计

古罗马政治制度对后世的最大影响在于其混合政体形式。所谓混合政体，就是结合君主制、贵族制和民主制三种体制因素而产生的一种新的政体形式。古希腊历史学家波里比阿在研究古罗马政治制度时，把罗马共和国实行的政体看成是一种混合政体。他认为，这

① 西塞罗．论共和国·论法律．王焕生，译．北京：中国政法大学出版社，1997：39.

种混合政体的特点在于把国家权力合理地分配于元老院、人民大会和执政官三个机构，使之造成既相互“抵制”又相互“配合”的分权制衡局面。波里比阿十分推崇古罗马的混合政体，认为没有比罗马共和国的这种混合政体更好的政治制度了。罗马共和国时期的政治家西塞罗指出，混合政体中的各权力机构的职权范围正是用法律来规定和限制的。波里比阿和西塞罗关于混合政体的理论总结，对于西方政治制度的建设产生了深远的影响。孟德斯鸠的三权分立理论、美国独立后的政治制度设计，都不同程度地吸收了罗马共和国混合政体的制度精神。

3. 罗马法是古罗马最宝贵的遗产之一

古罗马在政治文化方面留给后世的最为不朽的遗产是罗马法。罗马法，一般泛指罗马奴隶制国家法律的总称，存在于罗马奴隶制国家的整个历史时期。它既包括自罗马国家产生至西罗马帝国灭亡时期的法律、皇帝的命令、元老院的告示、成文法和一些习惯法，也包括公元7世纪中叶以前东罗马帝国的法律。罗马法由市民法和万民法两个体系组成。市民法是在罗马共和国前期形成的一个仅适用于罗马市民的法律体系，主要涉及国家行政管理、诉讼程序、财产、婚姻家庭和继承等方面的规范。其法源包括罗马立法机关制定的法律（如《十二铜表法》）、元老院的决议、裁判官的告示以及罗马法学家对法律的解释等。在罗马共和国后期，随着商品经济的发展和外来人口的增多，形成了适用于罗马市民与外来人以及外来人与外来人之间关系的万民法。万民法是外事裁判官在司法活动中逐步创制的法律，它吸收了市民法和外来法的合理因素，但又有所发展和突破。它的基本内容主要是关于所有权和债权方面的规范，很少涉及婚姻、家庭和继承等内容。万民法的产生，使罗马私法出现了两个不同体系。但是市民法和万民法不是截然对立的，而是互为补充的。公元3世纪开始，罗马法从创新阶段进入汇编阶段。从罗马帝国时期到东罗马帝国的几位皇帝都曾组织人力进行过法典的整理和编纂工作。公元528年，东罗马帝国的皇帝查士丁尼任命法学家负责清理以往颁布的法令，编撰成为《查士丁尼民法大全》，成为欧洲历史上第一部全面系统的法律。它提出了公法与私法的区分，公法是关于罗马帝国政府的法律，私法是有关个人权益的法律。私法又分为人法、物法和诉讼程序法，体现了私有制和商品交换本质的法律关系。罗马法特别是罗马私法，根据恩格斯的说法，是“我们所知道的以私有制为基础的法的最完备形式”①。罗马法中所包含的重视民间私人权利和主张私人平等的精神，为新兴资产阶级民权思想的形成提供了重要的理论依据，在资产阶级取得政权后，又为资产阶级法律体系的建立提供了范本。

第三节　中世纪西欧政治制度

一、中世纪西欧封建制度的形成

1. 进入中世纪

在西欧的历史分期上，中世纪是指公元476年西罗马帝国灭亡到16世纪近代国家产

---

① 马克思，恩格斯．马克思恩格斯选集：第3卷．3版．北京：人民出版社，2012：481.

生这整整 1 000 年的历史时期。人们以往习惯于把中世纪称为野蛮、愚昧和滞后的“黑暗时期”，但这一说法已被一些史学家修正，例如，美国历史学家伯恩斯和拉尔夫就认为，只有从公元 400 年到公元 1 000 年才是真正的“黑暗时期”。

西罗马帝国灭亡的根本原因是西罗马帝国赖以生存的古代奴隶制度陷入严重危机而不能自拔，而直接原因则是日耳曼蛮族武装移民的大规模入侵。日耳曼人是居住在波罗的海和北海沿岸地带的一个古老的欧洲民族，由若干部落组成，其中较重要的是法兰克人、汪达尔人、伦巴德人、东哥特人和西哥特人。由于其尚处在氏族社会后期，因而被罗马人称为“野蛮人”。莱茵河和多瑙河大体成为他们和罗马帝国的分界线。罗马帝国逐渐衰落之际，少数日耳曼人进入罗马境内，成为雇佣兵、手工工人，或在庄园劳动。还有一些战争俘虏成为罗马帝国大庄园的奴隶。从公元 4 世纪后期开始，三个方面的原因引起了日耳曼人向罗马帝国大规模移民，史称“民族大迁徙”。一是罗马帝国由于赖以生存的奴隶制经济的危机而陷入衰败之中；二是日耳曼人各部落联盟因人口的迅速增长，迫切需要寻找新的居住地；三是匈奴人从中亚草原西迁进入欧洲，先后击败东哥特人和西哥特人，迫使西哥特人渡过多瑙河，引起了连锁反应，日耳曼人如潮水般向罗马帝国境内涌来，形成了一场绵延二百余年的日耳曼人涌向罗马帝国的民族大迁徙运动。这场民族大迁徙从初期的“避难”最终发展成为大规模的武装移民入侵。日耳曼蛮族的大规模入侵，使罗马帝国沦为一片废墟。公元 476 年，西罗马帝国随着最后一位皇帝被废黜而灭亡。在西罗马帝国的废墟上，日耳曼各部落建立了众多日耳曼人的国家。如西哥特人建立了包括卢瓦尔河以南的西南高卢和比利牛斯半岛大片土地的西哥特王国。东哥特人建立了以整个意大利为版图的东哥特王国。5 世纪初，勃艮第人占领高卢东南部，以里昂为首都建立了勃艮第王国。法兰克人首领克洛维在卢瓦尔河以北高卢地区建立了法兰克王国。公元 500 年，克洛维征服了勃艮第王国，507 年又将西哥特人赶出了高卢。在克洛维去世前，法兰克已统一高卢大部分地区，并向莱茵河以东扩张，成为西欧蛮族王国中疆域最大的国家。原来生活在日德兰半岛的盎格鲁-撒克逊人在公元 5 世纪渡海来到大不列颠岛，通过征服确立了盎格鲁-撒克逊人的统治地位。

2. 西欧封建制度的形成

中世纪西欧盛行的是封建制度，封建制度既是一种土地占有制度，也是一种统治制度。作为一种封建土地占有制度，国王名义上是所有土地的所有者，除了自己留有一块作为王室领地外，把其余土地作为封建采邑分封给教俗大封建主——公爵、伯爵和大主教、修道院院长，从而建立起以土地关系为纽带的领主-封臣关系。各级封建主依此类推，同样把土地作为采邑，逐级分封，形成层层的领主-封臣关系。分封土地的是领主，受封者是封臣，而分封的土地就是采邑。采邑一词的原意是恩赏，主要指西欧中世纪早期国王封赏给臣属终身享有的土地。在法兰克王国的墨洛温王朝时期，国王对服军役或执行其他任务的臣属，以封赐土地或金钱等作为恩赏，称作采邑。因此，封建采邑制主要有三个基本要素，即采邑、领主与封臣。采邑是领主分封给封臣的土地；领主给封臣一块土地作为采邑，并保护封臣及其采邑不受伤害；作为回报，封臣则必须宣誓效忠领主，并提供封建义务，主要是响应领主的征召服兵役以保护领主的权益。领主与封臣之间是一种封建契约关系。

作为一种统治制度，封建制度的本质特征就是裂土而治。每个领主都是自己封地内的最高统治者，掌握着行政、税收和司法特权，这些权利是与土地联结在一起的，被视为土地拥有者的一种特权。美国历史学家汤普逊指出："封建制度即由个别私人在或大或小的领土范围内，在或高或低的程度上，代表或占有，夺取或行使公共权力的制度。它是由地主贵族、俗人或僧侣、男爵或主教或住持在一定的领土范围内，对那里的居民办理行政、执行司法、征收赋税的制度。在这样一个政体里，政府的实质是分裂的。王权只保留了一个空洞的宗主地位（宗主权），只是一个名义上的权力，而国王被缩成为一个阴影而已。"① 在封建统治制度下，存在着多种势力：王室、教会、贵族和自治城市。每一种势力都极力发展自己的权力，并阻挠其他势力权力的增长，其必然的结果就是每一种势力都不具有绝对的优势，各自在自己的"势力范围"内行使自己的统治权。君主只不过是王中之王，而封建采邑则成为国中之国。君主的权力仅限于王室领地，而封臣则在自己的领地内行使统治权。

二、中世纪封建时期的西欧政治制度

1. 封建君主制

封建君主制是对西欧封建国家主要政治形态的一种统称。中世纪西欧封建国家，依次经历了封建主义国家、等级制国家和绝对主义国家等三种国家形态。与此相应，封建君主制也经历了三种统治形式，即贵族君主制、等级君主制和专制君主制。

中世纪西欧封建君主制的演变

（1）贵族君主制。

贵族君主制又称封建割据君主制，是与土地分封制相适应的封建君主制的早期形态，广泛存在于9—13世纪的欧洲。日耳曼蛮族在罗马帝国废墟上建立起来的封建王国一般都采用了封建割据君主制的形式。在封建割据君主制下，国王只是形式上的一国君主，实际上只是一个大领主，其统治权仅限于自己的领地，而其他大大小小的诸侯贵族在自己的领地内享有政治、经济、司法等独立的权力，国王不得干涉。诸侯贵族的领地事实上成为半独立性的国家，诸侯贵族也俨然就是领地的"国王"。在封建割据君主制下，国王和封建大贵族之间始终存在着强化王权与限制、削弱王权的斗争，国王与封建大贵族之间的矛盾构成封建政治关系的主要矛盾。

（2）等级君主制。

等级君主制是从封建割据君主制到专制君主制之间的过渡形态。等级君主制又称为等级代表君主制，在君主之下，有一个由僧侣、贵族和商人代表组成的等级代表会议。等级代表会议的表决对君主没有约束力，但君主必须借助等级代表会议实施统治，如君主征税必须征得等级代表会议的同意。自12世纪起，由于工商业的发展、城市的兴起和市民阶级的成长，农民对封建主的反抗加剧，而国王与大封建主的矛盾也更加尖锐，在国王、大贵族和农民、市民等各方力量的斗争与博弈中，国王或被动或主动地召开有各个等级的代表参加的会议，建立了等级君主制。英国亨利三世（1216—1272年在位）在与贵族反对

① 汤普逊．中世纪经济社会史：上册．耿淡如，译．北京：商务印书馆，1961：302.

派的内战中兵败被俘，反对派领袖孟福尔于1265年召集有贵族、骑士和市民代表参加的会议，这次会议被认为是英国议会的开端。1295年，爱德华一世为了征收新税，开始定期召集贵族、骑士和市民会议。法国在争取国家统一和加强王权的斗争中，与罗马教廷发生了尖锐的冲突。国王菲利普四世（1285—1314年在位）为取得反对罗马教廷斗争的胜利，于1302年首次召开了有僧侣、世俗贵族、市民代表参加的三级会议。城市市民即属于所谓“第三等级”，他们是被统治阶级，负担着国家的各种赋税和封建义务，没有任何权利。第三等级的上层为市民中的富有者，即后来的资产阶级，而城市平民、手工工场的打工者和农民则是第三等级的下层。出席三级会议的市民代表当然都出自富裕的上层。三级会议虽然是国王的咨询机关，但它的建立标志着国王同封建贵族、上层市民联盟的形成。

（3）专制君主制。

专制君主制是封建君主制的最高和最后形式。其主要特征是：君主拥有绝对至上的权力，君主不受任何来自外部的限制和监督，君主按照自己的意志来行使权力。15世纪以后，商品经济进一步发展，农民反封建斗争日益激烈，市民力量不断壮大，国王通过包括战争在内的一切手段消灭了一切封建割据势力，建立起中央集权的君主专制制度。专制君主制适应了商品经济发展和建立统一的民族国家的要求，国王也将权力延展到全国各地，成为真正的一国之君。英国都铎王朝（1485—1603年）依靠新贵族和资产阶级的支持，打击和削弱大贵族势力，实行专制统治。亨利七世（1485—1509年在位）设立的枢密院名为国王的咨询机关，实际上起着行政中枢的作用。枢密院在国王的直接操纵下，制定法令，掌握最高司法权，主持皇室法庭。枢密官是国王的得力助手，一般从新贵族和资产阶级中选任。议会虽然没有停止活动，但只能按国王的旨意行事，实际上成了国王的御用工具。法国的君主专制始于路易十一统治时期（1461—1483年在位），经历了查理八世、路易十二、法兰西斯一世三代君主才最终确立。在此期间，原有的三级会议停止召开，国王凭借自己的军队任意征税，一切重大决策都由国王及其少数近臣决定。

2. 中世纪西欧自治城市的政治制度

中世纪西欧自治城市的政治制度是中世纪西欧政治制度的重要组成部分。

（1）商业的复兴与中世纪城市的兴起。

虽然中世纪封建制度的政治、经济和意识形态不利于商业活动的产生，但是，商业还是随着封建秩序的恢复，以不可遏制的力量重新复兴。对此，比利时中世纪史专家亨利·皮朗作了十分有见地的解释。首先，商业适应人类追求冒险与喜爱谋利的本性。其次，随着中世纪人口的增长，出现了一批没有土地的人群。“商业和工业最初从没有土地的人们中间获得发展，这些人在以土地为唯一生存基础的社会里，可以说是生活在社会的边缘的。”[①]但是，中世纪商业复兴的推动力来自外界，凝固于农业文明中的西欧，倘若没有外界的刺激和范例，是不能如此迅速地习惯于一种新的生活的。中世纪商品经济的复兴，导致的一个最重大的后果就是城市的兴起。“城市的兴起，论过程，是演进的；但论结果，是革命

① 亨利·皮朗．中世纪欧洲经济社会史．乐文，译．上海：上海人民出版社，2001：44.

的。”[①] 这种革命主要表现在这些城市通过各种方式获得自治权，成为自治城市。如12世纪以后，意大利的威尼斯、米兰、热那亚、佛罗伦萨等少数城市相继通过武力或赎买的方式，摆脱封建领主的束缚，取得自治权。自治城市的特征就是自治，自治城市作为一个整体享有独立的行政、司法、财政以及对外宣战和媾和等权力。具体说来，自治包括三个方面的内容：一是人身自由。城市市民摆脱了封建人身依附关系，享有人身自由，而人身自由是城市市民从事工商业活动的前提。二是司法自治，城市摆脱封建领主司法权和传统法律的束缚，城市市民只能由自己的司法机关审判。三是行政自治，城市组织自己的行政自治机构，建立独立的税收财政系统来实现自己对城市事务的管理。

(2) 自治城市的政权组织形式。

中世纪的自治城市在西欧各国呈现出不同形态，如在英国和法国为自由市、自治市或公社城市，在意大利为城市共和国，在德国为直属皇帝的帝国城市。它们都享有行政、司法、财政和军事大权，制定自己特有的城市法律，宣布城市公民在法律面前享有平等权利，依法选举产生代议机关——市议会作为最高权力机构，讨论决定一切重大事项，并组建行会来进行行业自治管理，从而拥有了特别的政治和行政管理机构。[②] 自治城市的政权组织，一般包括法庭、城市议会和形式各异的行政机关。

法庭是自治城市的司法机关。城市在摆脱了封建领主的司法权和传统法律的束缚之后，成立了自己的法庭，制定了符合商业关系的法律程序，并声称城市市民只接受城市法庭的审判。对于法官，有的城市是由市民选出，也有的是由城市公社提名经封建领主批准。城市通过自己的选举，产生议会和公职人员。自治城市的行政机关名称各异，如在佛罗伦萨共和国，最高行政机关是长老会议，长老既是城市最高行政首脑，也是城市武装的最高指挥。而在诺曼底的鲁昂，行政机关首脑则是市长，市政管理机关是由100人组成的集体——“百人会”，具有初级的司法权、行政权以及任命市政官员的权力，再由“百人会”选举产生24名陪审员。这24个人再分成两组，12人为市政官，另12人为顾问。“百人会”还要推举3个市长候选人，由顾问任命其中1人为市长。市长权力广泛，如主持法庭、处理日常行政事务等。自治城市的立法机关一般是议会，如在威尼斯共和国，大议会是最高立法和监察机关，由富裕者的上层选出480名议员组成。而实际权力掌握在由大议会选出的小议会（元老院）手中。

3. 基督教教会统治体系

基督教教会统治体系也是中世纪西欧封建政治制度的重要组成部分。罗马帝国灭亡后，整个西欧陷入了一片混乱之中，蛮族有能力毁灭一个旧世界，却无力建设一个新世界。在这种情况下，教会填补了权力的真空，从事着社会管理的世俗事务。8世纪中叶，教皇在意大利中部的罗马建立了政教合一的教皇国，并逐步在西欧各国建立了自上而下、等级森严的教会组织。在这个教会权力等级结构中，位于顶端的就是罗马教皇。随着教会势力的扩大，形成了以罗马教皇为中心的中央集权的教会统治体制，而各国形成了一整套与世俗王国的行政体系并行的教阶体制。教会享有独立的行政、司法、财政等权力，是中

① 汤普逊．中世纪经济社会史：下．耿淡如，译．北京：商务印书馆，1963：424.

② 马长山．国家、市民社会与法治．北京：商务印书馆，2002：54.

世纪西欧政治生活中的重要势力，并在12—13世纪达到鼎盛。13世纪，教皇通令西欧各国教会建立了宗教裁判所。宗教裁判所又称宗教法庭，成为罗马的基督教会侦察和审判异端的机构，旨在残酷迫害和镇压一切反教会、反封建的异端，以及有异端思想或同情异端的人。

在西欧封建化过程中，各国国王为了抑制诸侯贵族的分离倾向，巩固自己的统治地位，需要基督教作为统治的支柱和罗马教会的支持，罗马教会也需要世俗君主给予政治、军事上的扶助，因而形成了王权与教权的联盟。王权经过教皇的批准而取得了合法性并被神圣化，罗马教会也因为各国国王的接受和支持而建立起在整个西欧的统治地位。但是，随着教会权力的日益强大和扩张，教会不仅要求在精神领域的统治地位，而且力图控制世俗权力，宣称“教权至上”，即一切统治权力都来源于上帝；教会是上帝在尘世的唯一代表，代表上帝管理人间的一切事务，是教会把治理国家的权力委托给了君主。因此，教会高于国家，世上的国王、诸侯都必须对教皇表示恭顺和虔敬。教会对世俗事务的干涉，势必引起各国君主的抵制和反抗，引发王权与教权的冲突。王权的支持者们则提出“君权神授”。他们认为，国王的权力和教皇的权力一样都是来自上帝，在上帝面前，王权与教权是平等的，教会没有干预世俗政权的特权。因此，在整个中世纪的西欧，王权与教权既有联盟与合作，也有权力的争夺和冲突，在冲突中双方互有胜负。大体来说，在中世纪前期，教会权力处于优势地位，并在12、13世纪时达到顶点。自13世纪后，随着国王在与诸侯贵族的斗争中取得优势，王权最终崛起，完成了集权化的过程，建立起近代民族国家。

三、中世纪西欧政治制度的影响

1. 中世纪封建政治孕育了现代宪政主义

中世纪是西欧政治发展的一个重要阶段，西欧封建制度孕育和生成了立宪主义的理念、原则和制度，为现代西方立宪主义政治制度的形成提供了丰富的思想材料和制度外壳。因此，西方有学者认为，“封建主义对早期的立宪政府和代议制政府形式的发展具有深远的影响。”[①] 美国政治学者沃特金斯也指出，“西方的宪政主义兴起于中世纪”[②]。

(1) 封建制度的契约精神推动了现代西方契约政治的形成和发展。

封建制度，本质上就是交互服务的一种契约关系。封建等级制度的一切分子，由农奴起，一直到国王或皇帝止，都是以交互的义务为纽带而紧密联结着的。作为封建制度核心的政治权力，也不例外。“封建君主对其下属的封臣来说既是最高统治者也是土地所有者，但是他对其封臣也要承担一定的义务。在象征性的效忠仪式上，封臣宣誓将忠诚地为君主效劳，作为回报，君主发誓将保护他们。如果君主不能履行其所承担的责任，那么，封臣就免受其义务的约束。关于双方在履行义务方面的争论有时由皇家法庭受理，有时由封臣

① 戴维·米勒，韦农·波格丹诺．布莱克维尔政治学百科全书．邓正来，等译．北京：中国政法大学出版社，1992：259.

② 弗里德里希·沃特金斯．西方政治传统．黄辉，杨健，译．长春：吉林人民出版社，2001：222.

所组成的法庭受理，有时又由军队的审判庭来审理解决。”[①] 从这种封建的统治契约精神中演化出了近代的社会契约观念和现代宪法制度。

（2）封建制度的多元权力并存孕育了现代有限政府的观念和制度。

在中世纪封建制度下，存在着众多的相对独立又互相缠绕的政治单元，如世俗王国、统一的教会、中世纪自治城市、贵族领地、封建庄园等。与此相应，在中世纪封建国家，不只存在一种权力，而是多种权力并存。皇帝和教皇、国王和贵族、领主与封臣，每一个封建头衔和身份都体现了一种权力。多元权力的并存，决定了中世纪政治的独特景观，没有一种权力是绝对的，权力的行使必须得到其他权力拥有者的同意或支持。这种封建多元权力格局，为近代西方政治发展和政治制度设计提供了丰富的观念资源和制度资源。

（3）封建等级会议孕育了现代议会。

议会作为现代西方政治制度中的一个重要组成部分，起源于中世纪封建制度下的等级会议。中世纪等级会议是与封建制度联系在一起的一种独特的统治制度，是适应中世纪封建王国多元化权力格局和地方性政治格局的要求而产生的一种政治制度安排。中世纪等级会议既是国王治理封建王国的一个有用的工具，也是封建贵族限制王权和保障贵族特权特别是土地财产权的一个重要武器。等级会议在各国使用不同的名称，在英国就是“大会议”（parliament，由最初的贵族会议演变成为等级代表会议），在法国就是“三级会议”。这种会议为贵族、僧侣、市民等各种政治势力提供了集合起来的平台，限制王权之为非，反抗王权之暴戾。正是在中世纪等级会议的基础上发展形成了现代议会制度。正如伯奇所言，“英国议会有着从中世纪到近现代的连续不断的发展史。”[②]

总之，中世纪封建制度的统治契约精神、多元权力并存、自由与权利的观念、封建等级会议、基督教的国家工具论为现代西方政治发展提供了丰富的制度与精神资源，预示了现代西方立宪政治的发展和成长。

2. 自治城市的政治实践对西方立宪制度的影响

自治城市既是寄生于封建体系内的一个异数，也是西欧封建社会的一个重要组成部分。城市市民自主的政治活动创造了一整套全新的政治、行政与司法制度体系，尤其是城市市民选举产生的代表制机构时常通过颁布法规来进行“管理”，几乎可以称得上最早的宪法试验。有人认为，城市法律在大多数场合是根据成文的特许状建立起来的，这些既是政府组织的特许状，又是市民权利和特权的特许状。在实效上，它们是最早的近代成文宪法。通过特许状——或者不通过特许状——所建立的政府组织体系在某些重大方面已与当代政治体系相似：城市政府在权力上受到限制；它们通常被分为相互间进行某种制约的行政、立法和司法部门，官员定期选举。关于市民权利和特权的宪法性法律包含与民众参与城市政府相关的权利与特权，这又是和一种从未被完全接受但也从未被完全拒绝的宪法理论相关联的，即政治权力最终属于市民全体。[③] 自治城市的政治实践直接为西方近代民族国家提供了立宪政治的蓝本。

---

① 理查德·派普斯．财产论．蒋琳琦，译．北京：经济科学出版社，2003：127.

② 周叶中．代议制度比较研究．武汉：武汉大学出版社，2005：54.

③ 伯尔曼．法律与革命．贺卫方，等译．北京：中国大百科全书出版社，1993：479－480.

第四节　近现代西方政治制度的形成和发展

一、走出中世纪

1. 近代国家的兴起

地方性和多元权力中心是西欧封建社会的两大景观，由此产生了普遍的战乱及对统一权威的社会需求。在中世纪各种政治势力的相互冲突中，王权日益占据优势地位。

从宗教因素来看，在封建制度下，教会既是一个信仰共同体，同时也是一个世俗组织，拥有大量的地产和宗教管理组织体系。教会一方面抑制了世俗权力的增长，另一方面它也把自己转变成一种世俗势力，参与到中世纪各种势力的争斗中去。但是，教会既没有可由它支配的物质力量，也没有使用武力的合法权力。这就决定了在中世纪长达几百年的教皇与皇帝或国王的斗争中，前者最终败下阵来。从世俗因素来看，世俗因素主要包括王权、贵族和自治城市。在中世纪，贵族阶层的存在本身是战争的结果，但战争既造就了贵族，也消灭了贵族。中世纪的内战大大削弱了贵族的势力，为王权的发展扫除了障碍。中世纪城市普遍奉行“自我主义”的政治方针，每个城市都过分热衷于自己的特权，敌视它的一切邻人，这使得自治城市无力担负完成国家统一的历史任务。在完成国家重建的近代化过程中，国王充当了历史的主要角色。首先，国王虽然以个人意志的面目出现，却与个人意志迥然不同，是人格化的绝对统治权威，是人格化的共同意志。其次，中世纪社会关于国王的观念也帮助了国王完成这个伟大的历史使命。在中世纪，国王往往被视为上帝的代表，国王的职位代表公正、正义和法律。在中世纪有这样的说法，集中体现了中世纪人们关于国王的观念：“国王之所以称为国王，是因为他施政公正。若他以公正行事，他就合乎法理地拥有国王之名。若他不以公正行事，他就可悲地丧失此名。我们先辈有句至理名言：‘国君公正则立，不公正则废’，君王的两件主要美德是公正和明理。”① 国王挟其职位所赋予的道义力量，在城市市民阶级的支持下，最终战胜了教会、扫平了贵族的割据势力，实现了近代国家的重建。在中世纪的“普遍的混乱状态中，王权是进步的因素”②，“王权依靠市民摧毁了封建贵族的权力，建立了巨大的、实质上以民族为基础的君主国，而现代的欧洲国家和现代的资产阶级社会就在这种君主国里发展起来”③。这样，过去一直分散掌握在各封建领主和社会团体手中的政治权力很快集中到国王手中，国王成为当时日益增长的民族统一的主要受益者。“从日渐衰落的中世纪王国的基础上产生了一个令人惊异的新式政治机器叫作‘国家’。”④

2. 思想解放运动

近代国家的建立是中世纪与近代的分水岭。在近代国家兴起的过程中，社会思想领域

---

① 基佐．欧洲文明史．程洪逵，沅芷，译．北京：商务印书馆，2005：150.

② 马克思，恩格斯．马克思恩格斯文集：第4卷．北京：人民出版社，2009：220.

③ 马克思，恩格斯．马克思恩格斯选集：第3卷．3版．北京：人民出版社，2012：846.

④ 肯尼思·米诺格．当代学术入门：政治学．龚人，译．沈阳：辽宁教育出版社，1998：41.

则发起了一场历经三百多年的思想解放运动，从而把人从中世纪的各种封建桎梏和神学信条中解放出来。

（1）文艺复兴。

文艺复兴是指13世纪末在意大利各城市兴起，慢慢扩展到西欧各国，盛行于16世纪的一场思想文化运动。“文艺复兴”一词的原意是指“古希腊、古罗马古典文化的再生”，但实质上是借助研究古希腊、古罗马文化艺术，宣扬新的人文主义精神。人文主义强调人的价值和尊严、张扬人的个性、鼓励人的创造能力以及肯定人的世俗幸福。人文主义者以“人性”反对“神性”，用“人权”反对“神权”。他们反对教会对精神世界的控制，主张个性解放和平等自由，提倡发扬人的个性，要求现世幸福和人间欢乐，提倡科学文化知识。文艺复兴运动使人性逐渐摆脱传统封建神学的束缚，开始从宗教外衣之下慢慢探索人的价值，并充分肯定了人的价值，成为“人类以往从来没有经历过的一次最伟大的、进步的变革”，是在“一个需要巨人并且产生了巨人的时代”，“给资产阶级的现代统治打下基础”。[①] 文艺复兴运动是新兴的资产阶级在思想和文化领域的反封建斗争，其实质就是新兴资产阶级的第一次思想解放运动。

（2）宗教改革。

宗教改革是由马丁·路德及其后的加尔文发动的一场反对罗马教廷、提倡个人直接与上帝交流、不需教会作为中介的思想解放运动。对于近代欧洲精神的确立而言，宗教改革运动实际上是文艺复兴运动在宗教领域的继续。1517年10月31日，德意志维滕贝格大学教授马丁·路德在万圣教堂门口贴出《关于赎罪券效能的辩论》（即95条论纲），正式点燃宗教改革的烈火。继路德之后，约翰·加尔文在日内瓦进行了一场成功的宗教改革。除此之外，英王亨利八世实行了自上而下的宗教改革。1534年英国议会通过“至尊法案”，剥夺教皇对英国教会的一切权力，宣布英王是英国教会的最高首脑，有权处理一切教会事务。英国的宗教改革使英国的教会成为国家机构组成部分，改革后的教会接近于路德教和加尔文教，称英国国教会（或称圣公会、安立甘教会）。传统基督教强调个人必须通过教会组织才能与上帝沟通，个人的意志与观念不可能具有独立地位，不可能形成个人主义。宗教改革后出现的新教降低了教会组织在个人得救中的作用，个人可以直接和上帝沟通，表面上抬高了上帝的地位，实际上抬高了个人的地位。宗教改革瓦解了统一的教会组织，从根本上动摇了教会的权威，并为17、18世纪的启蒙运动创造了条件。

（3）启蒙运动。

启蒙运动，通常是指发生在17、18世纪西欧的一场反专制、反教会的思想解放运动。“启蒙”的本意是指“光明”。当时先进的思想家们认为，迄今为止，人们处于黑暗之中，应该用理性之光驱散黑暗，把人们引向光明。他们著书立说，激烈地批判专制主义和宗教愚昧，宣传自由、平等和民主。启蒙运动最初发生在英国，后以法国为中心，影响德国、俄国和西欧其他国家。其代表人物主要有荷兰的格劳秀斯、斯宾诺莎，

启蒙运动为资产阶级革命提供的思想与舆论准备

① 马克思，恩格斯．马克思恩格斯选集：第3卷．3版．北京：人民出版社，2012：847.

英国的霍布斯、洛克，法国的伏尔泰、卢梭、孟德斯鸠、狄德罗，以及德国的康德等人。启蒙思想家们以理性、自然法和社会契约为武器，宣扬每个人都享有“自由”、“财产”和“生命安全”等“天赋权利”，认为国家和政府是依据社会契约建立起来的，其目的就是保护人的天赋权利，如果政府违背了这一目的，人们就可以通过革命推翻它，重新建立政府。启蒙运动是自文艺复兴以来西欧从精神上走出中世纪的思想解放运动的继续。启蒙思想家们从理论上证明封建制度的不合理，进而提出一整套哲学理论、政治纲领和社会改革方案，要求建立一个以“理性”为基础的社会。他们用政治自由对抗专制暴政，用信仰自由对抗宗教压迫，用自然神论和无神论来摧毁天主教权威和宗教偶像，用“天赋人权”的口号来反对“君权神授”的观点，用“人人在法律面前平等”来反对贵族的等级特权。启蒙运动为随后的资产阶级政治革命做了思想与舆论准备。

二、近代西方政治制度的形成

近代西方政治制度是指在17世纪到18世纪通过资产阶级政治革命建立起来的以宪法为基础，以人民主权为政治原则，以限制政府权力为架构的近代宪政制度。其中，最具有代表性的是英国的议会君主制、美国的总统共和制和法国的议会共和制。

1. 英国议会君主制的形成

英国是近代史上第一个确立了宪政制度的西方国家。英国宪政制度的最终确立是通过17世纪的资产阶级政治革命完成的，但其历史可以追溯到更早。

(1)《大宪章》。

《大宪章》是13世纪的贵族反对王权的斗争成果。1199年，约翰即位为英国国王。国王的一连串倒行逆施导致英格兰的封建贵族起来反抗他。1215年6月的一天，约翰国王在贵族们的挟持下不得不在贵族们提出的一个包括许多限制国王权力内容的文件上签字，而这个文件就是《大宪章》。《大宪章》共六十三条，其中最重要的规定就是由二十五名贵族组成的委员会有权随时召开会议即大会议（parliament），大会议有权否决国王的命令，并且可以决定使用武力，国王征税也必须得到大会议的同意。《大宪章》作为贵族反抗国王专断权力的产物，确立了贵族和教会的封建特权，限制了国王权力，其最重要的意义就在于确立了王权有限、法律至上的宪政原则。虽然《大宪章》维护的是封建特权，但是其限制王权的原则被后来的新兴资产阶级和新贵族继承并加以发展，成为英国政治制度的一条重要原则。大会议开始时只是由僧俗贵族所组成的贵族会议，到1265年召开“西门国会”时，除了僧俗大贵族参加外，还有每郡派出的两名骑士代表和每个自治城市选派的两名代表参加。这样，大会议就由贵族会议发展成为等级代表会议。一直到17世纪，等级代表会议的基本角色是同意国王征税，这种同意或批准征税权后来发展成为现代议会的一项重要权力。由于《大宪章》对国王权力的限制和等级代表会议的存在，英国的专制王权在近代化过程中并未达到绝对专制的程度，“王权有限”和“王在议会中”的观念便渗入英国的政治生活中，成为英国政治传统的重要内容。

(2) 英国内战与短暂的共和政体。

1603年，斯图亚特王朝建立。国王詹姆斯一世厉行君主专制统治，无视英国“王权有限”和“王在议会中”的政治传统，导致王权与议会之间的关系紧张。查理一世继位后，继续推行君主专制统治，国王与议会之间的矛盾在征税权问题上不断加深。查理一世为了筹措资金，采取专制的手段，强行借款，恢复被废止的赋税。1628年，下议院联合上议院递交《权利请愿书》，援引大量史实说明英国人民自古就拥有各种权利，谴责国王“侵犯了人民的权利，违反了国家的法律和法规”，并重申今后未经议会同意，不得强迫人民承担或缴纳贡物、货款、捐助赋税和其他类似负担。《权利请愿书》还强调英国公民权利问题，如政府军队不得占据民房；未经国家法律和法庭判决，不得逮捕关押任何人或剥夺其财产；没有正当程序，不得拘捕公民等。查理一世解散了议会，英国自此步入长达11年的无议会统治时期。1640年，查理一世为了筹集军费，重新召开议会。议会一开幕，反王权的力量就主动采取了一系列进一步限制王权的激进措施。于是双方的冲突愈演愈烈，并最终导致议会与国王的内战。在内战中，议会的军队打败了国王的军队。1649年1月，议会审判并处死了查理一世，废除了君主专制，建立了共和政体。在共和政体下，真正掌握政权的是在内战中成长起来的军事领袖克伦威尔。议会在克伦威尔的军事强权面前变得比在国王面前更加不受尊重、不堪一击。克伦威尔仅仅允许一个对他俯首帖耳的议会存在，三次强行解散议会，并且强迫议会接受他为“护国主”，英国的共和政体蜕变成为军事独裁统治的“护国主”政体。1658年，克伦威尔死后，“护国主”政体便陷入危机。1660年，查理二世回国，旧王朝复辟，英国的共和政体实验最终失败。

知识链接

英国政治发展中的重要事件

年份	事件
1215年	《大宪章》签订
1532—1536年	宗教改革；英国国教的确立
1642—1660年	内战、共和和王朝复辟
1688年	光荣革命
1701年	《王位继承法》
1721年	第一位首相出现
1742年	第一个因失去议会信任而集体辞职的内阁
1832年	议会改革法案
1911年	贵族院改革
1924年	第一次由工党组阁
1928年	赋予所有成年人投票权
1999—2009年	上议院改革；最高法院成立

（3）光荣革命与议会君主制的确立。

经过内战的较量，查理二世和议会双方都认识到妥协的必要性。由于在恢复君主制时并没有从法律和制度上对国王与议会的权力做出安排，从而为双方的矛盾再次激化埋下伏笔。查理二世奉行反荷亲法的对外战争以及力图恢复天主教徒的权利，与议会的政策取向背道而驰，重新激化了国王与议会之间的矛盾。1685年，一向遭到议会反对的天主教教徒、查理二世的弟弟詹姆斯二世继承了王位。詹姆斯二世与法国关系密切，并采取实际措施企图在英国恢复天主教。他不顾议会的反对，利用国王固有的特权即法律中止权，取消了政府官员宣誓效忠国教的义务，委任天主教教徒到军队、政府部门、教会、大学担任重要职务，并对政府官员、法官、地方官员实行了清洗，换上支持王室的人，引起了议会和英国国教主教们的普遍反对。资产阶级、新贵族和主教们决定联合起来推翻詹姆斯二世的统治，并邀请詹姆斯二世的女儿玛丽、女婿奥兰治亲王威廉来英国保护宗教、自由和财产。1688年11月1日，信奉新教的荷兰执政、奥兰治亲王威廉率领军队登陆英国，并在一个月后兵不血刃进入伦敦。1689年1月，英国议会宣布废黜詹姆斯二世，承认由威廉和玛丽共同统治英国，称威廉三世和玛丽二世。议会同时向威廉提出了一个权利宣言，而威廉接受了宣言中提出的要求。权利宣言于当年10月经议会正式批准定为法律，这就是著名的《权利法案》。《权利法案》谴责了詹姆斯二世破坏法律的行为，规定以后未经议会同意，国王不得停止任何法律或停止法律的实施；未经议会准许，国王不能征收赋税；未经议会同意，国王不得招募或维持常备军；议员在议会内有演说、辩论和议事的自由；议员选举应是自由的，臣民享有向国王请愿的权利；等等。这些规定既限制了国王的权力，又肯定了议会的立法权，实际上确立了议会高于国王的政治地位。1688年的这场政治革命是通过不流血的政变实现的，史称“光荣革命”。光荣革命以不流血的方式结束了复辟王朝的统治，粉碎了詹姆斯二世恢复君主专制的企图，扭转了英国政治发展的方向，奠定了英国立宪君主制的基础。1701年，议会又通过了《王位继承法》，明确规定以后英国王位不得传给天主教教徒，而应由信奉新教的汉诺威王室的索菲亚及其后裔继承。该法案还规定，凡非出生于英国者不得担任议员和政府官员；非经议会两院的奏请，国王不得免除终身任职的法官职务；国家的一切法律与条例非经议会通过，均属无效，从而使下院掌握了监督国王行政活动的权力。该法案的重要性不仅在于它从法律上根除了斯图亚特王朝再次复辟的可能，还在于制定法案的行动本身，即议会可以议立新君。这一行动既是对“君权神授”思想的又一次冲击，也是“天赋人权”观念的重大胜利。《权利法案》《王位继承法》等一系列法律的通过和实施，极大地限制了国王的权力，扩大了议会的作用，最终确立了英国的议会君主制，即议会至上的立宪君主制度。

2. 美国总统共和制的建立

美国的前身是英国于1603年到1733年在北美建立的13块殖民地。殖民地具有与母国一致的政治与法律传统。因此，近代美国政治制度的确立，主要是继承了英国的政治与法律制度并根据北美的特殊情况运用近代政治理论的结果。

(1) 独立战争。

随着殖民地与英国统治的矛盾加深，殖民地人民要求独立的愿望日益强烈，终于在1775年爆发了北美独立战争。各殖民地先后宣布脱离英国独立，并派出代表召开了大陆会议。1776年7月4日，大陆会议通过了由托马斯·杰斐逊、约翰·亚当斯和本杰明·富兰克林等人起草的《独立宣言》，谴责了英国对殖民地人民实行的殖民政策，宣告北美殖民地独立，解除与英国的政治联系，正式宣告诞生了13个独立的国家。《独立宣言》以政治纲领的形式提出了人人生而平等，人人都具有不可剥夺的生命、自由和追求幸福的权利；政府必须经人民的同意而组成，应为人民幸福和保障人民权利而存在；人民有权起来革命以推翻不履行职责的政府；等等。这些政治原则成为以后美国立国的重要原则，为美国此后200多年的发展奠定了思想基础。《独立宣言》不仅大大鼓舞了北美人民的革命斗志，为实现独立的崇高目标而英勇奋斗，而且直接影响了法国大革命，成为1789年法国《人权宣言》的范本，并对亚洲、拉丁美洲的民族独立运动起了一定的推动作用。经过8年的战争，英国被迫于1783年正式承认北美的独立。

(2)《邦联条例》。

1777年，大陆会议代表制定了《邦联条例》。1781年，《邦联条例》获得所有13个主权国家批准后生效。《邦联条例》规定，邦联各成员保留主权、自由和独立。由于殖民地长期以来受到英国国王的王权压迫，对集中的权力感到恐惧且反感，所以新成立的邦联不设立中央行政机关，只是在邦联议会下设立了一个委员会，在邦联议会休会时管理经常性事务。相当于中央政府的邦联议会（Congress），由每个成员国的2～7名代表组成，每个成员国只有一票表决权。邦联议会拥有宣战、缔约、建立邮政系统、规定度量衡、借款、发行纸币或公债或铸币、解决成员国之间争端等有限权力。但邦联议会既没有课税权，也没有通商指挥权，对各成员国没有任何统治权。凡邦联议会没有的权力，一概由各成员国自行保留。邦联不设立独立的司法部门。因此，根据《邦联条例》组成的邦联不过是13个“国家”的联合体而已，它无权左右各成员国，各成员国仍保留主权和独立。

(3) 1787年美国宪法。

由于新成立的邦联政府没有实质性的统治权力，无法有效地应付国内和国外的一切危机，迫切需要改变邦联政府虚弱无力的状况。1787年5月，来自邦联12个成员国的55名代表在费城独立厅召开制宪会议，讨论修改《邦联条例》。经过近4个月的激烈辩论和妥协，制宪会议最终通过了一个全新的宪法文本，这就是《美利坚合众国宪法》（Constitution of the United States）。1788年6月21日，宪法在获得9个州的批准后即随之生效，随后弗吉尼亚和纽约这两个大州相继批准宪法。尽管剩下的两个州分别迟至一年和两年之后才加入联邦，但根据宪法进行的第一次国会选举和总统选举却有序地完成了。1789年4月初，美国国会众参两院先后成立并召开会议，确认华盛顿当选为首任总统。4月30日，华盛顿总统宣誓就职，一个新的总统制的联邦国家开始运转起来。1787年美国宪法是世界上第一部成文宪法，奠定了美国政治制度的法律基础。1787年美国宪法确立了美国现代政治制度基本框架的四个政治原则：

1) 分权和制约与平衡原则。分权是指将政府权力分设并交给不同的政府机构行使，目的是防止任何机构垄断权力。美国的制宪者在建立联邦政府时将其分为三个部门，即国会、总统和联邦法院，并分别赋予立法权、行政权和司法权。国会行使立法权，即制定和通过法律；总统行使行政权，即实施和执行法律；包括最高法院的联邦法院行使司法权，即解释和适用法律。与此同时，为了让野心抑制野心，又使三种权力混合起来，让政府的三个部门互相依赖、互相制约、互相监督，这就是权力的制约与平衡。这一原则也为各部门保护自己的职能免受其他部门的干扰和侵权提供了宪法手段。宪法规定了政府部门之间的分权制衡关系，但并没有否定在这一基础上的合作，事实上，合作也是常有的事。整体来说，和平时期，制衡多于合作，而在动乱年代或紧急事件中，合作则多于制衡。

2）联邦制原则。美国宪法生效后，原来的邦联就转型成为一个联邦制国家，原来邦联成员国也随之降格为联邦制下的一个州。联邦制原则就是要求在联邦政府与州政府间分配权力，联邦和州都在美国宪法所划分的权力范围内行使权力，以防止权力在任何一方无限扩张。美国的联邦制内含了两种相互冲突的原则：一种是联邦至上的原则。根据《美国宪法》第六条，宪法与联邦政府制定的法律是至高无上的，这是建立一个有效政府、维护国家统一的必要条件。另一种是保证州的独立性原则。《美国宪法》第十条修正案给予各州或人民保留未授予联邦的一切权力。这两种原则的冲突在美国内战中也充分体现，结果是企图分裂联邦的势力遭到失败，统一的联邦国家得以保持。尽管州政府和联邦政府之间仍存在着权力冲突，但联邦政府权力不断扩大，联邦政府已经变得比州政府重要。因为日益增加也更加复杂的全国性问题，诸如管理经济、环境保护等，只有依靠联邦政府才能很好地加以解决。但是，在州和地方的事务中，州仍然维护着自己的权力边界。

3）有限政府原则。所谓"有限政府"即政府的权力是有限的，不仅意味着政府权力的内容是有限的，而且要受到被管理者的权利和自由的限制。这一原则基于立宪政府的根本思想，即人民把宪法列举的权力和职责授予政府，在让渡一部分权利的同时把其余的权利留给自己。这意味着政府的行动必须依据宪法和法律规定，而法律是得到被管理者的同意而批准的。

4）司法审查原则。司法审查指的是司法部门拥有裁决国会制定的法律和各级政府（包括联邦、州和地方政府）的执法行为是否符合宪法的权力。司法审查权虽然并没有直接写进 1787 年美国宪法，但无论是在制宪会议的讨论中还是在宪法赋予联邦法院的司法权中，都隐含了司法审查原则。后来通过联邦法院审理有关案件尤其是 1803 年最高法院审理马伯里诉麦迪逊案的实践，确立了司法审查原则。

3. 法国议会共和制的确立

法国近代政治制度的确立也经历了更为复杂、曲折的过程。从 1789 年法国大革命爆发到 1884 年议会共和制确立的近百年中，法国经历了旧制度的崩溃和新制度的试验过程。共和制度的试验失败呼唤强人政治的出现，而强人政治统治的失败又导致了新的君主政体和共和政体的交替出现。在这一时期，法国制定了 11 部宪法，试验了各种政体。法国近代政治制度发展道路的这种特点，既与法国所要摧毁的君主专制制度的强大分不开，也与法国所处的国际政治环境有关。在法国大革命爆发之前，法国已经建立了完整的中央集权的官僚国家机器。"中央集权制是旧制度的一种体制"，是"旧制度的产物"[①]。因此，法国大革命面临一个强大的对手。而国王由于拥有高度中央集权的强大国家机器，更加无视革命的力量，更不愿意妥协，从而使革命日趋激烈。从地缘环境上看，法国大革命遭遇了整个欧洲大陆的封建势力的反抗和干涉，这也使得法国大革命不断走向激进。概括起来，法国的近代政治制度的确立经历了三个发展阶段：

---

① 托克维尔．旧制度与大革命．冯棠，译．北京：商务印书馆，1997：74.

（1）法国大革命和共和政体试验。

1789 年法国大革命开启了法国近代政治制度发展的历史。1789 年 5 月，法国国王路易十六迫于财政困难被迫召集三级会议，企图向第三等级征收新税，但第三等级纷纷要求限制王权、实行改革，并将三级会议改为国民议会，于是路易十六准备用武力解散议会。在这种情况下，巴黎人民于 7 月 14 日发动起义，攻占了象征封建统治的巴士底狱，法国大革命爆发。1789 年 8 月 26 日，国民议会通过并颁布《人权和公民权宣言》（通常简称为《人权宣言》）。《人权宣言》采用 18 世纪的启蒙学说和自然权利理论，宣布自由、财产、安全和反抗压迫是天赋的不可剥夺的人权，肯定了言论、信仰、著作和出版自由，阐明了司法行政立法三权分立、法律面前人人平等、私有财产神圣不可侵犯等原则。《人权宣言》是指导法国大革命和近代政治制度创建的纲领性文件，也是世界近代史上最有影响的政治文献之一。

革命爆发后，代表大资产阶级和自由派贵族利益的斐扬派控制了政权。斐扬派主张君主立宪制度，反对革命继续发展，主导制定了《1791 年宪法》，规定法国实行君主立宪制，国王和国民议会共同代表国家主权。1792 年 8 月，巴黎再次爆发起义，推翻了君主立宪派统治，逮捕了国王路易十六。在随后选举产生的国民公会中，资产阶级共和派——吉伦特派取得优势，控制了政权。国民公会宣布废除君主政体，成立共和国，这就是历史上的法兰西第一共和国。吉伦特派执政期间颁布法令，强迫贵族退还非法占有的公有土地，将没收的教会土地分成小块出租或出售给农民，严厉打击拒绝对宪法宣誓的教士和逃亡贵族。1793 年 1 月 21 日，国民公会经过审判以叛国罪处死路易十六。1793 年 5 月底至 6 月初，巴黎爆发了第三次起义，结束了吉伦特派的统治，建立起雅各宾派专政。随后，国民公会通过了《雅各宾宪法》，又称共和元年宪法或 1793 年宪法。雅各宾专政时期，废除封建所有制，平定吉伦特派叛乱，粉碎欧洲君主国家的武装干涉。但是，雅各宾派过激和恐怖的政策，削弱了它的政治基础，并使其内部也发生分裂。1794 年 7 月 27 日，反对雅各宾专政的右派势力发动热月政变，逮捕了雅各宾派领袖罗伯斯庇尔等人，建立了督政府，开启了热月党人统治。督政府清除了雅各宾派的革命恐怖政策和激进措施。

（2）军事强人政治。

热月政变后，雅各宾派的恐怖统治虽然结束，但政局依然不稳。督政府一方面面临王党分子和雅各宾派残余势力的两面夹击，另一方面也面临以英国为首的反法联盟的外部挑战。在这种内外紧急情况下，军人势力开始走上政治的前台。1799 年 11 月 9 日（共和八年雾月 18 日），拿破仑·波拿巴发动政变，结束了督政府的统治，史称“雾月政变”。拿破仑自任共和国第一执政，建立了军事独裁统治。1804 年拿破仑建立法兰西第一帝国，称拿破仑一世。在拿破仑的统治下，一方面法国国内进行了政治、经济、社会和行政等多个领域的改革，颁布了著名的《法兰西民法典》，巩固了法国大革命的成果；另一方面，拿破仑领导法国进行了抵抗反法联盟的自卫战争，并发动了一次又一次的对外侵略战争。战争扫荡了欧洲封建势力，推动了欧洲各国的革命与改革，但也因激起了各国人民的反抗而失败，并导致波旁王朝于 1814 年复辟。1830 年爆发的七月革命推翻了波旁复辟王朝，建立了七月王朝。同年 8 月新宪法颁布，限制国王权力，扩大了众议院权力。但用马克思的话来说，“七月王朝不过是剥削法国国民财富的股份公司，这个公司的红利是在内阁大臣、银行家、24万选民和他们的走卒之间分配的"[1]。因为在选举权问题上金融资产阶级与自由派资产阶级产生了尖锐的矛盾，七月王朝最终在1848年欧洲革命中被工人起义所推翻，取而代之的是法兰西第二共和国。1851年年底，路易·波拿巴发动政变夺取政权。1852年，路易·波拿巴恢复帝制，建立了法兰西第二帝国。

（3）议会共和制的确立。

1870年，普法战争爆发，法国战败，巴黎爆发人民革命，推翻法兰西第二帝国，宣布实行共和，法兰西第三共和国由此诞生。新产生的国民议会制定和颁布了三个宪法性文件，合称"1875年宪法"，规定议会实行两院制，总统由众议院和参议院组成的国民议会选举产生，行政权由总统和内阁掌握。根据1875年宪法，法兰西第三共和国实行的是一种总统制和议会内阁制的混合制度，但由于各部部长要就总政策向议会负连带责任，总统的实际权力十分有限。除第一年外，总统再也没有行使解散议会的权力，法国实际上成为议会制共和国。1884年8月，国民议会通过了宪法修正案，专门规定"政府的共和政体不得成为宪法修改建议的对象"，并同时规定前王室成员没有"当选共和国总统的资格"，标志着共和政体在法国的最终确立。这时，资产阶级各集团在国家政权中都占据了自己的席位，使工业资产阶级得以分享政权，促进了法国资本主义的进一步发展。

三、现代西方政治制度的发展与扩散

1. 西方政治制度的发展

19世纪以来，随着资本主义的发展、社会阶级关系的变化以及国际经济政治关系的调整，国家的社会管理职能大大加强，西方各国的政治制度也经历了一系列改革和变化。这种变化主要表现在以下几个方面：

（1）政治民主化。

19世纪以来，西方政治制度发展的一个重大表现就是政治民主化的不断推进。政治民主化主要表现为公民政治权利的扩大尤其是普选权的实现。在反对君主专制制度的斗争中，资产阶级推翻了君主专制政体，建立了资产阶级的立宪民主政体。这种政体以宪法的形式，确立了"人民的同意"、代议制度、分权与法治等制度要素，其目的就是防止任何不受限制的专断权力，以保障个人自由，但说到底就是为了保护资产阶级的私有财产权。因此，资产阶级同时就要通过对选举权的财产资格、受教育程度、性别甚至种族身份的限制，把广大占有很少财产或不占有财产的无产阶级和社会民众排斥在政治之外，使国家不可能维护广大人民群众的利益，而国家所促进的利益与其说是公共利益，还不如说是少数有产者特别是土地财产者的特殊利益。到了19世纪，随着资本主义大工业的发展，工人阶级作为一支独立的政治力量登上了历史舞台。工人阶级和广大民众要求参与政治生活，以实现自己的阶级利益。随着无产阶级社会主义运动的兴起，资产阶级被迫进行了一系列改革，逐步扩大了政治参与，实行了普选制。随着普选权的实现，作为一种统治方式的资产阶级民主政治也走向成熟。

① 马克思，恩格斯．马克思恩格斯选集：第1卷．3版．北京：人民出版社，2012：448.

（2）行政集权化。

20世纪后半叶，主要西方国家的议会民主开始走向衰落，纷纷走向行政集权的道路，具体表现就是作为行政首脑的总统或总理（首相）的权力不断扩张。在美国，总统权力的扩张出现在20世纪30年代的大危机时期。为了摆脱经济危机，罗斯福总统实行“新政”，加强政府对经济生活和社会生活的管制与干预，从而大大扩张了行政权力，政府机构也随之迅速膨胀。总统越来越多地对国会立法发挥领导和干预作用，甚至绕过国会的立法而采取行动。因此，美国总统也被一些研究者视为“帝王般的总统”。在英国，政府权力的变化经历了由上院向下院再由下院向内阁转移的过程。内阁首相不仅控制着政府内上百名大臣的任命和解职，而且控制着内阁的议事日程。通过控制本党的议员、操纵国会的立法，首相实际上控制了国家预算和国家重要政策的制定。因此，第二次世界大战后的英国民主也被称为“首相民主制”。在法国，第五共和国宪法赋予总统对宪法的“监督”、“仲裁”和“保证”国家独立、领土完整及遵守共同体条约和协定的法律地位，使总统超越一切其他国家机关，成为整个国家至高无上的权威，以至于戴高乐把第五共和国比作“选举的君主制”。可见，自20世纪中叶以来，西方各主要资本主义国家的政体发展的一个共同趋势是行政集权。行政集权化使得议会的权力相对削弱，而政府权力加强则有利于社会经济的发展和对日益复杂的公共事务的管理。

（3）地方自治。

地方自治，是指在国家主权允许的范围内，基于地区居民的意愿，以地域性地方公共团体（法人）作为自治机关自主处理一定的地方性事务的制度。19世纪以后，西方国家的地方自治制度有了重大发展。首先，地方自治体正式成为获得公法授权的地方公共团体；其次，居民自治原则得以确立；最后，地方自治体成为国家行政系统不可或缺的组成部分。

进入20世纪以来，西方各国的地方自治制度有了进一步的发展，并形成各具本国特色的地方自治模式。英美法系国家的地方自治制度有三个特点：第一，地方自治机关行使由法律确认的自治权，中央政府一般不加过问。第二，地方自治机关形式上独立于中央政府，其官员由当地居民直接或间接选举产生，对选民负责，只具有地方官员的身份，中央政府不得撤换。第三，中央政府对地方自治机关的监督以立法监督为主，一般避免对其发布强制性的指示。如果地方自治机关逾越法定权限，中央政府可诉请司法机关加以制止。大陆法系国家的地方自治制度的特点也可以归纳为如下三点：第一，地方自治权具有委托性质，中央政府对于自治事务有最终决定权。第二，地方官员不论是中央直接任命还是由地方居民选出，都同时兼具中央派出官员和地方自治机关官员的双重身份，中央政府有权随时撤换。第三，中央政府对地方自治机关的监督以行政监督为主，中央政府可随时向地方机关发出强制性指示，地方机关必须执行，否则中央政府可采取强制性措施。[①] 这两种不同的地方自治制度建立在不同的理论基础之上。

① 殷昭举．基层自治：纵向分权和多元治理：基于地方治理的分析框架．华南理工大学学报（社会科学版），2011（2）：77-78.

总之，地方自治是现代民主政治的重要内容之一。现代民主政治强调“人民的参与”，而相对于高高在上的中央政府而言，人民更容易参与地方经济和社会事务。因此，地方自治更能落实人民主权原则，更便于人民参与地方公共事务的监督与管理。

2. 西方政治制度的扩散

伴随着西方国家的殖民主义扩张，发生了西方政治制度向非西方国家和地区的移植与扩散。

(1) 欧洲老牌殖民主义国家的殖民扩张与欧式政治制度的扩散。

最早在世界范围内开辟殖民地的国家主要有英国、法国、西班牙、葡萄牙、荷兰等，其中，英国殖民扩张的规模和范围最为广阔。从 16 世纪英国就开始对外进行殖民侵略和扩张，到 20 世纪初，英国占领了相当于英国本土的 137 倍的领土和 8 倍多的人口，其殖民地曾遍布世界各大洲，号称“日不落帝国”。法国的殖民征服则主要集中在非洲、印度支那和南太平洋地区。伴随着殖民扩张，殖民者也在殖民地传播欧洲的基督教和政治文化，影响当地的政治精英，从而深刻影响了这些地区的政治制度发展。例如，英国经过两次世界大战，尽管大英帝国已经衰落，原英国的殖民地纷纷赢得独立，但是被英国殖民者移植来的政治制度却不同程度地保留下来。其中，英国在新大陆建立的加拿大、澳大利亚、新西兰、牙买加等殖民地在独立后基本上照搬了英国的一套制度，而其他地区曾沦为英国殖民地的国家如印度、新加坡、马来西亚、马耳他等，独立后所建立的政治制度中也都可以找到英国式议会民主制的影子：选举产生的议会，竞争性政党政治，由议会多数党领袖组阁，等等。而法国的文化和政治制度则对许多非洲国家产生了深远的影响，形成所谓“法语非洲”。如阿尔及利亚，1830 年遭到法国入侵，后逐步沦为法国殖民地，1962 年正式独立后，在其政治制度的架构中，同时设立总统和总理，但由总统掌握实权，议会下院称为“国民议会”，这些都明显受到法国的影响。“法语非洲”的许多国家，如突尼斯、毛里塔尼亚、马里、塞内加尔、刚果（布）等，也都存在类似的情况。

(2) 美国的崛起与美国式政治制度的扩散。

美国也是英国在新大陆建立的由移民组成的殖民地，但是在独立后却没有沿用英国式的议会内阁制，而是建立了美国式的总统制。而且，早在 19 世纪，美国式的总统制就已经在拉丁美洲盛行。当时，拉丁美洲的独立运动蓬勃发展，殖民地纷纷宣布独立，建立了自己的国家。1823 年美国的门罗总统发表了不许欧洲国家干涉美洲事务的宣言，提出“美洲是美洲人的美洲”的口号，即门罗主义。美国把拉丁美洲视为自己的“后院”和势力范围，但客观上也为对抗欧洲殖民国家的侵略、争取和维护拉美各国的独立起到一定的积极作用。与此同时，拉美各国也纷纷效仿美国的政治制度，如实行三权分立，总统为国家元首兼政府首脑，国会由参议院、众议院组成等。进入 20 世纪后，美国迅速崛起，在第一次世界大战期间取代了英国的世界霸权地位，同时开始积极向外输出美国的政治文化和政治制度。随着国力的增强，美国成为资本主义世界的霸主，也加紧对亚非各国的影响和渗透。如东南亚的菲律宾在 16 世纪沦为西班牙的殖民地，但在 1898 年的美西战争中西班牙战败，菲律宾脱离了西班牙的殖民统治，却又处于美国的占领和控制之下，1946 年美国同意菲律宾独立，而菲律宾独立后基本上照搬了美国式的总统制。此外，原为荷兰殖民地的印度尼西亚，一些原为英国殖民地的非洲国家，如津巴布韦、赞比亚、肯尼亚、尼日利亚等，独立后也采用了类似美国式总统制的制度。由此可见，在二战后风起云涌的民族独立运动中赢得独立的国家，在选择自己的政治模式时也并不必然继续沿用原宗主国的政治制度，而会根据本国的实际情况做出选择或改变。例如，位于南亚的斯里兰卡自 16 世纪起先后被葡萄牙人和荷兰人统治，18 世纪末沦为英国殖民地。1948 年获得独立后曾沿袭英国式议会制多年，但在 1978 年转而效仿美国和法国，既保留了政府总理，又赋予了总统实权，总统为国家元首、政府首脑和武装部队总司令。

在线自测

扫一扫 练一练

第二章　西方政治制度的基本原则

政治制度的基本原则是指体现在各国政治制度背后的政治价值观和政治目标。西方各国政治制度虽然具有本国特色，但在所坚持的政治价值观和追求的政治目标上却具有某种恒定性和一致性。认识、理解西方政治制度，除了要把握西方政治制度的发展线索，还需要深刻领会西方政治制度所蕴含的基本原则。这些基本原则包括人民主权原则、代议制原则、法治原则、分权制衡原则以及人权原则。

第一节　人民主权原则

人民主权原则，又称主权在民或国民主权原则，其法理基础来源于资产阶级启蒙思想家率先倡导的人民主权学说。根据这一学说，国家被看作由人民根据自由意志缔结契约的产物，国家的最高权力应属于人民，而不属于君主。无论是国王还是政府，其权力都是人民授予的。人民主权原则不仅被写入西方各国宪法，而且成为西方各国政治生活的基本原则。

一、主权理论的提出和演变

1. 主权理论的提出

主权（sovereignty）是一个近代的政治、法律概念，通常是指近代国家所固有的对内高于一切和对外保持独立自主的最高权力，或者说是指国家独立自主地处理其内外事务而不受外来干预或限制的最高权力。16 世纪法国律师让·博丹是近代国家主权理论的创始人。在 1576 年发表的《国家论六卷》一书中，博丹系统地论述了国家主权学说。首先，他明确将国家的概念界定为主权者与臣民，将公民身份视为对主权者的服从，主权则是指“不受法律约束的、对公民和臣民进行统治的最高权力”[①]。其次，博丹进一步把主权与国家联系起来，认为国家必须有一个拥有最高权力的合法政府，保护着家家户户及其私有财产。这个最高权力就是主权，主权是一个国家的基本特征，也是国家与其他社会组织的根本区别。所谓最高权力，具有三个方面的含义，即绝对的、永恒的和不可转让的权力。最后，博丹认为国家主权的内容包括：立法权；宣战和缔约权；官吏任免权；最高司法权；货币铸造和度量衡的选定权；课税权等。虽然博丹强调主权者是法律的来源，因而不受法律约束，但他同时也指出主权者必须服从神法和自然法，他的行为必须对上帝负责。博丹

---

① 乔治·霍兰·萨拜因．政治学说史：下册．刘山，等译．北京：商务印书馆，1986：462.

的主权理论主要服务于法国当时的政治现实，即强化国家（国王）的权威，以维护法国的统一和安定。但在客观上，它也为正在形成中的中央集权民族国家提供了理论武器。

2. 从君权神授到君权民授

（1）神权政治与君权神授。

在西欧历史上，宗教神权盛行于古代和中世纪，并延续到近代。中世纪的神权政治认为，政治是一种上帝安排人世的力量，是对上帝的服从。作为一种政治现象的国家也是由上帝直接或间接创造的，国家的一切权力都来源于上帝。因此，早期基督教理论家主张教会和国家二元化。如中世纪早期的奥古斯丁就认为上帝之城和地上之城并存于天地间。地上之城充满罪恶并终将覆灭，而上帝之城则完美永恒。世俗国家只有在宗教上服从教会，为神权效力，才能成为上帝之城的一部分。中世纪后期特别是 11 世纪以后出现了教权与王权之争。罗马教廷鼓吹教权至上，要求君主臣属教皇。在教权与王权的斗争中，面对教权逐步衰落，中世纪后期的经院哲学家托马斯·阿奎那一方面承认君主制符合上帝旨意，另一方面强调国家的法律以自然法为依据，但认为自然法来源并归属于上帝的永恒法，以此来维护教权高于王权、教皇至上的神学主张。在近代国家产生以后，神权政治理论并没有随之消逝，君权借助于神权推行专制统治，主张君权神授，强调君主具有神性或受权于神，神圣不可侵犯。

（2）政教分离。

政教分离（separation of church and state），是指宗教权力和国家统治权力的分割，其具体内容包括：确立国家与宗教互不干涉的原则与制度；政府及其雇员不得参与或开展宗教活动。自文艺复兴运动以来，西方各国掀起了一场声势浩大的思想解放运动，经历了宗教改革和启蒙运动，实现了“社会的世俗化”。宗教势力开始退出政治舞台，从而使政教分离成为西方国家在建构现代政治制度时遵循的一项基本原则。

1789 年美国国会成立后通过的第一条宪法修正案中明文规定“国会不得制订法律尊奉国教或禁止宗教自由”，从而确立了有关政教关系的基石。法国议会于 1905 年专门通过《政教分离法案》，确立了“共和国保障宗教信仰自由”的原则，国家在各宗教之间保持中立，不在经济上扶持任何特定宗教；天主教不再享有国教地位；宗教机构不掌握任何政治或行政权力。因此，政教分离原则具有两个方面的内涵：就国家而言，国家力量不能援助、助长、压迫各宗教团体；就宗教而言，宗教团体作为公民私人信仰事务的组织也不能侵入国家所代表的政治领域和公共事务领域，不能与政治权力形成竞争或结盟关系，只能在自身范围内依法开展活动。政教分离是西方国家政治现代化的重要成果，虽然有的国家如英国、丹麦、瑞典、挪威、希腊等依然保留了国教，但同时又通过宪法和法律保证公民的宗教信仰自由，教会不得干预世俗政治生活。教会可以在调和社会矛盾、促进社会和谐和安宁方面发挥作用，并履行某些国家仪式，如在君主制国家由大主教主持君王的加冕。

（3）君权民授。

在反对近代国家君主专制主义的斗争中，近代新教理论家一方面主张天赋权力，另一方面强调君主权力来源于被统治者的授予。16 世纪，霍特曼发表了《论法兰西宪政》，追溯了法兰西古老的宪政传统，根据早期法兰西人民推选君主的事例，他总结出一条宪政原则，即国王不过是一名政府官员，如果他不能克尽职责，人民就有权利废黜国王。他有关

“人民始终是国家的所有者”的表述表达了“国家一切权力来源于人民”的现代政治思想。另一位加尔文教的忠实信徒西奥多·伯撒在《政府的权力》(1574 年)一书中认为，虽然国王权力的最终根据来自上帝，但是上帝却是通过人民选举出自己的国王。伯撒明确表示，并非人民由统治者产生，而是“由人民产生统治者”。“人民产生统治者”的观点从根本上颠倒了国王与人民的权利次序，从而为后来自然法学派的“君权民授”和“主权在民”理论提供了神学上的依据。[①]

3. 从君主主权到人民主权

如果说国家主要是由政府（统治阶级）和人民（作为被统治阶级的公民或臣民）组成的话，那么，国家主权总是要存在于国家的某一个地方。要么将主权置于人民之上，要么将主权置于人民中间，由此形成西方政治思想史上的两种国家主权理论，即君主主权与人民主权。

（1）霍布斯的君主主权理论。

如果说博丹的主权理论服务于近代中央集权国家形成的需要，那么，英国政治思想家托马斯·霍布斯（Thomas Hobbes，1588—1679 年）的主权理论则直接为君主专制制度服务。霍布斯生活于英国内战时期，当时英国议会与国王之间围绕着最高权力的归属而展开的内战导致国家动荡和流血冲突。霍布斯认为君主国家是最好的国家，因而在《利维坦》一书中，霍布斯系统论证了君主主权理论。在他看来，如果没有一种最高的主权权力存在，人类将生活在自然状态下。自然状态奉行丛林法则，是一种“一切人反对一切人的战争状态”[②]。为了结束自然状态，人们在自然法的引导下签订契约，建立国家权力，以实现和平。因此，每个国家都必须存在一个绝对的最高主权，足以强制人们遵守这一为达到和平共处而订立的契约。这个最高的、不受限制的、不可分割的主权权力，只能掌握在君主手中。霍布斯的君主主权理论主要服务于民族国家和专制君主制度。首先，他关于人们订立契约建立国家的“人造国家”思想，有力地冲击了中世纪教会的“神造国家”“君权神授”理论。其次，他的绝对君权思想也大大改变了封建时代的有限王权理论。总之，霍布斯的君主主权理论为中央集权民族国家的诞生和君主专制制度的产生提供了理论支持，因此恩格斯这样评论霍布斯，“当君主专制在整个欧洲处于全盛时代，并在英国开始和人民进行斗争的时候，他是专制制度的拥护者”[③]。

（2）洛克的议会主权。

在西方近代主权理论发展史上，英国的约翰·洛克（John Locke，1632—1704 年）是第一个系统阐述了议会主权理论的政治思想家，他的政治著作《政府论》汇集了他的主要政治哲学思想。在这部著作中，洛克驳斥了君权神授说，系统地阐述了政府的起源、范围和目的，提出了法治与分权的理论，为英国的资产阶级革命进行了有力的辩护，对英国政治、经济的发展产生了深远的影响。洛克对议会主权的论证同样遵循自然法理论，但洛克认为自然状态并非一种战争状态，而是一种和平状态，每个自然人都拥有生命、自由和财

---

① 赵林．加尔文教的“两个国度”思想对西方宪政民主的深远影响．求是学刊，2012（1）．

② 霍布斯．利维坦．黎思复，黎廷弼，译．北京：商务印书馆，1985：94－95．

③ 马克思，恩格斯．马克思恩格斯文集：第 10 卷．北京：人民出版社，2009：599．

产权。这是因为自然状态有一种为人人所应遵守的自然法对它起支配作用。“为了约束所有的人不侵犯他人的权利、不互相伤害，使大家都遵守旨在维护和平和保卫全人类的自然法，自然法便在那种状态下交给每一个人去执行，使每人都有权惩罚违反自然法的人，以制止违反自然法为度。”[①] 但是，自然状态的和平不易维持，因为自私会使人们偏袒自己和他们的朋友，而心地不良、感情用事和报复心理都会使他们过分地惩罚别人，结果只会发生混乱和无秩序。在这种情况下，“公民政府是针对自然状态的种种不方便情况而设置的正当救济办法”[②]。因此，在理性的引导下，人民订立契约建立国家（政府）。洛克指出，“人们联合成为国家和置身于政府之下的重大的和主要的目的，是保护他们的财产”[③]。为了保护人民的生命、自由和财产权，洛克主张把国家权力分为立法权、执行权和对外权，立法权是最高权力，而执行权和对外权则从属于立法权。在这里，洛克用最高权力来取代主权，以避免主权所含有的绝对性、不加限制的权力之意。所谓立法权是国家的最高权力，只是相对于执行权与对外权而言。但这个最高权力并不是绝对的、专断的，而是人民委托的一种权力。如果立法机关违背了人民建立它的目的，即侵犯了人民的生命权、人身自由权与财产权，作为委托者的人民有权运用革命的手段，终止委托，收回权力，并把它重新授予被认为最能够保障他们生命、自由和财产的人。也就是说，人民享有最高权力来罢免或更换立法机关。这样，洛克以议会主权论来委婉地表达了人民主权思想。洛克的议会主权理论对人民生命、自由和财产等“自然权利”的捍卫，对建立有限政府的强调，以及被授予权力的人也是契约的参与者、也受契约内容的限制的思想，对近代英国、法国和美国政治发展产生了深远的影响。

（3）卢梭的人民主权。

让-雅克·卢梭（Jean-Jacques Rousseau，1712—1778 年）是法国著名启蒙思想家，18 世纪法国大革命的思想先驱，他的人民主权理论对于近代政治发展产生了深远的影响。首先，卢梭同样运用社会契约理论来论证国家形成。“服从自己本人”是卢梭社会契约理论的核心内容和特征。卢梭认为，人类为了自身的自由与幸福，通过社会契约的形式，即通过每个人把自己的一切权利全部转让给整个集体，从而使自己完全融入整个集体并成为整个集体不可分割的一部分，建立了某种政治共同体，而这个共同体就是国家。这样，由社会契约产生的“道德和集体的共同体”就是一个“公共的大我”。作为一种“公共人格”，它可以称为“国家”、“主权者”或“政权”。[④] 其次，为了统一自由与服从的矛盾，卢梭提出了“公意”理论。公意就是“国家全体成员的经常意志”，是从公民集体讨论中产生的共同利益与意志表达的结果。个人服务公意，即是服从自己的意志，就是自由。最后，正因为国家是一个人民的政治共同体，因而，国家主权就是人民主权。人民主权的实质是“公意”的体现和运用，由于公意是不可转让、不可分割和不能代表的，因而人民主权是一种神圣的、不可侵犯、不可转让、不可分割、不能代表的至高无上的权力。在卢梭的人民

① 约翰·洛克．政府论：下．叶启芳，瞿菊农，译．北京：商务印书馆，1964：7.

② 同①10.

③ 同①77.

④ 卢梭．社会契约论．何兆武，译．2 版．北京：商务印书馆，1980：23，25.

主权理论下，人民才是主权者，政府只不过是执行主权者意志的机关，因此，官吏是人民的公仆，他们的去留完全由全体人民来决定。卢梭的人民主权理论的局限性也非常明显。他的抽象的公意理论可以为专制独裁利用；其关于人民主权行使方式的直接民主制思想也带有浓厚的复古主义倾向。尽管如此，卢梭的人民主权理论否定了绝对主义国家的君主主权，确立了人民在国家政治生活中的最高地位，从而为近代政治制度建设提供了理论基础。

二、人民主权原则在西方主要国家的确立

人民主权是西方各国宪法的一项基本原则，但各国宪法对人民主权原则的表述存在一定的差异，一些国家的宪法明确提出了人民主权原则，而在另一些国家则采取间接或委婉的表达方式。

1. 法国：明确提出了人民主权原则

最早把人民主权原则写进宪法而确定下来的是法国。1789 年法国大革命颁布的《人权和公民权宣言》（即《人权宣言》）就明确宣布："在权利方面，人生来是且始终是自由的、平等的"，"任何政治团体应旨在维护人的自然的、不受时效约束的权利"。[①] 后来，《人权宣言》成为法国 1791 年宪法的序言，这是法国第一部宪法，也是欧洲大陆最早的近代成文宪法，该宪法宣布"主权是统一的、不可分割的、不可转让的和不受时效约束的"，"国民是一切权力的唯一来源。国民只能通过代表行使这些权力"[②]。法国 1793 年宪法又称共和元年宪法，在宣布实行共和政体的同时，将做了进一步修改的《人权和公民权宣言》作为宪法序言，宣布组建政府是为了保障"人的平等、自由、安全和财产"，并宣布"所有公民有平等的机会担任公职"。该宪法还明确宣布，"主权存在于人民。主权是统一的、不可分割、不可动摇的和不可让与的"，而"拥有主权的人民是法国公民全体"。[③] 1793 年宪法被认为是法国史无前例的、最民主的、最能体现卢梭人民主权理论的一部宪法。

2. 英国：通过议会主权反映人民主权

作为西方第一个实现对政治权力有效控制的国家，英国却一直没有一部专门的、统一的成文宪法，但这并不意味着英国没有宪法。英国是实行不成文宪法的国家，构成英国宪法的主要是议会制定的宪法性法律、宪法性判例和惯例。1215 年的《大宪章》被看作是英国最早的宪法性法律，规定了限制国王权力、保障臣民权利的内容。1689 年通过的《权利法案》和 1701 年通过的《王位继承法》也是两个重要的宪法性文件，并由此确立了英国的基本政制框架。1688 年光荣革命后，英国正式确立了国家政治生活中的议会主权，但还没有明确提出人民主权原则。虽然议会主权尚不能等同于人民主权或主权在民，但是，从英国近代政治制度形成的历史来看，议会主权是对君主主权的否定。议会是由人民自由选举产生的，议员是人民的代表，议会主权从某种意义上讲就是人民主权，或者说是人民主权原则的英国式表达。一部分英国的宪法学家曾对议会主权展开了论述，试图确立议会主权与人民主权的联系。英国宪法学家戴雪指出，议会主权仅仅是一种法律主权，而

---

① 周威．法兰西宪法典全译．北京：法律出版社，2016：3.

② 同①13.

③ 同①45，47，49.

不是一种政治主权。所谓议会主权，是指在政府权力内部确立立法权对执行权的最高地位，议会有权制定一切法律。但是这种最高权力并不是一个社会中的最高权力。根据“一切权力来源于人民的同意”的社会契约理论，真正的最高权力仍然掌握在人民手中。立法权是国家的最高权力，但不具有绝对的主权权力的性质。如果立法机关颁布有损于人民财产的法律，人民保留有推翻政府的权力，真正的最高权力——近代意义的国家主权——掌握在人民手中。因此，在议会主权背后的仍然是人民主权的原则。

3. 美国：宪法中的人民主权精神

美国有世界上第一部成文宪法，但是在宪法里却没有直接提出人民主权原则，只是在宪法序言中体现了人民主权的精神。在独立战争时期，美国的政治活动家深受欧洲大陆天赋人权和人民主权思想的影响，美国的《独立宣言》重申了流行于欧洲大陆的天赋权利理论：“我们认为这些真理是不言而喻的：人人生而平等，他们都从他们的‘造物主’那边被赋予了某些不可转让的权利，其中包括生命权、自由权和追求幸福的权利。为了保障这些权利，所以才在人们中间成立政府。而政府的正当权力则系得自被统治者的同意。”[①] 对天赋权利的信奉必然伴随着对人民主权原则的信仰。《独立宣言》的起草者杰斐逊说：“我认为构成一个社会或国家的人民是那个国家中一切权力的源泉……我不知道除了人民本身以外还有什么储藏社会的根本权力的宝库。”[②] 从1776年开始，独立的十三个国家开始制定宪法，各国在成立政府的过程中，权力委托说风行一时，即认为人民最初是而且继续是政府权力的唯一来源，一切政府权力只能由人民委托，并且为人民执掌，政府本身没有固定的权力。权力委托说实际上体现了主权在民的思想，有的国家在宪法中还明确规定了人民主权原则。但是，在1787年制定的宪法中却没有明确规定人民主权原则，只是在其序言中开宗明义地宣布：“我们美国人民为美国制定并确立了这部宪法。”宪法被宣布是人民制定的。同时，宪法也需要得到人民的批准，才能生效。因此，美国宪法的人民主权原则体现在宪法的制定、批准和修改的过程之中。同时，美国宪法还体现了主权是可分的这样一种新理念。主权首先是在联邦和州之间分享，通过联邦和州的分权，切实保障人民的权利不受政府侵害。然后，联邦国家的权力又在三个部门即国会、总统和法院之间分享，通过三个部门之间的权力分立和制衡，切实保障人民的权利。

4. 西方其他国家

自1789年法国《人权宣言》明确提出“全部主权的源泉根本上存在于国民之中”以后，西方各国都把主权在民作为一项最重要的宪法原则，即使在那些保留君主制度的国家如日本、比利时也不例外。

德国现行宪法是1949年制定的，当时称为《德意志联邦共和国基本法》，之所以如此是因为当时德国处于分裂状态，意味着它只是一个临时约法，将来在德国统一后会制定正式宪法。不过，1990年德国统一后，仅仅经过局部修改，整体上仍是把德国基本法作为统一后的德国的宪法。《德意志联邦共和国基本法》第二十条第二款规定：“一切国家权力

① 北京大学法律系．宪法资料选编：第4辑．北京：北京大学出版社，1981：229.

② 菲利普·方纳．杰斐逊文选．王华，译．北京：商务印书馆，1963：60.

来源于人民。"[①] 二战后制定的《日本国宪法》在序言中指出："主权属于国民"，"国政本源于国民的郑重委托，其权威来自国民，其权力由国民的代表行使，其福利由国民享受。"[②] 瑞典一直没有一部单一的成文宪法，而是由《政府组织法》、《王位继承法》、《出版自由法》和《议会法》构成了该国的基本法。直到1968年以前，国王仍然是国家的唯一统治者，与议会共同制定法律，1968年通过修改《政府组织法》削弱了国王的权力，1974年通过了新的《政府组织法》，于1975年1月1日开始生效。这部新的《政府组织法》实际上包括了宪法应该包括的所有内容，该法明确规定，"瑞典的一切政府权力属于人民"。而且自此以后，国王也不再掌握任何实权，事实上已成为一个"虚位君主"。

西方各国的宪法虽然标榜"人民主权"原则，但人民事实上很难行使国家主权。因此，人民主权仅仅体现在每隔数年进行一次的议会选举、总统选举或公民投票中。国家的最高权力照例掌握在经济上占统治地位的少数财团及其代理人手中，广大人民始终是处于无权的地位。

第二节　代议制原则

如果说人民主权原则强调的是国家权力的来源，表明政府权力最终是属于人民的，是人民授予的话，那么，代议制则是人民行使国家权力的现实的途径。代议制原则与人民主权原则是紧密联系的，其精神也是一致的。根据人民主权原则，政府权力的合法性不是源于上帝的授予，也不是源于传统，而是因为人民的同意。但现代国家的人口众多和疆域辽阔，决定了人民不可能直接行使国家主权，只能由选举产生的代表组成代议机关行使主权。因而，代议制便成为人民主权原则的实践途径。代议制原则本身也就相应地成为西方国家政治制度的基本原则之一。

一、代议制的产生与性质

所谓代议制，是指人民并不直接行使管理国家的权力，而是通过选举代表组成代议机关来行使国家权力的一种间接民主形式。代议制是相对于直接民主制而言的一种间接民主制度。

1. 代议制的产生

一般认为，代议制起源于英国。它的直接渊源就是自英国《大宪章》开始的大会议，并经历了从贵族会议到等级会议再到议会的转变。英国既是"议会之母"，也是代议制度的发源地。代议制在英国产生后，很快就传到西方各国并被普遍接受和采用。这是因为：第一，资本主义的商品经济要求实行民主制。中世纪后期，随着商业和手工业的发展，兴起了一些商业发达的城市，出现了大量自由民，资本主义的生产方式出现了。而后由于新大陆的发现和通往东方的新的海陆通道的开通并带来海外贸易的发展，这种新的生产方式迅速扩张。到了19世纪初叶，随着工业革命的成功，资本主义的机器大生产彻底打垮了封建经济和小农生产方式，工业生产和商品经济成为资本主义社会普遍的生产形式。资本

① 《世界各国宪法》编辑委员会．世界各国宪法：欧洲卷．北京：中国检察出版社，2012：180.
② 《世界各国宪法》编辑委员会．世界各国宪法：亚洲卷．北京：中国检察出版社，2012：494.

主义的商品经济不仅摧毁了封建的政治特权，也冲破了封建的行会制度，造成了广泛的自由竞争。于是，“封建的所有制关系，就不再适应已经发展的生产力了……起而代之的是自由竞争以及与自由竞争相适应的社会制度和政治制度、资产阶级的经济统治和政治统治”[①]。因此，资本主义经济生活的现实也要求把竞争原则引入政治领域，从而否定任何世袭的、终身的政治权力，要求政治上实行民主制，民主制就是“资本主义所能采用的最好的政治外壳”[②]。第二，现代国家无论是领土还是人口都达到了相当大的规模。资本主义发展的另一个结果就是民族国家的兴起。资本主义天然是一种市场经济，要求摧毁封建割据所造成的封锁和关卡，形成一个统一的大市场。“资产阶级日甚一日地消灭生产资料、财产和人口的分散状态……由此必然产生的结果就是政治的集中。各自独立的、几乎只有同盟关系的、各有不同利益、不同法律、不同政府、不同关税的各个地区，现在已经结合为一个拥有统一的政府、统一的法律、统一的民族阶级利益和统一的关税的统一的民族。”[③]结果，出现了大规模的民族国家，众多的人口和辽阔的疆域都使得人们不可能聚集在一起开会，人们也不可能通过担任公职来直接管理国家事务。

既然资本主义的生产方式要求在政治上实行民主制，而资本主义所造成的国家规模又不可能实行直接民主，解决这个问题的唯一可行的办法就是实行间接民主，即由人民选举代表，组成代议机关来讨论并决定国家公共事务。正因为代议制比较成功地解决了民主的规模和民主的实现问题，因而也就成为现代国家普遍采用的政府形式。从大工业和世界市场建立的时候起，资产阶级“在现代的代议制国家里夺得了独占的政治统治”，代议机关也就成为“管理整个资产阶级的共同事务的委员会”。[④]

2. 代议制的性质

从历史发展进程来看，代议制是在市民阶级亦即新兴资产阶级限制和反抗专制王权的斗争中产生、发展起来的。尽管作为代议制载体的议会继承了中世纪封建等级制议会，但却与后者有着本质的不同。首先，中世纪等级制议会是与封建制度联系在一起的，僧俗贵族、市民和国王都曾利用等级制议会来实现自己的目的，等级制议会充当了国王与僧俗贵族、市民三方进行讨价还价的政治平台，成为中世纪后期封建政治制度的一个重要组成部分。而代议制议会却是与资本主义制度联系在一起的，在功能上是调节和平衡资本主义商品经济条件下的不同阶级、阶层和利益的关系，在名义上是人民通过自己的代表来行使国家权力，在本质上则是资产阶级控制国家权力的工具。其次，代表的身份发生了性质的变化。中世纪的等级制议会是由不同等级派出的代表组成的，他们代表生而不平等的阶级、阶层利益。而代议制议会是由选举产生的代表组成的代议机关，他们代表生而平等的公民，因而在名义上代表全体人民。最后，近代代议制议会是与人民主权观念联系在一起的。等级制议会尽管对国王的权力有了限制，但仍以王权至上为前提，遵行的仍是主权在君，把国王视为国家的代表或受委托者。而代议制议会则以人民主权为前提，尽管也可能保留国王及其某些权力，甚至在形式上赋予国王至高的尊严。但是，只有人民才是国家一

---

① 马克思，恩格斯．马克思恩格斯选集：第1卷．3版．北京：人民出版社，2012：405.

② 列宁．列宁选集：第3卷．3版．北京：人民出版社，1995：120.

③ 同①405.

④ 同①402.

切权力的所有者，议会则是代表人民行使国家权力的机关。因此，在现代西方国家的议会中，至少有一个院的议员是由直接选举产生的，从而在具体制度上保证了人民主权原则的实现。由此可见，代议制议会已经完全不同于中世纪封建等级制议会。

在西方各国的代议制政府中，议会处于中心地位，它是由选举产生的议员组成的代表全体人民的最高权力机关或立法机关。议会享有最高的立法权，通过制定法律实现对国家的治理。此外，议会在继承中世纪等级制议会批准征税权的基础上进一步掌握了批准国家预算、控制政府收支的财政权。但是，代议制议会在本质上仍然是财产所有者维护其财产权的工具。资产阶级通过议会限制政府权力的目的正是保护私有财产不受侵犯。由于竞选巨额开支的限制和资本力量的运用，当选的议员要么是有产阶级的成员，要么是为有产阶级所接受的人，因而议会实际上是被有产阶级控制的。但是，代议制通过议会议员之间的争论和讨价还价，也成为调和有产阶级内部不同利益集团的利益、缓和社会矛盾和社会冲突的制度机制。由于议会的成员一般由公民选举产生，议会被说成是“全民代表机关”，这样，资产阶级也就利用代议制议会以人民的名义行使国家权力，从而实现了对国家的统治。

二、代议制的理论基础

代议制是近代资产阶级创造的一种政府形式。在反对封建王权的专制统治和建立资产阶级国家的过程中，近代资产阶级政治思想家们就一直在探索采用什么样的政府形式，既可以防止权力的专横，又有利于资产阶级的政治统治。代议制理论就是其中的重要成果。但代议制理论并不是凭空产生的，而是在继承古代和中世纪的政治遗产的基础上逐步形成的。

1. 古代和中世纪代议制民主的制度实践与理论思考

在古代希腊雅典，存在过议事会（四百人议事会和五百人议事会），其虽然具有代表议事的特征，但是由于议事会的成员是以抽签而不是投票选举方式产生的，因而与现代的代议制机关不可同日而语。罗马共和国和罗马帝国时期的元老院同样不是由人民选举的代表组成的代议机构，但是，其中却蕴含着代议制民主的思想，即政治权力源于和属于社会共同体。代议制民主思想的另一个源头就是日耳曼人的部落民主传统。日耳曼人在入主西欧之前，通过全体部落成员平等参加的部落大会讨论和决定部落重大事务，选举军事领袖或国王。日耳曼人在入主西欧后，贵族和高级教士的会议取代了部落大会，国家的重要决策需征得他们的同意；否则，国王不能颁布和修改法律，也不能做出重大决策。以上三种传统的汇合，形成了“政府权力来源于人民”（或者说来源于社会共同体）的重要原则，这个原则后来就成为代议制民主思想的重要前提，代议制民主思想的基本要素也在中世纪漫长的历史过程中逐渐孕育、发展起来。

在中世纪，封建的契约关系是整个社会关系的基础。契约关系不仅存在于领主与封臣之间，也存在于国王与贵族之间。契约的双方都要受到契约的约束，涉及双方的事务都需要得到双方的同意。因此，在中世纪封建制度下，国王（或皇帝）加冕誓词和《大宪章》一类的法律文件都认同一个基本原则，即国王施政要征询臣民的意见，取得他们的同意。这样，从“政府权力来源于人民”的原则中进一步发展出权力的实际行使需得到共同体某种形式的同意的观念。同时，在中世纪基督教的理论与实践中，早期教会就确认了一个原则，即教会的行为和主教等教职的选举应得到教士和信徒的同意。这一原则与罗马的传统结合，产生了一句广泛流行的格言："关涉大家的事需要得到大家的同意。"到13世纪时，这一格言已经十分流行，在西欧各世俗国家的司法和公共政治生活中被普遍接受和广泛使用。

但是，"大家的同意"原则如何通过一定的制度来实现，如何成为可以操作的模式，还需要创造和发明。中世纪后期的政治思想家们已经进行了政治设计的探索。13世纪的思想家、神学家托马斯·阿奎那认为，每个人都应该在政府中有自己的份额，政体中应该有国王、贵族的首领和由选举产生的人民代表。① 1295年，英国在召集郡和自治市镇代表时规定，这些代表有为他们所代表的地区做出决定的全权，并接受整个会议做出的决定。其中已经包含了代表所表达的意志应被视为选举他的地区或团体的意志的观念。这种观念也在教会的实践中得到体现。12世纪末13世纪初召开的宗教大会，就是由各地教会层层选派代表组成的，它也就被理解为代表整个教会。到14世纪，代表需要得到他所在的地区或团体的充分授权、代议机构做出的决定就被视为整个共同体的决定的观念，已经被教会和世俗社会广泛接受了。

2. 近代思想家关于代议制的理论

在中世纪晚期，代议制民主思想初具轮廓，并为近代的代议制民主思想准备了充沛的思想资源。但是，只有到了18、19世纪，代议制理论才在英国真正形成。英国光荣革命后，议会取得了高于国王的地位，资产阶级既需要在理论上为议会的地位和权力辩护，也需要进一步发展和完善议会制度，前一个任务是由洛克的议会主权理论完成的，而对后一个问题的探索，则先后出现了伯克和密尔的代议制政府理论。

（1）伯克的代议制政府理论。

埃德蒙·伯克（Edmund Burke，1729—1797年）是18世纪英国的政治思想家，也是代议制理论的创始人之一。首先，伯克认为，"国会不是来自各种敌对利益的代表所组成的集会，即并非每人都是一个代理人及保护者，必须维护其利益而反对其他代理人及保护者，而是一个国家的深思熟虑的会议，只有一个整体的单一的利益，不应由地方性目的及地方性偏见所支配，而应该以普遍利益和整体理性为指向。"伯克关于国会的论述实际上触及了现代议会政治中的一个关键问题，即如何处理国家利益与党派利益的关系问题。其次，在议员问题上，伯克主张，议会议员不是其选区的代表，而是代表全国人民，代表与选民之间存在一种特殊意义的委托关系，即代表一经选出，就不受选区选民意志的约束，而是独立行使代表权力。"诸位确实是在选择议员，但是议员一经选举之后，他就不是布里斯托尔选区的议员，而是联合王国的议员。"②伯克强调代议制政府是少数精英集团领导下的结构严密的工作机构。因此，他的代议制政府理论抛弃了代议制的那种民众主义的形式，而走向精英统治的道路。

（2）密尔的代议制政府理论。

继伯克之后，对代议制进行系统思考的是19世纪英国著名的古典自由主义思想家密尔。约翰·斯图尔特·密尔（John Stuart Mill，1806—1873年）的《代议制政府》全面系统地论述了代议制政府的各种具体问题和制度安排，无论是在西方政治思想史上还是在

---

① 丛日云，郑红．论代议制民主思想的起源．世界历史，2005（2）.

② Edmund Burke. Speech to electors of Bristol on being elected（November 1774）//Hampsher-Monk（ed.）. The political philosophy of Edmund Burke. London：Longman，1987：110.

西方政治制度史上，它都占有十分重要的位置，被西方学者公认为是有关代议制的一部经典著作。

密尔首先讨论了政府形式是否可以选择、在多大程度上可以选择的问题。密尔认为，政治制度是“人的劳作”，其“根源和全部存在均有赖于人的意志”，而且，“政治机器并不自行运转”，要由人操作，需要“人们积极的参加”，因此，政治制度要“适应现有人们的能力和特点”，必须“为人民所乐意接受”。①因而，密尔认为，一个国家的政府形式是由社会情况决定的，是由这个国家关于社会力量成分的分布状况预先确定和决定的，社会中最强大的力量将取得统治的权力。这样，在政府形式是否可以选择的问题上，密尔既认为政府形式决定于一定的社会条件（包括历史基础、民族性格和习惯以及技术上的条件等），又重视人的“意志”的力量和“按照意志行动”，尤其是重视“受过教育的人们”对普通人施加的影响。密尔一方面承认“一国政府决定于现存社会力量”，但另一方面他又认为这不应妨碍“对现存社会条件下一切可行的政府形式进行合理的选择”。因此，政府形式是可以选择的，但又不是可任意选择的。②

密尔进一步探讨了“理想上最好的政府形式”。他确立了“好政府”的两个基本标准：一是政府的统治必须有助于增进被统治者的好的品质，即促进人民本身的美德和智慧；二是政府必须利用它本身存在的好的性质来实现正当的目的，即政府行为要符合法律和道德的准则。根据这两个标准，密尔对所谓“好的专制君主”及其“内在的必然性”进行了分析。他指出，好的君主必须“洞察一切”，这意味着“一个具有超人的精神活力的人管理着精神上消极被动的人民的全部事务”，整个民族以及民族的每一个人对自己的命运都没有发言权，一切听任政府，他们也就对一切事情毫不关心，不会关心自己的国家，结果民族衰落的时代就会到来。③ 密尔认为，理想上最好的政府形式就是“主权或作为最后手段的最高支配权力属于社会整个集体的那种政府”，是“完全的平民政府”，是“全体人民参加的政府”，每个公民不仅对如何行使最终的主权有发言权，而且实际上参加政府，亲自担任某种公共职务，至少在有的时候是如此。④ 但是，密尔又指出，理想上最好的政府形式即直接民主制并不是“在一切文明状态都是实际可行的”，“在面积和人口超过一个小市镇的社会里”，“所有的人亲自参加公共事务是不可能的”。⑤ 因此，民主制的实行需要另一个中介性原则，这就是代议制。密尔得出结论说，最理想的也是实际可行的政府形式就是代议制政府。

关于代议制政府的本质规定，密尔认为，“代议制政体就是，全体人民或一大部分人民通过由他们定期选出的代表行使最后的控制权”，人民“必须完全握有这个最后的权力。无论什么时候他们高兴，他们就是支配政府一切行动的主人”⑥。在密尔看来，代议制政府具有以下几个方面的本质规定：首先，代议制政府是主权属于公民集体而不属于个人的那种政府。其次，代议制政府是平民政府而非贵族政府，是公民积极参与政治过程并以此为

① 约翰·密尔. 代议制政府. 汪瑄，译. 北京：商务印书馆，1982：7.
② 同①13-14，16.
③ 同①38，41.
④ 同①43-44，55.
⑤ 同①44，55.
⑥ 同①68.

基础的政府。最后，代议制政府承担着两大机关的基本职能：一是管理国家公共事务的机关（为了公共事务的一套有组织的安排）；二是人民教育机关。因为在他看来，培育公共精神，倡导和维护一种公共精神，应是政府的首要职能。

密尔也指出了代议制政府的两大弊端及建设方案。代议制政府与其他任何政府形式一样，并不是完美无缺的。代议制政府的缺陷可以概括为两条：一是“议会中的普遍无知和无能，或者说得温和一点，智力条件不充分”；二是可能受到“和社会普遍福利不同的利益”的影响。[①] 针对代议制政府的两大弊端，密尔展开了有关代议制政府建设的一系列方案：一是实行精英民主。所谓精英民主就是在精英统治基础上的民主，即保证少数精英人物成为决策核心和政府首脑前提下的民主。密尔认为，“任何阶级，或是任何可能联合起来的阶级的联合，都不应该在政府中发挥压倒一切的影响”[②]。消除这个隐患的方案就是实现在少数精英统治基础上的民主，只有精英统治，民主才能真正发挥作用并富有成效。一个自由的政府必须造成一种保证精英人物成长的自由气氛和发现并任用精英人物的政治习惯。二是以比例代表制替代多数代表制。密尔认为，真正的代议制民主是代表一切人而不是仅仅代表多数的民主政体。在一个真正的民主制国家里，每个部分或任何部分的人都会“按比例”有其代表。密尔提出按人数比例的代表制即比例代表制，替代多数代表制。三是保障少数代表在议会的对抗职能。密尔认为，“少数应有适当的代表，这是民主制的一个不可缺少的部分。没有它就不可能是真正的民主制，只不过是民主制的虚伪装潢罢了”[③]。密尔指出，到目前为止，民主制政府的一项巨大困难似乎是如何在一个民主社会里为个人抵抗统治权力提供一种社会支持，即一种支点。这种社会支持是为受到占优势的公众舆论轻视的那些意见和利益提供的一种保护、一种集合点。比例代表制满足了这种需要，它使全国各地的有教养者能够汇合他们的选票以确保他们所喜欢的候选人当选，这样就会避免无教养者的统治。或者说，通过有教养的少数来制衡民主制的多数专制。四是主张扩大选举权。代议民主制政体是代表一切人而不仅仅是代表多数人。密尔主张，在一个充分发达和文明的国家里，不应当有贱民，不应当有被取消了资格的人，除非由于他自己的过错。[④] 他主张妇女和男子同样应有选举权。五是议会实行两院制。“但是两院不需要同样的组成，它们可以作为对彼此的一种牵制。”[⑤]

三、西方国家代议制通行的具体原则

代议制在西方国家政治制度的实行中遵循的具体原则主要有以下几条。

西方国家代议制通行的具体原则

1. 人民通过代议机关行使国家主权

人民主权原则确定了国家一切权力来源于人民，而代议制则是解决人民如何行使主权问题的方案。人民主权表达的是一种抽象的观念，即

① 约翰·密尔．代议制政府．汪瑄，译．北京：商务印书馆，1982：85.

② 同①98－99.

③ 同①106.

④ 同①128.

⑤ 同①184.

国家权力的最终归属在于人民，而代议制表达的是一种具体的制度设计，即人民并不直接行使国家主权，而是通过自己的代表来行使国家主权，议会作为人民的代表机关，其权力来源于人民的委托。如法国 1958 年制定的法兰西第五共和国宪法第三条规定："国家主权属于人民，并由人民通过其代表或公民投票来行使。"① 德国 1949 年制定的《德意志联邦共和国基本法》第二十条第二款规定："一切国家权力来源于人民。国家权力由人民通过选举和表决以及通过立法、行政和司法机关来行使。"②

2. 人民通过选举代表组成代议机关

代议制是人民通过选举代表组成代议机关，代表自己行使国家权力的间接民主制度。因此，保障人民的普选权便是代议制民主的重要内容之一。普选权是选举权的延伸，意味着所有的成年公民，无论他的性别、年龄、种族、信仰、社会状况如何，都有通过投票选举代表的权利。但在代议制发展的过程中，选举权的范围是逐步扩大的，而议会制度也正是由于选举权范围的扩大才逐步成熟起来的。19 世纪 30—40 年代英国发生的"宪章运动"，就是以争取普选权为目标的工人运动。宪章运动要求实现所有的男子，无论种族、阶级都有参政选举的权利。随后，争取普选权的运动扩展到其他西欧国家。但一直到 20 世纪中期，西方各主要国家才基本实现了普选权。

3. 代议机关必须遵循严肃的议事规则

代议制在组织上首先有一个由不同地区和团体选出的代表组成的机关，它有权通过自由充分的讨论、以整个会议组织的名义自主地决定国家的公共事务。但代议机关必须遵循严肃的议事规则。没有规则，任何讨论、辩论和决定都是不可想象的。这是因为组成代议机关就是要对民意进行过滤、筛选和归并、简约，不仅需要克服代表们在道德、智力和知识上的局限，还要克服民意中的非理性成分，避免政府的决策受大众一时情绪的影响和支配，这一切都需要一定的规则来约束。

在代议制的发明和创建过程中，代议机关的议事规则是必须解决的关键问题之一。代议机关议事规则应体现以下几点要求：一是议事规则必须是事先制定的，通常以法律（议会法）的形式加以规定。二是议事规则要体现平衡原则，要做到保护代表各种不同人群的代表的权利，从而最终保护由所有这些人组成的整体的权利。三是所有决定都必须经过充分和自由的辩论、协商之后才能做出，每个人都有权利通过辩论说服其他人接受自己的意志。

4. 少数服从多数与保护少数原则

代议机关的议事规则要保护组成这个机关的所有人的权利，其中包括既保护意见占多数的人，也保护意见占少数的人。多数裁定即少数服从多数的决策规则是任何形式的民主制度做出决定的通则。在代议民主制度下，通过议会选举程序往往形成多数人的统治，而多数人的统治并不就是民主。只有保护全体公民的权利才是真正的民主，仅仅保护多数人的权利则是虚假的民主。在代议制民主的政府形式中，虽然实行多数裁定原则，但是少数人的权利也必须受到法律的保护。这是因为，民主的法律和制度保护全体公民的权利。而且，少数人可以通过辩论使更多的人接受他们的主张，从而变成多数。因此，多数裁定和

① 《世界各国宪法》编辑委员会．世界各国宪法：欧洲卷．北京：中国检察出版社，2012：268.

② 同①180.

保护少数的原则也是代议制原则的重要内容，二者缺一不可。

5. 代议制民主并不排斥直接民主

代议制民主优于直接民主的地方在于代议制民主并不排斥直接民主，而直接民主则排斥代议制民主。在近代政治思想家中，卢梭主张直接民主，同时坚决反对代议制。他认为，“主权是不能转让的，同理，主权也是不能代表的”。“凡是不曾为人民所亲自批准的法律，都是无效的，那根本就不是法律。”因为在卢梭看来，只有采取直接民主制的形式，才能表达公意、行使主权和制定法律。不过，卢梭也承认，“在行政权力上，人民是可以并且应该被代表的”①。代议制民主则完全允许国家体制内部有直接民主的因素存在。譬如，在国家层面上实行代议制民主，而在基层政治中实行一定范围的直接民主，由人民集会来讨论和决定公共事务，这样并不会破坏国家在整体体制上的间接民主性质。

第三节　法治原则

法治就是法的统治。法治是相对于专制和人治而言的。近代西方政治制度的核心就是以宪法和法律限制国家的专制权力。因此，法治也就成了西方政治制度的一个基本的宪法原则。

一、法治的概念及其内涵

法治（the rule of law）是相对于“人治”的一种治理国家的理论、原则与方法。其基本含义是：以法律为国家和公民活动的基本准则，任何国家机关、社会团体和公民个人——包括国家的最高领导人在内，都必须毫无例外地遵守法律，依照法律的规定活动；法律面前人人平等，无论谁违法犯罪都要受到法律的同样制裁。在近代以来西方政治思想家的论述中，法治具有以下几个方面的内涵：

首先，法治意味着承认高于制定法的自然法的存在。这里的关键是要区分法与法律的概念。法体现了自然的规律，而法律仅仅是制定法，体现了立法者的意志。法治思想起源于古典的自然法学说。所谓自然法，在中世纪后期的荷兰政治思想家格劳秀斯看来，就是“正确理性所下的命令，它按照其是否符合理性，指出一种行为本身具有道德根据或道义上的必然性”②。在近代，自然法观念被普遍接受，自然法被认为具有普遍的约束力，所有的成文法都来自自然法，自然法居于实在法之上并指导实在法，任何与自然法相左的法律都是无效的。那么，自然法的主要内容是什么呢？自然法的主要内容就是人生而具有生命、自由和财产的权利，这些权利被称为自然权利，即依据自然法所享有的权利。因此，自然法为个人权利确立了最低的标准和最起码的保障，也为政治权力划定了界限，统治者的政治权力正是人们为了共同的利益按照自然法的法则设立的，因此，任何制定法都不得违犯自然法，而只是对自然法的发现和追随，制定法是低于自然法的法律。只有自然法成为约束制定法的最高准绳，法治才能实现。

---

① 卢梭．社会契约论．北京：商务印书馆，1980：125-126.

② 转引自乔治·霍兰·萨拜因．政治学说史：下．北京：商务印书馆，1985：481.

其次，法治是与自由联系在一起的。19 世纪英国著名法学家戴雪在其《宪法精义》中指出，法治包括三个既不相同但又互有关联的概念：第一，法治意味着正常的法律具有绝对的至高无上的地位，它与专制权力的影响相对立，并且排斥专制的存在、特权的存在乃至政府自由裁量权的存在；第二，法治意味着法律面前的平等，或者说意味着所有阶层平等地服从由普通法院实施的国家普通法；第三，法治可以被当作表达一个事实的公式，即宪法的法律，属于宪法法典组成部分的法规，在由法院加以界定并实施时，它们不是个人权利的来源而是个人权利的结果。可见，法治是与自由联系在一起的。

最后，法治中的“法”包括一般法律和宪法。在现代国家的法律体系中，宪法居于最高的统领地位。宪法是国家的最高法律，被称为根本大法或基本法。西方各国宪法一般分为成文宪法和不成文宪法两种类型。成文宪法是指将国家基本组织、人民权利义务以一套法律文书形式表达的宪法。一般认为，美国 1787 年费城制宪会议通过的美国宪法是世界上第一部成文宪法，现在世界上绝大多数国家都实行成文宪法。所谓不成文宪法，是指没有专门的统一的宪法典，而是由带有宪法性质的各种历史文件、含有宪法内容的议会制定法、含有宪法内容的法院判例以及各种宪法惯例组成的。实行不成文宪法的典型国家是英国。由于宪法所规定的是国家生活中最根本、最重要的原则和制度，宪法就成为立法机关进行立法活动的法律基础。因而宪法又被称为“母法”“最高法”，普通法律则被称为“子法”。一方面，宪法作为国家的最高法律，与国家立法机关制定的一般法律有所不同，具有其特殊属性。宪法除了规定国家的根本制度、国家生活的基本原则外，还规定国家政权机关组织和确认公民基本权利与义务。宪法在内容上所具有的国家根本法的这一特点，决定了它的法律地位高于普通法律，具有最高法律权威和最高法律效力。宪法是制定普通法律的依据，普通法律的内容都必须符合宪法的规定。与宪法内容相抵触的法律无效。另一方面，宪法仍然是法，具有与一般法律本质上的一致性。“宪法首先是‘法’，其次才可能是‘更高的法’或‘基本法’或‘根本大法’”。[①] 在西方政治制度中，宪法处于至高无上的地位，谁也不能违反宪法。只有当宪法成为最高的政治生活准则，政府权力的运行受制于宪法时，法治才能真正地得以实现。

二、西方法治思想的产生与发展

1. 西方古代的法治思想

法治作为西方政治传统中的一个十分重要的元素起源于古希腊和古罗马。在古希腊城邦的政治实践中，法律是一个重要因素。在古希腊人看来，只有法律才能调节自由公民之间的关系。同时，法律体现了公正的正义。古希腊政治思想家亚里士多德是最早主张法治的思想家之一。他认为，“法治应当优于一人之治”，“谁说应该由法律遂行其统治，这就有如说，唯独神祇和理智可以行使统治；至于谁说应该让一个个人来统治，这就在政治中混入了兽性的因素。”[②] 亚里士多德不仅提出法治的主张，而且强调良法的统治。他的法治主张包含了两重意义：“已成立的法律获得普遍的服从，而大家所服从的法律又应该本身

① 张千帆．宪法学导论．北京：法律出版社，2004：12.

② 亚里士多德．政治学．吴寿彭，译．北京：商务馆书馆，1983：169.

是制定得良好的法律。”[①] 亚里士多德有关法治优于一人之治的思想，是法治思想的源头。

古代罗马共和国末期的政治家、思想家西塞罗在继承古希腊斯多葛派哲学的基础上，比较系统地提出了自然法理论。他认为，“真正的法律——即正确的理性——与自然相适应，它适用于所有的人并且是不变而永恒的。通过它的命令，这一法律号召人们履行自己的义务；通过它的禁令，它使人们不去做不正当的事情。”[②] 西塞罗认为，自然法应该成为一切人类法的准则。他说，一个国家没有法，就不是国家，而法如果不表示最大的善，就只是“一伙强盗在集会上通过的规章”。所以，“法就是正义的事物与非正义的事物之间的界限”[③]。古罗马对于法治的主要贡献不仅在于理论，而且在于实践。罗马法特别是罗马私法对于公民权利的保障，对中世纪后期和近现代资产阶级法治发展都具有重大的影响。

2. 中世纪西方法治思想

在中世纪法治思想发展史上，阿奎那是一个代表人物。阿奎那认为，法律是对于种种有关公共幸福事项的合理安排，由任何负有管理社会之责的人予以公布。这种合理安排体现了一种世界或宇宙秩序。根据其神学世界观，阿奎那把法分为永恒法（eternal law）、自然法（natural law）、人法（human law）和神法（divine law）。永恒法出自神的理性，或者不如说就是神的理性，是神圣智慧的永恒规划；自然法是人的理性对于永恒法的参与，或者说是神的理性在人身上留下的痕迹；人法是靠推理的力量从自然法的基本原理推出的结论，或把自然法应用于具体情况时的特殊规定；神法实质上则是启示，是上帝恩赐的礼物。在这四种法律秩序中，自然法与人法最为重要。自然法是人类行为最一般的原则，是与人的自然倾向或目的相一致的，其中有一切实体共有的保全生命之本性、所有动物共有的繁衍后代之本性以及为人所特有的过友好的社会生活之本性。人法由自然法而来，或是直接从自然法推出的结论，或是作为自然法应用于具体情况的标准。相应地，人法也通过两种形式或类型即万民法（jus gentium）和市民法（jus civile）确定了自然法。总之，阿奎那发展了自然法的观念，并认为自然法要高于制定法，这些思想构成了西方近代法治思想的重要源流。

3. 西方近代法治思想

西方近代法治思想是在反对专制王权的斗争中发展起来的，主要体现在近代启蒙思想家的政治理论当中。尽管他们并没有对法治的含义做出一致的解释，但他们都把法治作为专制的对立面，并把法治与分权、保障个人自由联系在一起。

洛克认为，法治的基本要求首先在于以正式公布的既定法律进行统治。公民社会只能依法治理，“谁握有国家的立法权或最高权力，谁就应该以既定的、向全国人民公布的、经常有效的法律，而不是以临时的命令来实行统治；应该由公正无私的法官根据这些法律来裁判纠纷。”[④] 其次，法律应对所有的人一视同仁。任何人都不允许有超越法律的特权。再次，法治还要求最高统治者要守法。最高统治者本人不过是“被赋有法律权利的公仆”。最后，法治的目的是保护公民的私有财产权。“当立法者们图谋夺取和破坏人

---

① 亚里士多德．政治学．吴寿彭，译．北京：商务馆书馆，1983：199.

② 乔治·霍兰·萨拜因．政治学说史：上．北京：商务印书馆，1985：204.

③ 徐大同．西方政治思想史．天津：天津人民出版社，1985：74.

④ 约翰·洛克．政府论：下．叶启芳，瞿菊农，译．北京：商务印书馆，1964：80.

民的财产或贬低他们的地位使其处于专断权力的奴役下时，立法者们就使自己与人民处于战争状态，人民因此就无须再予服从。”① 孟德斯鸠认为：法治意味着不强迫任何人去做法律所不强制他做的事，也不禁止任何人去做法律所许可的事。卢梭则将法治同民主共和国等同起来，“凡是实行法治的国家——无论它的行政形式如何——我就称之为共和国”②。

总之，近代西方法治思想首先强调把法律作为治理国家和管理社会的主要方法，即要实现依法统治，主张一切个人或机构都处在法律之下或之内，受事先制定的法律规则的统治和约束。为此，主张政府权力的分立与制衡，因为只有在不存在任何凌驾于社会之上不受制约的专断权力的条件下，法治才能存在。其次，近代法治思想还强调法律面前人人平等，即形式上的平等，但反对旨在追求结果平等或限制实际不平等的措施。最后，近代法治思想坚持法律的一般性和普遍性。无论是维护特权的立法还是给予某些特殊社会群体如弱势群体特别关照或救助，都是对法治的破坏。

三、法治原则的主要内容

西方国家法治原则的基本内容

1. 法律必须是普遍的和公开的

法律的普遍性包含两个内容：一是法律的适用不是针对某些特定的人群，而是针对所有的人和一系列相同的事物，即不分性别、出身、种族、信仰、地域、场所，这意味着不能选择性地立法和执法；二是法律的规范是具有普遍意义的规范，如正义、人权、自由、平等、尊严等，它们都是不因时间、地点而变化的永恒法则。所谓法律的公开性就是一切法律都必须公布于众，因为法律旨在为所有人提供一般性的行为准则，国家有义务公布法律，公民有权了解国家所制定的法律。法律应具有足够的公开性，还在于这是民主制度的透明性所决定的。资产阶级思想家认为，专制政治的特征之一是它的神秘性，而民主政治应该把一切都告诉人民，让人民参与立法、参与决策、参与政府的活动。

2. 法治的最终目的是维护人的公民权利和政治权利

维护人的公民权利和政治权利，不仅是法治的目的，也是法治的价值所在。近代政治制度的根本问题就是如何调节政治权力与公民权利之间的冲突问题。个人权利构成现代政治生活的核心内容，法治作为政治制度的重要内容，从根本上讲就是为了保障个人权利而限制国家权力。根据近代的自然法理论，个人具有生命、自由和财产权等自然权利，政治权力和制定法律的目的就是确保自然权利在政治社会中得以实现。因此，一切政治权力和法律的最终目的是保护作为政治社会成员的人的公民权利。同时，自然法理论也为法治提供了价值准则，法律的合法性就是保护人的自然权利，只有符合自然法要求的法律才是良法，一切违背自然法的法律都是恶法，恶法不具备法律的价值。早在两千多年前，亚里士多德就提出了法治的两个根本条件，即“已成立的法律获得普遍的服从，而大家所服从的法律又应该本身是制定得良好的法律。”③

---

① 约翰·洛克．政府论：下．叶启芳，瞿菊农，译．北京：商务印书馆，1964：133.

② 卢梭．社会契约论．北京：商务印书馆，1980：51.

③ 亚里士多德．政治学．吴寿彭，译．北京：商务印书馆，1983：199.

3. 法律面前人人平等

法律面前人人平等既是资产阶级政治革命提出来的“平等”原则的具体体现，也是近代西方国家的一项基本社会政治原则。在 1789 年法国的《人权和公民权宣言》中，对法律面前人人平等的原则做了如下集中的表述：“所有公民有权亲自或者通过其代表参与法律的制定。法律对所有人都一视同仁，无论是保护还是处罚。法律对所有公民都一视同仁，使得所有公民有平等的机会获得各种荣誉和公职，除德行和才能外，无其他差别。”① 自 20 世纪以来，特别是第二次世界大战后，法律面前人人平等原则获得了普遍的发展和落实。其具体内容主要有：其一，公民不分性别、职业、种族、信仰、文化程度、财产状况，均享有选举权与被选举权，享有公民投票权；其二，随着奴隶制度和种族隔离政策的废除，少数民族和有色人种开始享有与白种人同等的政治权利，同等的劳动权、教育权、休息权、社会保障权，也可以平等地参与竞争政府的公职，担任公共机构的职位和职务；其三，包括总统在内的任何政府官员，凡触犯法律皆绳之以法，任何人都没有法外特权；其四，司法平等，即普通公民与政府官员的利益受到同样的法律保护，并同等地依法治罪。

4. 司法必须独立

司法独立是指司法权由司法机关依法独立行使，任何机关、团体和个人不得加以干涉。司法独立的内容包括：其一，法官独立审判案件，不受任何干预。他们在审理、判决刑事、民事、行政案件时，只根据法律，不受其他因素影响。其二，司法机关组织系统独立。司法独立必然要求司法部门与立法部门、行政部门在权限上分立，在机制上制衡。其三，为保证法官独立审判，制定相应法律条款以保护法官地位和权力不受侵犯，如实行法官终身任职制，赋予法官“豁免权”，等等。

第四节　分权制衡原则

分权制衡原则也是西方政治制度的一项基本原则，它确立了国家机构的基本架构、组织原则和运行机制。分权与制衡（separation of power with check and balance）的基本含义就是把国家权力分为立法、行政与司法三种权力，由三个不同的机构来掌握和行使，行使这三种权力的机构既相互协调，又相互牵制。权力分立是为了实现权力制衡，而权力制衡就必须实现权力分立。

一、近代分权制衡制度的理论基础

1. 古代和中世纪的分权理论

在西方，分权思想有着悠久的历史传统。早在古希腊，亚里士多德就提出了国家权力主要有三种功能即立法、行政和审判，并提出了国家职能机构应分工的问题，这可以说是分权思想的萌芽。古罗马共和国的混合政体，充分地实践了分权的理念。波里比阿曾在其所著的《罗马史》一书中考察了古罗马国家的政治制度。他认为罗马实行了执政官、元老院和人民大会三者并存的混合政体，其优点在于国家的三种权力可以互相帮助、互相牵

① 周威．法兰西宪法典全译．北京：法律出版社，2016：3.

制。一种权力如果想要凌驾于其他权力之上，另外两种权力便会加以抑制，从而有效地防止一种权力过于强大以致发生衰败，使国家在任何时候都能趋于安宁和繁荣。在这里，波里比阿进一步得出了权力过大易于导致政治腐败的结论。

在中世纪封建制度下，存在着多元权力并存的局面，国王与贵族、教皇与皇帝、皇帝与国王等存在着实实在在的分权与制衡。在分封制下，“权力”在领主与附庸之间依据封建契约进行分割与分享。这种实践经验被中世纪支持王权的世俗理论家和支持教权的宗教理论家津津乐道。特别是在宗教理论家那里，神权与俗权之间的分工得到了充分的论证。在近代反对君主专制主义的斗争中，分权理论得到了进一步的发展。

2. 近代以来的分权理论

（1）洛克的分权学说。

洛克是17世纪英国著名的哲学家、政治思想家，也是近代分权理论的创始人。首先，洛克区分了政治权力的三种功能，即制定法律、执行法律和保卫国家不受外来侵害。相应地，政府权力依其性质可以分为三个部分，即立法权、执行权和对外权。立法权是指指导人们如何运用国家的力量以保障这个社会及其成员的权力。执行权是指“负责执行被制定和继续有效的法律”的权力。对外权则是指“对外处理有关公共的安全和利益的事项……包括战争与和平、联合与联盟以及同国外的一切人士和社会进行一切事务的权力。”[①] 洛克的执行权和对外权几乎总是联合在一起的，实际上均属于行政权。因此，他所划分的“三权”实际上只有两权，即立法权和行政权。他还没有把司法权从行政权中独立出来。其次，洛克主张由不同的政府机关来掌握不同的政治权力，担负不同的职能。只有这样，才可以从不同方面来保障人民的生命、自由和财产。因为，“如果同一批人同时拥有制定和执行法律的权力，这就会给人们的弱点以绝大诱惑，使他们动辄要攫取权力，借以使他们免于服从他们所制定的法律，并且在制定和执行法律时，使法律适合于他们自己的私人利益，因而他们就与社会的其他成员有不相同的利益，违反了社会和政府的目的。”[②] 洛克主张把政府的两种不同的权力即立法权与执行权分开。立法权必须由人民选举产生的议会掌握，而执行权和对外权则交由君主行使。最后，洛克强调立法权高于执行权。这是因为，立法权是制定法律的权力，而只有法律才能提供社会安全和秩序。同时，立法权是人民缔结契约而授予的权力。法律之所以成为法律就在于社会的同意，除非基于他们的同意和基于他们授予的权威，没有人能享有对社会制定法律的权力。执行法律的权力即行政权应隶属于制定法律的权力。立法权是一个国家中的最高权力，应当属于国会，国会有权制定和通过法律。行政权由国王执掌，国王负责法律的执行，并拥有司法权和任命高级官员、法官的权力；国王还掌握对外权即处理与外国关系、战争与和平问题的权力。洛克指出，国王必须在法律的范围内进行活动，否则将丧失其权力。洛克把执行权置于立法权的管辖之下，主要是为了防止君主所代表的行政权对财产权的任意侵犯。

（2）孟德斯鸠的三权分立理论。

18世纪法国启蒙思想家孟德斯鸠通过对英国政制的研究形成了较为完整、科学的三

---

① 洛克．政府论：下．北京：商务印书馆，1964：89-90.

② 同①89.

权分立理论。在他的著名的《论法的精神》这部政治哲学和法学著作中，孟德斯鸠的三权分立理论的逻辑起点是政治自由。所谓政治自由，是指“一个人能够做他应该做的事情，而不被强迫去做他不应该做的事情。……自由是做法律所许可的一切事情的权利；如果一个公民能够做法律所禁止的事情，他就不再有自由了，因为其他的人也同样会有这个权利。”[①] 政治自由存在的最重要的条件是权力不被滥用。只有当权力不被滥用时，人们才能免除暴政对生命、财产和一切天赋权利的戕害，人们才能享有安全和自由。但是，“一切有权力的人都容易滥用权力，这是万古不易的一条经验。”因此，“要防止滥用权力，就必须以权力约束权力。”孟德斯鸠认为，要确保公民的政治自由，就必须建立一种实行三权分立制衡的政府。这种政府“不强迫任何人去做法律所不强制他做的事，也不禁止任何人去做法律所许可的事。”[②]

首先，孟德斯鸠认为，国家权力应分为立法权、行政权及司法权三个部分。其次，孟德斯鸠指出三权必须分立。因为，“如果立法权和行政权集中在同一个人和同一机关之手，自由便不复存在；因为人们将要害怕这个国王或议会制定暴虐的法律，并暴虐地执行这些法律。”“如果司法权和立法权合而为一，则将对公民的生命和自由施行专断的权力，因为法官就是立法者。如果司法权和行政权合而为一，法官便将握有压迫者的力量。”“如果同一个人或是由重要人物、贵族或平民组成的同一机关行使这三种权力，即制定法律权、执行公共决议权和裁判私人犯罪或争讼权，则一切便都完了。”[③] 再次，根据英国的经验，这三种权力由议会、国王和法院行使。立法权是最重要的权力，应该由人民代表机构掌握。行政权应该掌握在国王手中，因为政府的这一部门几乎时时需要急速的行动，所以由一个人管理比由几个人管理好些；反之，属于立法权的事项由许多人处理则比由一个人处理要好些。最后，孟德斯鸠还论证了建立权力制衡关系的必要性。他在总结历史经验的基础上指出，防止掌有权力者滥用权力的有效办法就是以权力制约权力。三权分立要辅之以权力之间相互制约，从而达到权力均衡。但是，在孟德斯鸠的三权分立理论中，三权并不是完全平等的，相对于立法权与行政权，司法权并不显得很重要，因此，三权分立制衡主要表现为立法权与行政权的分立与制衡。而在立法权与行政权这两种权力上，孟德斯鸠偏重行政权。孟德斯鸠的权力分立与相互制衡的理论成为西方各国政治制度的一项重要原则，尤其是对美国的宪政制度设计产生了深远的影响。

（3）杰斐逊、麦迪逊、汉密尔顿对分权理论的发展。

在分权理论的发展中，美国的“国父们”也做出了巨大的贡献。他们不仅把分权理论应用于美国的政治制度设计，而且进一步发展了分权理论。杰斐逊不仅继承了孟德斯鸠的三权分立思想，而且进一步认为，要保障人民主权，防止暴政，仅仅在联邦政府层面实行三权分立是不够的，还须在联邦与州政府、地方政府之间实行纵向分权，层层分权。联邦政府除了国防、外交和州际关系协调等必要的权力外，其余的权力应当分散掌握在州政府和地方各级政府手中，以形成纵向分权和纵向制衡的权力结构。

美国建国者们的分权制衡理论集中反映在《联邦党人文集》这部著作中，这部文集由

---

①② 孟德斯鸠．论法的精神：上册．张雁深，译．北京：商务印书馆，1963：154.

③ 同①156.

汉密尔顿、杰伊和麦迪逊三人以"普布利乌斯"为笔名发表的系列论文汇集而成。为了争取刚刚制定的联邦宪法获得批准，这些论文系统阐述了建立联邦政府所依据的原理，为联邦宪法进行了全面的辩护，尤其是对民主和分权的现实运作与制度的设计做了深入的分析，对美国以及整个西方世界的政治都产生了深刻的影响。三人中，麦迪逊被后世称为美国"宪法之父"，他是分权学说的信奉者，也是践行者。他认为，代议制和三权分立是人民控制政府的根本方法。他指出，不仅"立法、行政和司法部门应该分立"，而且它们的权力应该"保持平衡"，"以致没有一种权力能超出其合法限度而不被其他权力有效地加以制止和限制"。① 以权力来制衡权力，"野心必须用野心来对抗"②，成为欧美国家政治制度设计中运用分权理论最著名的论断。汉密尔顿对司法独立的强调是他对分权理论的最大贡献。他指出，在美国的三权分立的政府结构中，行政部门不仅掌握荣誉、地位的分配权，而且执掌社会的武力。立法部门不仅掌握财权，而且制定公民权利义务的准则。相对于行政部门与立法部门，司法部门既无军权，又无财权，不能支配社会的力量和财富，不能采取主动的行动。它无害于其他两个部门，却有可能受到其他两个部门的侵犯。因此，汉密尔顿主张法院和法官的独立，使之既不从属于议会，也不从属于政府。

3. 近代分权理论的特点与历史性质

近代分权理论具有四个方面的特点：第一，分权是为了自由；第二，权力分立不是为了积极增进效率，而是消极地防止滥用权力；第三，分权理论以对国家权力及行使权力的人持怀疑的、不信任的态度为出发点；第四，分权理论具有中立的与调和的性质，它反对任何权力处于绝对优越地位。③ 从这四个特点可以看出，近代分权理论反映了 18 世纪君主、贵族和市民阶级之间，在政治权力上的对立、抗争方面的平衡。

二、西方国家分权制衡制度的三种模式

根据分权理论，西方各国在宪法中确立了分权与制衡的政治原则。所谓分权与制衡，是指国家的立法、行政和司法权力各自分立而又相互牵制和协调。这一原则包括两个方面的内容：首先是权力的分立，指政府的立法权、行政权和司法权应该分开来交给不同的政府机构掌握；其次是制约与平衡，指把三种权力混合起来，让政府的三个部门互相限制。如把某些立法权给予行政部门，把某些行政权给予立法部门，从而使任何一个部门都不能支配另一个部门。分权制衡原则是西方政治制度的一项重要的原则，但在不同的西方国家，又有不同的特点。具体来说，存在三种不同的分权制衡模式。

1. 美国模式

美国的分权制衡模式主要体现为立法、行政与司法之间的分权与制衡。美国宪法建立了三个主要政府部门，即国会、总统和最高法院，确立了美国的基本政治结构。宪法将立法权，以及诸如征收与花费款项的权力，授予国会；将行政权，包括指挥武装部队和广泛的对外政策权力，

美国政治制度中的分权制衡原则的体现

① 汉密尔顿，等．联邦党人文集．程逢如，等译．北京：商务印书馆，1980：254.

② 同①264.

③ 佐藤功．比较政治制度．北京：法律出版社，1984：32.

授予总统；将司法权，包括有关宪法性争端的裁决权，授予最高法院。美国宪法既规定了立法、行政和司法这三个不同权力部门的职权分配以及政治上的独立性，又通过权力的混合使每一部门都有制约其他部门的手段。

(1) 国会与总统之间的分权制衡。

国会虽然有立法权，以法律的形式约束总统，但总统也享有部分立法权。如国会的法案须经总统签署以后才能生效；总统对国会通过的法案拥有否决权，但是，如果国会两院各以三分之二票数再次通过该法案，就可以推翻总统的否决权，从而使该法案成为法律。同样，国会也分享总统的部分行政权。如总统有权任命驻外大使、各部部长、各行政机关首长和联邦法院法官，但这些任命均须经国会参议院的同意才能生效。总统与外国签订的条约，也需要参议院三分之二多数票数的同意才能生效。国会还有弹劾总统及一切行政官员的权力。

(2) 总统与法院之间的分权制衡。

一方面，总统享有一部分司法权，总统可以任命法官，包括联邦最高法院法官。总统有权赦免罪犯，使法院无法对其进行法律追究。总统还拥有行政裁判权。另一方面，法院也拥有一些制约总统的力量。如联邦最高法院的法官虽由总统任命，但一经任命便终身任职，这使总统无法左右法院，因为每一位总统上台后，他所面对的 9 位法官不可能都是他亲自任命的，即使是亲自任命的，也无须听命于他。法院还掌握司法审查权，它可以宣布总统的行政立法违宪，也可以对违反法律的一切行政官员进行法律追究。

(3) 国会与法院之间的分权制衡。

国会有权同意或不同意总统任命的法官，有权对法官进行弹劾。国会通过的法律，一旦生效，除非被宣布违宪，否则法院必须执行。但法院也有权审查国会的立法，一旦某项法律被宣布为违宪，它就不再执行。

知识链接　**美国的分权和制衡**

尽管政府各分支相互制衡，但它们并不总是使用制衡手段，即便在意见不一致的时候。但是，仅仅这些手段被使用的可能性就可以对每个分支起到强大的约束作用。

政府分支		权力	制衡的行使（1789—2016 年）
行政部门		否决权	否决了 2 500 多项国会法案 国会已经推翻总统的否决超过 100 次
立法机关	众议院	就弹劾条款进行表决	已经对 2 位总统*、1 位参议员、1 位战争部长和 15 位联邦法官提出弹劾
	参议院	确认内阁任命 进行弹劾审判	曾否决 9 位内阁人选的提名。另外，许多内阁级人选的任命因为似乎有可能被参议院否决而被撤回 已经宣判 8 名法官有罪，但没有 1 名总统被定罪
法院		司法审查	最高法院裁定了超过 175 项国会法案或其中的一部分违宪

* 由于 2019 年 12 月 18 日美国国会众议院通过了对特朗普总统的两项弹劾条款，这个人数增加到 3 位，特朗普成为美国历史上第三位被国会弹劾的总统，但在后来参议院的审判中，参议院于 2020 年 2 月 5 日投票否决了上述两项弹劾条款，特朗普未被定罪。

资料来源：David B Magleby，et al.. Government by the people：structure，action，and impact. 26th edition. London：Pearson Education Inc.，2018：36.

美国的分权制衡模式除了在联邦政府内部的立法、行政与司法之间有典型的分权制衡关系外，还体现在美国政治生活中的方方面面。例如，在联邦与州政府以及地方政府之间的分权制衡、国会参议院与众议院两院之间的分权制衡、州政府内的分权制衡、联邦法院与州法院系统之间的分权制衡、国会与州议会之间的分权制衡等。总之，在美国，对任何一种权力都存在制衡它的另一种权力。

2. 英国模式

英国实行议会至上或议会主权原则，行政权与立法权高度重合，不存在严格意义上的三权分立。因此，英国政治制度中的分权特征不突出，但制衡机制却实实在在存在着，并发挥作用。英国的分权制衡模式主要有以下几个方面的特点：

（1）议会与内阁之间的相互制衡。

首先，在英国议会制政体下，由议会产生内阁，内阁对议会负责。但是，由于政党在实际政治过程中的重要地位，政府由议会中的多数党或执政党组成，内阁首相即为多数党同时也是执政党领袖，他可以通过控制本党议员从而达到对议会的控制。因而，尽管内阁向议会负责，由议会控制内阁，但内阁在事实上也形成了对议会的控制。其次，虽然立法权属于议会，但是，由于内阁成员全部由议会议员担任，内阁可以通过议会授权制定有关法规、命令和规则等，分享部分立法权。特别是20世纪以来，随着经济社会发展和政府活动的大量增加，基于议会授权的行政立法越来越多。最后，尽管内阁行政权日益扩大，但议会（主要是下院）仍然可以通过一定的形式来牵制它：一是质询。质询是指议员在议会会议期间，就政府的施政方针、行政措施以及其他事项，向政府首脑或高级官员提出质疑或询问并要求答复的活动。如有争议，可在下院进行盘问。它是议会监督政府的一种方式。二是辩论。议员若不满于对所提质询的答复，可提出动议，将质询案改为辩论案。一旦动议成立，便可在下院进行辩论，向政府施加压力。三是批准立法。政府的预算案和其他议案，没有下院的通过便不能成为法律。四是倒阁。下院可提出对内阁的不信任动议，如获通过，内阁要么辞职，要么解散下院，重新进行大选。但是总的来说，在议会制政体下，议会与政府之间的关系更多地表现为合作的关系，而非互相制衡的关系。

（2）议会主权与司法的相对独立。

在英国，由于实行议会主权原则，议会可以制定它所希望的任何法律，它不仅可以否定上届议会的某项立法，而且还可以修改甚至废除具有宪法性的法律。议会的立法活动不受司法部门的约束，法院无权审查立法的有效性。同时，法官的裁决也可由立法机关的立法改变。但是，法院仍然具有一定程度的独立性，尽管不彻底。首先，律师可以竞选议员，但一旦晋升为法官，便不能再担任议员。故所有全日制法官均不得为下院议员。其次，所有的法官都由司法大臣和首相推荐，采用行政任命，地方的治安官的任命和解职也由司法大臣推荐和女王决定。最后，法院虽然无权审查议会通过的立法，但可以对议会的立法做出解释。

3. 法国模式

自大革命以来，法国的政治制度在经历了不断的反复后，最终确立了议会共和制度。法国第三、第四和第五共和国的政治制度也体现了三权分立与制衡的原则。但法国的三权分立与制衡的政制安排又具有自身鲜明的特点。在法国，三权分立原则意味着立法、行政与司法三种职能要绝对分开，不容许有相互渗透。因此，立法机关不能干预行政事务，行政机构也不能干预立法，法院不能干预行政与立法事务。早在1790年，法国制宪会议通过的一项法律规定："司法职能今后将永远与行政职能分开，普通法院法官不得以任何方式干扰行政机构行使职权，也不得对执行职务的行政官进行查询，查者应受罚。"可见，法国政治制度中的三权分立与美国宪法所实行的"三权分立"与"相互制衡"有很大差别。

（1）第三、第四共和国的权力失衡。

在第三、第四共和国的议会制共和政体下，尽管立法、行政与司法三种权力之间存在着一定的分权与制衡，但是，议会处于国家权力中心。立法机关由议会两院组成，总统由议会两院选举产生，总统和政府掌握行政权，政府总理由总统任命，但对议会负责。议会可以通过不信任案推翻政府，尽管政府总理也有提请总统解散议会的权力，但这种权力受到严格的限制，从而使得政府在事实上没有相应的反制议会的权力。其结果导致第三共和国政局动荡，政府更迭频繁，每届政府平均寿命不足8个月。第四共和国仍然没有改变议会作为国家权力中心的地位，在实践中，议会牢牢地控制着行政，随心所欲地决定政府的去留，使得第四共和国期间，政府像走马灯似地更换了20届，平均每届政府的寿命不超过6个月。

（2）第五共和国的分权制衡。

1958年通过重新制定宪法，成立了第五共和国。第五共和国吸取了第三、第四共和国的经验教训，重新确立了立法、行政与司法三权之间的制衡机制。一是以总统为国家权力的中心。第五共和国宪法赋予了总统监督遵守宪法，通过自己的仲裁，保证公共权力机构的正常活动和国家的连续性的权力。它还赋予总统一系列重大职权，如任命重要的各级文武官员，主持部长会议，签署法律，发布咨文，以及握有赦免权、军事权和外交权。因而，在第五共和国，总统取代了议会成为国家权力的中心。二是政府权力和地位得到了大大提升。第五共和国宪法改变了第三、第四共和国时期政府的组成由议会批准、政府从属于议会、行政权受议会严格控制因而使政府软弱无能的局面，提高了政府对议会的独立性。主要表现在：第五共和国宪法严格限制议会对政府的倒阁动议，倒阁动议要有10%的议员签名才能生效，倒阁动议需要绝大多数票才能通过；取消可能导致对政府举行信任投票的质询，议员可用口头或书面的"提问"形式向政府了解情况，对政府的答辩无论满意与否都不得要求议会对政府信任进行投票表决。三是限制了议会的权力，使议会的地位和作用明显下降。在第五共和国，总统的职权不再受议会牵制，总理的任命和政府的组成也无须议会批准，不过，总理领导的政府仍需获得议会的信任，对议会负责，但议会所拥有的立法权、预算表决权和对行政的监督权等三大传统职权受到不同程度的限制。

第五节　人权原则

人权是资产阶级政治革命时期提出来的革命口号，它是新兴资产阶级反对封建专制和特权的思想武器，也是动员广大人民群众的社会政治原则之一。资产阶级政治革命胜利之后，人权原则作为一项重要的政治原则被写入了各国宪法，尽管实践中人民的基本权利和自由常常被架空。

一、人权和人权思想的提出

1. 人权的概念

什么是人权，简言之，就是“人之为人的权利”，也就是人所普遍享有的权利，只要是人就应有资格享受的权利和自由，没有种族、肤色、性别、语言、宗教、社会出身、财产、出生或其他身份、国籍等任何区别。但是，对于人权的具体内容和分类、享有人权的主体（个人人权与集体人权）、个人权利与国家权力的关系，都存在着广泛的争议。在资产阶级政治哲学中，人权是固有的、普适的。根据“天赋人权”的说法，人权是人与生俱来的，不可转让的。但在历史唯物主义看来，人权并不是自然的、永恒的，而是在社会发展中产生的，是由特定的社会关系决定的，是在近现代资本主义的商品经济和民主政治的条件下产生的。首先，人权是社会的产物，在其发展过程中，必然要受到社会制度、经济状况、文化传统等条件的制约。由于各国的经济政治文化的差异，人权的内容结构、保障方式也各不相同，不可能存在一种统一的人权发展道路和人权发展模式。人权既不是固有的，也不是普适永恒的，而是历史的、地域的。在不同国家、同一国家的不同时期，人权必然存在差异。其次，人权又是一个历史的概念，在不同时期存在着不同的人权观。比如，在资产阶级革命时期，人权主要表现为自然权利（natural right）。所谓自然权利是指在政治国家产生以前，人们依据自然法而享有的一系列基本权利，这些权利包括个人的生命权、自由权和财产权。到了20世纪中叶以后，人权的内容已经大大扩展并在理论上被论证。从近代资产阶级政治革命开始到现在，人权的内涵已经由第一代自然权利发展到第二代政治权利，并向第三代人权即社会权利发展。最后，人权也是一个文化概念，不同的历史文化蕴含着不同的人权观。如西方国家的人权观不同于发展中国家的人权观。随着历史的发展和人类文明的进步，凡是与人的尊严、价值和地位相关的权利都逐渐地成为“人权”的重要内容。因此，应该历史地和辩证地看待人权的概念。

人权首先是一种道德权利。只有当它由实在法（国内法或国际法）加以规定时，才同时具有法定权利的性质。[①]“人权的原意是指某种价值观念或道德观念，因而它是一种道德意义上的权利与义务。道德是人们关于善恶、是非、正义与否等的观念、原则、规范。人权就是人们从这些价值、道德观念出发而认为个人或群体的人在社会关系中应当有的权利和应当履行的义务。”[②] 近代人权思想的形成和发展离不开自然法理论。而所谓的自然法，本质上是一种道德观念或价值观念。自然法被认为代表了道德、正义，它是评价实在法（主要指国家创制的法律）的标准。从19世纪开始，一些思想家、法学家将休谟和康德关于“应然”和“实然”两个领域之分的思想引入法学中，自然法或自然权利就被认为是“应然”的法律或权利，而实在法或其他规定的权利则被认为是“实然”的法律或权利。依据近代自然法理论，在前政治社会的自然状态下，人们在自然法的引导下，享受着生命、自由和财产权，这些权利是具有理性的人依据自然法而享有的自然权利。根据洛克等

① 沈宗灵．比较宪法：对八国宪法的比较研究．北京：北京大学出版社，2002：60－61.

② 同①54.

人的学说，人权即指自然法所维护的自然权利，是人生而具有的。人的生命、自由等权利之所以被称为自然权利，是因为这些权利过去被认为来自自然法或上帝的法律。直到现在，有的西方思想家还将自然权利与人权两词并称或通用，并认为，“人权是自然权利的现代用语”[①]。人权也更是一种法律权利。美国学者史蒂芬·霍尔姆斯和凯斯·R. 桑斯坦认为，权利可以分为道德权利和法律权利两种。“道德权利不受法律强制力的保护，相反，它们被说成是无效力的。无执行力的道德权利依赖于良心的愿望，而不是依赖于官员的权力。”[②] 因此，人权要变成一种政治制度的基本原则，必须经由道德权利向法律权利的转化过程。在西方资产阶级政治革命中，作为道德权利的人权为近代资产阶级政治革命提供了理论基础和行为的正当性，而当资产阶级政治革命胜利后，近代宪政制度确立起来以后，人权逐渐变成了一种法律权利。

2. 人权思想的产生

人拥有权利的观念古已有之，但在古代社会，一个人只会因为他身为团体中的一分子而拥有权利。人作为人而应当享有权利的观念虽然不成熟，但却已经萌芽于古代的自然法理论。根据这种自然法理论，希腊人和野蛮人、上等人和普通人、奴隶和自由人、富人与穷人都被宣布为平等的；人与人之间唯一的本质区别就是有智慧的人和愚蠢的人之间的区别，也就是上帝可以引导的人和上帝必须拉着走的人之间的区别。[③] 古代自然法理论中的自然权利观念还不明确，但其所蕴含的平等观念却是近代人权思想的萌芽。

到了 17 世纪资产阶级革命时期，古代自然法理论发展到了近代理性主义自然法理论阶段。与古代和中世纪的自然法强调一个宇宙与人类社会的秩序不同，近代自然法强调个人的某种权利即自然权利。正如美国政治哲学家施特劳斯所说：“现代自然法则主要是或倾向于是一系列权利，这些权利是主观上声称的，其来源是人类的意志。”[④] 近代自然法理论事实上提供了一套权利话语体系，自然法就是一种对权利之理由的阐述和要求。近代自然法理论所宣称的自然权利构成了近代人权思想的主要内容。自然权利的思想首先出现在格劳秀斯的自然法理论中。格劳秀斯（1583—1645 年）是近代自然法理论的创始人之一，他把自然法从中世纪神学中解放出来。“自然法是如此不可变的，甚至不能被上帝自己来改变。”自然法并不基于上帝，而是起源于人性。若是一个行动合于人性，就被自然法所允许。若是不合，就不被允许。在格劳秀斯的自然法理论中，自然权利来源于人性的需求。人性的需求主要表现在两个方面：一是自我保存的欲求，二是对社会的需求。因此，人的自然权利一方面要求人尽可能地追求自己的生存与丰富，另一方面也要求人不可侵犯别人所拥有的。自然权利是霍布斯自然法理论的核心思想。霍布斯唯一关注的自然权利是生命权，“自然权利的首要基础就是：每个人都尽其可能地保护他的生命”[⑤]。霍布斯把自然法看作捍卫生命权的法则，保障生命便成为衡量人的一切行为的善恶标准。洛克则全面

---

① 马里坦. 人和国家. 霍宗彦，译. 北京：商务印书馆，1964：79.

② 史蒂芬·霍尔姆斯，凯斯·R桑斯坦. 权利的成本——为什么自由依赖于税. 毕竞悦，译. 北京：北京大学出版社，2004：5.

③ 乔治·霍兰·萨拜因. 政治学说史：上册. 北京：商务印书馆：1985：188.

④ 李强. 自由主义. 北京：中国社会科学出版社，1998：47-48.

⑤ 霍布斯. 论公民. 应星，冯克利，译. 贵阳：贵州人民出版社，2003：9.

系统地论证了人的自然权利。洛克指出，依据自然法，自然状态下的每个人便享有天赋自然权利，其中最核心的是生命权、自由权和财产权。为了保障每个人的自然权利，自然状态下的人们通过社会契约的方式成立政府，政府的目的就是保护每一个人的自然权利。继洛克之后，法国的孟德斯鸠、卢梭、狄德罗、爱尔维修及美国的潘恩、杰斐逊等人进一步发展了自然权利学说。根据近代政治思想家的自然法理论，所谓自然权利是指人在自然状态下根据自然法所享有的包括生命、自由和财产在内的一系列权利。这些权利是每一个处于自然状态的人所共有的权利，它不依赖于任何人，而是依据自然法，因而是一种自然权利。由于这种自然权利直接诉诸人类本性，因而是直观的或者说是一种不证自明的道德权利。

第二次世界大战以后，有关人权的理论基础发生了变化，自然法学说虽然仍旧作为人权思想的理论基础，但是其神学的色彩已经大为减弱。除了非神学的自然法学说外，正义理论、人本主义也构成了人权思想的理论基础。①

二、人权原则的确立

在近代反对君主专制主义的斗争中，自然权利成为资产阶级政治革命的口号，并成为近代人权的主要内容和来源。资产阶级政治革命胜利后，保护人权被西方各国相继确立为宪法的基本原则。

1. 英国人权原则的确立

英国是实行不成文宪法的国家。英国不成文宪法中的人权原则主要体现在《大宪章》(1215 年)、《权利请愿书》(1628 年)、《权利法案》(1689 年) 等宪法性法律中。人权则主要针对专制君主的专断权力。

1215 年的《大宪章》第一次提出了关于人民的自由、财产等人权问题。《大宪章》确立了国王不可擅自征税的原则，反映了对财产权的保护；《大宪章》声明，若不经“合法裁决和本国法律的审判，不得将任何人逮捕监禁，不得剥夺其财产，不得宣布其不受法律保护，不得处死，不得施加任何折磨，也不得命我等群起而攻之和肆行讨伐”，从而宣告了人民享有人身自由的权利。尽管《大宪章》中所讲的人主要是指贵族，但这种贵族的人权为以后发展为普通人的人权奠定了基础。

在近代与专制王权的斗争中，议会又通过了《人身保护令法》和《权利请愿书》。人身保护令是指在普通法下由法官所签发的手令，命令将被拘押之人交送至法庭，以决定该人的拘押是否合法。人身保护令是以法律程序保障个人自由的重要手段，源自中世纪的英国。早在 12 世纪亨利二世为英格兰王时便有签发类似效用的法庭手令。1640 年英国资产阶级革命时期，英国正式通过人身保护的法例。1679 年通过的《人身保护令法》，规定人身保护令除了可向政府发出外，亦可向私人发出。1688 年光荣革命后，议会于第二年又通过了《权利法案》，重申了人权原则并提出了限制王权的 13 条规定。其主要内容是：今后未经议会同意，不得强迫人民承担或缴纳贡物、贷款、捐助赋税和其他类似负担；非根据国家法律和法庭判决，不得逮捕和关押任何人或剥夺其财产；政府军不得占据民宅；不

① 沈宗灵．比较宪法：对八国宪法的比较研究．北京：北京大学出版社，2002：60－61.

得根据军事戒严令任意逮捕公民；除经议会同意外，平时在本王国内招募或维持常备军，皆属非法；议员在议会内有演说自由，辩论或议事之自由，议员不应在议会之外的任何法庭或任何地方受到弹劾或讯问。

2. 美国人权原则的确立

美国宪法中的人权原则主要体现在《独立宣言》（1776 年）、《权利法案》（1791 年生效的宪法修正案）等宪法文件之中。在北美 13 个殖民地宣布脱离英国独立的《独立宣言》中，人权原则得到了集中的表述："我们认为这些真理是不言而喻的：人人生而平等，他们都从他们的'造物主'那边被赋予了某种不可转让的权利，其中包括生命权、自由权和追求幸福的权利。为了保障这些权利，所以才在人们中间成立政府。而政府的正当权力则系得自被统治者的同意。如果遇到任何形式的政府变成损害这些目的，那么人民就有权利来改变它或废除它，以建立新的政府。这新的政府，必须是建立在这样的原则基础之上，并且是按照这样的方式来组织它的权力机关，庶几就人们看来那是最能够促进他们的安全和幸福的。"①

但是在 1787 年制定的美国《联邦宪法》中，对人权思想并无明文规定。这主要是因为制定宪法者专注于迅速建立一个拥有全国性权力的联邦政府，因此，宪法文本的 7 条是构建这一政府的基本框架，包括联邦立法、行政和司法三种组织的构成和职权，联邦和州及各州的相互关系，宪法的生效和修改等问题。所以，1787 年宪法与 1776 年的《独立宣言》的历史背景是有很大区别的。《独立宣言》旨在反对英国的殖民统治，因此诉诸近代自然法理论中的自然权利思想，谴责英国的殖民统治对殖民地人民权利的侵犯。1787 年宪法则是为建立一个强有力的联邦制政府。此外，参与制宪会议的"国父们"对宪法是否应载明《权利法案》有不同看法。许多代表认为，邦联各成员国的宪法都已包括了一个权利法案，明确规定了公民的各项基本自由权利，在新的宪法中列入权利法案已无必要。这样，在制宪会议表决宪法文本时，要求加入一项权利法案的主张遭到否决。但是，在讨论宪法批准过程中，一些人反对批准新宪法的主要原因就是其中没有一个权利法案，于是，承诺在联邦政府成立后就着手修改宪法，将在宪法中补充一个权利法案。1789 年 4 月国会成立后，尽管面临的任务紧张而繁重，但仍然履行了原先的承诺，立即将权利法案的问题列入议事日程，于 1789 年 9 月通过了 12 条修正案，交付各州议会批准。到 1791 年 12 月，其中有关人权问题的 10 条修正案已经获得 10 个州的批准，于是生效并成为美国宪法的一部分，被称为"权利法案"。这 10 条修正案与宪法文本相关条款以及南北战争后不久通过并批准生效的第 13、14 条修正案，共同构成了美国人权的宪法保障。这些保障概括为一点，就是对政府（包括联邦和州）的权力设置了一系列的界限和限制，禁止制定拒绝和剥夺公民权利的法律，并在第 10 条宪法修正案中明确做出特别规定，"宪法未授予合众国也未禁止各州行使的权力，得由各州或由人民保留。"公民权利的内容包括：一是生命和人身自由权、私有财产权，主要体现在宪法相关条款及第 3、4、5、14 条修正案中，国会和州均不得通过褫夺公民权利的法案，不得通过追溯既往的法律，任何人"非经正当法律程序，不得被剥夺生命、自由、财产"，人身、住所、文件和财产均"不受无理搜查和

① 北京大学法律系．宪法资料选编：第 4 辑．北京：北京大学出版社，1981：229.

扣押”，“非经公平赔偿，私有财产不得征为公用”。二是个人的人格尊严受到保护，如禁止“奴隶制和非自愿劳役”，不得强迫进行奴隶劳动和服苦役；“不得施加残酷和非常的惩罚”（宪法第 8、13 条修正案）。三是个人的精神自由权利，集中体现在宪法第 1 条修正案，即“国会不得制定法律尊奉国教或禁止宗教自由、剥夺言论或出版自由、剥夺人民和平集会和向政府请愿申冤的权利”。其中，首先是信仰自由，包括宗教的、政治的、道德的及其他思想上的自由，一方面，政府不得偏袒某一宗教和歧视另一宗教；另一方面，任何人均享有按照自己的愿望选择宗教信仰的绝对权利。其次是表达自由，包括言论、出版、集会和请愿的自由权利。四是受到公平审判的权利，包括被告应由陪审团审判的权利、受到公正和迅速而公开审判的权利、获得律师帮助和辩护的权利、不受刑讯逼供的权利，任何人“不得在任何刑事案件中被迫自证其罪”的权利（宪法第 5、6、7、8 条修正案）。五是私人拥有枪支的权利，这就是宪法第 2 条修正案规定的“人民持有和携带武器的权利不得侵犯”。但是，长期以来，此项宪法权利被严重滥用，导致民间枪支泛滥，造成了严重的社会问题。尽管这些问题有目共睹，社会上要求控枪的呼声一直不断，但由于这条宪法修正案的存在并被某些特殊利益集团利用，美国至今未能制定出严格有效的控制私人拥有武器的法律。

3. 法国人权原则的确立

法国人权原则的确立最先体现在 1789 年通过的《人权宣言》中，在宣布“主权属于人民”的同时，对人的权利主要阐述了以下几个方面：(1) 在权利方面，人生来是且始终是自由的、平等的，社会差别只能以公共利益为基础；任何政治结合的目的都在于保存人的自然和不可动摇的权利，这些权利就是自由、财产、安全和反抗压迫。(2) 自由是指有权从事一切无害于他人的行为，法律仅有权禁止有害于社会的行为。(3) 法律是公共意志的体现；在法律面前，所有公民都是平等的。(4) 公民都有言论、著述和出版自由；凡权利无保障和分权未确立的社会，就没有宪法。除此之外，它还包括罪刑法定、法律不溯及既往、无罪推定和财产是神圣不可侵犯的权利等原则。

三、人权原则的发展

人权作为西方政治制度的基本原则，在不同时期有不同的内容。T. H. 马歇尔在《公民权与社会阶级》一文中，对人权和公民权的发展作了如下表述：人权形成于 18 世纪，19 世纪的核心政治问题是公民的政治权利，而公民的社会经济权利则兴起于 20 世纪。[①] 人权原则的发展应根据人权的内容来加以确定。我们可以大体上顺着马歇尔提出的线索，利用三代人权的框架来梳理西方国家人权原则的发展历史。

第一代人权主要是最基本的人权，其内容主要涉及个体的生命、自由、身体的不可侵犯性和对诸如金钱、土地和房屋等财产的排他性占有，在法律上体现为一系列实体性权利，比如生命权、自由权、住宅不受侵犯、迁移权、契约自由、自由选择职业权等。西方第一批立宪国家如英、美、法三国宪法中所阐述的人权原则主要是第一代人权，人权的主要内容是生命、自由和财产权。诸如不得随意逮捕、公正审判、罪刑相等、不得自证其罪

① T H Marshall. Sociology at the crossroads and other essays. London：Heinemann，1963：76.

与无罪推定以及公正程序等都是为了保护人的生命权；而宗教自由、言论自由、著述和出版自由等都是为了保障人的自由权；在财产权方面，各国政治实践则强调不得任意征税（英国）、“非经公平赔偿，私有财产不得充作公用”（美国《权利法案》）和“私有财产神圣不可侵犯”（法国《人权宣言》）。第一代人权的提出和实践确立了国家与公民的关系，确立了国家权力的界限，即不得侵犯公民的生命、自由和财产权，为公民划出了一个不受政治权力干预的私人领域。“它同时也喻示国家与社会之间的分离：国家的作用并不在于向公民提供财产和生存资源，而在于保障公民自由与财产不受侵犯，以此来维护社会相对独立的发展空间，因此拥有民权，又是公民在公法上享有权利的开端。”①

第一代人权为公民享有政治权利即实现“第二代人权”准备了必要前提，因为只有个人被确定为自主的能动者，个人才能在政治上自由地表达意见，争取相关的权益，并承担相应的责任。同时，政治权利也是保障公民有效地享有第一代人权的基础。如果公民并不享有政治权利，那么，其享有的生命、自由和财产权也只是抽象的、形式上的。再加上西方第一批立宪国家基本上确立了人民主权原则和人人平等原则，这就为第二代人权即公民政治权利的发展提供了法理基础。自 19 世纪以来，以争取成年男子普选权运动为主要内容的民主运动在西方主要国家兴起。势力强大的工人运动和社会主义运动、19 世纪末 20 世纪初欧洲战争与革命形势等因素都有助于选举权的扩大。到 20 世纪，西方最早的几个立宪国家基本上实现了普选权。

政治权利的实现又为社会经济权利的诉求开辟了道路。随着普选权的确立，绝大多数弱势群体被赋予了合法参与国家权力运行过程的权利，以此获得了争取自身经济社会利益的机会，诸如教育、健康、最低生活保障等为达到社会公正的福利或经济利益，开始被作为宪法的或法定的权利得到法律的确认和保障，这意味着“第三代人权”时代的到来。社会福利不再是社会或国家为贫困阶层提供的一种恩赐式的救助，而成为公民对国家提出的一种法定要求，一种国家必须承担的义务。

在线自测

扫一扫　练一练

① 董炯．国家、公民与行政法．北京：北京大学出版社，2001：119.

第三章　西方国家的选举制度

选举制度是选举产生国家代表机关的组成人员及其他国家机关公职人员的制度，由一系列关于选举的法律、法规和规则构成，其具体内容包括选举的原则、程序和方法等，如选民与候选人的资格、选区划分、竞选规则、选票计算等。在现代西方国家政治制度中，选举制度与议会制度、政党制度共同构成西方资本主义民主政治的三大支柱。

第一节　西方选举制度的产生和发展

一、选举制度的产生

选举对应的英文词为“election”，该词源于拉丁语动词“eligere”，意即“挑选”，表示在一个较大范围内对人的选择或做出重大决定。目前在英语世界，选举包含两层含义：一是指选拔官员，根据《布莱克维尔政治学百科全书》的解释，选举“是一种具有公认规则的程序形式，人们据此而从所有的人或一些人中选择一个人或若干人担任一定职务”①。二是指做出政策上的选择，如《不列颠百科全书》将选举定义为“通过投票选择公职人员，或接受或拒绝某种政治主张的正式程序”②。本书将主要在第一层含义上使用“选举”这个概念，即享有政治权利的本国公民按照事先规定的程序和方法，选择国家公职人员的过程。

1. 古代的西方国家选举制度

选举作为一种政治现象，有着悠久的历史，几乎在人类社会的每一个发展阶段都以一定的形式存在过。选举在原始公社的氏族组织中曾广泛存在，氏族所有成年男女通过氏族会议的形式，以公开、平等、直接的方式来选举氏族首领并决定氏族一切重大问题。原始公社的这种选举作为人类社会选举制度的萌芽，是古代“原始的自然形成的民主制”③。进入奴隶社会后，选举活动范围虽然大大缩小，但在古希腊的雅典城邦和古罗马共和国，选举的制度化程度却相当高，公民可以通过选举产生军事领袖、执政官或保民官，这些实践对后世产生了深远的影响。需要指出的是，这些地区的“公民”并不包括妇女和奴隶，所以这种选举仍然只是少数人享有的特权。

---

① 戴维·米勒，韦农·波格丹诺．布莱克维尔政治学百科全书．邓正来，等译．北京：中国政法大学出版社，1992：215.

② 不列颠百科全书·国际中文版：第6卷．北京：中国大百科全书出版社，1999：12.

③ 马克思，恩格斯．马克思恩格斯选集：第4卷．3版．北京：人民出版社，2012：185.

在漫长的中世纪，欧洲各国的君主和官员多通过世袭制产生，选举政治只有零星的存在，如12世纪，许多通过暴力或金钱手段从封建主手中获得自治权的城市，通过特定的选举制度，由市民选举产生的市议会作为城市的管理机构；13—16世纪，英、法等国家召开的封建等级会议中，也有由市民推选产生的代表参加。从1295年开始，英国的议会除了贵族和僧侣外，还有了由“选举”产生的市民代表。法国1302年召开第一次三级会议，贵族和僧侣代表直接在各司法管辖区召开的大会上选举产生，而第三等级即市民等级的代表则通过乡和市镇两级选举产生。

中世纪选举市民代表的方法为后来西方选举制度的创建积累了一定的经验，但这一时期的选举活动与近现代选举制度仍存在着本质差异。一方面，它受到地域、财产或身份的若干限制，选派的代表名额非常少，而且最终结果还必须由国王决定；另一方面，选举通常是新兴市民联合封建贵族用以制约王权、分享政治权力的重要形式，当时选举权主要限于拥有土地和世袭爵位的封建贵族与拥有一定财产的工商业主，享有选举权也不是公民权利的体现，而被认为是享有特权的象征。

2. 近代的西方国家选举制度

近代西方国家选举制度是伴随着资本主义的兴起而产生和发展起来的。新兴资产阶级不能像僧侣、贵族一样依仗身份和血统来分享国家的政治权力，因此，他们提出了主权在民、政治权力来自人民的委托、统治者必须获得被统治者的同意等思想，希望通过选举来参与国家政治生活，进而享有政治权力。资产阶级革命后，各国确立了作为代议机关的议会在国家政治生活中的地位，也相应地建立起具有近代意义的选举制度。但是近代的选举制度是不成熟、不完全的，存在对选举权的诸多不合理限制，其中比较突出的是财产资格限制。

1688年英国光荣革命后，确立了立宪君主政体，英王威廉三世被迫接受了《权利法案》等宪法性文件，确认议会的权力和地位高于国王，同时宣布“国会议员的选举必须是自由的”。但是，1711年英国议会通过法案规定，选民必须拥有40先令以上收入并有自由土地，一些城市还要求选民必须是同业团体或行会的成员；而作为郡议员必须每年不动产收入在600英镑以上，市镇议员每年不动产收入要在300英镑以上。由于这些限制，19世纪30年代以前，在英格兰和威尔士的1 400万人口中，享有选举权的仅30万人，能够成为候选人的人数就更少了。

法国大革命期间制定的1791年宪法中规定了选举产生国民议会和市镇政府官吏的制度。但与此同时，该宪法规定只有“积极公民”才享有选举权和被选举权。而成为“积极公民”的条件除了必须是法国人和年满25岁外，还必须有“自法律确定的时间起居住于某城市或者某区”，“至少缴纳相当于三个工作日价值的直接税”；“非处于奴役地位，即不是受雇佣的奴仆”等。[①] 这就意味着，不能满足这些条件的人是“消极公民”，不能享有选举权和被选举权。按照这一规定，当时法国2 500万居民中，享有选举权的“积极公民”仅430万人。

与英、法两国不同，美国作为一个移民国家，虽然没有封建传统的束缚，而且早在独

---

① 周威. 法兰西宪法典全译. 北京：法律出版社，2016：15.

立之前，北美各殖民地就已建立了由移民选举产生的议会，但是，美国独立后，1787 年制宪会议通过的联邦宪法中关于选举制度却制造了一个空白。宪法规定，美国总统由每个州委派的选举人选举产生，国会参议员、众议员分别由公民间接和直接选举产生，但是，宪法对选民和被选举人的资格，国会参议员和众议员、总统选举人的选举和委派方式都没有规定，而是留给各州议会决定。19 世纪初期，美国大多数州都把缴纳人头税或者拥有土地作为享有选举权的资格条件，有的州对公职候选人规定了很高的财产资格要求，如北卡罗来纳州参议员必须拥有 2 000 英镑的财产，南卡罗来纳州正、副州长必须拥有 10 000 英镑的财产。

总之，从近代西方国家选举制度产生之日起，掌握政权的新贵族和资产阶级一方面在法律形式上肯定了人民的选举权，另一方面对选民资格又规定了财产资格以及其他种种限制。恩格斯指出，这一时期资产阶级选举制度的本质就是“通过选举权和被选举权的财产资格的限制，使选举原则成为本阶级独有的财产”①。

二、普选权的实现与现代选举制度的确立

所谓普选权，是指一国的公民不论其性别、种族、出身背景、财产状况、宗教信仰、受教育程度等，一律享有平等的选举权。建立在普选权基础上的选举制度就是普选制，也就是公民普遍、平等地参加选举国家代表机关和其他公职人员的制度，是现代选举制度成熟的重要标志。

普选权在西方国家的实现经历了漫长的历史过程。进入 19 世纪以后，随着工业革命的不断推进，西方国家的社会结构和阶级结构发生重大变化，贵族和地主阶级逐渐没落，工业资产阶级和无产阶级日益壮大，强烈要求参与政治生活，力图通过议会斗争的方式谋求政治利益、影响国家的大政方针。所以，从 19 世纪中期至 20 世纪，争取普遍、平等的选举权利的运动在西方各国广泛展开，其核心内容就是取消财产、性别、种族和受教育程度等方面对选民资格的限制。

1. 英国普选制的确立

1832 年，迫于新兴工业资产阶级和工人阶级争取选举权的激进运动，英国议会通过了议会改革法案，大幅降低了选民的财产资格限制，城市居民凡拥有价值 10 英镑不动产者、农村居民凡拥有价值 10 英镑地产或租有 50 英镑地产者都享有选举权，由此选民人数由原来的 43 万扩大到 65 万，但是，新增的选民主要是城市工业资产阶级和农村的富农，广大工人、贫苦农民、妇女仍被排斥在选举之外。为争取自身权利，英国工人阶级于 1837 年掀起了群众性的宪章运动，提出了包括年满 21 岁的成年男子普选权、选举投票应秘密进行、废除议会候选人的财产资格限制在内的要求。尽管运动最终因遭到镇压而失败，但对后来的选举制度改革和议会制的民主化进程产生了深远的影响。1852 年，英国“责任政府”原则确立，政党和选举活动变得日益重要，在民众的强烈要求和辉格党的支持下，英国于 1867 年通过第二次议会改革方案，规定在城市中凡缴纳济贫税的房主和年缴纳 10 英镑以上房租、居住期不少于一年的房客享有选举权；农村居民凡拥有 5 英镑以上收入的

① 马克思，恩格斯．马克思恩格斯全集：第 2 卷．北京：人民出版社，1957：648.

土地所有者和年付12英镑租金的佃户均享有选举权。1884年议会通过《人民代表法》，规定无论公民的居所是在城市还是农村，只要有10英镑的不动产就可享有选举权，从而进一步降低了财产资格。①

19世纪末，随着职业妇女的增加和女权运动的发展，英国妇女开始积极争取自己的选举权。第一次世界大战期间，由于英国妇女在战争中的表现，妇女的地位和作用得到了社会的普遍承认。1918年英国议会通过《国民参政法》，规定年满30岁的妇女，凡拥有5英镑价值的土地，或拥有住宅，或丈夫具备以上条件者，都享有选举权；同时还规定，成年男子只要拥有规定的住所或营业所资格都可以获得选举权。1928年，英国政府颁布了《平等选举权法》，取消了对妇女必须年满30岁才能获得选举权的要求，同时再次降低财产资格和受教育程度的限制条件。1948年修订后的《人民代表法》规定凡是年满21岁，在其选区居住满三个月，不论男女均有投票权，同时还废除了英国长期实行的复票制。1969年《人民代表法》再次修订，将选民年龄要求降低为18岁，至此，成年公民的普选权终于完全得以实现。

知识链接

英国实现普选制的立法进程

年份	立法及其后果
1832年	《议会改革法案》，获得选举权的选民人数达到成人人口的5%
1867年	《人民代表法》，选民人数增加到250万人，占成人人口的13%
1872年	《投票法》，引入秘密投票原则
1884年	《人民代表法》，赋予男性劳动力以选举权，使选民总数达到500万人，占成年人口的25%
1885年	《议席再分配法》，引入选区平等原则，实行单名制选区
1918年	《国民参政法》，取消对男性选举权名义上的限制，将选举权扩展到30岁以上的妇女，选民总数达到2 100万，占成人人口的75%
1928年	《人民代表法》，实行男女选举权平等
1948年	《人民代表法》，将选民资格的年龄要求降低为21岁，废除了英国长期实行的复票制
1969年	《人民代表法》，将选民资格的年龄要求由21岁降低到18岁

2. 美国普选制的确立

1787年的制宪会议将选举权问题留给各州决定，而各州的宪法和法律大多规定以纳税作为获得选举权的资格条件，即美国早期历史上对选举权的财产资格限制不是以拥有财

① Andrew Mclaren Carstairs. A short history of electoral systems in Western Europe. London：George Allen & Unwin，1980：190.

产而是以纳税作为标准的。由于人民群众争取普选权的斗争，1810 年马里兰州修改州宪法，规定该州的“每一位成年自由男子，只要年龄在 21 岁以上，均有选举权”，从而在最初的 13 个州中第一个将选举权资格与纳税分离开来。19 世纪上半叶，美国人民争取普选权的斗争日益激烈，此后，新泽西、路易斯安那、康涅狄格、弗吉尼亚也先后取消了选民的纳税资格限制。随着各州选举权财产资格限制的终结，宗教等方面的选举权限制也在各州逐渐被取消，到美国内战前，白人成年男子的普选权基本确立。

美国白人成年男子获得普选权时，广大妇女仍被排斥在选民行列之外。美国内战前，只有个别州曾规定过妇女选举权，如新泽西州在 1777 年到 1806 年期间曾存在寡妇选举权。美国内战结束后，在女权运动的影响下，妇女争取选举权的呼声开始高涨。1890 年，怀俄明州加入联邦时赋予了妇女选举权，成为实现男女平等选举权的第一州。到 1918 年，美国已有 23 个州的妇女享有选举权，通过修改联邦宪法在全国范围内实现妇女选举权的时机已经成熟。1920 年 8 月 18 日，美国宪法第 19 条修正案生效，规定“合众国公民的投票权，不得因性别而被合众国或任何一州拒绝或剥夺”①，妇女的选举权终于获得确认。

与其他西方国家不同，美国普选制发展遇到的最大障碍是种族歧视问题。南北战争前，除缅因州（该州几乎没有黑人）外，每个州都将选举权限定在白人群体。内战结束后，获得人身自由的黑人开始为维护自己的权益而争取选举权。1870 年美国通过宪法第 15 条修正案，规定“合众国公民的投票权，不得因种族、肤色或以前受奴役的身份而被合众国或任何一州拒绝给予或剥夺”②。然而，黑人选举权并没有因为该宪法修正案的生效而顺利实现，在现实生活中，各州尤其是南部许多州仍利用人头税、文化测验、祖父条款、白人预选会等规定变相地限制黑人的选举权。人头税是要求公民参加选举必须交纳的税款，一般 1～5 美元不等，这条规定表面上是向所有的成年男子征收的，但是绝大多数黑人一贫如洗，因此实际上被剥夺了投票资格。文化测验则是有的州要求在进行选举登记时，不仅要测验英语的读写能力，还要解释联邦宪法和州宪法，而黑人绝大多数是文盲，不可能通过这样的文化测验。所谓“祖父条款”，是南部的一些州规定 1867 年以前其祖父或父亲已取得选举权的人，可免除人头税和文化测验，从而使人头税和文化测验成为专门针对黑人的限制手段。到了 20 世纪初，这些手段对于新一代黑人已经不再有效，于是，南部各州又采取所谓“白人预选会”来阻止黑人参加投票，即规定只有白人才能参加民主党的候选人选举投票，由于当时的美国南部是民主党一统天下，这个规定就等于剥夺了黑人的选举权。到 20 世纪 50 年代民权运动兴起，对黑人选举权的种种限制才逐渐消除。1964 年美国宪法第 24 条修正案生效，规定公民的投票权“不得因未交纳任何人头税或其他税而被合众国或任何一州加以拒绝或剥夺”；1965 年国会通过《投票权法》，明确禁止以文化测试作为联邦选举中选民登记的先决条件；1970 年国会又对该法进行修订，将上述规定扩大到州和地方选举，至此，黑人的选举权才真正得到全面实现。

3. 法国普选制的确立

法国普选制的实现经历了较多的曲折和反复。激进的雅各宾派在夺取政权、成立了法

---

① 谭君久．当代各国政治体制·美国．兰州：兰州大学出版社，1998：355.

② 同①354.

兰西第一共和国后，在1793年宪法中取消了积极公民与消极公民的区分，规定凡出生在法国并在法国有住所的、年满21岁的男子均为法国公民，享有选举权，但妇女和仆役被排除在选举之外。1794年热月政变，雅各宾政权被推翻，1795年的宪法又恢复了关于积极公民的制度。1799年拿破仑上台执政后，规定凡年满21岁的法国公民在法国居住1年以上都有参加市镇选举的权利。但1814年波旁王朝复辟后，财产资格重新成为公民享有选举权的必要条件，只有每年交纳300法郎直接税的男子才能参与投票。之后的“七月王朝”也对选民资格进行了财产、教育等方面的限制。

1848年的“二月革命”推翻了七月王朝，揭开了法国选举制度史上的新篇章。1848年宪法规定，议员选举是直接的、普遍的，并以秘密投票方式进行；凡年满21岁，享有公民权和政治权的所有法国男性公民，不受财产限制均为选民。1852年建立的法兰西第二帝国和1875年建立的法兰西第三共和国，都沿袭了这一规定，由此法国成年男子的普选权得以最终确立。

法兰西第三共和国时期，关于妇女参政的呼声高涨起来，但关于妇女选举权的许多提案都被议会否决。第二次世界大战接近尾声时，考虑到欧洲一些国家如英国、比利时等已建立了妇女参加选举的制度，以及法国妇女在第二次世界大战中所做出的贡献，戴高乐领导的法兰西民族解放委员会于1944年4月21日颁布法令，规定年满21岁的法国妇女可以参加选举，从而使女性获得了选举权。此后经过1946年、1958年、1974年的多次修改选举法，法国公民获得选举权的年龄降低为18岁。至此，法国的普选制趋于成熟。

从19世纪前期到20世纪上半期，与英、美、法三国的历史进程相类似，其他西方各国也逐步取消了财产状况、性别、种族、受教育程度等方面对选举权的限制，实现了普选权。

三、西方国家普选制的意义

普选权的实现和普选制的确立，是西方各国工人阶级和广大人民群众坚持长期斗争取得的成果，恩格斯指出，“争取普选权、争取民主，是战斗无产阶级的首要任务之一”[①]。马克思、恩格斯支持并指导了各国工人阶级和人民群众争取选举权的斗争，一方面，他们对资产阶级国家想方设法限制普通人民群众选举权的行径进行揭露和批判；另一方面，又告诫工人阶级要在争取普选权的斗争中成熟起来，指出“普选制是测量工人阶级成熟性的标尺”，工人阶级必须“成熟到能够自己解放自己”，能够“作为独立的党派结合起来，选举自己的代表，而不是选举资本家的代表”。[②] 经过两百年的长期斗争，普选权作为一种政治理念已深入人心，普选制在西方国家已经普遍建立起来，成为西方现代民主政治的支柱之一。具体而言，西方国家普选制的意义主要表现为：

首先，选举是实现人民主权和代议制民主的主要途径。基于欧洲近代启蒙运动以来形成的人民主权理论和代议制理论，作为主权的享有者，公民参与国家权力的行使有两种实现形式：直接民主和间接民主。直接民主是指所有民众亲自参与对共同事务的处理，但它

---

① 马克思，恩格斯．马克思恩格斯文集：第4卷．北京：人民出版社，2009：544.

② 马克思，恩格斯．马克思恩格斯选集：第4卷．3版．北京：人民出版社，2012：190.

适用于历史上的小国寡民或现代国家中的地方公共事务。而到了近代，由于国家的地域和人口，已经不可能实行公民大会式的直接民主，而只能实行代议制民主，也就是间接民主，即由民众挑选一部分人作为他们的代表，代表全体民众处理共同事务。因此，选举就必然成为实现代议制民主的重要环节。

其次，普选制是政权合法性的基本来源。欧洲近代的社会契约理论认为，统治者的统治必须获得被统治者的同意，“合法性即是对统治权力的承认”[①]。选举如果只是少数人的投票权，那么这种“同意”和“承认”就是不真实的、虚假的。“民主是多数人的统治。只有普遍、直接、平等的选举才可以说是民主的选举。”[②] 普选制的实现，使得更广泛的人群能够在选举活动中表明自己的政治态度，扩大了西方式民主政治的参与基础。此外，由于各种政治势力普遍接受了选举作为政权和平转移的方式，从而改变了历史上因争夺政权而引发腥风血雨的王朝政治规则，在这个意义上，普选制也是人类政治文明发展的重要成果。

最后，选举是民众政治参与和政治社会化的重要方式。良好的国家治理和社会管理必须顺应民意，选举为民众提供了参与政治、表达意愿的机会，选民也可以用选票阻止他们所不满意的议员和政府官员连任而重组议会和政府；可以对参选政党的未来公共政策施加一定影响。另外，在选举期间，各政党及候选人为了吸引选票，无不利用多种途径与选民沟通，传递其政治上的理念和诉求。而选民也在这个过程中增强了分析政治问题的能力，培养对国家的认同感、归属感、参与感和团结感。

相对于历史上的世袭、任命以及近代资产阶级国家早期的限制性选举，普选制意味着普通公民能根据自己的意愿投票选举国家公职人员，这无疑是一个历史的进步。但是，在国家保持资产阶级性质的条件下，普选制的意义又是极为有限的，正如马克思所说，普选权“一直被滥用，或者被当做议会批准神圣国家政权的工具，或者被当做统治阶级手中的玩物，只是让人民每隔几年行使一次，来选举议会制下的阶级统治的工具”[③]。

第二节　西方选举制度的原则

选举制度的原则是指选举过程中必须遵循的基本原理和精神，是人们在长期的选举实践中共同认可和普遍接受的一系列价值理念，决定着一个国家选举制度的基本特征。西方各国由于国情条件和发展道路不同，其选举制度在具体形态和操作机制上存在一定差异，但其遵循的基本原则大体上是一致的，主要包括普遍原则、平等原则、自由投票原则和选举公开原则。

西方国家历史上对普选权的限制

一、普遍原则

普遍原则是指享有选举权的主体的普遍性，其基本含义是指，在一国之内，凡达到法定年龄，且按宪法规定享有权利并承担义务的公民都

① 让-马克·夸克．合法性与政治．佟心平，王远飞，译．北京：中央编译出版社，2002：12.

② 列宁．列宁全集：第22卷．2版（增订版）．北京：人民出版社，2017：53.

③ 马克思，恩格斯．马克思恩格斯选集：第3卷．3版．北京：人民出版社，2012：141.

拥有选举权和被选举权。如意大利宪法第 48 条规定："所有成年的男女公民都是选民。投票是个人的、平等的、自由的和保密的"，"除因民事上的无行为能力、刑事终审判决或法律所规定的道德卑劣等情况以外，不得对选举权进行任何限制"。① 又如日本宪法第 44 条规定：国会议员及其选举人的资格，"由法律规定。但不得因人种、信仰、性别、社会身份、门第、教育、财产或收入的不同而差别对待"②。

普遍选举的理论基础是西方启蒙思想家所倡导的"天赋人权"和"主权在民"学说，认为选举权是人民固有的权利，应当为人民所普遍享有。普遍选举是人民主权的宪法原则在选举制度中的具体体现，是公民的政治权利和自由的首要表现。

普遍原则关乎选举权的社会基础，它是相对于限制选举而言的。在人类政治发展史上，选举权曾经长期作为一种特权存在，掌权者通过规定财产、性别、种族、宗教、受教育程度等种种歧视性条件，将人数众多的低收入者、妇女、少数族裔等群体排除在选举权之外，因而是一种限制选举。西方各国选举制度的演变历史就表现为选举权从少数人的特权向普遍的公民政治权利的过渡，限制选举逐步被普遍选举所取代。

从西方国家实现普选制的过程中可以看出，普遍选举原则的实现所遇阻力最大，花费时间最长，呈现出如下阶段性特点：第一阶段，在中世纪封建社会的晚期，通常都以某种社会等级和身份（如贵族、僧侣或地主）作为选民资格的限制条件，实行等级选举制；第二阶段，在资产阶级革命胜利后的初期，等级选举制被有产者选举制代替，即以一定的财产和收入或纳税额作为获得选举权的标准，因而有产者获得了选举权；第三阶段，随着财产资格标准降低直至取消，成年男性选民的普选权实现，但仍然存在性别、种族、受教育程度等歧视性限制以及复票制等问题，因而是部分的普选制；第四阶段，成年女性取得同男性公民平等的选举权，种族限制逐步被打破，文化测验等被废除，选民年龄标准降低，普选制最终完全确立。③

普遍原则强调选举权的普遍性，但不意味着对选举权没有任何限制。在某些方面对选民的资格规定一定的条件是合理的，如要求选民必须拥有本国国籍、达到成年的年龄以及适当的居住时间等。同时，绝大多数国家对因犯罪而被剥夺政治权利的人、精神病患者的选举权给予了限制，这些限制并非出于歧视，而是为了保证公民政治权利能够有序和有效实施。

二、平等原则

平等原则关乎选民投票的效力，具体体现在两个方面：一是在一次选举中，每个选民有而且只有一票投票权，即"一人一票"；二是每个选民所投的选票效力相等，即"每票等值"。换句话说，平等原则意味着"一人一票一值"，同等数量的代表应由同等数量的选民选举产生，从而实现平等的代表权。

西方许多国家曾长期存在不平等选举现象，具体体现为以下两种情况：

第一，复票制，即在一次选举活动中，部分选民享有多次投票权。在英国下议院议员

① 《世界各国宪法》编辑委员会．世界各国宪法：欧洲卷．北京：中国检察出版社，2012：749.

② 《世界各国宪法》编辑委员会．世界各国宪法：亚洲卷．北京：中国检察出版社，2012：496.

③ 胡盛仪，等．中外选举制度比较．北京：商务印书馆，2000：76.

选举中，曾长期实行复票制。这一制度规定，投票人除了在其所居住的选区投票外，还可以因拥有大学学历、经营业务、财产而在学校、营业住所地、财产所在地再投一票。在这种情况下，有些有产者甚至拥有多达80次投票权。复票制是一种少数人享有特权的投票制度，遭到了广大人民的抵制。直到1948年英国才在再次修订《人民代表法》时废除了复票制，从而最终确立了“一人一票”的平等选举原则。

第二，差别代表。在“一人一票”原则确立之后，西方国家违背平等选举权的现象仍时有发生，最突出的做法就是不按平均人口划分选区，使选举同等数量代表的选区的选民数量极为悬殊，导致不同选区的选票不等值现象。例如，20世纪60年代以前，美国各州议会在多数党的控制下，常常把选区划分得大小不一，一个选区的人口可能大大多于另一个选区甚至是后者的数倍。例如在加利福尼亚，洛杉矶县的州参议员选区中，有的选区选民人口高达600万，而有的选区则只有1.4万，悬殊比例为428∶1。这样划分选区的结果就意味同等数量的议员是由不同数量的选民产生的，选民的选票效力不同，从而违背了平等选举原则，因此遭到众多批评，并引发了一系列的司法诉讼。1964年，美国联邦最高法院在“韦斯伯里诉桑德斯案”中裁定，要求平等划分国会众议员选区，保证人口与国会代表比例趋于一致，“让同等数量的人民获得同等数量的代表”；同年裁定的“雷诺兹诉西姆斯案”则将该原则引申到了州议员选举中，并认为“代议制政体的根本原则是给予同样的人数以同样的代表名额，而不问其种族、性别、经济地位或在一个州内的居住地”。[①]

三、自由投票原则

自由投票原则是指选民不受他人强制，根据个人的自由意志表达选举意愿。自由投票不仅意味着选民仅依据自己的意志决定如何使用投票权，不受强制；也意味着选民是否使用投票权也仅依据自己的意志，不受强制。

在选举实践中，自由投票具体表现为秘密投票，即投票人的投票意向不向任何人公开，从而保证投票不受他人的干扰，免除对可能的报复的恐惧。秘密投票的基本方式为无记名投票，指投票人在法律保障下，不在选票上署名，根据个人意愿秘密填写选票和投票。历史上，西方国家曾长期采用公开投票制，即选民在公开的环境条件下表明自己的投票意向，其具体方式如举手表决、口头投票、欢呼投票、双记名投票等。公开投票使选民在表决时因害怕报复而不能真实表达个人意见，由此产生的选举结果往往扭曲了民意，因此19世纪以来，废除公开投票制的呼声不断高涨。1856年11月，澳大利亚新南威尔士州通过的宪法规定实行秘密投票，这种投票法采用政府印刷的选票，上面载有全部候选人的姓名，投票人只需在选票上对其赞成的候选人的姓名进行标记而不需留下任何笔迹。这种投票方式为选民意志的自由表达提供了制度保障，从而被各国所效仿。由于秘密投票首创于澳大利亚，因此也被称为“澳大利亚选票”。目前西方国家已普遍采用秘密投票，各投票站会为选民提供秘密写票间，选民本人领取选票后进入秘密写票间写票，再将选票投入选票箱。随着技术的进步，一些国家又采用了手动投票机和电子投票机，以确保选民不受

---

① 斯坦利·I库特勒．最高法院与宪法：美国宪法史上重要判例选读．朱曾汶，林铮，译．北京：商务印书馆，2006：564.

其他任何人的干扰和压力。

就自由投票而言，还有一个经常引起争论的问题就是是否允许选民放弃投票。与自由投票相对的有一种强制投票，即对那些无正当理由（如疾病或年老）而放弃投票的选民处以法律制裁。如奥地利法律规定，参加国民议会的选举是每个选民的义务，任何选民无合法理由则必须参加投票。澳大利亚 1918 年《联邦选举法》第 245 条规定，在联邦选举中，选民如果没有有效和充分的理由而不参与投票，虽然不构成犯罪，但需要支付 20 澳元的罚款。各州的选举中也有类似的强制投票要求，如新南威尔士州曾经规定，如果没有参与本州选举的投票，而且没有正当理由，将被罚款 55 澳元。如果超过 28 天没有回复通知说明理由，或拒绝缴纳罚款，会导致驾驶执照被取消或暂停，以及车辆登记被取消。

对这种强制投票，人们的评价不一。支持者认为选举事关公共事务，行使投票权是公民的社会职责；反对者则认为投票是选民的一项权利而不是义务，公民可以选择投票，也可以选择不投票，而且投票只是行使选举权的一种形式，没有投票并不必然等于公民放弃了选举权。例如有人因为对候选人均不满意而不去投票，并不意味着他不关心公共利益，而是以一种沉默的方式进行“意见表达”。强制投票除了面临理论上的争议外，在实践中推行也面临一定的难度。选民即使到了投票站报到，也仍有可能不投票或故意投废票，国家无法强迫选民表达真实投票意愿；而且，如果弃权的选民众多，法庭也无法一一处罚，因此，一些曾经实行强制投票的国家如西班牙、比利时先后取消了强制投票。实际上，英、法、美等西方国家大都没有强制投票的规定。

四、选举公开原则

选举公开原则是指选举规则、候选人、选举经过、选举结果等都必须向全体公民公开。选举公开原则体现了较高的政治透明度，可以使选民了解政治的运作过程及运作结果，有助于提高选民对政府合法性的认同。

一般来说，选举公开的主要内容包括以下几个方面：一是候选人情况公开。利用网络、电视、报刊、广播等有效的传播手段对候选人的情况进行介绍，有助于选民对候选人进行较为全面的认识和了解，只有在此基础上，选民才有可能做出理性的选择。二是选举过程公开。选举过程的每个环节如选民登记、候选人提名、选举竞争、投票和计票等都应公开，这不仅使选民可以清楚地了解选举活动，而且有助于对选举活动实施监督。三是候选人公开表达自己的见解和主张。候选人有权利用各种合法途径向选民表达自己的政见，由此帮助选民知悉其政策主张，从而在投票中做出选择。四是公布竞选资金的来源与使用情况。在西方各国的选举活动中，竞选资金呈逐年上升趋势，资金的筹集与开支对选举结果会产生重要影响。所以，公开竞选资金的相关情况，有利于减少不正当竞争活动与腐败行为，对选举公平至关重要。如美国的《联邦选举法》、日本的《政治资金限制法》都对竞选资金公开进行了规定。

西方各国人民为争取自身政治权利，通过不懈斗争推动选举制度不断改革，并最终使普遍选举、平等选举、自由投票、选举公开等基本原则得以确立。这些原则体现了西方民主政治的基本价值，使民众的真实意愿能够在一定程度上得到反映，增强了普通公民对国家政治活动的影响。但需要指出的是，这些原则的确立并不能完全解决选举过程中出现的种种弊病，而资本主义固有的种种矛盾必然阻碍着这些原则的真正实现，制度、原则和现实之间的差距和冲突不可避免。许多国家的投票率持续走低，选举普遍性萎缩，很大程度上是由于当选者的政策承诺无法兑现而导致选民对选举的兴趣降低，这也是西方国家选举制度面临的一种难堪的窘态。

第三节　选民、候选人和选区划分

一、选民资格

选民是指依照一个国家的宪法或选举法的规定，享有选举权的公民。“选民”和“公民”是不同的概念，选民首先必须是该国的公民，但并非所有的公民都能成为选民。公民只有在符合法定标准的情况下才拥有选举权，而这种法定标准就是选民资格。

在不同国家和不同时代，选民资格的要求各不相同，对选民资格的规定能够反映出一个国家特定时期政治民主的发展状况。在已经实现普选权的国家，“普选权”也并非将选举权给予所有的公民，而只是把选民资格放宽到了“普遍”可以接受的程度，凡是符合一定条件和标准的公民都享有选举权。作为一种特殊的政治活动，选举要求选民具有特定的行为能力，因此，对公民的选举资格如年龄、心智健康状况等做出适当限制是必要的，只要选举资格的规定符合普遍的正义原则，就仍属于普选权的范畴。

西方各国获得选民资格的条件通常可以区分为实质要件和形式要件。

1. 实质要件

实质要件是指作为选民取得选举权的条件，其中又可分为必须具有的积极要件和不容许具有的消极要件。

积极要件一般包括具有本国国籍、一定年龄及适当的居住时间。

（1）国籍条件。

由于选举是国家范围内的公共事务，它具有主权和地理上的界限，所以选举权通常只限本国公民享有，这是世界通例。目前只有极少数的国家给予外国人和无国籍的人选举权，如荷兰 1983 年的宪法修正案规定在荷兰合法居住 5 年以上的外国人可以参加市议会选举；英国选举法规定，居住在联合王国的英联邦国家和爱尔兰共和国的公民，如果年满 18 周岁，并且没有被法律剥夺选举权，在所在选区进行选民登记后可参与下院议员的选举。

（2）年龄限制。

一般情况下，年龄与一个人在政治上的成熟和政治判断能力具有一定相关性。选举作为一种特殊的政治活动，其行为人必须具备一定成熟程度的心智，因此西方国家都规定达到一定年龄的公民才能享有选举权。目前大部分西方国家已经将选民最低年龄降到 18 岁，但也有少数国家如意大利、比利时仍为 21 岁。

（3）居住时间。

选民通常在居住地参加选举投票。只有对本地的公共事务有一定的了解，投票才是理性和负责的，因此各国一般都规定，达到法定年龄的公民要取得选举权，还必须在特定的地区（或选区）居住满法定的时间，如澳大利亚为 1 个月、英国为 3 个月、比利时和法国为 6 个月，挪威和冰岛则长达 5 年。

另外，有些国家还有关于选民道德的要求，譬如美国许多州规定选民必须“遵守秩序”“品行端正”“忠实可靠”，意大利宪法则规定选民不能“丧失道德”。虽然从法律条文上看，这些规定无可厚非，但在实践中却很可能把思想激进、不为政府所容的公民排斥在选民之外。

所谓消极要件，是指取得选举权时不容许存在的情形，一般包括以下两个方面：

（1）不能患有精神病或其他导致行为人无法正确表达意识的疾病。

长期以来，精神病患者因被认为难以控制自己的行为而不能享有选举权，但时至今日，这种规定开始遭到质疑，一些国家开始放宽对精神病患者的资格限制，但并未完全取消限制。如美国威斯康星州，选民登记条件之一是“能够理解选举目的且未在监护权之下”，亚利桑那州则规定，选民需“未被法院判定为无行为能力人”。

（2）不能被剥夺政治权利。

各国宪法或选举法一般规定严重的刑事犯罪人员被剥夺政治权利的，不能行使选举权。如英国法律规定，犯叛国罪或其他重罪且在服刑中，或 5 年内因选举舞弊被定罪者，均不能进行选民登记。

除上述两种情形外，在一些国家，从事特殊职业或具有特殊身份的人也无法获得选举权，如美国的许多州禁止军人参加选举；加拿大选举法规定，总督任命的法官、首席选举官及其助理、负责选举及公布当选人名单的官员不得享有选举权；英国则规定，上院议员只有在放弃贵族身份后才能享有选举权。

2. 形式要件

在选举实践中，公民要行使选举权还需具备一种形式要件——选民登记。选民登记是以编制选民名册的形式将享有选举权的公民登记入册，是国家依法对公民是否享有选举权进行审查和确认的程序。凡是登记在册的公民可依法参加选举，因此选民登记是确认公民的选举权并保障其被合法有效行使的重要前提。

西方各国的选举制度都有选民登记这一程序，但具体做法有差异。英国由于大选日期是不固定的，因此每年 1 月和 7 月都要进行选民登记，由各选区所在地政府指派的一名登记官负责。法国和德国每举行一次选举，就编制一次选民名册。美国各州比较普遍的选民登记方法是在选举前特定时间内，由选民本人向选区登记部门申请，官员们根据公民的申请审查其是否符合选民必备条件。

二、候选人资格

西方各国选举法规定，通过选举进入国家代议机关或行政机关的公职人员必须具备一定的条件，这种条件就是候选人资格。由于候选人一旦竞选成功，就将接受人民的委托行使公共权力，肩负维护和促进公共利益的重任，所以西方各国候选人的资格条件均高于选民资格要求，主要包括以下几种。

1. 国籍资格

选举是主权国家内的政治活动，当选者将成为议会议员或政府官员，因此，候选人必须是拥有本国国籍的公民。有的国家对国籍还做出某种特殊规定，如美国宪法规定，总统候选人必须具有美国原始国籍，即必须是出生在美国的公民，这意味着通过归化方式取得美国国籍的公民不得成为总统候选人；移民取得美国国籍7年后方可竞选国会众议员，9年后方可竞选国会参议员。德国法律规定，公民至少须取得国籍1年之后才可被提名为议员候选人。

2. 年龄资格

西方国家候选人的最低年龄资格一般高于选民的年龄资格。下议院议员候选人的年龄资格，在美国、意大利为25岁，法国为23岁，英国、德国为21岁，日本为20岁；上议院议员候选人的年龄资格一般都规定在30岁以上，如意大利为40岁，法国为35岁，美国、日本为30岁。总统候选人的年龄资格要求则更高一些，美国为35岁，法国、德国为40岁，意大利为50岁。

3. 居住资格

在很多国家，候选人特别是议员候选人必须为所在选区的居民，且需在该选区居住满一定期限，其目的是使候选人能够充分了解当地的实际情况，从而能够更好地代表选民的利益。如美国宪法规定，国会参议员候选人当选时应是所在州的居民，1999年，时任总统克林顿的夫人希拉里决定参加第二年的纽约州参议员竞选，不得不在纽约州买下住宅并离开白宫搬到那里居住。此外，比利时宪法规定必须在本选区住满6个月以上才有被选举权；而挪威选举法则规定要在国内连续居住10年以上才能竞选议员。

4. 职业限制

从事某些职业者不得竞选议员或其他公职。如美国宪法规定，行政官员、文官、法官在任职期间不能成为议员候选人，如要竞选议员职位，则必须提前辞去原有公职；法国、瑞士、荷兰等国法律也规定政府公职人员不得竞选议员。对候选人的职业限制，主要是为了确保选举过程的政治中立并体现和贯彻分权制衡这一宪法性原则。

5. 文化教育资格

丹麦、荷兰、葡萄牙等国规定候选人必须有读写能力，美国的华盛顿州、夏威夷州、弗吉尼亚州、纽约州都要求候选人会读会写，纽约州甚至要求候选人必须提交受过8年教育的证书。

6. 选举保证金

候选人必须缴纳一定的选举保证金，如果选举结束后该候选人所获选票达不到一定比例，保证金就被没收。对保证金的数额，西方各国规定不一。自1985年起，英国下议院议员选举的保证金数额为500英镑，如果候选人在选举中获得5%的选票，保证金即可退还，否则收归国家所有。日本国会众议院小选区的候选人保证金为300万日元，市区长的候选人保证金为100万日元，如获得10%以上有效选票则可退还。设立选举保证金的初衷是防止候选人不负责任参选，规范选举行为，但在政党组织选举的情况下，保证金对候选人个人的限制作用已越来越小。

三、选区划分

西方各国的选举活动都是在依法划定的选举单位中进行的。根据划分选举单位的方式不同，可以区分为职业代表制和地域代表制两种形式。

职业代表制是按职业划分选举单位，如根据工会、农会、商会、银行、保险等行业或职业团体来选举代表。1928 年由法西斯党统治的意大利在其众议院选举中曾采取过职业代表制，议员的候选人由各种行业团体依法组成的全国同盟提出。目前，爱尔兰参议院的 60 名议员中，有 43 名议员是由全国的文化教育、农牧渔业、工商等五大行业选举产生的。

地域代表制是按地域把全国划分为若干个选区，选民在各选区投票产生公职人员的制度。目前绝大多数国家都采用地域代表制来划分选举单位，如何合理划分选区、使选举产生的公职人员能够代表更广泛的利益，就成为西方民主国家选举活动中的一个重要环节。

1. 选区划分的基本原则

选区作为一种地理区域，在其边界内包括众多利益各异的选民，为了实现选举的公正和平等，保证选举产生的公职人员具有广泛的代表性，西方国家在划分选区时通常遵循"一人一票"的原则，即同等数量的公职人员应该由同等数量的选民选举产生，每个选区的每一公职人员所代表的选民数大体相等。为了贯彻这一原则，划分选区时主要采取以下两种办法：

一是根据人口的变更调整选区，以便保持公职人员所代表的人口数量的准确性。如美国每 10 年进行一次人口普查，然后根据普查结果调整一次选区划分。又如英国 1944 年设立了 4 个议会边界委员会，负责定期复查选区，根据人口变更引发的选民数变化，向内政部提出调整选区边界的建议。

二是将现有行政区划作为选区，这种划分保证各行政区地位平等，操作方便。如德国联邦议院的选区划分不得跨越州界，尽可能依据乡镇、县和自由市的疆界划分，选区应是一个完整的地域，不得有选区飞地。而联邦制国家议会上议院议员一般代表联邦成员单位，如经选举产生，则以成员单位作为选区，如美国国会参议院议员选举就是以州作为一个选区。

2. 选区划分的类型

根据所选出的议员的人数，西方国家的选区可分为小选区和大选区。所谓小选区，又称为单名制选区，即每个选区只选出 1 名议员或代表，美国国会、英国下议院的选举都采用小选区。大选区又称为多名制选区，即每个选区可选出两名以上的议员或代表，比利时、荷兰、以色列等国家在议员选举中采用大选区。另外，还有许多国家采用混合制，如德国联邦议院和日本的国会众议院中，一部分议员按小选区产生，另一部分则按大选区产生。

是采用大选区还是采用小选区，对不同政党的候选人能否当选具有重要影响。在小选区下通常采用多数代表制，但有两种计票方法，一种是相对多数制，只要获得最多数即可当选，但是，如果候选人数量较多，选民投票分散，得票最多的候选人的得票数可能远低于半数却照样当选，显然无法代表该选区大多数选民的意愿。小选区制与相对多数制结合不利于小政党的发展，但可以控制和减少政党的数量，形成两个大党控制政府的格局，有利于政局稳定，如英国和美国。另一种是两轮多数制，如法国国民议会的选举也是小选区制，即全国分为 577 个选区，每个选区产生 1 名议员，候选人在第一轮投票中如获得半数以上选票且得票数达到所在选区登记选民数的至少 25%即可当选。如果某个选区没有候选人达到这个门槛，该选区将举行第二轮投票。第一轮得票超过 12.5%登记选民支持的候选人将进入第二轮选举，其中得票最多者即当选为议员。与小选区相比，大选区制通常采用比例代表制计票方法，即根据各个政党所得选票的比例分配议席，这样，小政党只要得票率达到一定门槛就能按得票比例分得一定的议席，从而获得生存和发展的空间；按比例分配议席也使得所有的选票都能被计入，可以比较准确地反映选民的意见。但大选区也有弊端：首先，选举过程比较复杂，选举费用较高；其次，由于参选政党在选举结束后要在本党候选人名单中分配议席，也可能导致党内的冲突；再次，大选区和比例代表制可能造成政党数目过多甚至政党林立的局面，导致组阁艰难，政府不稳定。

3. 选举地理学

在西方各国的政治实践中，除了人口数量、地理和行政边界，选区的划分还受到历史文化传统、政治派别斗争等因素的影响。由于选区划分与各个政党能否竞选获胜联系密切，因此西方各政党尤其是执政党经常利用权力有意违背人口比例或自然界限划分选区，以使之对本党有利，这种情况被称为“选举地理学”。

执政党利用“选举地理学”操纵选区划分的主要手法如下：一是将本党占有较大势力的小片区域连在一起，形成一个选区，使本党能在该选区稳操胜券；二是将不支持本党的选民分散到各个选区，使他们在各个选区都不可能形成多数；三是将不支持本党的选民统统划入一个或少数几个选区，本党候选人虽然可能在这些选区落败，但却可以保证本党在其他选区获得较大的胜利。选举地理学在现实中的推行要么造成各选区人口数量悬殊，要么就出现畸形选区。1812 年，美国马萨诸塞州州长艾尔布里奇·杰里把竞争对手的支持者都集中在少数几个选区，以确保他所在的民主共和党的候选人在其他选区当选，结果导致该州中部出现了一块边界极不规则的细长型选区，形似一只蝾螈（salamander），于是其对手就将州长的名字“Gerry”与“salamander”组合为“杰里蝾螈”（Gerrymander）以示嘲讽，从此以后，“杰里蝾螈”就成为不公正划分选区的代名词。

由于选举地理学违背平等投票原则，受到人们的激烈批评。为防止执政党利用权力操纵选区划分，各国选举法都对选区划分进行了详细的规定。如德国规定，负责选区划分的选区委员会必须保持政治中立而且活动公开，选区具有宪法性，它们的改变必须由联邦法律予以确定，各州和各地方政府不能通过行政法律影响选区的划分。美国联邦最高法院在 20 世纪 60 年代也通过一系列案件确立了平等选举权原则，指出不按人口比例划分选区而产生的州议会是违反宪法的，在议员选举中，选民所投选票应当具有同等价值。

第四节　选举的过程与程序

一、直接选举与间接选举

直接选举与间接选举

直接选举和间接选举是选举制度的发展历程中出现的两种不同方式。直接选举是指公职人员由选民直接投票选举产生；间接选举是指公职人员由选民所选出的一个团体选举产生。在西方国家，议会下议院通常是代表选民的机构，因此其议员一般由选民直接选举产生；上议院的议员和选任的国家元首的产生方式则差异较大。如美国总统是由间接选举产生，国会参议员由直接选举产生，但在美国建国之初，宪法规定参议员是由各州议会选举产生的，到 1913 年美国通过宪法第 17 条修正案改为直接选举。而法国的参议员由间接选举产生，总统则由选民直接选举产生，但在法兰西第五共和国初期，总统是由议会两院议员、省议会和海外领地议会议员加上市镇议会选出的代表组成的选举团选举产生的，1962年通过公民投票修改宪法后，改为直接选举产生。

美国总统选举是一种比较有特色的间接选举。根据美国宪法，总统由各州的选民直接选举产生的选举人组成的选举人团选举产生。每个州的选举人人数与该州在国会参议院、众议院中的议员总人数相等，这样，即使是人口极少的阿拉斯加州也至少有3名选举人，人口最多的加利福尼亚州则有50多名选举人。另外，由于联邦政府所在地哥伦比亚特区在国会没有议席，宪法第23条修正案给予了该特区3个选举人名额。目前，美国总统选举人总数为538人，某一候选人至少要获得一半即270张以上的选举人票才可当选。如表3-1所示，2000年共和党候选人小布什以271票险胜民主党候选人戈尔，当选美国总统；2020年民主党候选人拜登则以306票的成绩击败共和党的特朗普而获胜。除缅因州和内布拉斯加州外，选举人的产生方式实行相对多数制和"胜者得全票"原则①，即某党的候选人只要获得本州相对多数的选民票，就能赢得该州全部选举人。由于各州的选举人由两党提出，并保证投票支持本党提名的总统和副总统候选人，因此，选民在形式上是对选举人投票，实际上是对两党的总统候选人投票，也就是说，形式上是间接选举，实际又具有直接选举的效果。

表3-1　2000年与2020年美国总统大选

	2000年				2020年			
	候选人	普选票	得票率(%)	选举人票	候选人	普选票	得票率(%)	选举人票
全国结果	戈尔	50 999 897	48.38	267	拜登	81 268 867	51.31	306
	小布什	50 456 002	47.86	271	特朗普	74 216 747	46.86	232
阿拉斯加	戈尔	79 004	27.67	—	拜登	153 778	42.77	—
	小布什	167 398	58.62	3	特朗普	189 951	52.83	3
加利福尼亚	戈尔	5 861 203	53.45	54	拜登	11 110 250	63.48	55
	小布什	4 567 429	41.65	—	特朗普	6 006 429	34.32	—
佛罗里达	戈尔	2 912 253	48.84	—	拜登	5 297 045	47.90	—
	小布什	2 912 790	48.85	25	特朗普	5 668 731	51.20	29
纽约	戈尔	4 107 697	60.21	33	拜登	5 230 985	60.86	29
	小布什	2 403 374	35.23	—	特朗普	3 244 798	37.75	—
得克萨斯	戈尔	2 433 746	37.98	—	拜登	5 259 126	46.48	—
	小布什	3 799 639	59.30	32	特朗普	5 890 347	52.06	38

资料来源：美国联邦选举委员会官网（https：//www. fec. gov/resources/cms-content/documents/FederalElections2000 _ PresidentialGeneralElectionResultsbyState. pdf，https：//www. fec. gov/resources/cms-content/documents/federalelections2020. pdf），2023-06-11.

① 缅因和内布拉斯加两个州是采用国会众议员选区方式，在每个众议员选区的总统选举获胜者各获得一张选举人票，在全州总统选举获胜者获得剩下的两张选举人票。

议会制共和制国家的总统多由间接选举产生。如德国总统由联邦大会依三轮多数制选举产生，而联邦大会由联邦议院议员及各州议会按比例代表原则选出的与联邦议院议员人数相等的代表组成，获得联邦大会代表过半数票者当选为总统。意大利总统由议会两院议员和全国 20 个大区议会的代表组成的联席会议选举产生，须获得三分之二多数票方能当选，如无人获得三分之二多数票，则举行新一轮的投票，从第三次投票起，只要获得过半数票即可当选。

二、候选人提名

具备候选人资格只是参加选举的基本条件，要想成为事实上的候选人还需通过法定的提名程序，这就是西方国家选举中的候选人提名制度。

1. 提名权

候选人提名制度首先涉及的是提名权问题。西方国家普遍规定，政党或一定数量的选民可以提出公职候选人。在有的国家，候选人均由政党提名，如瑞典。而在另一些国家，如美国、英国、德国、日本、比利时、意大利等国，选民个人可以直接提名候选人，但必须获得一定数量的选民支持。如英国选举法规定，已登记的选民可以提名本选区下院议员候选人，提名者须与被提名人在同一选区，只需得到 9 名选民（其中 1 名必须为本选区登记选民）的签名支持就可以提名。德国选举法规定，一个无党派人士如果能够取得 200 名有选举权的公民支持，就可在一个选区参加竞选。但从西方各国的选举实践来看，纯粹由选民提名公职候选人的现象十分罕见。候选人要展开竞选离不开政党在人力、物力上的支持，绝大多数候选人是以政党成员身份被政党提名的，公职候选人的提名权实际上为政党所掌握。英国、德国、澳大利亚、加拿大、日本等国的主要政党都设有遴选委员会或竞选委员会，专门负责推举本党的候选人并组织竞选。从另一个意义上说，政党提名候选人，也为选民提供了可选择的对象。

2. 提名竞选——预选

在西方国家，公职候选人如要获得政党的提名，一般都要经过党内的竞争，这就是提名竞选，又称“预选”（primary election）。不同国家、不同职位的竞选，其候选人的提名方式也有所不同。在政党控制提名权的情况下，公职候选人的提名方式大致可以分为集权型和分权型两种类型。

集权型提名方式是指候选人的提名由政党的中央机构或领袖决定，采取这种方式的典型国家是以色列。按照该国法律规定，议员候选人非经政党提名无效，各政党提出的候选人名单，均由党的中央执行委员会或党的领袖决定。比例代表制下的议员候选人，一般是以这种集权型方式确定提名，因此不存在提名竞选。

分权型提名方式是指公职候选人的提名由本选区的党组织决定，以英国最为典型。英国保守党和工党都在选区设有负责候选人提名的组织，两党的提名过程比较相似：首先由各支部提出候选人，然后经本党的选区组织同意后进入选区的候选人名单，最后召开选区的党代表大会，经过投票产生本选区议员候选人。在这个过程中，选区的党组织领导人一般会与党的中央机构领导人进行协商，后者通常都会尊重选区党组织的选择。1983 年，英国工党的布莱尔毛遂自荐得到了塞奇菲尔德选区的特里姆顿村党支部 4 名委员的提名，这一决定在经全村党员大会上讨论通过后由支部书记上报给选区工党书记，选区书记再出具正式信件宣布接受该支部对布莱尔的提名。随后在选区工党代表大会上，各支部提名的候选人发表竞选演说后举行投票选举，布莱尔在经过5轮投票后最终当选为工党塞奇菲尔德选区的议员候选人。

除英国外，美国、新西兰、加拿大、挪威、瑞典、意大利、比利时等国家也采用分权型方式提名议员候选人，这意味着一个人如果想赢得公共职务，第一关就是要通过预选即党内的提名竞选。

3. 美国的总统预选

美国的预选机制十分发达，联邦和各州选举中都广泛采用党内竞选的方式提名公职候选人。国会议员、州和地方公职人员的预选就是由两党选民直接投票确定该政党提名的候选人；在总统选举中，由于需要经两大政党的全国代表大会通过竞选纲领和确认总统候选人提名，因此总统预选专指两党选举产生出席本党全国代表大会代表的过程。

美国总统预选的过程十分漫长，每逢总统选举年，从二月初艾奥瓦州和新罕布什尔州开始预选，一直持续到当年的六月最后一批州完成代表选举。由于预选的具体办法由各州自己决定，而各州的两大政党的预选程序又有所不同，这就使得美国的总统预选极其复杂。各州两党选举代表主要有两种不同的方式：一是基层党团会议预选，即两党自下而上，逐级召开党员会议或党的干部会议，推选参加本党全国代表大会的代表，目前约有20个州采用这种方式产生党代会代表。二是直接预选，即由两党的选民通过秘密投票直接选出本州出席党的全国代表大会的代表。目前美国有30个州采用直接预选，但具体规则又可以分为两种基本方式：一是“关门预选”，要求选民必须进行政党登记，只允许本党的选民参加投票选举全国代表大会的代表；二是“开门预选”，允许选民按照自己的意愿在任何一个政党的预选中投票，但不得在一个以上的政党预选中投票。

竞选美国总统的候选人如要赢得本党提名，至少需要获得出席全国党代表大会半数以上代表的支持。出席党代会的代表有两种情况：一种是“承诺代表”（又称“宣誓代表”），另一种是“未承诺代表”（民主党称为“超级代表”）。前者由各州选举产生，必须对选民公开承诺将在全国代表大会上投票支持某一位竞选人；后者主要是本党内的知名人士，如党的全国委员会成员、参议员或州长等，他们不经选举产生，也无须承诺支持某位候选人。“承诺代表”通常占两党全国代表大会代表总人数的80%，由于他们已公开表明其选择意愿，所以在一般情况下，并不需要等到所有的州的预选结束，总统候选人提名竞选的结果就已经明朗，全国代表大会只不过是正式认可预选的结果。

两党的全国代表大会通过竞选纲领并经过投票产生总统候选人后，总统候选人要从本党的高级成员中挑选一位副总统候选人，经大会批准成为其竞选搭档。挑选副总统候选人时要考虑的因素主要是增进党内团结，最大限度地争取选票以赢得大选，因此需要注意各方面的平衡。除了党内派系的平衡，还要注意竞选搭档对不同地区、不同族裔、不同性别的选民的吸引力。

三、竞选

候选人获得提名后，紧接着就进入关键的竞选阶段。在西方国家选举制度中，公职候选人都要通过竞选方式产生，他们在各自政党的支持下，花费大量资金展开宣传，利用各种手段吸引选民，以期最终赢得选民投票。这里对竞选的竞选机构、竞选资金和竞选方式进行简单介绍。

1. 竞选机构

竞选活动除了候选人本身要全力以赴外，都离不开一个强有力的竞选机构协助其开展具体工作。竞选机构主要包括：(1) 由竞选咨询专家组成的竞选班子，他们主要负责筹资并保证筹资活动遵从相关法律、跟踪民意测验以了解候选人所获得的支持度、掌握选民关心的关键话题、策划宣传、处理与媒体的关系等。竞选咨询专家可以是雇佣的，不一定具备政党身份，甚至不一定认同候选人的政见。(2) 由候选人的亲信、学者和实业家组成的政策顾问班子，他们主要负责咨询和指导竞选过程中的政策立场，并在必要时加以调整。(3) 由志愿人员组成的秘书班子，这些志愿者可能来自不同的职业和社会阶层，因为赞成竞选者的政治观点并对竞选工作有兴趣，志愿利用业余时间来承担竞选机构的日常事务。(4) 由政党的各级骨干分子和志愿人员组成的竞选组织网。他们主要在全国各地承担诸如散发文件和传单，走访、接待选民，给选民打电话，组织地方支持者的政治集会等任务。

2. 竞选资金

竞选资金是指竞选者筹集的用于竞选开支的经费。竞选活动牵涉巨大的人力、物力，如果没有大量金钱作为后盾，候选人难以参与激烈的竞争角逐。有人认为，西方国家政治机器的运转靠的就是“两票”：一是选票，二是钞票，钞票在相当程度上左右着选票。因此筹措竞选资金就成为候选人及其支持者面临的重要任务。候选人的竞选资金主要来自以下几个方面：

(1) 个人捐款。

个人捐款尤其是巨额的私人捐款一直是西方国家竞选的主要资金来源，如 1968 年尼克松竞选总统时，美国芝加哥保险业大亨克莱门特·斯通就以个人名义提供了 100 万美元的资助。除了大宗捐款外，候选人对广泛的小额捐款也十分重视。2008 年美国总统大选中，民主党候选人奥巴马筹集到的 6.59 亿美元竞选资金中，单笔小于 200 美元的个人捐款总额高达 2.54 亿美元，其中大部分是通过社交网站募捐而来的。

(2) 社会团体的捐赠。

主要是来自大公司、工会及其他利益集团的捐款，如英国联合工会（Unite）在 2019 年大选中捐资 300 万英镑为工党助力。有的国家对社会团体的竞选捐赠加以控制，它们就通过迂回的方式为竞选者提供资金。如美国的政治行动委员会就是大公司和利益集团规避法律控制的一种方式，其以成员自愿的名义成立，捐赠的资金用以支持各政党和公职候选人，目前已成为美国公职候选人竞选的主要经费来源。捐赠也可以采取实物的形式，如为候选人提供在竞选期间所需要的机票、宾馆客房、计算机、广告宣传、演讲场地等。

(3) 政党募集。

竞选经费的另一重要来源就是依靠政党组织募集资金。1936 年，美国民主党人首创了筹款聚餐会，当时的“青年民主党人俱乐部”以参加者每人付 10 美元的方式进行募捐。这种方法不久就在全国推广开来，二战后十分盛行，如由著名人士和高级官员出面发起的非正式鸡尾酒会，往往能吸引很多人参加，有时每个参加者的付费高达 1 000 美元，从而可募集到数目可观的竞选经费。

（4）候选人本人及其家族资产。

除了上述募集竞选资金的途径外，有些财大气粗的候选人也会依靠自己或家族的资产参加竞选，如2016年和2020年参与美国总统竞选的特朗普，1994年、2001年、2008年三次出任意大利总理的贝卢斯科尼，就是亿万富翁凭借个人雄厚的竞选资金进军政坛的典型。

（5）政府资助。

西方一些国家为了控制私人资本对竞选的过分介入，一方面通过相关法律予以直接限制，另一方面也通过设立公共竞选基金来遏制大财团和利益集团的影响力。

3. 竞选方式

为在选举中获胜，竞选机构会挖空心思，采取各种方式对候选人的形象加以包装并推销给选民，候选人也要使尽浑身解数，向公众做出政治许诺，以获得选民信任。

（1）竞选旅行与演说。

在早期的竞选活动中，候选人主要采取竞选旅行和演说、举行记者招待会、会晤地方政客、访问居住区等方式吸引选民；作为传统的竞选手段，竞选旅行和演说等人际传播方式在今天依然是不可少的。而竞选工作人员则挨家挨户登门或打电话，询问选民是否已经登记投票，给他们提供选举信息资料，并在选举日提醒和敦促选民前往投票站投票。

（2）充分利用传统媒体进行宣传。

报纸、广播电台、电视等传统媒体是公众了解候选人及其政党的重要信息渠道，从而成为政党和候选人传播政见、树立形象、谋求支持的重要介质。1924年，美国人首次从广播电台里关注总统竞选；1952年，美国第一次通过电视报道美国总统大选；1960年，肯尼迪与尼克松举行了首次电视竞选辩论。媒体手段的每一次更新都会促使选举策略的改变，同时也导致竞选开支的急剧增长。

（3）网络竞选。

互联网的发展与普及再一次更新了竞选的宣传手段和筹资渠道，主要表现为竞选网站与社交媒体的广泛应用。20世纪90年代以来，各政党和候选人纷纷建立竞选网站，通过网络传播竞选信息、组织竞选活动，而所有的政治候选人都把互联网作为主要的竞选舞台。除竞选网站外，社交媒体如Twitter（推特）、Facebook（脸书）、YouTube（油管）等成为候选人与选民互动的有效平台。2012年，奥巴马团队首次大规模运用社交媒体平台对选民展开瞄准式动员并大获成功，此次选举也因此被描绘为“大数据选举”。在这之后，候选人开始利用技术团队采集选民数据，运用人工智能技术和统计模型对选民进行分类与模式识别，通过分析选民的人格特征、情感需求、政治态度等，用定制化的信息对选民展开精准动员，操控选民的情感反应，这种现象被人们称为“算法选举”。2016年美国总统大选中，特朗普团队雇用的第三方剑桥分析公司大规模收集选民个体数据，在社交媒体投放大量定制化的竞选广告以诱导选民的投票偏好，对大选结果产生了重要影响。

（4）民意调查。

运用各式各样的民意调查对大选的发展和最终结果做出预测，从而引导民意，影响选情，也是西方国家竞选中不可缺少的手段。在美国从事民意调查的机构除了大名鼎鼎的盖洛普之外，还有昆尼皮亚克大学投票研究所、哈里斯民调等数十家著名公司，它们通过科学的采样和数据分析方法，对选举进行基准调查、选前追踪，还要尽量排除各种采样误差，以保证预测的准确性。民意调查一方面在一定程度上能为候选人提供参考，以调整自己的竞选策略；另一方面，民意调查的结果也会对选民投票产生影响，成为选情变化的导向。

在西方国家，早期的竞选活动主要是由政党垄断，候选人的个人因素并不突出。但20世纪中期以来，职业性竞选人员和政治顾问的出现使候选人能够雇用政党以外的职业人员帮助自己竞选，并用钱购买到以往由政党所提供的竞选服务。随着科技的发展，候选人还可以利用现代传媒如互联网与选民展开直接对话，向选民宣传自己，于是候选人个人的政策主张、人格魅力在决定选民投票倾向方面显得更加重要。

四、选票计算

投票结束，就进入了根据选票计算方法确定选举结果的阶段。选票计算方法是选举制度中最复杂的内容，对选举进程和结果有重要影响，以至于有人认为"选举制度"一词在很多情况下就是指选票计算方法。在现代西方国家，选票计算方法从来就不是一种纯技术性的活动，它不仅决定整个选举的组织方式，而且对一国的政党制度有着深远影响，"选举制度即便不是政党体制的唯一决定因素，也是其重要的决定因素之一"[1]。根据从选票转换到议席的选举公式的不同，目前西方国家的选票计算方法主要有多数代表制、比例代表制和混合代表制。

1. 多数代表制

所谓多数代表制，是指在一个选区中获得多数选票的候选人或政党名单获胜。多数代表制可以在小选区中以候选人个人的形式采用，也可以以政党名单的形式在大选区中采用。在实际运用中，多数代表制又分为相对多数代表制和绝对多数代表制两种类型。

选票计算——多数代表制

（1）相对多数代表制。

相对多数代表制又称为简单多数制，即由获得一个选区内最多数选票的候选人或政党名单当选，因此也被称为"谁领先谁当选"。英国、加拿大的下议院议员选举，美国国会两院及总统选举人的选举，都是采用相对多数代表制。

相对多数代表制往往造成选举结果不能充分代表民意。某一候选人只要能超过同选区其他参选候选人的票数即可当选，无须超过半数，而落选者所得到的大量选票却被忽略不计，就可能出现这样的结果：从全国范围来看，获胜的政党所获得的选票未必超过全国选票的半数。如二战后英国历次大选，执政党获得的选票均未超过半数，1997年工党虽然获得议会下院418个席位，占总席位的63.4%，但却只得了全国43.2%的选票。此类情况意味着拥有多数议席的执政党，其执政资格并不是半数以上参选选民赋予的，更谈不上半数以上的全体选民了。更为严重的是，有时得票率较高的候选人或政党不一定能够取得较多的议席或当选，2016年美国总统大选，在全国范围内，共和党候选人特朗普获得的选民票比民主党候选人希拉里·克林顿少290万张，却当选为美国总统。再如，在英国

① 阿伦·利普哈特．民主的模式：36个国家的政府形式和政府绩效．陈崎，译．北京：北京大学出版社，2006：104.

1974 年 2 月的下院大选中，工党以 37.2%的得票率获得 301 个议席而成为执政党，保守党得票率为 37.8%，高出工党 0.6%，却只获得 297 个议席而沦为反对党。

法国学者莫里斯·迪韦尔热在其著作中指出，相对多数代表制有助于促成两党制，而两轮投票制和比例代表制有助于促成多党制，这一观点被学术界称为“迪韦尔热命题”[①]。在相对多数代表制下，获胜的个人或政党在任何一个选区都是“赢者通吃”，大党和小党所获席位与所得选票比例存在严重反差。以英国 1997 年大选为例，工党和自由民主党的得票率分别是 43.2%和 16.8%，但所获得的席位却分别是 418 席和 46 席，计算下来，自由民主党所获得的每一个议席，背后所代表的选民几乎为工党每一个议席的 10 倍。这种局面严重阻碍了小党的发展，英国两大党能长期垄断政权，与小选区和相对多数代表制有密切联系。

（2）绝对多数代表制。

绝对多数代表制是指候选人或政党必须获得全部选票的过半数才能当选。在这种规则之下，就很可能出现没有任何一方获胜当选的情况，这样就需要进行第二轮或者更多轮次的投票，直至产生获得过半数票的当选者为止。为了防止出现无休止投票的情况，许多国家都将投票轮次限定为二轮或三轮。法国现行总统选举制度采取的就是两轮多数投票制，即第一轮投票中如果没有候选人获得过半数选票，则由得票最多的前两名候选人进入第二轮投票，获得相对多数者即可当选。德国总统选举则采取三轮多数制，如两次投票无人获得过半数票，第三次投票得票最多者当选。

在多轮次的投票中，为了加快投票进程、降低投票成本，各国通常会采取一些方法加以限制，比较常见的方法就是淘汰制：一种是在第一轮投票中所获选票未能达到规定比例的竞选人或政党就不再参加第二轮投票，如法国国民议会选举中，只有在第一轮投票中获 12.5%以上选票的候选人才能进入第二轮投票。另一种是末位淘汰制，英国保守党的领袖选举即采取这种办法。按照选举规则，如果有多名候选人竞选，则先要经过保守党下院议员多轮投票，每轮投票淘汰得票最低的候选人，最后剩下两名候选人，再由保守党在全国的党员投票选出。

在实际的政治运作中，多数代表制的优点在于简单明了，容易被选民所理解；在小选区下有助于选民与候选人建立密切联系；在大选区下则可以增强政党凝聚力。但多数代表制的缺陷也非常明显：比例性非常低，不利于小党在议会中获得公平的代表；获胜者并没有获得选区内过半数选票支持的情况时有发生，合法性不足；常出现大量废票等。

2. 比例代表制

比例代表制是指根据各政党得票占选票总数的比例分配席位。比例代表制最早出现于 1855 年的丹麦议会选举中，后来在欧洲大陆广泛实行，具体又可分为名单比例代表制和单记名可转让投票制。

---

① Maurice Duverger. Duverger's law: forty years later//Bernard Grofman, Arend Lijphart, eds.. Electoral laws and their political consequences. New York: Agathon Press, 2003: 69 - 84. 他的早期研究参见：Maurice Duverger. Political parties: their organization and activity in the modern state. London: Methuen and Co. Ltd., 1978.

知识链接

2022 年法国总统选举结果

各党候选人（共 12 名）	所属政党	第一轮得票率	第二轮得票率
埃马纽埃尔·马克龙	前进党（中间派）	27.85%	58.54%
玛丽娜·勒庞	国民联盟（极右翼）	23.15%	41.46%
让-吕克·梅朗雄	不屈法兰西（左翼）	21.95%	
埃里克·泽穆尔	收复失地（极右翼）	7.07%	
瓦莱丽·佩克雷斯	共和党（右翼）	4.78%	
雅尼克·雅多	绿党（左翼）	4.63%	
让·拉萨勒	抵抗	3.13%	
法比安·鲁塞尔	共产党（左翼）	2.28%	
尼古拉·杜邦-艾尼昂	法国崛起（右翼）	2.06%	
安妮·伊达尔戈	社会党（左翼）	1.75%	
菲利普·普图	新反资本主义党（极左翼）	0.77%	
娜塔莉·阿尔托	法国工人斗争党（极左翼）	0.56%	

资料来源：法国宪法委员会官网（https：//www. resultats-elections. interieur. gouv. fr/presidentielle-2022/FE. html），2023-06-11.

名单比例代表制是指在大选区中，各参选政党在投票前分别提出一份本选区的候选人名单，选民投票时，只对政党投票，而不是对候选人个人投票。各政党无论大小，只要在某一选区所获得的选票达到规定比例，就能在该选区获得相应议席，然后将议席分配给本党候选人名单中的个人。目前，丹麦、挪威、瑞典、奥地利、意大利、瑞士、希腊等国家的议会选举中采用的就是名单比例代表制。

在单记名可转让投票制下，选民投票的对象是候选人个人，而不是政党提出的名单。其具体操作方法是：在一个选区内有多个应选名额，选民需对多个候选人进行排序；当某一候选人获得了当选所需要的最低当选商数之后，他不再需要的多余选票就会转移给排在其后的另一候选人；另外，得票最少的候选人将被淘汰，其获得的选票将按顺序转让给其他候选人；上述步骤反复进行，直到全部议席分配完毕。目前采用这一方法的有爱尔兰的议会选举、澳大利亚的参议院选举。

与多数代表制相比，比例代表制的优点是能直接地反映各政党在选民中所得到的支持；各政党只要能获得一定比例的选票就能获得一定数额的议席，从而为小党的生存和发展提供了空间。比例代表制的缺点主要表现为制度非常复杂，不容易被选民理解；在名单比例代表制下，不利于选民与当选人之间建立密切联系；在单记名可转让投票制下，同一政党的多个候选人之间存在一定程度的竞争，容易导致党内派系化；另外，在责任内阁制下，议会中很可能出现没有任何政党能单独占据过半数议席的格局，因此不得不由多党联合组阁。为防止政党林立造成政局不稳，实行比例代表制的国家一般都规定了进入议席分配的最低得票率（一般为总票数的2%～5%），如果达不到该比例，则无权参与议席分配。

3. 混合代表制

所谓混合代表制，就是在选举中将多数代表制与比例代表制两种方法相结合的计票制度，德国联邦议院、日本国会两院以及新西兰议会选举采用的就是混合代表制。

德国魏玛共和国时期曾经采取比例代表制，导致议会中政党林立，政府非常不稳定，从而使纳粹党有机可乘。二战后，联邦德国改革选举制度，把大选区比例代表制与小选区相对多数制结合起来。德国现行选举法规定，联邦议院的标准议席数为598席，其中299个议席由299个小选区按相对多数代表制选出，另外299个议席由16个州选区根据比例代表制选出。德国联邦议院选举的选票是根据混合代表制的需要设计的，一张选票分为左右两栏，左边一栏以黑色字体印有各政党在本选区的候选人姓名、职业、党籍等个人信息，由选民在候选人右侧的圆圈内画"×"，投出第一票；选票右边一栏以蓝色字体印出本州参选的各政党名称，并附有各政党提出的议员候选人名单，选民在这一栏的左侧画"×"，投出第二票。换言之，选民投票时要投出两票，第一票是选人，直接投给所在选区自己中意的候选人；第二票是选党，投给自己支持的政党。因此德国的选举制度又被称为"两票制"，第一票以小选区为单位，以相对多数直接选举产生一名联邦议院议员，第一票产生的299个议席，称为"直选议席"，又称"选区议席"；第二票以州作为一个大选区，按人口数将299个议席分配到各州，选民将选票投给在本州参选的政党，各政党按第二票的得票率分配议席后，再把赢得的议席分配给本党候选人名单上的候选人，这称为"名单议席"。在"两票制"下，选民也可以进行"分裂式投票"，即将第一票投给某个政党的候选人，而却将第二票投给另一个政党。

另外，根据德国选举法的"基本议席条款"和"5%条款"，只有获得至少3个"直选议席"或第二票得票率5%以上的政党才有资格参加第二票的议席分配，这一规定的目的是设立进入议会的门槛，避免政党林立，从而有利于政府和政治的稳定。

知识链接

德国2021年联邦议院选举结果和政党议席分配比例

政党	基民盟	基社盟	社民党	选择党	自民党	左翼党	绿党	SSW[a]	其他	合计
直选议席	98	45	121	16	—	3	16	—	—	299
名单议席	54	—	85	67	92	36	102	1	—	437
议席总数	152	45	206	83	92	39	118	1	—	736
第二票（%）	18.9	5.2	25.7	10.3	11.5	4.9	14.8	0.1	8.6	100
议席占比[b]（%）	20.65	6.11	27.99	11.28	12.5	5.3	16.03	0.14	0.00	100

a SSW（Südschleswigscher Wählerverband）南石勒苏益格选民协会，为石勒苏益格-荷尔斯泰因州丹麦少数民族组织，具有少数民族政党的法律地位，因此不受"5%条款"的限制。

b 根据最后议席分配结果计算。

资料来源：德国联邦议院官网（https：//www.bundeswahlleiter.de/bundestagswahlen/2021/gewaehlte.html），2023-06-05.

“两票制”对战后联邦德国重建稳定的民主体制发挥了重要作用，但两德统一之后，这种选举制度存在的弊病日益显现，其中最明显的就是“超额议席”带来的联邦议院规模膨胀和选举不公平现象。① 如果某个政党通过第一票获得的直选议席数超过了它在第二票中所占份额而应获得的议席数，就会得到所谓的“超额议席”。例如，某个政党在某一州的第一票选举中大胜，获得了37个直选议席，远超该党根据第二票所应得的27个议席，那么超出的10席就是“超额议席”。最初，超额议席多被大党获得，大党在议席分配上居于优势地位，引起了其他小党的强烈不满。为了消除各党之间的不平衡，德国宪法法院裁定，应“确保议席分配反映各个政党在全国的第二票份额”，其他政党也可以按第二票的得票比例获得“超额议席”。这就使得联邦议院议席总数不断增加，如2021年产生的第20届联邦议院，补偿议席多达138席，名单议席增加到437席，议席总数达到了736席。

二战后日本曾实行大选区制，后多次修改选举办法。1994年日本《公职选举法》规定国会众议院实行“小选区比例代表并列制”，众议院定员现为465席，首先按照全国划分的289个小选区，采用相对多数制产生289名议员，然后将全国划分为11个大选区，采取比例代表制产生其余的176名众议员。选民投票时也是采用“两票制”，一票投给小选区的某个候选人，一票投给大选区中的某个政党提出的候选人。在小选区的选举中，一个政党只有拥有5名国会议员且该党在最近一次选举中获得至少2%以上的全国选票，才有资格提出候选人；在大选区中，一个政党要想提出候选人名单，则该党名单上的候选人数需达到大选区应选名额的至少20%，或者该党具备在小选区提出候选人的资格。与众议员的选举相比，参议员的选举更为复杂。目前，日本参议院议席总数为248席，每3年改选半数议席。2022年的124个改选议席和新增议席中，50席采取比例代表制在全国范围内产生；另外74席则分配到以都、道、府、县为单位的47个选区，但因人口有多有少，这47个选区的参议院议席名额存在巨大差别，小的只有1席，称为“1人区”，大的则多达12席，不免令人眼花缭乱，有人将其戏称为“选举制度的百货公司”。

综上所述，不同的选票计算方法会使选举结果有很大出入，选票计算方法常常因国内政治力量的变化而改变。第二次世界大战后，法国右翼势力为排斥法国共产党和社会党，先后采用过比例代表制、一轮多数联盟制、两轮多数投票制。1981年社会党上台执政后，为保持本党在国民议会中的优势，在1985年的国民议会选举中以“省级一轮比例代表制”代替了两轮多数投票制。但1986年在国民议会选举中获胜的右翼多数派政府，借口要保持法兰西第五共和国选举法的传统和维持法国政党两极化的格局，再次恢复两轮多数投票制。这些现象生动地说明了资产阶级所选择的选票计算方法只是服务自身利益的一种手段罢了。

第五节　选举的管理和保障

为保证选举活动顺利进行，使选举结果能反映选民的真实意愿，就必须对选举过程的各个环节进行管理和监督，以保障选举活动不受干扰和破坏。在出现违法活动和争议时，

① 秦静．德国“超额议席”的形成及其宪法争讼．中山大学学报，2016（1）：136－145.

也需要有相应的法律手段来加以纠正和补救。经过长期发展，西方国家逐渐形成了一套对选举进行监督和管理、就选举诉讼进行仲裁的制度。

一、选举监督

选举监督是相关主体依法对选举参与者的行为是否公正合法而进行的审查活动。作为一种公开控制和纠错机制，选举监督贯穿选举活动的整个过程。

西方国家的选举监督制度始于19世纪后期。这一时期，随着各国选举权范围的扩大和政党政治的发展，选举在政治生活中发挥着越来越重要的作用。一些政党为赢得选举，开始运用徇私舞弊、金钱贿选等不正当手段进行竞争，结果导致腐败现象层出不穷，选举费用也不断攀升。在此背景下，各种政治力量为了维护自身权利，纷纷要求国家通过立法规范选举活动，从而为西方国家建立现代的选举监督制度提供了契机。1880年英国议会制定通过了《国会议员选举及舞弊治罪法》，1883年、1884年又分别通过《防止舞弊及非法选举治罪法》和《自治市选举舞弊及非法选举治罪法》，以立法形式对选举舞弊和非法行为进行监督和制裁。这些法律的实施使英国的选举活动在几年内就变得相对规范，竞选议员及其他公职的巨额支出明显下降。英国的经验被其他西方国家所借鉴，相继通过立法对选举活动进行监督。目前，选举监督已渗透到各国公职选举过程中，成为保证选举活动正常进行、不同立场的选民与候选人互相监督的重要手段。

1. 选举监督的主体

选举监督的主体通常包括选举组织机构、专门的选举监督机构、选民和社会组织、大众传媒等。

选举组织机构一般都是独立于政府行政权力之外的中立机构，许多国家以法律规定选举委员会作为选举监督的主要机构。如根据英国《2000年政党、选举及全民投票法案》的规定，选举委员会是直接对英国议会负责，而不对任何政府部门负责的独立机构。选举委员会负责各选区候选人的登记、全民投票和选举区域划定等有关选举的重大事宜，同时履行选举监督职能，它对选区的划分以及选民登记等事项的决议，一般都会得到英国各政党的认可。在法国，宪法将监督选举的权力赋予了宪法委员会。宪法委员会是法国的宪法审查机关（参见第七章），根据法兰西第五共和国宪法的规定，宪法委员会监督总统选举的合法性，裁决选举诉讼，公布选举结果。其具体的监督工作包括但不限于对总统候选人的资格和品行进行审查、对各投票站进行巡视、公布投票结果、接受总统候选人的财产状况申报并公布当选人的财产状况等。宪法委员会还有权就法国议会两院议员的选举争议做出裁决，监督公民投票的合法性，宣布公民投票的结果。

除上述专门机构外，政党、选民、社会组织以及大众传媒也可构成选举监督的主体。如英国法律规定任何社会组织（包括政党和利益团体等）和公民只要发现了选举过程中的问题，都可以向有关机关提出异议，包括对选举委员会自身行为和选举结果的异议。而大众传媒对选举违法活动的报道与揭露，也能在一定程度上保证选举活动的公正顺利。

2. 选举监督的内容

（1）对竞选行为的监督。

民主选举的本意是候选人通过积极的竞选纲领展示各自的政策意图，那些能够吸引最大多数选民的政策将在竞选中胜出。但在现实中，竞选者为了选举获胜，经常会采取一些不正当的手段，如攻击和诋毁其他候选人、贿赂选民或引诱选民的投票行为。这些行为不仅会导致选举结果的不公正，而且会导致选举秩序的混乱。如在美国，攻击竞选对手人身、政治立场或其所属政党的负面竞选活动（又称“抹黑广告”）愈演愈烈，已成为美国选举中的一个痼疾。在这种背景下，对候选人的竞争行为给予适当的限制和规范，就成为保证选举活动正常进行的关键。如许多州都规定禁止候选人错误或恶意指控竞争对手，州选举委员会可以对违规者举行快速听证会并予以一定金额的处罚。另外，为了解决选举中暴露出的算法选举、网络政治广告不透明的问题，许多议员呼吁制定相关法律，公开披露互联网和社交媒体竞选广告的付费方以及广告是如何定位的，旨在加强网上政治广告的透明度。

（2）对选民行为和选举工作人员行为的监督。

前者主要内容包括：选民有无收受贿赂；有无重复投票或冒名顶替投票；投票行为是否规范以及选民是否符合资格条件等。选举工作人员担负着选举管理与执行的任务，其行为极易对选举活动产生直接影响，因此对他们的监督范围非常广，如有无诱导选民的投票意向；投票开始与结束的时间、投票站的设置、选票的印刷与运送、选票的开箱统计等有无违法现象；有无破坏秘密投票规则；有无在计票时作弊；等等。由于西方许多国家选举委员会负责主持选举工作，因此还涉及对选举委员会的组成及活动是否存在违法问题的监督。

二、竞选资金的控制

在当代西方国家，竞选资金逐年上升，这是一个尽人皆知的事实。周游各地进行造势演讲、高薪聘请智囊团、制作广告并买下电视时段、印刷宣传品、投寄邮件、打电话，都需要花费大量金钱，因而备受非议。面对公众的压力，西方各国纷纷通过相关法律对竞选资金进行规范，以保证选举活动尽可能地实现应有的公正。但在选举监督实践中，如何遏制金钱对选举的影响和操纵一直是个敏感且棘手的问题。目前对竞选资金的控制大致有以下四种做法。

1. 规范竞选资金来源和确定捐款限额

西方各国一般鼓励竞选经费的多元化，鼓励小额捐款，立法规定候选人接受捐款的限额或禁止其接受公司、团体的捐款，以避免候选人被财大气粗的公司或利益集团控制。如法国的《政治生活资金透明法》明确禁止法人向候选人捐赠，而选民个人每年对政党的捐款不得超过 6 500 欧元，对每位候选人在每次选举中的捐款不得超过 4 000 欧元。德国 2002 年修改的《政党法》规定，任何政党今后只允许收受总额不超过 100 欧元的现金捐款，凡是收到总额超过 5 万欧元捐款的政党，必须立即向联邦议院议长报告，并将有关情况予以公布。日本的《政治资金规正法》及其后的一系列修正案也全面禁止企业、行业团体向政治家个人的资金管理团体提供捐款，对于政党所属政治资金团体的政治捐款，原则上要经由银行汇入或汇出。

在美国的选举活动中，竞选资金有“硬钱”和“软钱”之分。“硬钱”是指受联邦选举法约束的款项，其来源与用途都比较透明，主要包括联邦政府的公共竞选资金、个体选民的捐款、政治行动委员会（由公司、工会或其他民间组织设立）的捐款以及各政党对其候选人的资助。“软钱”是指个人、团体和企业向州或地方一级的政党委员会提供的任意数额的捐款，该捐款并不指名用来直接资助某一候选人，而是声称将用于政党的日常通信联络、选民动员与登记、集会等党建活动。“软钱”只受州法律调控，不存在最高限额，因此又被称为“不受管理的钱”或“非联邦的钱”。在实践中，“软钱”常常被暗地转移到政党委员会用于选举的联邦账户中，或被用来刊发政治广告、组织选民以间接影响选举活动。

20 世纪 70 年代以来，这种不透明的“软钱”在竞选资金中的相对比例大幅度提高，成为竞选中重要而又不受监督的一个因素。2002 年，美国安然公司破产后，人们赫然发现该公司长期通过“软钱”影响国家能源政策。此事曝光引起了舆论震动，引发了《两党竞选改革法》（又称《麦凯恩-法因戈尔德法案》）的出台。该法对选举活动中的“硬钱”和“软钱”进行了重点规范。在“硬钱”方面，代表利益集团、企业特定利益的政治行动委员会向候选人捐款数额不得超过 5 000 美元；提名预选和正式选举分别作为一次选举，每个选民在每次选举中向每位候选人捐款的最高限额不得超过 2 000 美元；每个人向政党和候选人在两年选举周期中捐款总额不得超过 9.5 万美元；法律禁止外国公民和组织向候选人捐款；禁止企业和工会捐款。在“软钱”方面，禁止各政党的全国政党委员会募集任何“软钱”；要求州政党委员会在影响联邦选举的活动中必须使用“硬钱”；禁止联邦官员与候选人募集或花销任何“软钱”；州或地方政党在两年的选举周期里用来从事选民登记等活动的“软钱”不得超过 1 万美元。美国对“硬钱”和“软钱”控制的出发点是：用众多的个人捐款来替代少数公司集团的大额捐款，可以促使政党寻求更多的民众支持。竞选资金的来源分散了，金钱对政治的影响也就相对分散了。如 2016 年希拉里的联合筹资委员会（Hillary victory fund）共筹集资金约 5.3 亿美元，其中有 5.2 亿美元来自个人政治捐款。尽管这一法案对竞选资金的控制取得了一定效果，却并没有遏制住竞选费用的继续攀升，这“意味着在任者必须花费更多的时间去筹集资金”，而“挑战者逐渐局限于那些自己拥有财富或愿意花一年多甚至更多时间从利益集团和个人那里筹集资金的人”。① 然而，美国最高法院 2010 年 1 月在“公民联盟诉联邦选举委员会”一案中做出裁决，认为《两党竞选改革法》违反了宪法第一修正案，即联邦不得通过法律限制言论自由。政治捐助是言论自由的一种表达方式，它不仅涉及个人捐款，也包括所有企业和利益团体。裁决认为通过资助来播放批评其他候选人的竞选广告是合法的，但仍旧限制企业或组织对于候选人的直接金钱资助。这意味着企业和团体只要不把钱直接给候选人，就可以无上限地把资金用于各项支持候选人的活动上。这直接导致了旨在为竞选融资的“超级政治行动委员会”（super PACs）的应运而生。“超级政治行动委员会”可以无限额地接受捐款，无限额地为特定竞选人助选，只要这些资金的开支用途不是由政治候选人和他的团队掌控、协调就可以了，从而使得《两党竞选改革法》的作用大打折扣。

2. 公布竞选费用

通常在选举前，参加竞选的个人或政党应向相关机构提交一份财务报告，内容包括收

① 戴维·B马格莱比，保罗·C莱特．民治政府：美国政府与政治．吴爱明，等编译．北京：中国人民大学出版社，2014：168.

人总数，捐款者姓名、地址和捐款数额，支出总额、时间、用途及对象。在这方面，法国的《政治生活资金透明法》规定相对比较严格：凡是参加法国议会选举的候选人，必须设立专门的竞选资金账户，详细记录收入和支出情况。无论最后是否当选，此账户都要在竞选结束后的 2 个月内上交给素有“财务宪兵”之称的国家政治资金和竞选账目委员会，由其在 1 年内对竞选经费是否超过最高限额进行调查取证，一旦发现竞选资金过于庞大，便可由宪法委员会宣布该候选人无被选资格。为规范竞选资金的使用，西方各国法律还对资金的使用方式进行了规范。如英国禁止某些形式的竞选开销，如宴请选民、雇用拉票人等。

3. 规定竞选资金的最高额度

西方国家大多规定了竞选资金的最高限额，符合限额者一般会给予相应的政府资助，超过限额则会受到一定的处罚。如法国的《政治生活资金透明法》规定，法国所有选举活动都要符合竞选资金最高限额的规定。候选人在竞选中必须出示一张资金收支表，表内的资金数要低于最高限定数额，且要注明资金的相应来源，以检验该候选人的钱财是否来自合法渠道。如果竞选资金数超出限定数额或未遵守有关规定，那么候选人便很有可能受到“无被选资格”的惩罚。如 2002 年法国总统大选中，希拉克和若斯潘的竞选费用在第一轮中被规定为不得超过 1 480 万欧元，第二轮则不得超过 1 970 万欧元；随后进行的法国立法选举中，每位候选人的竞选费用最高限额为 3.8 万欧元。

4. 实行政府资助制度

目前，西方大部分国家都实行竞选资金的政府资助制度，其目的是减少和削弱大垄断财团对竞选活动的影响。在美国，缅因、马萨诸塞、佛蒙特等州实施全额竞选资助，即州选举中的候选人如果承诺不接受捐款，作为交换条件，州政府从公共基金中支付几乎全部竞选经费。法国总统大选中，如果候选人在第一轮选举中获得了超过 5%的选票，公布了个人财产状况且竞选资金报告没有被否决，则政府可以为其报销一部分竞选经费，最高为选举花费的 50%。政府资助经费的使用有严格的规定和报销制度，法国设有专门机构——国家政治资金和竞选账目委员会负责核查总统候选人的竞选报销情况。2023 年 1 月，该委员会指出在 12 名候选人中只有 1 人的“选举账目完全清白”，其他 11 位候选人所提交的报销款项中有与竞选无关的“吃喝玩乐”项目或“不合理”的宣传开支，其中就包括马克龙支付给御用摄影师的一笔 3 万欧元的费用。

上述法律规定不可能完全消除竞选资金方面的非法活动，但使违规者面临一旦被揭露就受到法律制裁和舆论谴责的威胁，所以在一定程度上遏制了金钱在选举中的影响。如 2012 年，萨科齐在法国总统竞选活动中花费约 4 280 万欧元，而当年的竞选资金上限为 2 250 万欧元，这导致萨科齐在 2021 年被指控竞选资金严重超标，并最终因犯有“腐败”和“以权谋私”罪而被判刑。

三、选举诉讼

为保证选举的公正性与合法性，对于选举过程中出现的不正当选举或破坏选举的情况，选民或相关候选人有权以选举不公正或选举违法等理由提出异议。建立选举诉讼制度，使选举纠纷得到及时、有效和合法的解决，关系到公民选举权的实现以及整个选举的公正性与合法性。

1. 选举诉讼的含义

选举诉讼是解决选举纠纷的法律方式的总称，选举纠纷是选举诉讼存在的前提。选举诉讼与选举监督密切联系而又有所不同：一方面，选举监督与选举诉讼前后连贯，选举纠纷一般先经选举监督机关加以解决，解决无效时则可以提起选举诉讼。另一方面，选举诉讼与选举监督之间有着明显的区别：就效力而言，选举诉讼所具有的强制力高于选举监督；从形式而言，选举监督侧重事前及事中的制止及纠正，是一种主动审查，而选举诉讼则坚持“不告不理”的司法准则，非依法律规定的有关人员或组织提起诉讼，主管机关不得受理，其对选举中违法行为的纠正及制裁，是被动与事后的。

2. 选举诉讼的分类

选举是一个完整的过程，包括选民资格认定、候选人提名、选民登记、选民投票、选票计算以及选举结果的确认等阶段，在各个阶段的选举诉讼大致可分为以下三种情况：

（1）选民资格诉讼。

选民只有经过登记列入选民名册后，其选举资格才获得法律上的确认，更为重要的是，只有列入选民名册的选民才有资格被提名为候选人。因这方面的争议而引起的诉讼，主要与选举资格的限制条件有关，如是否符合法定年龄、达到居住时间要求、存在丧失资格的重大法律问题等。对选举人资格的争议还涉及提名程序是否合法、是否已交纳保证金等。

（2）选举效力诉讼。

选举效力诉讼是由于在选举手续上出现差错或违法行为，因而对选举的部分效力乃至全部效力产生争议而引发的诉讼，它通常是针对选举主持机关的工作提起诉讼，又称对事之诉讼。选举效力诉讼一是由非法剥夺或赋予选举权而引起；二是由选举管理方面的违法行为而引起，包括但不限于选举日期的安排、投票场所与票箱的布置、开票人与监票人的选择、选举票箱管理等是否符合法律的规定。此外，选区划分、应选议员名额的分配、竞选的组织、竞选的经费和行为、选举监督等也会引起选举有效性的诉讼。例如，2020 年美国总统大选中，民主党候选人拜登在佐治亚州、密歇根州、宾夕法尼亚州和威斯康星州击败了特朗普，但优势微弱。得克萨斯州的总检察长、共和党人帕克斯顿向联邦最高法院提起诉讼，要求最高法院裁定拜登在这四个摇摆州的胜选无效。其理由是这四个州政府通过法院和行政命令改变投票规则，允许大规模邮寄选票，违反了宪法有关选举人选举的条款。帕克斯顿同时还指控这四个州各县的投票规则及程序有所差别，是在滥用美国宪法中的“平等保护条款”，给“违规投票行为”创造了条件。

（3）当选诉讼。

当选诉讼是以选举过程有效作为前提，对候选人当选的有效性提起的诉讼，又可称为当选效力诉讼。当选诉讼的原告只能是未当选的候选人，选民不能成为原告，而被告通常是当选人和各种选举管理委员会及其负责人，所以当选诉讼又被称为对人之诉讼。引起当选诉讼的情况有如下几种：一是对决定当选的机构存在争议。各国通常由选举管理机构宣布当选名单，若对该机构的产生、构成、任期或决定程序产生争议，则其当选名单的宣布也自然会引起法律有效性的诉讼。二是对选票计算有争议。对选票的有效性的争议将会影响相关候选人得票数的增加或减少，导致当选或落选。如美国 2000 年总统大选中，戈尔以 537 票的劣势输掉了佛罗里达州，后期戈尔就选票的有效性及计算问题提起了诉讼，要求重新计票，但联邦最高法院裁定停止重新计票，从而使小布什顺利当选总统。三是当选人的资格认定遭到质疑。如某人被确定当选人后，发现其不具备候选人资格，或在选举日期后，候选人依法丧失选举权却成了当选人。在这两种情况下，当选资格相应消失，认定其当选则属于违法。四是选举管理机关的负责人受到违法指控，也会引发对当选人当选效力的指控。

以上各类选举诉讼是根据选举过程进行划分的，但因各国法律体系及具体制度的不同，各国对选举诉讼的分类并不局限于上述方式。如英国分为选举事务案件的裁判及选举诉讼案件的裁判；美国则分为一般选举纠纷、议员选举纠纷及总统选举纠纷三种；法国分为地方选举诉讼案和国会选举诉讼案两种。

3. 选举诉讼的管辖机关

由于各国对选举诉讼的性质在认识上有差异，所以各国确定的裁决选举诉讼的机关也不相同。具体来说，裁决选举诉讼的机关有如下几种类型：

（1）代议机关。

选举诉讼研究中的政治主义理论认为，选举权和被选举权都是公民政治上的基本权利，选举的过程也就是公民行使政治权利的过程，若在选举过程中发生纠纷，应当由国家的政治机关在选举诉讼中承担审判职能。基于这一理论，荷兰、丹麦、卢森堡等国家将选举诉讼的管辖权交由代议机关行使。如荷兰宪法规定，议会两院应审查其新当选议员的证书，并依照议会法令所定之规则，对证书或选举所产生的争议事项做出裁决。丹麦和冰岛两国宪法规定基本相同：议员当选是否合法、议员是否丧失资格，由议会自行裁决。在政党政治十分发达的今天，代议机关通常都由一个多数党或政党联盟控制，由其对议员资格进行审定容易出现偏袒多数党或政党联盟的情况，存在比较明显的缺陷。

（2）普通法院。

选举诉讼研究中的法律主义理论认为，选举是一项依法进行的活动，选举的合法性诉讼应由司法机关处理。目前，英国、美国、日本以及受英国法律制度影响的英联邦国家，都由普通法院按一般司法程序来审理选举诉讼。在英国，如对候选人的资格产生争议，首先应当向选举官员提出，对选举官员的裁定不服者则向法院提起诉讼。美国也是由普通法院管辖选举诉讼的典型国家，如 2000 年美国总统大选中，围绕选举中的蝶式选票设计、海外选票申请手续、是否重新计票等问题，佛罗里达州的县法院、巡回法院、州最高法院先后做出了裁决，而且最后一直上诉到了联邦最高法院。

（3）宪法法院。

西方有些国家设有行使违宪审查权的专门法院，如德国、意大利、西班牙、奥地利的宪法法院及法国的宪法委员会，选举诉讼则由这些法院管辖。法国宪法第 58 条规定："宪法委员会监督共和国总统选举的合法性。宪法委员会审查申诉，并且公布投票的结果。"第 59 条规定："在发生争议的情况下，宪法委员会就国民议会议员和参议员选举的合法性做出裁决。"由上述规定可以看出，宪法委员会在全国性的选举中享有裁决当选效力的权力。德国联邦宪法法院法第 13 条规定，宪法法院享有"关于对联邦议院就选举的效力或就丧失联邦议院议员资格的决议所提起的诉愿案”的管辖权；同时在第 48 条规定，该法院主要审查选举的程序、议员席位分配的合法性、选举实质的正确性和选举形式的合法性等问题。

（4）选举法院或选举检查委员会等专设机关。

即依照宪法和法律负责选举诉讼的专门机构，在各国有选举法庭、选举法院以及选举检查委员会等不同的称呼。如瑞典，作为宪法性文件的《政府组织法》第三章第 12 条规定：“对议会选举的申诉由议会任命的选举检查委员会受理”，“选举检查委员会由一名主席和六名委员组成”。主席不得为议员，并应为现任或曾任法官。“对选举检查委员会的裁决不得上诉。”①

在线自测

扫一扫　练一练

① 《世界各国宪法》编辑委员会．世界各国宪法：欧洲卷．北京：中国检察出版社，2012：530.

第四章　西方国家的政党与利益集团

政党及政党制度是现代国家政治生活中的一种普遍现象。现代意义上的政党最早是在欧美资本主义国家产生的，是近代资本主义社会的产物。它经历了一个长期的演进过程，伴随着议会制度和选举制度的发展而逐步完善，并成为西方国家的整个政治制度和国家机器正常运转的重要保证。西方国家通过政党制度保证了多元参与和政治稳定，使得不同群体的利益诉求得以在政治上得到表达，并通过选举等途径来实现国家权力的合法更替和政策的改变。利益集团是西方现代政治生活中非常重要的社会政治组织，它对立法和政府决策产生重要影响，也冲击和补充了西方代议制度和政党政治。

第一节　现代政党的产生与发展

一、政党的概念及基本特征

1. 政党的概念

在西方，政党一词，英语为“party”，法语为“parti”，德语为“partei”，西班牙语为“partido”，而它们的词根都是拉丁文“pars”，意思是一部分，另外还有同伴、部队、集合、聚会等意思。从词源上分析，政党的原意是社会的一部分，后来逐渐转意为社会的政治组织。到 17—18 世纪，西方各国开始使用政党这个词，用以指社会上一部分政治观点和利益相同的人所组成的政治集团。这一时期的政党与派别的意思非常相近，经常混用。英国政治家博林布鲁克曾试图对“宗派”和“政党”进行区分，认为“宗派”是罪恶和分裂之源，而“政党”则没有私念、一心为公。随后，英国政治思想家埃德蒙·伯克提出，“政党是人们联合组织的团体，旨在根据某种每个成员都同意的特定的原则，通过共同努力促进国家利益”[①]。这是思想史上第一次对政党进行界定。到了 19 世纪，人们已经把政党和派别完全区别开来了，此后派别专指一个政党内的不同派别。

关于政党是什么，西方学者从各种不同的角度对它下了定义，有代表性的主要有以下几种：

(1) 政党是为选举而建立的政治组织。政党是为争取选民投票支持它所提名的候选人而高度组织起来的统一的团体，这种观点把政党看成了选举的工具。(2) 政党是有明确的纲领和一定政治目标的，在观点上和行动上或多或少统一起来的政治组织。这种组

① 陈志瑞，石斌．埃德蒙·伯克读本．北京：中央编译出版社，2006：73.

织的目的是根据政治纲领来实现政治目标。(3) 政党是一种政治组织，人们通过这种组织提出候选人担当公职人员，以达到控制政府机构的目的。也就是把政党看作为取得权力和控制政府而建立的政治组织。这些观点都从不同的方面指出了政党的某种特征，但它们都只是政党和政党政治的形式的、表面形态的特征，没有触及政党的本质。

马克思主义认为，政党是一定阶级、阶层或集团的活动分子，基于共同的意志，为了共同的利益，采取共同的行动，以期取得或维持政权，或影响国家机器的运作而建立起来的政治组织。列宁指出："在现代的文明国家内，阶级是由政党来领导的；政党通常是由最有威信、最有影响、最有经验、被选出担任最重要职务而称为领袖的人们所组成的比较稳定的集团来主持的。"①

2. 政党的基本特征

政党作为一定的阶级进行政治斗争的工具，既区别于国家组织，也不同于其他政治性的社会团体，它具有自己的特征，而正是这些特征构成了政党的基本要素，决定了政党的基本属性。政党的基本特征有：

(1) 政党具有鲜明的阶级性。

政党是由一定阶级、阶层和社会集团中最积极、最活跃的分子组成的，是阶级的核心、精华。政党是阶级的组织，是阶级斗争的产物。政党的阶级性很复杂，有的代表一个阶级，有的代表一个阶层，有的则代表几个阶层的联合。政党肩负着维护本阶级的利益，团结、组织和率领本阶级群众以及同盟者进行共同斗争的重任。所以，列宁说"各阶级政治斗争的最完整、最完全和最明显的表现就是各政党的斗争"②。

(2) 政党拥有明确的政治纲领。

政党的政治纲领是根据其所代表阶级、阶层的利益而制定的奋斗目标和行动路线，这是由政党所代表的阶级、阶层、集团的特点和历史使命所决定的，它集中体现了该阶级或阶层的利益和需要。政治纲领通常规定了政党的政治目标、任务和政策，也反映了政党的政治要求和战略策略。不同政党的政治纲领的表现形式是多种多样的。从内容上看，政治纲领有的是反映长远的、系统的、带根本性要求的纲领，有的是反映局部的、短期的或政策性要求的纲领，有的是二者兼而有之，这些政治纲领都是反映各政党关于社会和政治制度方面的观点和主张。从形式上看，政治纲领可以是成文的、正式的，例如许多欧洲国家的社会党和基督教民主党的党章党纲；也可以是不成文的，可以包含在党的竞选纲领或政策声明中，也可以包含在其政党领导人的声明、报告或演说之中，例如，美国的共和党和民主党只是在每次大选中，由党的全国代表大会依据现实的和竞选的需要制订和发布一个竞选纲领，人们通常认为，该党的竞选纲领就是该党的党纲。在选举政治中，政党为了适应社会需要和选民心理，会不断修改自己的党纲。有的政党为了获取选民的好感，甚至故意掩盖自己的政治纲领，或者没有自己的党纲，或者只是为了实现现实的政治目标而提出某种政策主张和策略。

(3) 政党都有明确的政治目标。

政党的政治目标就是夺取或维持政权，以实现自己的纲领，为本阶级或阶层的利益服

① 列宁．列宁全集：第39卷．2版．北京：人民出版社，1986：21.

② 列宁．列宁全集：第12卷．2版．北京：人民出版社，1987：127.

务。政党围绕着夺取和维持政权这个目标，在国家政治中进行有组织的活动，发挥着它的组织功能。这正是政党区别于社会政治组织和其他政治团体的最重要的特征。在西方的选举政治和议会政治中，政党的政治目标就具体表现为政党如何在选举中获胜，如何实现控制议会的多数，如何实现控制政府并争取连续执政等方面。

（4）政党有相应的组织系统和领导机构。

要发挥政党的作用，就必须建立自己的组织系统和领导机构，以此将全党的力量集中起来共同行动，实现政党的奋斗目标。不论是地域性的政党还是全国性的政党，它们一般都设有比较完备的、固定的组织系统和领导机构。其中全国性的统一政党一般会在中央或联邦设有全国代表大会、中央执行委员会或中央委员会、主席、主席团等领导机构。在议会中还有议会党团，在地方和选区也建立了本党的各层组织。健全的组织系统和领导机构，是适应现代政党活动目的和活动规律的需要而建立起来的，现代政党依靠自己组织上的优势，发挥了重要的政治作用。

（5）政党有一定的纪律约束。

现代政党都有一套成文的或不成文的党内纪律，以约束和控制党内成员的行为。“就是西方国家，主要政党在政治方面也是有严格约束的，政党的重要成员必须拥护本党的政治主张、政策主张，包括本党的意识形态。”① 不同的政党，由于所处的社会和历史环境不同，组织纪律的严格程度和性质有很大的差异，并且内容和形式也不相同。党纪一般是用来统一全党的力量和行动，比如在竞选中投本党候选人的票或在议会中投票赞成本党的主张。如果政党的成员没有赞成政党的主张，党纪比较严格的政党会给予严格的党纪处分，严重的甚至会开除党籍，而党纪比较松懈的政党则可能比较宽松，甚至不会采取任何惩处措施。

二、现代政党的起源

现代政党产生的历史条件

政党是一个历史范畴，它不是从来就有的，而是阶级和阶级斗争发展到一定历史阶段的产物。政党是阶级斗争的工具，但政党并不是与阶级和阶级斗争同时产生的。从历史上看，政党并非自古有之，并不是随着社会分裂为阶级和国家的产生就产生的。在人类社会进入阶级社会以后，很长的时间里是没有政党的，而是到了近代资本主义大工业兴起以后才产生了政党。正如恩格斯指出的，大工业的发展至少“在现代世界中是一个决定性的历史力量；这些经济事实形成了产生现代阶级对立的基础；这些阶级对立，在它们因大工业而得到充分发展的国家里，因而特别是在英国，又是政党形成的基础，党派斗争的基础，因而也是全部政治史的基础”②。

不过，早在古希腊、古罗马时期，就出现了类似政党的不同政治派别。公元前 5 世纪，雅典城邦国家内部出现过贵族派和民主派，两派为了争夺政治权力而展开斗争；古罗马时期也出现过贵族党和平民党的权力之争。15 世纪，意大利也出现过教皇派和皇帝党

① 习近平．十八大以来重要文献选编：上册．北京：中央文献出版社，2014：133.

② 马克思，恩格斯．马克思恩格斯选集：第 4 卷．3 版．北京：人民出版社，2012：202.

之争。从古希腊、古罗马到中世纪欧洲出现的这些政治集团，虽然有时也被人们称为“××党”，但实际上都只是由于政治利益和政治意见不同而形成的政治派别，主要存在于官僚体系内部或社会上的知识分子中间，是由于利益或观点分歧而集结起来的。它们只是具备了类似于政党的部分特征，与现代政党存在着明显的区别，都不是现代意义上的政党。而古代的奴隶社会、封建社会建立在封闭、落后的自然经济基础上，这就决定了其在政治上是专制统治，国家的一切政治事务全由君主个人独断，人民缺乏言论、集会、结社等自由权利，根本不可能出现有纲领、有组织和有纪律的政党。

现代意义的政党是在资本主义反对封建主义的斗争中逐渐萌芽、产生的，是近代资产阶级革命的产物。人类社会进入资本主义社会，才具备了产生政党的条件。政党是近代西方国家的经济、政治和思想发展到一定阶段的结果。具体说来，影响政党产生的因素主要有以下几个方面：

第一，就经济因素而言，政党是西方国家从自给自足的农业经济发展到工业经济的产物。进入近代社会以后，西方国家的新兴资产阶级力图以资本主义经济取代封闭的封建经济，实现经济的自由发展。这种新型的以“自由平等”为特征的经济模式不仅要求资产阶级有购买劳动力的自由，有平等地进行贸易、实行等价交换的自由，而且也在政治上要求新兴的资产阶级能够平等地参与国家管理，以维护自身的经济利益。这种由经济自由延伸出来的对平等政治权利的渴求使新兴资产阶级逐渐结成政治团体，并最终演化为具有明确政治纲领的政党。同时，由于自由经济崇尚竞争，新兴的资产阶级内部出现了各种各样追求不同经济利益的社会集团。它们也同样试图通过集团性的政治活动达到控制或参与国家管理的目的，以确保本集团的经济利益，这也进一步使政党的出现成为可能。

第二，就政治因素而言，政党是西方国家代议民主制发展的结果。进入近代社会后，欧美国家先后爆发了资产阶级革命。革命的最直接的政治成果是结束了封建专制统治，建立起了不同形式的资产阶级民主制度，其中，议会制度就是这种民主制度的支柱。在议会中，为了获取议席上的优势，使自己的政治见解能够为议会内的多数代表所接受，代表不同阶级、阶层和利益集团的议员们分别结成政治派别，试图利用团体的力量实现自己的政治和经济目的，这就使政党的形成具有了坚实的政治基础。同时，议会选举制度的改革和拥有选举权人口比例的扩大，也刺激了各种选举组织的出现，社会上的各种利益集团通过这些选举组织策划和组织竞选，把自己的代表选进议会，达到控制或参与国家政权的目的。当具有共同政治理念和经济目标的地方选举组织联合成全国性的组织时，现代政党也就成型了。

第三，就思想因素而言，政党是西方国家民主政治思想发展的现实体现。自中世纪文艺复兴以后，欧美国家逐渐从长期占据统治地位的君权神授和封建等级思想中解放出来，强调人本主义，呼吁重视人自身的价值。从 17 世纪开始，欧洲各国又发生了大规模的启蒙运动，洛克、卢梭、密尔和孟德斯鸠等启蒙思想家宣扬天赋人权、社会契约、自由和人民主权等思想，认为参与国家政权的管理是一项不可剥夺的天赋权利，任何人在行使这一权利时都是平等的。近代资产阶级革命后，上述的启蒙思想逐渐成为西欧各国的主流思想观念，并远播美洲等地。当欧美国家的人们将这种理性思维转化为政治行动的时候，唯一的出路就是组建强有力的政党，将具有相同政治理想的人们聚合为一个整体，利用团体的力量参与选举和议席分配，从而在国家政策的制定中维护自己的政治和经济利益。由此可见，近代以来在西方国家传播的民主政治思想是政党产生的最直接影响因素之一。

政党最早出现在英国，而它的起源可以追溯到 17 世纪，当时英格兰的国会议员们形成了不同的派别，以影响政策和立法过程。19 世纪初，这些派别逐渐发展为政党，并开始在英国政治中发挥着重要作用。从 18 世纪末到 20 世纪初，在美国和西欧各国也相继发生了从政治派别到政党的发展和成长过程。

三、现代西方国家政党的分类

当今世界上的政党数不胜数，政党的类型林林总总，它们存在于 200 多个国家和地区。在西方国家，由于不同政党的成立背景、社会基础、政治地位和作用都各不相同，要研究这些政党，就需要对它们进行分类。分类必须依据一定的标准。这里，根据不同的分类标准对西方各国的政党做如下分析：

一是以政党的阶级属性和阶级基础为标准，政党可以分为资产阶级政党和无产阶级政党。政党是代表一定阶级、阶层或集团利益的政治组织，是阶级斗争的工具。列宁说："阶级划分是政治派别划分的最根本的基础，它归根到底总是决定着政治派别的划分的。"[①] 这一划分是以政党的本质属性作为标准的，因此也是政党划分的首要标准。

二是根据政党与现行国家体制的关系及其在体制中的作用，可以把政党分为体制内政党和体制外政党。体制内政党是指那些基本上接受和赞同现行国家体制，在国家的政治生活中起着主导作用或具有重要影响的政党。在政党竞争中，这些政党能够比较稳定地对该国的政治生活发挥直接的、实质性的影响作用，它们也是竞争执政地位的主要政党，有机会成为执政党或执政联盟的成员党。因此，它们完全被纳入国家的政治体制和政党体制，被称为"体制内政党"。

体制外政党是指那些对国家的现行体制和基本政策持强烈的批判立场，基本上被排除在政党竞争的行列之外的政党。这种政党大多在政治上比较极端，在民众中所获得的支持也非常有限，它们虽然可以合法存在，甚至可能在议会中占据个别的议席，但在国家政治生活和政治竞争中的影响力非常微弱，因此，不能完全融入国家的政治体制和政党体制，被称为"体制外政党"。但是，这类政党也可能在国家或某个地方的问题上发挥一定作用，且它们的存在也可能对现行的体制和主要政党构成一定的压力，间接地影响政府的政策。例如，英国国家党是英国的极右翼政党，成立于 1980 年。它宣扬"纯种的不列颠人"，主张反移民、反多元文化，一直被认为是英国的"纳粹党"。虽然该党在欧洲议会获得过两个席位，但在英国国会里从未获得过席位。又如，英国的新芬党是北爱尔兰的民族主义政党，与爱尔兰的新芬党系同一来源，主张北爱尔兰与爱尔兰统一，为此曾进行武装斗争，不过现已放弃暴力活动，致力于通过和平、民主的方式达到目的。

三是以政党的政治主张和政治倾向为划分标准，可以将政党划分为左翼、右翼和中间政党。但是，所谓"左、中、右"在不同时期有不同的内涵。20 世纪以来，左翼政党一般在政治上主张社会改良、加强国家干预，在经济和社会政策上强调社会公正，承认多元

① 列宁．列宁全集：第 7 卷．北京：人民出版社，1959：325.

文化，主张发展社会福利和控制贫富两极分化。右翼政党则主张减少或反对国家干预，在社会经济政策上强调鼓励投资和私人企业的积极性，认为社会福利鼓励懒惰，因而主张减少税收、减少福利开支等。前者如英国的工党、法国的社会党、德国的社会民主党、美国的民主党。后者如英国的保守党、法国的共和党、德国的联盟党（即基督教民主联盟和基督教社会联盟）、美国的共和党、日本的自由民主党等。此外，还有激进左派的政党和极右翼的政党。前者一般对西方国家的现行制度持激烈批判的态度，反对私有制，主张对现行制度进行根本的改造，如法国的不屈法兰西、德国的左翼党。后者则否定资产阶级的民主政治和宪法秩序，鼓吹法西斯主义，主张极端民族政策，反对民族和文化的多元化，如法国的国民联盟、英国国家党、德国国家民主党和德国选择党等。中间政党则是指介于“左”“右”之间的相对温和的政党，如法国的复兴党、德国的自由民主党。

四是从政党的意识形态的角度划分，可以将政党划分为自由主义政党、保守主义政党、法西斯主义政党、社会民主主义政党、共产主义政党以及民族主义政党等类型。前三种都属于资产阶级的政党；而社会民主主义政党、共产主义政党则是工人阶级运动中分化形成的两个支流。

五是以政党与政权的关系为标准，可以分为执政党、反对党（或在野党）两类。在议会制国家里，执政党是指因在议会中取得多数席位而组织政府的政党或政党联盟，而在总统制国家里，执政党则是指总统选举中获胜并掌握总统职位的政党。执政党以外的其他政党就是反对党或在野党，在议会制国家就是议会中的少数党，而在总统制国家则是指在总统选举中失败的政党。

六是以政党的活动范围为标准，政党分为地方党、民族党、国家党三种类型。一般来说，在国家政治生活中起重要作用的是全国性的大政党。但有的政党只在某个地方活动，如德国基督教社会联盟就是只在德国的巴伐利亚州开展活动，参加竞选。

七是以政党的组织体制为标准，政党分为组织严密型政党和组织松散型政党。前者有明确的、成文的党章党纲，党的各级组织有严格的领导与服从的关系，对党员有严格的纪律约束。而后者没有明确的党章党纲，只有几年一度参加竞选的纲领或政策的声明，对党员没有或者极少有纪律约束，甚至入党和退党也不需要履行具体手续，如美国的民主党和共和党就属于这种类型。

四、西方国家政党的产生和发展

现代意义上的政党是伴随着资本主义的发展和资产阶级革命而产生和发展的。从历史发展阶段来看，西方国家政党大致经过了三个阶段。

第一阶段是公开排斥时期，这时期，无论是当权者还是思想家都把政党看成政治生活中的“有害之物”。卢梭在表达公意思想时，鲜明地反对政党，认为政党妨害公意的形成。美国首任总统华盛顿也曾公开谴责政党政治，表现出对政党的厌恶。这时期的西方国家，虽然没有明令禁止人民组建政党的活动，但却对政党采取歧视态度，甚至使用各种排斥政党的方法，削弱政党的影响，打击政党的声势。

第二阶段是默认时期，这时的西方国家和社会，虽然还有人对政党厌恶和打击，但是在实践中，政党随着民主政治的发展不断发展壮大，政党争斗已经不可避免地成为政治斗争的主要形式。19 世纪，西方各国政府对政党的态度也随着政党组织的严密和影响的扩大而改变，从起初的排斥渐渐变为默认政党的存在和活动。

第三阶段是法律承认时期，19 世纪末，随着政党在国家政治生活中的作用急剧增强，西方国家开始在法律上承认政党的存在和活动，在选举法中规定了政党参选的提名程序。从此，政党成为西方国家选举和组织政府的基本政治力量。

接下来，我们就来考察西方主要国家的政党产生和发展的不同特点。

1. 西方国家资产阶级政党的产生

最先产生的现代意义的政党是资产阶级政党。在反对封建专制统治的资产阶级革命中虽然已经出现了政党的萌芽，但是在资产阶级革命发生的时候，还没有产生有组织的政党。革命或者具有自发性的特征，如法国的巴黎市民攻占巴士底狱的起义；或者由议会充当了革命的领导机关，如英国的国会和法国的国民会议；或者由临时建立起来的机构领导革命战争，如北美各殖民地派出的代表召开的大陆会议。也就是说，资产阶级革命并不是在资产阶级政党的领导下取得成功的。

考察主要西方国家的资产阶级政党从萌芽到成型的发展过程，大体上有两种不同的路径：

（1）议会内产生的政党。

在资产阶级革命过程中建立了议会制度后，议会中的议员因各自代表的利益不同，产生了不同政见，持相同政见的议员逐渐集结起来形成议会内的政治派别，然后逐步发展成为政党。英国和美国由于资产阶级民主政治发育较早、议会制度成长较快，资产阶级政党也首先产生于两国，而且主要资产阶级政党一旦产生就比较稳定，继承发展至今。

1）英国政党的形成和发展。

政党的萌芽最早发生在英国。英国政坛中的两党源于 17 世纪议会中的辉格党和托利党两大政治派别。1679 年，英国议会围绕王位继承问题发生分歧并形成了两大派别，那些反对王权、反对詹姆斯公爵继承王位的人被称为辉格党，主要代表了资产阶级和新贵族，而与之对立的那些人则被称为托利党，主要代表土地贵族和上层教士，这便是资产阶级政党的萌芽。正如马克思所分析的，托利党人是“地租的狂热的拥护者”，这些土地贵族对“大土地所有制”恋恋不舍，而“托利党人和其他资产者的区别，也就等于地租和工商业利润的区别”；辉格党人则是“资产阶级即工商业中间阶级的贵族代表”。[①] 1688 年光荣革命后不久，英国即形成了由议会多数派组成内阁的惯例，而辉格党人在议会占有优势，并在 1708 年建立了第一个由清一色的辉格党人组成的内阁，自此直到 1783 年大多数时间里都由辉格党人执政，托利党人仅仅在短暂的时间里执掌过政府。但是此后在 1783—1830 年期间由托利党执政。尽管这一百多年里形成了辉格党与托利党相互并存、交替执政的局面，但它们在组织程度、组织纪律和行动纲领上都还不具备现代政党的特征，因此只能算是议会中的两个派别，还不是现代意义上的政党。

1832 年，英国议会通过了《选举改革法》，扩大了选举权的范围。托利党和辉格党为了争夺选民，获取在议会中的多数席位，建立了从中央到全国各地区、各基层的党的组织

① 马克思，恩格斯．马克思恩格斯全集：第 11 卷．2 版．北京：人民出版社，1995：416，418.

系统，大规模发展党员，加强宣传工作，扩大本党在统治阶级内部和广大选民中的影响。原来的两大政治派别逐渐在组织体制、行动目标和行动方式上发生转型，成为现代意义的政党。1833 年托利党改名为保守党，1839 年辉格党改名为自由党。政党名称的改变不仅仅意味着两党外在形式上的变化，更标志着两党都已经形成了自己明确的政治观念和施政倾向。同时，两党和平轮替的体制也基本形成并完善。

2）美国政党的形成和发展。

美国独立后，在围绕 1787 年宪法批准的争议中出现了联邦派和反联邦派，但都没有发展成为正式的政党，而是随着争议的解决就消失了。美国建立联邦后，在最初几届联邦政府时期，围绕财政政策和经济政策发生了激烈的争论，当时在华盛顿政府中担任财政部长的汉密尔顿主张建立稳定的国家信贷、建立国家银行、征收进口税保护美国工业，主张集中权力于联邦政府，并要求从宽解释宪法赋予联邦政府的权力。而担任国务卿的杰斐逊反对汉密尔顿的上述政策，主张使各州和地方政府能够分享到较多的权力，因此主张从严解释宪法。在这些争论中，汉密尔顿和杰斐逊在国会里都有一批支持者，于是在国会里形成两个投票集团，并在此基础上形成了以汉密尔顿为首的联邦党和以杰斐逊为首的民主共和党。但它们都仍然属于政治派别，而不是现代意义上的政党。1816 年选举后联邦党逐渐衰落并解体，这以后的十来年里，美国的政坛上就只剩下民主共和党。

随后的 19 世纪 20—40 年代是美国政党和政党制度形成的重要时期，美国各州相继取消了在财产资格以及宗教方面对选举权的限制，到南北战争前，美国基本上实现了白人成年男子的普选权。同时，各州先后将早期由州议会选举总统选举人改为由选民选举，同时形成“胜者得全票”的规则。正是在这种背景下，民主共和党在 1828 年分裂成两派：一派组成了国民共和党，后来改为辉格党；另一派则集合在支持安德鲁·杰克逊的旗帜下继承了民主共和党，形成了由全国代表大会提名总统候选人的机制，整合成为美国第一个组织有效的全国性竞选组织，并在 1840 年改名为民主党，成为真正意义上的全国性政党。也是在这个时期，政党竞争被美国人尤其是政治家们普遍接受。南北战争前，政党的分化改组也十分频繁，出现了一些小的政党，而民主党和辉格党都分裂成南北两部分，最终代表北部工商业资产阶级的政治势力组成了共和党，而南部的辉格党人则投向了民主党。由此形成的共和党和民主党两大政党的格局一直延续至今。

3）法国政党的形成和发展。

法国大革命期间（1789—1794 年），由于阶级分化十分明显，斗争尖锐复杂，出现了许多革命团体，其中，雅各宾俱乐部是唯一的全国性组织，拥有数千地方组织。国民议会的议员也分成许多派别，有主张君主立宪的斐扬派，有比较温和保守的吉伦特派，有代表中小资产阶级并得到下层市民支持的山岳派和激进的雅各宾派，这些派别轮番支配了当时的国民议会，控制了政权，但不是现代意义的政党。19 世纪初拿破仑执政期间，法国的政坛存在保皇派、温和派和激进派。1848 年法兰西第二共和国成立后，国会中的议员又分化形成保守共和派、温和共和派。但是，“1789 年大革命之后的一个世纪里，法国在君主制和激进民主制之间摇摆不定”[①]，未能建立稳定的议会政治，上述这些派别都是顺应当

① 马克·凯塞尔曼，乔尔·克里格．转型中的欧洲政治．史志钦，等译．北京：人民出版社，2016：165.

时的社会环境和政治斗争需要而产生的政治团体，都没有形成稳定的政党。

到法兰西第三共和国时，国家的共和体制终于稳定地建立起来，议会的运转和议会政治趋于正常，成年男子的普选权得以最终确立，因此，原来的派别政治斗争逐渐演化为政党竞争。1901年公布了结社法，政党如雨后春笋般涌现出来，社会主义的政党也登上政治舞台，大体上形成了以“左、中、右”三股政治力量为基础的政党政治格局，如共和民主联盟、共和联盟、激进党、社会党等。这种格局经过第四共和国到第五共和国一直延续至今。

(2) 议会外产生的政党。

由于历史的原因和特定的环境，德国、意大利、日本等国的资本主义发展较晚，属于后起的资本主义国家。当这些国家发生资产阶级的革命或者改良的时候，一般已经有比较活跃的政党活动，因此政党产生和形成的过程表现出另一种特点。

1) 德国政党的产生和发展。

自16世纪至19世纪，德国长期处于分裂、落后的封建割据状态，1815年建立的“德意志邦联”仍然是一个松散的联盟。19世纪60年代兴起了统一运动，通过“自上而下”的王朝战争实现了国家的统一，1871年建立了德意志帝国。19世纪后期，德国虽然出现了德意志保守党、进步党、德国人民党、民族自由党、社会民主工党等政党，但当时德国的国家权力掌握在帝国皇帝手中，没有发达的议会民主政治和选举政治，资产阶级政党依附于专制的军事官僚体制，因而谈不上现代政党和政党制度。

由于在第一次世界大战中战败，1918年德意志帝国崩溃。魏玛共和国时期(1919—1933年)，德国实行了最民主的资产阶级宪法——魏玛宪法，德国的政党政治趋于活跃，如社会民主党、天主教中央党、德意志人民党、德意志民主党、德意志民族人民党等，形成了多党竞争的政党制度。但是，随着1933年希特勒上台，希特勒取缔了一切政党活动，实行纳粹党一党独裁的法西斯统治。直到1945年5月德国战败，法西斯独裁统治终结，政党活动迅速活跃起来，不仅原有的政党纷纷重建，同时还成立了一些新的政党，其中较活跃的政党就有20多个，主要的有基督教民主联盟、社会民主党、自由民主党等。

2) 日本政党的形成和发展。

19世纪60—70年代明治维新后，日本政治中才出现了政党政治的雏形。明治维新结束了长期以来的封建割据局面，统一货币，建立统一市场，为发展资本主义经济奠定了基础。但是，明治维新在推行一系列资本主义性质的改革的同时，却保留了大量封建残余，在政治上，以还大政于天皇为号召，建立了奉天皇为绝对君主的中央集权国家，具有浓厚的军事封建主义的性质。在这种条件下，虽然出现了一些政党，如自由党、宪政党、爱国公党等，但总的来说，政党在国家政治生活中所起的作用很小。甲午战争后，日本逐步走向军国主义，及至1936年法西斯上台后，确立起军国主义的极端体制，禁止一切政党活动。第二次世界大战中，日本与法西斯的德国和意大利结成轴心国最后遭到失败。战后初期，日本由美国军队单独占领，美军占领当局推行“民主改革”，移植了英美式的民主制度，在这种背景下，代表各阶级、阶层的和利益集团的政党纷纷涌现，其中重要的有自由党、进步党、协同党、社会党、共产党等。

2. 社会主义政党的兴起和演变

(1) 工人运动的兴起和社会主义政党的产生。

随着资产阶级成为统治阶级，随着大工业时代的到来，资产阶级对利润的追逐导致了对工人更为残酷的压迫和剥削，工人阶级终于被迫奋起抗争。19 世纪 30、40 年代，先后爆发了三次大规模的工人运动，这就是法国里昂丝织工人起义（1831 年、1834 年）、英国宪章运动（1836—1848 年）、德国西里西亚纺织工人起义（1844 年）。伴随着工人运动的兴起，出现了社会主义的政治组织。到 19 世纪末，几乎所有的欧洲国家都建立了工人阶级的社会主义政党。正如恩格斯指出的，“无产阶级要在决定关头强大到足以取得胜利，就必须组成一个不同于其他所有政党并与它们对立的特殊政党，一个自觉的阶级政党”①。

19 世纪晚期建立的这些工人阶级政党大都采用了社会民主党、社会主义工人党或工党的名称，它们在创立早期都接受了马克思主义的指导，并且先后创立了社会主义工人阶级政党的国际性组织，这就是第一国际（1864—1876 年）、第二国际（1889—1914 年）。在马克思、恩格斯的指导下，各国社会民主党积极传播马克思主义，同时广泛发动工人阶级群众开展斗争，推动选举改革和争取普选权，争取立法实行 8 小时工作制，改善劳动条件，提高工资福利，争取和维护工人群众的切身利益。

(2) 社会主义运动的分裂。

1895 年 8 月 5 日恩格斯因病逝世，第二国际原已潜在的改良主义倾向开始抬头。随着普选权的实现和在议会选举中取得一定的成就，通过议会斗争实现社会改良的思潮开始在欧洲各国社会民主党中蔓延。1914 年，第一次世界大战爆发，第二国际的大多数党的领袖背离了无产阶级国际主义，支持本国的资产阶级政府的战争，这直接导致了第二国际的破产。俄国十月革命胜利后，以俄国布尔什维克为代表的坚持“暴力革命”道路的各国社会民主党的左派纷纷重新建党并把党命名为“共产党”，并成立了共产国际（又称“第三国际”）。原第二国际的改良派则继续使用原来的工党、社会民主党、社会党的名称，一般通称为社会党。社会主义运动由此分成了两大支流：共产党（Communist Party）与社会党（Socialist Party）。社会党人将自己的理论和政治主张称为“民主社会主义”，以突出自己不主张实行无产阶级专政的立场。

二战期间，欧洲各国的社会党积极投身于反法西斯的抵抗运动，与共产党人携手合作，增强了在工人运动中的影响，也为在战后重建中发挥作用奠定了基础。1951 年 6 月，主要来自欧洲的 34 个社会党的代表聚集在德国法兰克福，成立了社会党国际（Socialist International），作为主张民主社会主义的政党和组织的联合体。在社会党国际起重要作用的有英国工党、德国社会民主党、法国社会党、瑞典社会民主党等。

(3) 社会党上台执政与西方国家政党制度的刷新。

19 世纪末、20 世纪初，工人阶级群众因为选举资格的放开而拥有了选举权，正如恩格斯所说的，“工人因普选权的施行而得到了直接选派自己的代表参加立法议会的权力”②。从 20 世纪 20 年代开始，欧洲各国的工党、社会党、社会民主党纷纷成为议会政治中的重

① 马克思，恩格斯．马克思恩格斯文集：第 10 卷．北京：人民出版社，2009：578.

② 马克思，恩格斯．马克思恩格斯选集：第 3 卷．3 版．北京：人民出版社，2012：25.

要力量，先后开始上台执政。

知识链接

欧洲的十个主要社会党（社会民主党、工党）首次执政年份

政党	成立时间	首次执政时间	首位政府总理（首相）或总统
英国工党	1900 年	1924 年	拉姆齐·麦克唐纳
德国社会民主党	1863 年	1918—1920 年	弗里德里希·艾伯特
法国社会党	1905 年	1909—1911 年	阿里斯蒂德·白里安
瑞典社会民主党	1889 年	1920 年	卡尔·亚尔马·布兰亭
挪威工党	1887 年	1935—1945 年	克里斯多夫·霍恩斯鲁德
丹麦社会民主党	1871 年	1924—1926 年	索瓦尔德·斯陶宁
西班牙工人社会党	1879 年	1936—1939 年	弗朗西斯科·拉尔戈·卡瓦列罗
荷兰工党	1894 年	1945—1946 年	威廉·舍默尔霍恩
比利时社会党	1885 年	1938—1939 年	保罗-亨利·斯巴克
奥地利社会民主党	1889 年	1918—1920 年	卡尔·伦纳

二战结束后迎来了欧洲资本主义发展的黄金时期，各国社会党也得到了从未有过的施展其社会和政治主张的历史机遇。西欧各国的工党、社会党、社会民主党普遍进入政权体系，“无一例外地接受了本国的社会发展道路和政治经济体制，通过与其他各类政党平等参与国家政治生活，争夺执政地位或参与联合执政”。[①] 它们一方面认同现行社会体制，成为体制内政党，与传统的资产阶级政党轮流执政，另一方面以民主社会主义为旗帜，以建设“福利国家”为政策目标，以工人阶级和社会中下层群众的代言人自居，成为欧洲中左翼的核心政治力量。西欧多数国家的社会党都有了较长时间的执政经历，积累了一定的治国理政的经验，有的党甚至连续执政数十年。这导致了西方国家的政党制度发生重大变化，即从 19 世纪至 20 世纪初年由两个或多个老牌的资产阶级政党轮流执政，转变成由一个改良主义的政党或政党联盟与一个保守主义的政党或政党联盟（亦可称中左翼的政党或政党联盟与中右翼的政党或政党联盟）轮流执政，形成了一种新的政党政治格局，刷新了西方国家的政党制度。[②]

第二节　西方国家政党制度的类型和发展

一、西方国家政党制度的类型

政党制度是指国家法律规定的，或者在实际政治生活中形成的有关政党的地位和作

① 于洪君．剧变中的国际关系与政党情势．北京：社会科学文献出版社，2016：114－115.

② 陈其人，王邦佐，谭君久．美国两党制剖析．北京：商务印书馆，1984：145.

用、政党的相互关系以及政党掌握、参与和影响国家政权的体制和运行机制。由于国家的性质不同，政党制度也有不同的类型，现代世界上，主要有资本主义国家的政党制度和社会主义国家的政党制度两大类型。在西方国家的政党和政党制度史上，通过政党数目、政党关系、政党与国家政权的关系和执政方式等方面的综合考察，自从有了政党活动以后，在资本主义发展正常的时期，不是两党制就是多党制。两党制和多党制体现了文艺复兴和启蒙运动以来所盛行的主权在民、法治和分权制衡等政治理念，是资产阶级民主政治的重要表现形式之一。当代西方国家都存在政党竞争，通常都存在两个或两个以上的政党通过参加竞选，轮流地联合执政或单独执政。由于各国的历史传统、政治制度、阶级结构以及各种力量对比情况的差异，各国实行的政党制度形式也各不相同。

1. 两党制

所谓两党制，是指资产阶级国家中两个政党轮流执政的一种政党制度。两党制主要有以下特征：一是在一个资产阶级国家有两个或两个以上的政党，但实际上具有实力赢得执政地位的政党只有两个；二是两大政党在涉及国家的基本制度的问题上意见一致，都忠于国家，承认并维护国家的基本制度；三是两大政党势均力敌，长期轮流执掌政权；四是两党通过选举，取得议会多数或总统选举胜利；五是其他政党基本上没有执政的可能，但对政治有一定的影响，在某种特定条件下可能对两大政党形成一定的压力。两党制最初起源于英国，后来一些欧美国家如美国、加拿大、澳大利亚、新西兰也实行了两党制。实行两党制的最典型国家是英国和美国。

英国两党制和美国两党制的比较

（1）英国的两党制。

英国是世界上最早形成两党制的国家，英国的两党制是典型的议会内阁制下的两党制。英国两党制的形成和演变大体经历了三个阶段：第一阶段是辉格党与托利党交替执政时期。17 世纪开始在英国出现了托利党和辉格党，两个政治派别在议会中斗争，是英国现代政党的雏形，但此时还没有形成真正的两党制。第二阶段是 19 世纪 30 年代托利党和辉格党先后更名为保守党与自由党，开始保守党与自由党轮流执政的时期，两党轮流执政的体制逐渐确立和完善。第三阶段是保守党和工党轮流执政时期。第一次世界大战后，工党取代自由党的地位，英国的两党制演变为保守党和工党轮流执政。这一时期是英国两党制的成熟和完善时期，英国形成了一套体系完整、运作稳定、具有本国特色的两党制。自那时以来，英国的两党轮流执政的格局一直延续到今天。

英国的两党制具有以下特征：一是两党活动主要围绕议会下院展开。英国上院议员由贵族担任，非经选举产生，与政党竞争无关。下院议员由选举产生，两大党竞选争夺下院席位，在议会下院获多数席位的政党即为执政党，由该党的领袖出任首相并组织政府。在议会中的议席数居于第二位的党为“法定的反对党”，该党作为反对党不仅可以合法存在，而且可以批评和反对多数党政府的政策，但不能反对国家的制度，不能背叛由国王所象征和代表的国家，因此又被称为“国王陛下忠诚的反对党”。为了便于对政府进行监督，该“法定的反对党”建立一个“影子内阁”，由反对党的前座议员组成，机构和职位与执政党内阁相对应，它的职能是负责研究政府的各项政策，以便对政府的施政进行监督和质询，并随时准备取代执政党上台执政，因此也被视为“预备政府”。该反对党的领袖领导影子内阁，充当影子内阁的首相并领取国家薪俸。

二是两大党都实行集中制，以纪律约束本党议员在议会中的行动。在每次重要投票时，两大党的所有议员都必须作为各自集团成员参加，按照本党的决定投票，有时虽然也允许一些党员投弃权票，但以不使本党政府的作用受到损害为限。这种体制使得作为首相的多数党领袖能够有效地控制议会，有把握连续执政、完成任期，并保证本党的政策主张和所制定的法律能够顺利获得议会批准。

知识链接

2019 年英国大选后进入议会下院的各政党及其议席

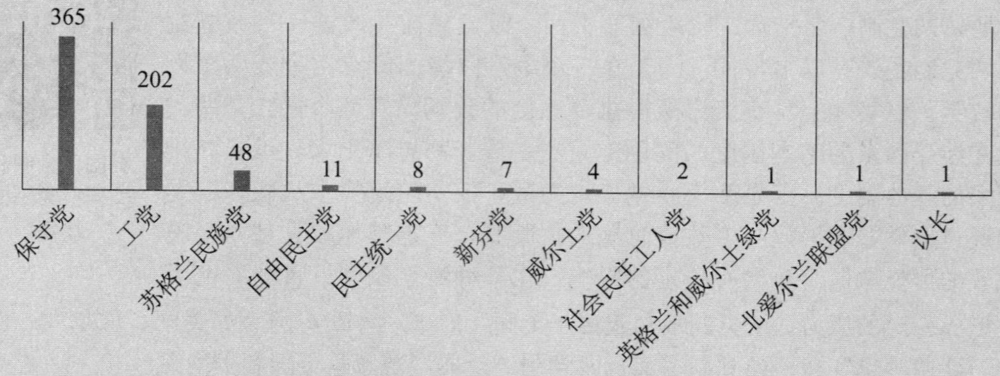

资料来源：英国议会下议院图书馆（https：//commonslibrary. parliament. uk/research-briefings/cbp－8749/＃fullreport），2023－06－07.

（2）美国的两党制。

美国两党制的起源可以追溯到联邦建立后初期产生的联邦党和民主共和党。联邦党在 1800 年竞选失败后就逐渐走向衰落和解体，民主共和党连续执政了 24 年，但它们都还只是不同的政治派别，而不是真正意义上的政党。此后经过分化、重组，美国在 19 世纪 30 年代形成了辉格党和民主党两大政党，并且交替上台执政。随后，北部的民主党人和辉格党人成立了一个新的政党即共和党，主要代表北部工商业资产阶级的利益，而南部的辉格党人则转向民主党，维护南部的奴隶制种植园主的利益。在 1861 年爆发的南北战争中，民主党站在了南部分裂势力一边，而共和党的林肯政府领导了反对分裂、维护联邦的战争，并在战争过程中发布了解放黑人奴隶的宣言，最后赢得了内战。从 1860 年起，共和党连续执政了 24 年，直到 1884 年克利夫兰成为内战后的第一个民主党总统，美国两党制得以确立。1874 年，美国著名的画家汤姆斯·纳斯特创作了一幅政治漫画，用“驴”表示民主党，用“象”表示共和党。从此之后，驴和象便成为两党的标志。每四年一次的总统选举，也被世人称为“驴象之争”。1933 年，民主党的罗斯福总统在经济大萧条的背景下上台，积极推行以国家干预和社会福利为特征的改革，同时也导致了民主党的转型，演变成为一个资产阶级改良主义的政党，[①] 使得民主党和共和党轮流执政的格局得以延续。

美国两党制具有如下特点：首先，由于美国实行总统制，美国两大政党之间的竞争也主要表现在总统选举上，掌握了总统职位的党就是执政党。美国总统不是由国会选举产生的，两党在议会中席位的多少与谁做总统没有关联。因此，在美国的国会中，两大政党只是多数党与少数党的关系，而不是执政党与在野党或反对党的关系。执政党在议会中屈居少数的情况并不少见，这种情形下就需要多数党与少数党进行更多的妥协与合作。其次，美国的两党组织纪律松散，都没有严格的纪律约束本党的党员，只是在总统选举时体现出一定程度的统一。在国会中，两党议员投票时也不受党的限制。议员首先考虑的是其所在选区的利益并以此来决定投票时的态度，然后才是其所在党的立场，加之两党内部存在许多不同的派别，因此，在国会就立法和重大决定进行表决时，两党之间的界线并不分明。更何况即便某个党拥有国会多数席位，也不意味着该党在国会的表决中就一定掌握了稳定的多数。相应地，即使总统的党在国会中处于少数，也能在国会争取到多数对他的政策的支持。正是美国两党的松散组织结构，才使得美国两党制保持了相对的稳定。

知识链接

美国公众对两党都持负面看法的百分比

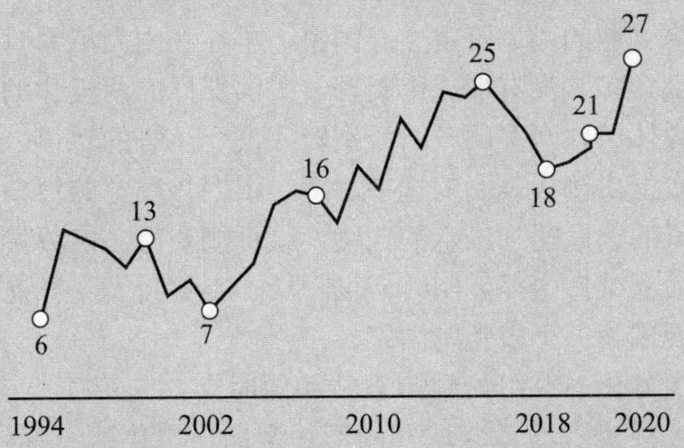

资料来源：皮尤研究中心 2022 年 8 月报告. https：//www.pewresearch.org/politics/2022/08/09/as-partisan-hostility-grows-signs-of-frustration-with-the-two-party-system/，2023－06－07.

两党制并不是只有两个合法政党存在，而是在存在多个政党的情况下，只有两个政党具有单独掌握政权的实力并长期轮流执政。英、美两国除了两大政党外都还有一些其他的政党参加竞选，但这些政党或者由于势单力薄，基本上被排除在政权之外，如英国的自由民主党以及其他一些小党，或者短暂地异军突起，昙花一现，如美国历史上 1896 年的平民党、1924 年和 1948 年的进步党、1948 年的州权党、1968 年的美国独立党。在英国式的议会制和两党制下，偶尔也可能出现两大政党在选举中都没有获得议会下院过半数议席的

① 谭君久．试论美国民主党向资产阶级改良主义政党的演变．世界历史，1984（6）.

情况，也就是说，议会中没有任何政党获得组阁的权力，这种“无多数议会”，俗称“悬浮议会”（hung parliament）。这种情况下，要么由两党中获得最多数议席的政党谋求其他小党的支持，联合执政，要么组成一个少数派政府。二战以来，英国已经出现过三次“悬浮议会”的局面，1974 年由工党的威尔逊组成了少数派政府，2010 年则是保守党谋求自由民主党的支持组成了联合政府。最近一次的“悬浮议会”出现在 2017 年，当年 6 月保守党首相特雷莎·梅本来企图通过提前举行大选扩大在议会的优势，没想到豪赌失败，虽然保住了保守党在议会下院第一大党的地位，却未能获得半数以上议席，最后只好寻求掌握了 10 个议席的北爱尔兰民主统一党的支持，但是民主统一党不同意组成正式的执政联盟，而选择以签订“内阁外支持”协议的方式支持保守党的少数派政府。“悬浮议会”在澳大利亚也曾出现过，如在 2010 年 8 月选举产生的众议院 150 个席位中，反对党联盟党和执政党工党分别赢得 73 个和 72 个席位，两党均未获得 76 席的法定多数席位。另外，绿党和独立人士分别获得 1 个和 4 个席位。最后，工党争取到了 1 名绿党议员和 3 名独立议员的支持，以 76：74 席的微弱优势获得组阁权。

2. 多党制

多党制是指在资产阶级国家中存在三个或者更多的政党争夺执政地位的政党制度。多党制下，任何一个政党都不可能单独掌握议会的多数议席，往往需要两个甚至更多的政党结成联盟，联合执政。实行多党制的西方国家有法国、德国、意大利、日本等国。

（1）法国的多党制。

法国是最早建立多党制的西方资本主义国家，早在法国大革命时期就已显出向多党制发展的端倪，政治派别众多，没有形成像英国、美国那样的两极化的政治分野。第三共和国确立议会制共和制政体后，众多的政治派别转入议会斗争的轨道，并形成了多党竞争体制。由于当时的法国实行比例代表制的选举制度，根据各政党的得票多少，按比例分派议席，任何政党只要获得的选票达到法定的比例，就可能获得一定数量的议席。这种计票办法使得小党也能在政治上维持生存，同时，也降低了小党向大党靠拢、兼并为两大政党的可能性，因而法国发展成为一个多党制国家。

法国政党经过多次分化、改组，到第五共和国时期，与第三、第四共和国时期比较，政党的“数量已经大大减少”，“政党联盟的形式走向简单化”，只存在左翼政党联盟和右翼政党联盟。① 这样，逐渐形成了有法国特色的多党制：多个政党、两大联盟对峙，即形成多党两极竞争的政治格局。所谓“多党两极”，即在多党制的前提下，形成右翼政党联盟与左翼政党联盟竞争、轮流执政的局面，且每一联盟都有一个中心党。左翼政党的构成比较稳定，一直是以社会党为中心，有时联合共产党或者晚近发展起来的绿党。右翼政党的改组和更名比较频繁，先后出现过保卫共和联盟、独立共和党、人民运动联盟和现在的共和党，但都继承了戴高乐主义的基本政策取向。两大政党联盟相对稳定地交替掌握着国家政权，这种“多党两极”的政党格局一直持续到 2017 年。在这一年的法国总统大选中，马克龙创建不到一年的共和国前进党迅速崛起，先后以较大优势赢得了总统选举和国民议会选举，而传统的左、右两大政党都意外落败，并从此一蹶不振，法国的多党制呈现出了

① 吴国庆．法国政党和政党制度．北京：社会科学文献出版社，2008：302－303．

与以往不同的新特点。

从20世纪80年代中期以来，法国数次出现“左右共治”局面，即由于左翼政党和右翼政党分别赢得总统选举和国民议会的选举，因而出现左翼总统与右翼总理或者右翼总统与左翼总理，共同领导政府，掌握国家的行政权。1984年共产党与社会党的联合破裂，导致社会党在1986年的议会选举中丧失多数席位，社会党的密特朗总统被迫任命保卫共和联盟的领导人希拉克为总理，开创了“左右共治”的治理格局。这种局面在1993年再次出现，密特朗总统任命保卫共和联盟要员巴拉迪尔为总理，重演“左右共治”。1997年，已经是总统的希拉克为了改变右翼政党在国民议会中微弱多数的局面，决定解散国民议会重新选举，结果保卫共和联盟却遭到惨败，社会党获胜，希拉克只好任命社会党领导人若斯潘为总理，上演了第五共和国历史上的第三次“左右共治”。按照戴高乐创立的第五共和国政体，总统和总理分别主持政府的决策与领导政府的日常管理，如果同一政党或政党联盟赢得了总统选举和议会选举，总统和总理将来自同一个政党或政党联盟，能够保证总统充分行使权力和维护政府稳定。而“左右共治”突破了常见的治理模式，是法国半总统制下多党政治运作的结果，成为法国政治体制特有的现象。

（2）德国的多党制。

德国的多党制是在二战后才真正稳定地建立起来的。二战结束，纳粹的一党独裁政权覆灭，德国被苏、美、英、法四国分区占领。1949年，德意志联邦共和国和德意志民主共和国先后成立，即联邦德国和民主德国。在联邦德国建立了欧美式的资产阶级民主政治。联邦德国成立时，其基本法规定“政党参与人民政治意愿的形成。政党的建立是自由的”①。政党纷纷恢复活动，老党重建，新党诞生，其中比较活跃的政党就有20多个，但真正有实力问鼎政权的只有基督教民主联盟和社会民主党。基督教民主联盟（简称基民盟）成立于1950年，其前身是创建于1870年而在1945年重建的天主教中央党，该党在20世纪初就发展为德意志帝国议会中最大的政党，并在1920年后成为主要执政党。基民盟重建后，作为西方国家传统意义上的资产阶级保守政党，与只在巴伐利亚州发展组织并开展活动的基督教社会联盟（其前身是天主教中央党的盟友巴伐利亚人民党，系由天主教中央党的巴伐利亚分部演变而来）结成固定友党，在德国联邦议院组成联合议会党团，人们习惯上将两党统称为“联盟党”。德国社会民主党则是德国历史最悠久的政党，历史可以追溯到1863年成立的全德工人联合会和1869年成立的社会民主工党，1875年两党合并，成立了德国社会主义工人党，1990年更名为德国社会民主党。该党积极参与创建魏玛共和国，并占据了共和国的首任总统和总理两项职务。在魏玛共和国时期，社会民主党与天主教中央党都先后多次组阁，形成两党轮流组阁执政的格局，但在纳粹上台后，社会民主党和天主教中央党先后被取缔。

1949年联邦德国政府成立，基民盟领导人康拉德·阿登纳出任总理，随后联盟党连续执政长达20年，直到1969年社会民主党与自由民主党联合上台执政。其中，1948年成立的自由民主党虽是个小党，但正是由于它和其他小党的存在，联盟党和社会民主党未能单独赢得议会多数席位时，就不得不寻求与自由民主党联合组阁。事实上，自1949年至

---

① 《世界各国宪法》编辑委员会．世界各国宪法：欧洲卷．北京：中国检察出版社，2012：180.

今，联盟党和社会民主党都先后数次邀请自由民主党组成联合政府，因此该党虽小却在德国的政坛上具有举足轻重的作用。这种政党格局被称为“两个半政党”体制，即以右翼的基督教民主联盟和左翼的社会民主党两大政党为主体，轮番与中间政党自由民主党联合执政的政党体制。此外，还有 1980 年成立的绿党则通常是社会民主党的盟友，惯常称为“红绿联盟”。1990 年 10 月德国统一，继续实行原联邦德国的基本法和政治制度，也延续了其政党体制和政党政治的基本格局。

（3）日本的多党制。

日本的多党制是在二战以后形成的。当时，日本在美国的干预下进行了政治改革，通过制定新宪法，推行“议会民主”，实行多党制，先后成立的具有较大影响的保守或革新政党有十余个。战后最初的十年里，除了社会党在 1947 年 5 月到 1948 年 2 月短暂执政外，其他时间都是由自由党和民主党轮流执政。1955 年，自由党和民主党合并组成自由民主党（简称自民党），此后除自民党外，尽管还存在社会党、公明党、民社党、共产党等多个政党，但是，自民党长期控制议会的绝对多数，形成了表面上自民党和社会党两大政党争夺政权，实际上是自民党长期连续单独掌握政权，自民党内部的派别轮流执政，这就是所谓“55 体制”，其特点为“一党独大”，即存在多个政党，但只有一个政党处于绝对优势地位，长期单独执政，同时该党内部派争激烈，轮流坐庄。这种体制一直持续到 1993 年，自由民主党由于内部分裂，在 1993 年的大选中失败，沦为在野党，存在了 38 年的“55 体制”宣告结束。此后，一些脱离自民党的国会议员纷纷另行组党，并一度组成日本新党、新生党、先驱新党等八党联合政府，短暂执政 10 个月。在这些政党的大分化大改组中，民主党一度异军突起，曾在 2009 年的众议院选举中击败自民党而上台执政，但三年后即失去政权，不久就与其他政党合并改组为立宪民主党。有着悠久历史、曾在“55 体制”时期作为最大反对党的社会党，在 1994 年与自民党组成联合政府，其领导人村山富市出任首相（1994 年 6 月—1996 年 1 月），但该党也因此形象受损，导致大批成员出走，力量严重萎缩，在日本的政党政治中已经完全边缘化。而自民党虽然一度力量有所削弱，却通过与社会党、公明党联合，甚至支持村山富市出任首相，逐渐恢复元气，于 1996 年夺回了执政地位，除一度短暂被民主党夺走执政权外，连续执政至今。

3. 一党制

西方国家的一党制，是资本主义国家中只有一个政党存在并执掌政权且禁止其他政党存在的政党制度，这就是法西斯的政党制度。而 20 世纪上半期出现的以军事独裁和一党制为重要特征的法西斯制度，是西方民主政治发展过程中出现的一种变态的政治形式，背离了西方民主政治的基本精神，脱离了资本主义正常发展的轨道。最早建立法西斯一党制的是意大利的墨索里尼。1921 年，墨索里尼创建了“国家法西斯党”。1922 年他发动政变上台，后于 1925 年 1 月宣布国家法西斯党为意大利唯一合法政党。1928 年，他强行终止议会制度，从而全面建立起法西斯独裁统治。墨索里尼对外煽动民族沙文主义，推行军国主义侵略扩张政策。1943 年 7 月，由于军事上失利和国内反法西斯运动高涨，墨索里尼的法西斯政权垮台。

希特勒时期的德国更是这种一党制的典型。希特勒于 1920 年创建“民族社会主义德国工人党”即纳粹党，1933 年他上台执政，随后大肆逮捕、迫害共产党人、社民党人和其他的反法西斯人士，建立起法西斯独裁统治，其基本特征是：由法西斯政党即希特勒的纳粹党垄断政权，在法律上取缔其他一切政党和群众团体，镇压共产党和进步人士；党的机构和国家机构合一，取消议会制度；实行元首制，党的领袖即国家元首、政府首脑和军队最高统帅，集党和国家大权于一身。由于世界反法西斯战争的胜利，这种法西斯一党独裁的政治制度也随着整个法西斯统治的覆灭而消失了。此外，1939—1975 年处于佛朗哥独裁统治下的西班牙、1932—1974 年葡萄牙的萨拉查独裁政权也是法西斯一党制。

这些国家所出现的法西斯独裁统治和法西斯一党制，是在第一次世界大战后特殊的国内、国际形势的背景下，在国家面临严重的政治、经济危机的情况下，资产阶级为摆脱内外交困的局面而采取的一种政治制度。由于法西斯政权采取极端的对内对外政策，最终都只是经过了短暂的存在而灭亡了。历史证明，这种制度是不符合资本主义常态的发展要求的，因为只有“民主共和制是资本主义所能采用的最好的政治外壳”[①]。因此，总的来说，一党制与西方国家推行的多元化民主精神背道而驰。在西方国家，政治制度通常是基于竞争性政党制度、选举制度和权力分立原则建立的，政党之间也相对独立，竞争性政党制度能够更好地反映社会多元化的政治意见和利益。

二、西方国家政党制度在 21 世纪的新发展

近几十年来，尤其是进入 21 世纪以来，西方国家的政党制度发生了一些新的引人注目的变化。一方面，劳资关系、社会福利、平等权利等传统的社会问题依然存在，传统的“左右”之争一直依然存在，但是，经过半个多世纪和平环境下的经济发展、福利社会的建设，这些方面的矛盾和问题相对缓解，传统的左翼和右翼政党的政策主张也相互吸纳，逐步接近，演变为中左翼和中右翼，甚至产生左右两翼政党联合执政的所谓“大联合政府”，如德国联盟党与社会民主党曾三度联合组阁（2005 年、2013 年、2018 年）。另一方面，随着全球化程度的日益加深，高福利、高税收的福利制度的弊端日益显现，互联网的应用和网络社会的出现，导致大量非传统的社会、经济和政治问题，如环境恶化、移民、种族冲突、女性权利等。在这个大背景下，在传统的左翼和右翼政党之外出现了一些新的政党，这类政党不少具有民粹主义色彩，而就政治光谱而言，既有极左翼的、极右翼的，也有“不左不右”的，但右翼的居多。

左翼中较早出现的是绿党，如法国绿党（1983 年）、德国绿党（1980 年）、瑞典的环境党（1981 年）。绿党是由环境保护主义运动发展而来的，积极宣传保护生态平衡，并且将环境恶化的根源指向资本主义制度，主张社会民主改革，因此很快就加入传统的左翼政党的阵营，成为各国社会党、社会民主党的盟友。近年来还出现了一些激进左派政党，如 2016 年由原社会党人梅朗雄创建的“不屈法兰西”。

属于极右翼的这类组织中，最引人注意的有成立于 1972 年的法国国民联盟（曾用名“国民阵线”）、成立于 2013 年的德国选择党、成立于 1993 年的英国独立党、成立于 1988 年的瑞典民主党、成立于 2013 年的意大利兄弟党等。这类政党在欧洲各国几乎都有出现，无一例外地主张更加严格的移民政策。以德国选择党为例，该党领导层中的一些人试图利用公众对移

---

① 列宁．列宁选集：第 3 卷．3 版．北京：人民出版社，1995：120.

民的担忧，将德国选择党进一步转向右翼，转向文化和身份上“本土主义”政治的沃土。[①]因此，总体上看，“种族的排外主义”组成了西欧极右翼共同的意识形态核心。[②]这类政党在近年来的选举中大都表现不俗，但在发展过程中也遭到左右两翼政党的联合堵截。

法国现任总统马克龙领导的“复兴党”是传统左右翼政党之外异军突起的新政党。2016 年 4 月，马克龙领导创建“前进运动”，次年投入竞选时更名为“前进党”，2022 年再更名为“复兴党”。马克龙在创建该党时就明确表示要组成一个“跨越左右阵营之分”的政治联盟，他于 2017 年竞选总统获胜，成为法兰西第五共和国历史上最年轻的总统，并在 2022 年成功连任。但也正因为马克龙打出的是“非左非右”的旗号，吸纳了“左”“右”两大传统政党社会党和共和党里的中间力量，导致了它们的急剧衰落。两个老牌政党在 2017 年大选中的失败令人惊愕，而在五年后的选举中进一步被边缘化，法国的整个政党政治版图已经面目大变。

在法国以外的其他西欧国家，传统“左”“右”政党仍控制着大局，但由于诸多新政党的出现，分散了选票和议会的议席，导致传统的“左”“右”政党往往不可能单独获得绝对多数的议席，因而不得不寻求与其他政党联合执政，两个甚至多个政党联合执政也越来越成为常态。

知识链接

法国 2017、2022 年总统选举首轮投票主要候选人得票率

2017 年			2022 年		
候选人	政党	得票率（%）	候选人	政党	得票率（%）
马克龙	前进党	24.01	马克龙	前进党	27.85
勒庞	国民联盟	21.03	勒庞	国民联盟	23.15
菲永	共和党	20.01	佩克雷斯	共和党	4.78
梅朗雄	不屈法兰西	19.58	梅朗雄	不屈法兰西	21.95
阿蒙	社会党	6.36	伊达尔戈	社会党	1.74

第三节　西方国家的政党政治及其运行

一、西方国家政党政治的特点

政党政治指的就是西方国家的政党围绕国家政权所进行的活动。狭义的政党政治就是政党执掌政权的活动，而广义的政党政治是指政党为取得、运用和维护国家政权所进行的

① Klaus Larres, Holger Moroff, Ruth Wittlinger, eds.. The Oxford handbook of German politics. Oxford: Oxford University Press, 2022: 241.

② 杨云珍．极右翼阴影下的欧洲左翼政党．北京：社会科学文献出版社，2022：37.

全部活动。

政党政治是资产阶级革命胜利后逐步形成的，是政党活动与议会政治、选举政治结合的产物，同样起源于英国。从英国光荣革命之前议会内部的托利党和辉格党两大政治派别，到19世纪30年代产业革命完成以后上述两大派别分别演变为保守党和自由党并形成两党政治的格局，开启了英国议会制下的两党政治。此后，美国和其他一些资本主义国家也先后形成政党政治。政党政治相对于封建君主专制政治是一个进步。随着近代国家民主政治和政党的发展，政党政治已成为普遍现象。19世纪40年代出现工人阶级政党后，工人阶级政党在政治生活中的作用逐步增强。在西方国家，不仅资产阶级的不同阶层、不同利益集团和不同派别之间的斗争集中表现为资产阶级各个不同政党之间的斗争，而且无产阶级同资产阶级之间的政治斗争也集中表现为无产阶级政党同资产阶级政党之间的斗争。但资本主义国家的政党政治的本质是资产阶级通过代表其利益的政党来执掌国家政权，典型的形式是两党制和多党制，由两个或多个资产阶级政党轮流执政或联合执政。

西方国家的政党政治表现出以下几个方面的特点：

第一，政党表达其所代表的阶级的利益要求和政治意识。政党以各种方式参与政治活动，就国内外重大政治问题发表意见，对国家政治生活施加影响，以此表达本阶级的利益要求。在西方国家中，政党以自己的理论纲领和方针使本阶级的利益要求和政治意识系统化、理论化，对广大的选民产生强大的诱惑力，有效地凝聚本阶级的力量。

第二，政党政治是发生在不同政党之间的政治，表现为不同政党在争夺对国家权力的控制的过程中形成的关系。在西方国家的选举政治、议会政治和多党政治的环境下，政党政治是不同政党之间为取得、运用和维护国家权力而竞争、结盟和博弈的活动与过程，政党政治是西方国家资产阶级民主政治的重要组成部分。这和社会主义国家的领导党与参政党之间长期共存、合作共事、互相监督的关系是不同的。

第三，以夺取和执掌政权为目标。一切政治现象归根到底，都是围绕国家政权所发生的现象，政党政治也是如此。西方国家各政党围绕政权展开的政治活动是政党政治的核心。各政党参加竞选，进行政治斗争，为斗争而结盟和博弈，目的就是力图取得国家权力，主导国家的政治生活。各政党争取成为执政党，然后通过领导和掌握国家政权来贯彻实现党的政纲和政策，使自己所代表的阶级或阶层、集团的意志变为国家意志。政党还派遣党员充任国家机关的重要职位，直接参与国家政策的制定和执行过程，更加有效地影响国家政治生活的运转。在野党一派的政见一般与执政党对立，组织党员利用合法与和平的政治手段，同执政党展开新一轮的政治斗争，以期待在下次竞选中获胜。但是，在当代西方国家的政党政治中，执政党和在野党的政见越来越趋于一致，区别越来越小。

第四，政党政治反映了社会政治，反映了社会各阶级、各阶层及其他各种社会力量之间的斗争、联合和博弈。政党表达和聚合所代表的阶级、阶层和社会群体的利益和要求。各个政党以各种方式参与政治活动，就国内外重大政治问题发表意见，对国家政治生活施加影响，以实现各阶级、阶层和社会群体的利益和要求。在西方国家中，政党以自己的理论纲领和方针使本阶级的利益要求系统化、理论化、政策化，既有效地凝聚本阶级的政治利益，又能对广大的选民产生强大的诱惑力。另外，政党政治在处理和协调与其他社会团体和利益集团的关系中也影响着社会生活。

第五，政党政治主导国家政治。在现代西方国家的政治生活中，政党同整个政治体系的各个组成部分都发生着密切的、深刻的联系，政党越来越深入地介入国家的立法、行政、司法机关的组成和运作，任何国家机关的运行，都离不开政党的作用。因此，政党围绕政权所展开的斗争、联合和博弈必然会影响国家机关的运行。国家机关的政策的制定和执行，都是政党之间的力量对比和它们之间斗争、联合和博弈的结果，也就是政党政治的结果。

二、西方国家政党的功能

在当代西方国家的政治关系中，政党是最活跃、最有影响力的政治主体，是最广泛的政治利益的表达者和聚合者，是其他政治主体获取公共权力、实现自身利益的重要工具，是公共权力运转的轴心，是实现政治权利的主要实施者，是政治关系诸多因素的黏合剂。西方学者根据西方国家政治生活的现实，一般将政党发挥的具体功能归纳为以下五个方面。

1. 利益的表达

在西方国家，政党是利益表达的主要渠道之一。在竞争性的政治环境下，任何政党要在国家政治舞台上占有一席之地，就必须尽可能广泛地代表选民的利益和要求。为此，政党必须密切联系它所代表的那一部分群众，倾听广大基层选民的声音，了解他们的政治愿望和需求，并通过各种方式将其表达出来以获取更多选民的支持。1958 年的法兰西第五共和国宪法第 4 条规定："各政党和政治团体协助选举、表达意见，它们可自行组成并自由地从事活动。"[①]1978 年颁布的西班牙宪法第 6 条规定："政党制度体现了王国政治的多元化，政党通过听取并表达人民意愿这一基本途径参与政治。"1975 年颁布的希腊共和国宪法第 29 条规定："有选举权的希腊公民可以自由地建立和加入政党，政党的组织和活动必须有助于民主政府的自由运作。"联邦德国 1949 年颁布的《基本法》第 21 条规定："政党参与人民政治意愿的形成。"[②] 从这些宪法规定可以看出，西方国家对政党的作用主要定位在选民意愿的集合和表达上。

从选民方面来看，政党是选民可以用来表达、满足或促进自己利益的重要渠道。西方国家的政党为了竞选，都要通过其全国性组织和地方组织、基层组织与选民进行沟通和接触。在选举期间，各政党还努力在基层选区发展和动员本党的政治积极分子或志愿者，鼓励他们挨家挨户地与选民进行沟通。执政党充分利用其掌管国家机器的优势，利用各种公共资源和工具，通过政策宣传和新闻发布等诸多手段和方式，尽可能地广泛宣传和解释自己的政治主张。反对党和在野党也利用议会监督和大众传媒等方式反映和表达其选民的政治愿望与要求。通过反映和代表选民的利益，政党从选民的认同和支持中获得了执掌或谋取国家政权或进行政治反对的合法性和政治力量。选举是民意集中和体现的过程，而民意是公共权力合法性的唯一源泉，政党通过纲领体现民意，通过选举构架起选民和政府间的桥梁。政党成了政治系统与外部环境、政治与社会双向交流的渠道。因此可以说政党的主要功能是在统治者和被统治者之间建立联系，这种联系既是自下而上的，又是自上而下的。政党的这种联系功能对于一个复杂的现代社会来说是必不可少的。

---

① 周威．法兰西宪法典全译．北京：法律出版社，2016：267.

② 《世界各国宪法》编辑委员会．世界各国宪法：欧洲卷．北京：中国检察出版社，2012：690，712，180.

2. 利益的聚合

政党是政治利益的聚合者，也就是说，通过政党的活动将各种错综复杂的、交叉凌乱的利益和愿望变成可操作的政策建议。作为利益的聚合者，政党聚合的是众多利益集团联盟或阶层的利益，通常是长远的和全局性的。“为了参选，政党通常会欢迎新的利益集团加入自己的阵营，允许它们表达意见或将其意愿写进党的纲领，这就赋予这些利益集团实际的和心理上的利害关系来支持整个政治体系。利益集团的成员感到自己有了代言人，自然就会产生为政治体系高效工作的内在要求和对整个政治体系的忠诚。”[①] 最开始这些利益要求和政治意识往往是分散的、肤浅的、多变的、模糊不清的，而政党进行利益聚合的过程，就是将各种特殊利益要求整合成整套可行的政策建议和方案，就是对各种不同利益进行选择、简约和综合的过程。政党扮演了社会与国家之间的一张过滤网，它决定哪些要求可以通过。这一过程在现实政治生活中，主要表现为政党通过对各种不同的、相互冲突的利益要求和政治意识加以梳理和整合，使之理论化、政治化、明确化，在此基础上以政党的政治纲领和政策的形式提出对选民关切的问题的解决方法，并通过宣传使其政纲被广泛地认同和接受，从而有效地凝聚了政党所代表的阶级、阶层或政治利益。因此，恩格斯指出：“一个新的纲领毕竟总是一面公开树立起来的旗帜，而外界就根据它来判断这个党。”[②] 在聚合利益方面，政党的功能与利益集团有区别，一般来说，利益集团仅仅收集和汇总利益，而政党要将利益“消化”下去，并随之提出建议，也就是说，政党不是简单地将社会要求反映出来，而是有所取舍。

3. 组织选举

政党的目的是掌握国家政权，维护本阶级的利益。在西方国家，赢得选举是政党操纵议会、控制政府的前提，也是合法执掌国家政权的依据，投入竞选是西方国家的政党参与、取得和保持政权的唯一合法手段和实现本党政治目标的唯一途径。因此，西方国家的政党就是“选举的组织”，整个政党就是一部选举机器。在选举年份，各个政党从中央到地方的各级领导机构的主要功能就是筹划和组织竞选。而在平常年份，各个政党的主要任务就是为下一次竞选做准备。从一些政党的发展过程来看，有的政党组织起来后即投入竞选，选举成功就可能继续发展，失败就可能迅速走向消亡；而有的大党如果在一次选举中遭到比较大的失败甚至可能造成政党的分裂。

为了赢得选举，西方国家的政党要做的事情主要有以下几个方面：第一，制定和提出竞选纲领。在选举中，每个政党针对选民所关注的社会、政治、经济问题，提出对策和施政纲领，并设计出简单明了、富有号召力与鼓动效果的口号，以吸引选民和获得选民的选票。奥巴马在2008年竞选中先后打出的“我们需要变革”“我们能够变革”的口号，是他最后获胜的一个重要武器，也成为竞选策略的经典。第二，挑选和提出候选人。为了最终在选举中获胜，政党都会挑选出最能适应当前社情、最能为选民所接受的候选人，候选人之间的竞争实际上就是政党间的竞争。第三，利用大众传媒，开动宣传机器。在竞选中，各政党都会大张旗鼓地宣传本党竞选纲领的合理与正确，抨击和揭露竞争对手的缺失与伤

① 迈克尔·罗斯金，等．政治科学．林震，等译．北京：华夏出版社，2001：217.

② 马克思，恩格斯．马克思恩格斯全集：第19卷．北京：人民出版社，1963：9.

疤，对国计民生问题进行简约化解释，通过民意调查测验影响选民的投票倾向，组织本党志愿者动员和提醒选民投票，等等。第四，筹集竞选经费，大搞金元政治。由于竞选的形式越来越五花八门，进入 21 世纪以来，西方国家政党用于选举的开支急剧上升。以法国为例，2002 年总统选举的费用上升为 2 亿欧元，比 1995 年总统选举的 1.33 亿欧元增长了 50.38%。这样庞大的竞选费用使法国的所有政党，无论是左翼还是右翼，都不同程度地陷入了财政危机，入不敷出，不得不千方百计地通过非法渠道寻找财源，导致了法国政党的腐败滋生和蔓延。[①] 在 2020 年美国总统和国会选举中，两党竞选总共花费了 140 多亿美元，堪称史上最昂贵的选举。第五，操纵制定选举规则。在选区划分、计票方法等问题上，促使实行有利于本党的规则，是西方国家主要政党操纵和影响选举的重要手段。在法兰西第五共和国的历史上，右翼的保卫新共和联盟曾为加强政府和总统的地位，削弱法国共产党的力量，积极推行单名制选区和两轮多数投票制。2010 年英国议会选举后，保守党和工党都没有遴获在议会下院的过半数议席，不得不考虑与第三党自由民主党谈判组成联合政府，而自由民主党则把进行选举制度改革、引入比例代表制作为组织联合政府的谈判条件，但工党和保守党的反应不是开点空头支票就是避而不谈。

4. 政治录用

政党为国家和社会选拔、推荐政治领导人，是西方国家吸引政治人才、录用官员的重要社会机制和渠道。如德国联邦宪法法院曾裁定，政党是向政府输送候选官员的政治组织，通过政党组织和选举程序才能形成人民的意志，并把人民的意志转变为国家的意志。在现代政治中，国家的领导人和主要官员都有政党的背景，有的直接推荐，有的间接支持。政治录用的机制，不仅体现在各政党在选举中为了赢得选举挑选和提供有号召力的候选人，而且更多地体现为政党通过有组织的活动，动员、吸收和储备社会精英与政治人才，通过在政党的活动中的锻炼和培养，在需要时把他们作为本党的公职候选人推荐给选民。这就是说政党推荐和提出本党的候选人，既是政党动员和发展政治力量、实现获取政权的政治目标的过程，同时也是国家政权进行政治录用和选拔政治精英的过程。一般来说，政党提名本党公职人员候选人的方式，与该党的组织结构和权力结构有关。在大多数欧洲国家，最普遍的提名方式就是由选区党组织决定，然后报送党总部批准。如英国保守党议员候选人名单由各选区决定后须送交保守党中央委员会通过，工党议员候选人名单由各选区工党组织挑选后送交工党全国执行委员会通过。此外，在另外一些国家如日本和丹麦，首先由选区党组织提名，然后由党的中央机构做出选择。不过，也应该看到，西方国家政党提名候选人员的过程呈现出权力下放的趋势，其中地方政党组织所发挥的作用、候选人个人的作用和广大选民的发言权和选择权日益增强。在 20 世纪以前，美国两大政党提名公职候选人都是通过政党骨干会议决定的，结果由少数党魁控制、操纵了候选人的提名过程。20 世纪初的进步运动中，由选民直接参加投票进行预选的做法逐步被大多数州所接受，结束了党魁对候选人提名的控制，使基层广大选民拥有了对提名的发言权。

5. 政治社会化

通过政党的政治宣传和政治教育，实现政治社会化。政治社会化是指人们通过社会政

① 吴国庆．法国政党和政党制度．北京：社会科学文献出版社，2008：350.

治生活或政治行动，逐步学习政治知识和技能，塑造和改变自己的政治心理和政治意识的过程。政治社会化所要传输的并不是全人类普遍意义上的知识技能、行为规范和道德准则，而是有关政治制度的信仰系统以及有关政治活动和政治运转模式的认识体系，是政治体系中主导的、观念形态的政治。任何政治都代表一定社会集团和阶级的经济利益，因此不可能不具有阶级倾向性。家庭、学校、教会、政党、工会、工作场所、大众传播媒介等，都可以成为政治社会化的场所和途径。这样，社会的每一个角落都具有政治社会化的功能，社会成员时刻都处于政治文化的渗透之中，其中，政党是人们实现政治社会化的最重要的组织机构。政党通过竞选宣传、政策声明和组织学习等方式，向党员、选民倡导或灌输某种政治价值或政治思想，培养或塑造公民的政治心理和政治人格，只有相当数量的人接受政党的政治文化才能使政党有更多的拥护者和追随者。对于政党来说，人们的政治社会化水平将直接地影响该政党的稳定与巩固，甚至是影响国家政权的安定。对于一个政党来说，如果人们没有接受政党的政治纲领、政策，就会对它不信任、不支持甚至是反对，它的政治目的就无法实现。政党教育党员如何认识和掌握“政治游戏”规则，学习公开演讲、组织会议和进行妥协，提高他们的政治能力。政党在培养和训练党员骨干分子领导能力的同时，传播本党的信仰、主张和观念，培养其对本党或现存政治体制的忠诚。

三、西方国家政党政治的运行

1. 政党政治运行的内容

随着近代国家民主政治和政党的发展，政党政治已经成为普遍的现象，成为西方民主政治的重要特征。政党政治的运行是通过政党活动介入国家政治活动过程，并影响和决定着国家政治活动。政党政治运行主要有以下几个环节：

首先，组建政党组织、宣传政党纲领和主张。虽然政党的这类活动都是为竞选获胜服务的，但是，现代政党为选举而展开的准备活动，其影响却超出了竞选获胜的目的范围。政党通过一些具体的工作，力图扩大本党在社会中的影响力，实际上也将本阶级、本集团的政治意识广泛地向社会传播，而政党对社会的广泛、深入的影响也体现在这一环节上。政党的这一基础性活动极大地影响了公民的政治心理和政治态度，对资产阶级政权合法性的获取有重要的意义。

其次，拉拢选民，角逐竞选。政党通过组织本党党员，影响广大公民参加竞选，极大地影响了西方国家的政治生活性质，这一活动成为西方民主政治过程的主体。

再次，政党竞争，轮流执政。西方国家少数强有力的政党通过单独或联合的方式，以夺取政权为目标参与政治竞争，并逐渐形成了轮流执掌国家政权的格局。夺得或维持政权的执政党，将本党的意志以国家意志的形式影响国家的社会、政治发展。而在野党也同样制定自己的反对性策略，为下一轮政治竞争做准备。

最后，通过政党分肥，掌握国家机关重要职位，并以此为基础，进而控制国家行政机关的运作过程。政党分肥，简单说就是执政党通过职务任命、政策制定和政治恩赐实现对本党党员、忠实支持者的利益分配。政治恩赐就是通过名誉头衔、工作岗位、政府合同、政府采购、政府补贴等方式，实现对国家、特定地区、机构、社会组织、公司和个人的控制和协调，目的是争取选民、获取政治资本，同时也是使本党的执政落实到具体事项上的保证。但是，这种制度有可能造成预算分配不公平和任人唯亲等乱象。

2. 政党政治运行的意义

在现代国家的政治制度中，政党政治发挥着至关重要的作用。无论是在选举还是在国家政策制定过程中，政党的身影都随处可见。政党政治的影响已经渗透到西方国家社会生活的方方面面，政党不仅不像美国总统华盛顿在200多年前所言的是社会分裂和政治动荡的祸首，反而成为现代西方国家代议民主和国家稳定的关键所在。政党政治在政治生活中有非常重要的意义。

首先，现代政党政治促进了政治与社会的双向交流。进入现代社会后，随着西方国家民主制度的普遍确立，反映不同社会利益要求的政党不断涌现，政党政治也日益向制度化方面发展。在这一过程中，政治选举成为各政党激烈较量的焦点，因为选举实际上是社会民意最重要的表达方式之一，任何一个政党只有在政治选举中获得胜利，才能表明它得到了社会民意的认可，其由此而获得的政治权力才具有合法性。为了在政治选举中脱颖而出，每个政党都会制定它认为最能反映社会大多数人政治和经济利益要求的政治纲领，这就使国家政治建立在了社会民意的基础之上。同时，为了最大限度地获得社会的支持，各个政党也都会采取一切合法的手段进行宣传，尽其所能使自己的政治理念和政策取向成为社会中大多数民众最后选择的目标，从而又使政治走向民间。总之，在现代西方国家中，政党政治在政治和社会之间构建了一个相互交流和影响的桥梁。

其次，现代政党政治保证了西方国家政府机构之间的有机联系。现代西方国家普遍确立的是分权与制衡的宪政体制，国家权力在行政、立法和司法之间分立并相互制约。虽然这一体制有效防止了专制和暴政的出现，但也具有导致政府各机构之间相互割裂的潜在危险。现代政党政治以政党为纽带实现了政府各部门之间的有机联系。总统制下，总统是当然的执政党领袖。议会制下，多数党党魁组阁。政党领袖和行政首长双重身份合一，使行政首长在法定的职权能力外，增加了其特有的控制能力。政党组阁时，往往把政府中的政治性职位授予本党党员，即依据在竞选中的作用和在党内的地位进行分配。职位授予权以及政党提名权的现实和潜在的权威，使行政首长增强了对下属政治官员的控制。文官制度的发展，政治与行政的相对分离，政党所能分配的职位相对减少，同时也强化了政治官员与政党共进退的特性。在行政与立法机关的关系方面，政党也发挥着控制和协调国会活动的作用。由此可见，在现代西方国家中，政党政治的运行实现了政府各机构之间的相互联系与协调，在一定程度上有效地防止了西方民主制度性的危机，保证了西方国家政治的稳定运行。

最后，现代政党政治有利于西方国家的政治制度实现自我调整。在西方政治制度中，任何一个政党要达到上台执政的最终目的，都必须遵守西方政治的“博弈规则”，即在公开的政治舞台上通过正当的合法竞争实现上台执政的目的。为了赢得社会民众的支持，政党必须时刻关注国家政治和经济的发展趋向，及时提出适宜的政策主张。即使是在上台执政后，执政党也必须根据社会发展现实不断地做出政策调整，否则，就极有可能被处于在野党或非执政地位的政党取而代之。从这一意义上讲，现代西方国家中出现的周期性的政党“博弈”，一方面为各个政党提供了执掌国家政权的机会，另一方面也强化了国家政治制度的自我调控能力。可以说，西方国家在 19 世纪构建的民主制度之所以能在现代社会中继续保持活力，是与政党政治密切相关的。

四、西方国家政党的组织机构

现代政党的一个基本特征就是它具有组织系统和领导机构，这是政党活动的组织保证。西方各国的主要政党由于国家的政治制度差异，其组织机构也各具特色。

1. 领袖

政党领袖是政党的领导人或领导集团，但西方国家政党一般都是个人领袖。[①] 在实行议会内阁制的国家，如英国，执政党领袖担任内阁首相，同时可以以党的领袖的身份领导本党议会党团活动，控制议会。执政党领袖变更，内阁首相也要随之变更。在实行总统制的国家，如美国，在总统选举中获胜的人自然成为执政党领袖，其作用和影响主要通过行使总统职权而发挥。总统选举中失败的政党，实际上由该党在国会两院的领袖来领导。但总的来说，美国的政党领袖在党内的作用有限，他们可以领导制定本党的纲领和政策，却不能约束本党党员的言行。一般来说，欧洲的政党领袖在党内的影响力比美国的政党领袖在党内的影响力要大得多。

2. 党的中央机构

西方政党的中央机构是全国性的组织领导机关，名称各异。英国工党的中央机构是中央执行委员会；保守党的中央机构是总部，包括议会党团成员、全国联盟执行委员会的代表以及保守党主席。美国民主党和共和党的中央机构是全国委员会，其中心工作是组织全国性的竞选，提出联邦和州的候选人和募集竞选经费。另外，美国两党还有全国代表大会，在每个大选年的 7 月下旬至 9 月初之间召开，主要负责确定党的总统候选人、通过党的竞选纲领。需要说明的是，西方国家的政党的中央机构与地方机构之间的关系，不是严格的等级从属关系，联系比较松散。党的中央机构还设置有党鞭（Whip），党鞭制度起源于英国，党鞭负责组织本党党员投票和维护本党党纪，是政党中的主要领导人之一。党鞭在立法机关中确保本党议员按要求参与议会议事，并按本党意志投票。党鞭需要督导本党党员遵循本党要求进行投票，而不是根据个人意志投票。党鞭为党纪的执行者，如果有本党议员违反本党规定，党鞭则会给予其相应党纪处分，最严重的结果可能会开除出党，使其不能再获得本党的支持，从而在下届议会选举中失去议员议席。

3. 党的地方分支和基层组织

为了进行广泛的社会动员，参加选举，联系公众，了解民情民意，西方政党都建立地方分支机构和基层党组织。在英国，政党的地方分支就是地方党部，主要负责地方党组织建设、进行地方社会动员和宣传、挑选和甄别候选人并向中央推荐、参加地方选举、筹集政治经费以及执行中央机构和领袖的决定等。美国的两党在各州建立了州委员会和市县委员会，主要职责与英国地方党部相仿。西方国家政党在基层（社区、选区、学校）也有党组织，但这些基层组织的组织性不是很强，多数是业余人员充任。基层组织的主要工作是联系选民和居民，做党组织交办的一些事务。

---

① 德国绿党倡导基层民主和集体领导，故实行双党魁制（2023 年 4 月为贝尔伯克和哈贝克），这是比较罕见的。

4. 党的辅助机构和外围组织

西方政党为了研究社会问题，扩大社会影响，联系和吸引公众，也建立和发展一些辅助机构和外围组织，这些机构和组织不是党的正式组成部分，但却为政党服务和工作。比如，美国和欧洲的许多政党建立有智库、俱乐部和政治行动委员会（PAC）等。智库通过深入研究相关政治议题，为政党提供一些前瞻性的政策建议。政治行动委员会则往往通过掌握的大量资金，为政党候选人进行广告宣传和其他的宣传活动，帮助候选人赢得选举。

5. 党组织之间的关系

西方国家的政党的组织关系比较复杂，有的政党组织比较严密，有的政党比较松散。各国社会主义运动中产生的政党，如社会党、社会民主党、工党和共产党等左翼或中间偏左政党，党的纪律较严格，党组织较严密，中央党组织对地方党组织和基层党组织的管理和监督也较为有力。美国的共和党和民主党，党的组织结构比较松散，党的纪律也不严格，中央党组织对地方和基层党组织的控制较弱。这些差别的产生，与政党的历史发展有关，也与选举制度有关。

6. 党内派别

西方国家的政党都允许党内派别的存在和派别之间的公开竞争，这些党内派别在政党的政策制定和候选人的提名等重大政治活动中发挥重要作用。美国由于独特的预选制度，两个主要政党在每次选举中，首先由党内派别在党内开展竞争，争取获得总统候选人以及议员候选人的提名。日本自民党更是党内派别竞争的典型，该党内部派系林立，各个派别都以政策研究会为正式的派别组织，并拥立某个资深的议员作为派别领袖，被人们形容为“战国群雄”的局面。早在自民党成立初期，就有岸信派、石桥派、三木派、河野派、佐藤派、池田派等八大派系。自民党成立近70年的历史表明，这些派系实际上是轮流坐庄，任何一个派系都不可能长期占据领导地位，而且派系不断分化、更迭改组，当选自民党总裁则必须在各大派系之间纵横捭阖，争取到多数的支持。根据2020年统计数据，日本自民党现有七大派系，按照众议员数量多少排名如下：清和会、志公会、平成会、志帅会、宏池会、水月会、近未来政策研究会，其中清和会是现在党内最大派系。西方国家政党内的派系之争，正如政党之争一样，既反映了西方国家统治阶级内部矛盾的复杂性，也反映了社会利益的多元化和利益表达方式的复杂性，体现了西方政党政治的民主特征。尽管派系斗争、竞争激烈，但是西方国家的政党一旦完成党内斗争和竞争，形成领袖集团或处于优胜地位的派系，就会暂时团结一致，共同对外。这既是政党内部规则的要求，也是取得和维护执政地位的政治现实的需要。

第四节　利益集团

一、利益集团的概念

在西方国家，普遍存在数量众多的、有正式组织和活动目的的社团，被称为“利益集团”。利益集团就是社会中的一些成员为了共同的利益而结合在一起，通过积极行动来达到共同目的一种社会组织。“每个人都是在各种各样的互动作用体系中活动的。”通常，人们把这种“互动作用体系”称作“集团”。“在多数情况下，集团之间的互动作用发生在一定的社会领域里，如工会、经济界、艺术界、文学界等。”[①] 利益集团也是一种社团，社团组织的根本特征在于它的互益性，因此，也可以将利益集团视为具有某些共同特征的人相聚而成的组织化程度较高的互益组织。利益集团还具有民间化的基本的组织特征，这个特征使其与政府组织区别开来。

利益集团具有一定的政治性质，它代表一定社会群体的利益，参与国家政治活动，从这个角度来说，它与政党类似。但它显然不同于政党，“政党的目标是在某种旗帜下去赢得公共职位，乃至赢得政权”，也就是说，政党是通过参加竞选、获得公共职位、赢得政权来发挥政治影响，实现自己的政治和社会目标；而利益集团“并不寻求取得政权”，而只是参与和影响政策的制定，“使自身利益在公共政策中得到实现”，这正是利益集团与政党最主要的区别。[②] 利益集团作为社会力量参与政治，主要通过言论和行动、通过与政党和政府机关的互动关系施加影响，反映和维护本群体的利益。因而，利益集团也具有同类相聚性、互益性的理论特性，在实践中它是民间性的组织化程度较高的社会组织。

利益集团的成员既可能来自同一行业，也可能来自不同行业。利益集团所追求的利益可能是特殊的，也可能是具有广泛社会意义的；其活动范围因追求的利益不同而不同，活动方式也是多种多样的。因此，利益集团不是一个纯粹的政治性概念。但是，多数利益集团都关注政府的某项政策，并且也都有可能向政府机构提出自己的要求。西方资本主义社会中名目繁多的利益集团，虽然大多数并非以政治利益为目的，且不力图掌握政权，但并不是与现实政治无关。西方资本主义国家中的各政党为种种目的都在设法控制或影响各种利益集团，各利益集团也都在设法借助或依靠某一政党或政治势力，以便获得支持。因此，离开现实政治斗争的纯利益集团是不多的，离开了现实政治斗争去研究利益集团的活动和实质也是不可能的。从这种意义上看，任何利益集团都是潜在的政治性社团，它们均主动或被动地对政府政策做出反应，推动符合集团利益的政策出台和实施。

综上所述，利益集团是具有共同的政治、经济、社会目标的社会成员，基于共同利益要求而组成的社会团体，其目的是维护自身的利益。它维护本团体切身利益的方式，是向政权机关施加影响或压力，因此，又被称为“压力集团”，而不是像政党那样，通过夺取或行使全国政治权力的方式维护本阶级和阶层的利益。利益集团可以是政治性的，也可以是非政治性的。压力集团有较强的政治性，是参与政治的利益集团。

二、利益集团的产生与分类

1. 利益集团的产生

客观地说，利益集团并非现在才有，但是利益集团的影响不断加强、数量急剧增长，成为西方社会各种势力影响政府和政策的主要方式之一，并形成利益集团政治，却是在进入 20 世纪，西方社会具备了一定的社会经济、政治条件以后。

---

① 莫里斯·迪韦尔热．政治社会学：政治学要素．杨祖功，王大东，译．北京：华夏出版社，1987：38－39.

② 谭融．美国利益集团政治研究．天津：天津大学出版社，2020：1.

首先，从经济方面看，西方工业革命以后，社会化的大生产带来了社会巨大变革。随着资本主义生产方式的发展，社会分工越来越细，为了保证资本主义生产的正常进行，社会生产的各个环节必须加强联系。日益复杂的分工，必然导致利益的分化。为了扩大生产、提高效率，资本主义生产的产业、行业、职业分工也更加深化和分化，形成更多的特殊利益要求。进入 20 世纪后，西方国家相继经历了由自由资本主义到垄断资本主义的发展和变化。进入垄断资本主义后，西方各国都出现了垄断组织和垄断利益，也出现了垄断竞争。许许多多的垄断组织有着不同的利益和要求，反映在政治上，就需要一种新的、与政党和代议制不同的政治工具来表达垄断利益。垄断资本主义对利益集团的影响是巨大的。

其次，从政治方面看，20 世纪，特别是二战以后，西方各国政府的权力和职能范围扩大了。这使得人们意识到，政治权力与自己的切身利益息息相关。政府对经济、社会的管理和干预逐步增强，政府的政策开始深刻地影响社会上不同人的切身利益。许多社会事务，如教育、医疗卫生、环境保护、养老保险等，已经不再是公民的私事。加上现代生活日益复杂，专业化的程度日益增强，公民作为个人影响政府和政策的能力大大减弱，这也促使人们结成团体，共同表达利益诉求。在这种情况下，西方国家开始出现一批利益集团，它们为了保护本集团的各种利益，通过各种方式影响政府决策，使本集团得到政府的保护或从政府政策中获利。其中，英国企业协会、英国造船联合会、美国制造商协会、美国商会、法国制造商协会、日本的经济团体联合会等都是在这一时期开始产生的。新的社会矛盾造成新的利益聚合。20 世纪 50 年代以来，西方经济经历了一个繁荣与发展时期，但同时也产生了新的社会矛盾。六七十年代，学生运动遍布欧美，而美国的反战运动、民权运动、经济危机和政治丑闻造成社会动荡，社会矛盾激化，传统的价值观和道德标准受到冲击，从而产生了“参与革命”，新的利益集团相继兴起。“利益集团不论是在数量上还是在活动上以及其所代表的利益范围上，都获得了爆炸式增长。”[①] 以德国为例，2001 年注册的各种协会多达 544 701 个。[②] 20 世纪 80 年代以来，由于美国经济霸权地位的衰落，美国与欧洲、日本和中国之间的贸易冲突加剧，是实行贸易保护主义政策，还是实行自由贸易政策，成为美国企业、劳工组织关注的焦点。以美国对中国的贸易最惠国（MFN）待遇为例，代表一些利益集团的议员反对给予中国贸易最惠国待遇，借口是“人权”问题，而实际上是为了保护美国的产品和劳工的利益。因此，可以认为，某一时期某些方面的利益冲突越剧烈，有关方面的利益集团的活动就越积极。

2. 利益集团的类型

西方国家的利益集团数量较多，种类庞杂。根据不同的标准，在理论上可以将其分类。

（1）特殊利益集团与公共利益集团。

根据利益集团组织目标指向与受益的对象，它们可以分为特殊利益集团和公共利益集团。特殊利益集团追求本集团的特殊利益。如工商界利益集团、金融界利益集团、农业界利

---

① 杰弗里·M 贝瑞，克莱德·威尔科克斯．利益集团社会．王明进，译．欧阳景根，校．5 版．北京：中国人民大学出版社，2012：17.

② 沃尔夫冈·鲁茨欧．德国政府与政治．熊伟，王健，译．北京：北京大学出版社，2010：39.

益集团、劳工组织，另外还有基于种族、性别、年龄等因素的特殊利益集团。其中，“就其调动资本、劳动力和资源的能力而言”，工商界利益集团“在主要的有组织利益集团中处于独特的地位”，“只有政府才能行使类似的同等权力，其他组织都不行”。[①] 公共利益集团追求对社会具有普遍意义的公共利益，如环境保护组织、消费者协会、和平组织等。

（2）“体制化”利益集团与“结社性”利益集团。

根据利益集团的体制特征，它们还可以分为“体制化”利益集团、“结社性”利益集团。所谓“体制化”利益团体是指那些被列入政治体制的利益群体，它们利用本身的强大组织，影响政治决策。例如文官、军队、教会等。由于有些“体制化”利益集团本身就能从政治决策中为自己牟利，所以它们有很大的政治影响力。“结社性”利益集团则是一般所讲的处于正式政治体制之外的组织，如雇主组织、工会和各种行业、专业协会以及基于民族、宗教甚至兴趣爱好等文化的共性而建立的社团。

知识链接

法国的五大工会

工会名称	建立时间	成员人数（人）
法国总工会	1895 年	710 000
法国工人力量总会	1948 年	300 000
法国工人民主联合会	1964 年	875 000
基督教工会联盟	1964 年	160 000
法国干部总会	1944 年	140 000

（3）经济性利益集团和政治性利益集团。

经济性利益集团是以追求和维护经济利益为主要目标的利益团体，包括各种商业、企业、工会、职业行业协会以及大的私人公司，这类团体有较强的经济实力、较大的组织规模和一定的职业优势，在政治上有较强的影响力。政治性利益集团是以追求和维护其成员的政治利益为目标建立起来的团体，它们的政治诉求往往打着“平等”“自由”“公平”“正义”的旗号。如在美国，“全国有色人种协进会”维护黑人和其他有色人种的平等权利，“摇滚投票组织”鼓励年轻人积极参与选民登记和投票。

（4）压力集团。

有一些利益集团，主要以向政府和社会施加压力为手段来实现自己的经济利益和政治目的，所以也被称作压力集团。这类利益集团之所以以向政府和社会施加压力为手段，是因为它们有“制裁手段”，比如教师罢教、工会罢工、商人罢市等。2023 年初，西班牙律师工会就带领律师群体罢工了两个月，造成超过 35 万起案件审理被暂停，并最终迫使政府就提高工资待遇与其达成协议。一般来说，政府对此类制裁手段非常敏感，所以压力集

① David McKay. American politics and society. 9th edition. New Jersey：Wiley-Blackwell，2018：316.

团的社会影响较大，一旦压力集团采取行动向政府和社会施加压力，就会对国家和社会造成较大冲击，影响公共生活和民生，因此，政府与压力集团打交道时不得不非常谨慎。

三、利益集团影响政治的主要方式

由于利益集团的宗旨就是通过影响政府决策来保护本团体的利益，为了使政府政策能反映本团体的利益要求，利益集团通常要通过各种形式，竭尽全力地介入政治系统的方方面面及其运转过程的各个环节。利益集团影响政府政策的制定主要有以下三种路径。

1. 直接向政府表达利益诉求，直接影响政策

直接向政府表达利益诉求可以采取以下几种方式：

利益集团如何直接向政府表达利益诉求

（1）请愿。请愿是一种常见的形式。请愿人以口头或书面形式把意见和主张直接告知决策人或统治者，是一种传统的影响政策的方式。政治请愿有时可能采取比较激烈的方式，如游行、示威、抗议、罢工等。

（2）寻找代理人。直接在政府中寻找代理人是一种更直接、更有效的方式。为了使政策对自己有利，各个主要的利益集团都要千方百计在政府决策机构中寻找或安插代理人、代言人。在某种程度上，一个利益集团的影响力大小，主要取决于它与政府联系的紧密程度。当政府代理人不容易直接找到时，与政治领导人、政治精英们建立良好关系就成为利益集团发挥影响的又一途径。在西方，经常可以看到，一些前政府高官们被企业雇用，那是因为这些政治精英们的“作用”被企业主们高度评价。

知识链接

2022 年度美国游说支出最多的十个组织

排名	组织名称	总游说支出（美元）
1	全国房地产经纪人协会	81 738 132
2	美国商会	81 010 000
3	美国药物研究和制造商协会	29 226 000
4	美国医院协会	27 086 084
5	蓝十字与蓝盾协会	26 937 752
6	亚马逊公司	21 380 000
7	美国医学会	21 060 000
8	企业圆桌会议	20 410 000
9	美国化学委员会	19 820 000
10	元公司（Meta）	19 150 000

资料来源：美国政治捐献数据库（https：//www. opensecrets. org/orgs/all-profiles），2023－06－16.

（3）院外活动。所谓院外活动，专指针对政府官员和议会议员的游说活动。在西方国

家的政治词汇里，对议会议员进行游说之所以通常被称为“院外活动”，是因为游说人员往往在议会议院外的大厅、休息室或走廊上等候，待议员出入议院大厅时即迎上前去向他们申诉自己敦促或者阻止某项立法的要求。在西方国家，由于政府预算、政府项目都要经过议会立法批准，受到议会监督，因此，对议会议员展开游说攻势成为西方国家利益集团政治中一种更为常见的方式。“院外游说者的任务首先是去影响议员……他们为议员提供文件和观点，从议员那里得知议会发展的情况。”[①] 进行院外活动的可以是利益集团的领袖、成员、工作人员，也可以是利益集团雇用的职业政治掮客，后者被称为“院外活动分子”，因为他们能对立法过程施加有效的影响，故而也被戏称为“走廊议员”。例如，在美国，对利益集团来说，“理想的院外活动分子”应该包括前议员、前政府官员以及华盛顿的律师等，这些人熟悉议会议事规则、程序和政治过程，了解法律的合法性，博学善断，熟谙礼仪，随机应变，善于公关。[②]

当一些利益集团感觉到自己的利益、愿望和要求被政治决策人所忽略时，它们也许会通过法院来对政策进行挑战。这一般是最后才使用的策略。

2. 通过政党影响政策

利益集团同政党的关系非常紧密，一些政党是利益集团的代言人，而有一些利益集团会逐渐演变为政党。利益集团对政党的支持可以是物质上的，也可以是精神上的。利益集团对政党的物质支持主要是政治捐助。当利益集团认定哪一个政党既同自己的利益一致，又有可能进入政策决策体制时，就会在金钱上给予支持。利益集团对政党的精神支持包括为政党作鼓动和宣传等。

政党也非常重视同利益集团的关系。有一些政党把利益集团的支持看成生命线，更有一些政党就是为某些利益集团服务和谋利益的。例如，1994 年，美国国会中的共和党领导层启动了一个“K 街项目”，K 街是华盛顿的一条游说公司扎堆的街道，该项目明显具有“党派偏好”，目的就是“偏袒共和党游说者，惩罚那些有民主党倾向的游说者”。对此，民主党人当然心怀不满，并且在 2006 年重新掌握权力时消除了对游说者的这种党派偏好。[③] 当然，政党同利益集团的关系在不同的政党制度里是不同的。在多党制国家里，利益集团同政党的关系比较公开和明显，也较为复杂。在一党制国家中，执政党一般避免同一个利益集团保持太紧密的关系，而总是宣称代表着全社会的利益。

当利益集团所支持的政党赢得选举并拥有政治决策权时，利益集团就能够得到回报。

3. 通过大众传媒影响政策

报纸、杂志、电台和电视台为利益集团提供了又一个表达观点、影响政策的渠道。从严格意义上说，通过大众传媒发出的信息是直接传达给公众的，而不是给政府的。因此，不是所有的利益集团都能够或喜欢使用大众传媒来表达自己的意愿。对于公共利益集团来说，大众传媒是一个很好的渠道，因为通过大众传媒，它可以刺激公共舆论，引起人们对公益的重视。大众传媒对自我保护型的特殊利益集团不太重要，因为自我保护型的特殊利益集团的愿望和要求大都是特殊的、局部的，有时还是见不得人、不能曝光的。

---

① 沃尔夫冈·鲁茨欧．德国政府与政治．熊伟，王健，译．北京：北京大学出版社，2010：54.

② 谭融．美国利益集团政治研究．天津：天津大学出版社，2020：101－102.

③ David McKay. American politics and society. 9th edition. New Jersey：Wiley-Blackwell，2018：315.

由于大众传媒的从业人员（记者、编辑）决定着在报纸、电台和电视上登载什么消息，因而，利益集团必须同他们建立联系。这就意味着利益集团必须首先让记者和编辑们得到满足，然后让他们倾向于自己的观点。一般来说，雇主协会的观点比工会的观点更易于为记者和编辑们接受与采用。因而，有一种说法十分流行：即使是在自由民主的社会制度里，新闻界从整体上看是敌视工人利益的。近年来，随着互联网的飞速发展，西方国家的一些利益集团把目光转向了网络平台，通过各种新媒体和社交媒体影响公众舆论，进而影响公共政策，并取得了很好的效果。

四、利益集团政治的影响与意义

利益集团对西方国家的内政外交都有着重大影响，无论是在福利政策、经济政策还是在军事工业方面，利益集团的活动余地都非常大。而在外交方面，利益集团的影响也处处可见。例如，美国总统里根上台之初，在宣布执行对苏联强硬政策的同时，解除了卡特政府实行的对苏谷物禁运政策，这主要是中西部农场主作用的结果，因为禁运一年就会使农场主损失 300 亿美元。美国政府在 20 世纪 90 年代屡次延长对中国的最惠国待遇，跨国公司的作用也是不能忽视的，尽管这样做是为了它们自己的利益。

在西方，人们如何看待利益集团影响政治决策呢？一方面，大多数政治学家现在都认为，“利益集团是政治进程中正常而必不可少的一部分，是向政治体系输送需求和支持的载体”[①]。另一方面，对利益集团的评价却众说纷纭。自由派认为利益集团为追逐特殊利益而常常忽视公共利益，这是违反民主原则的。激进左派认为，权力的主要来源是资本主义大企业，大公司董事会的决定常常最终成为国家的公共政策。而保守派则反对自由派和左派的指责，认为企业界并未垄断政府政策，倒是政府掌握着最重要的经济权力，政府的干预是企业方面产生垄断现象的最大原因，企业界摒弃了竞争原则而想依靠政府来保护自己。极右派更是反对政府干预经济，反对福利国家，认为这实际上等于实行社会主义；政府机构和职能的膨胀是劳工集团以及其他种族集团、教会和公共利益集团压力的结果，这是有意或无意地为左翼阴谋服务。中间派把利益集团的存在及利益集团在政治进程中的作用看作自由与开放社会的基本保证，不同的利益集团之间经过斗争，会在互相制约和妥协的基础上达到一时的平衡，这种平衡可以说就是某个问题上的公共利益。[②]

1. 利益集团对政党政治的冲击

利益集团在西方政治生活中出现并发挥日趋重要的作用，在很多方面开始替代政党成为政治体系的重要组成部分。利益集团在西方政治生活中兴起，改变了西方国家传统的以政党为核心的利益表达机制。这一现象说明，利益集团政治与政党政治相比，有其自身的优点，能够吸引公众参与和投入。

第一，西方政党在传统上都是代表阶级或集团利益，而阶级利益又比较抽象地表达为政治纲领和策略。利益集团则是以鲜明而具体的利益主张，直接地赢得本团体的认同和支持。政党的政策主张虽然在本质上可以反映利益集团的利益要求，但要么表达过于抽象含

① Milton C Cummings，Jr and David Wise. Democracy under pressure：an introduction to the American political system. New York：Harcourt Brace Jovanovich Inc.，1981：201.

② 李寿祺．利益集团与美国政治．北京：中国社会科学出版社，1988：21－24.

糊，要么被置于一个次等重要的地位，这大大降低了它的吸引力和号召力。利益集团的兴起表明现代西方政治生活中，人们对利益要求日益具体化，并要求及时得到满足，而政党传统的政治纲领以及政党轮流执政的机制，使其无法充分或及时地满足这些要求。政党靠政治纲领和策略来吸引选民的机制已经部分失效。

第二，由于主要靠运用政党纲领和政策来吸引选民，西方政党的群众基础相对模糊和不固定，有时在行动上容易造成不一致和低效的局面。而“利益集团相对于政党的最核心的优势在于，它们在个人非常关切的议题上为人们参与政治活动提供了直接、集中、没有掺杂其他因素的方式”[①]。利益集团内的成员有明确的利益要求，人员范围相对比较明确，行动容易达到统一高效。利益集团的兴起，表明政党的传统组织基础已经越来越不适应现代政治生活变化的要求。

第三，西方国家政党都是通过参加选举并赢得选举来获得或维持政权，从而影响政治和经济。而利益集团对政治生活的影响方式则是在时间和空间上都表现出多元化倾向。与政党只有在大选年中才能真正发挥政治影响和作用不同，利益集团的影响力渗透在政治体系运作的全过程，其中不仅包括选举、政府组成，而且还包括政府以及其他国家权力机关政策的制定、实施和反馈等。另外，政党对政治生活的影响主要集中在夺取政权、组成政府上，而利益集团的影响力则无孔不入，渗透到政治体系运作的各个环节中。总之，利益集团可以不受时间和空间的限制发挥政治影响。利益集团的兴起，表明西方国家政党的运行方式开始无法完全适应政治生活的演变。政治组织只有像利益集团那样多角度、全过程地介入政治生活，才能在复杂的政治运行中形成强大的影响力，也才能对社会成员更加有吸引力。

利益集团正是在这几个方面发挥自身优点，弥补了政党的短处。在现实政治生活中，利益集团在许多重要方面替代了政党的政治功能，使政党的中心地位受到严重动摇。面对自身的危机和利益集团的挑战，西方国家政党也开始忙于自我调整，克服自身在思想、组织和行动方式上的局限性，例如西方国家主要政党都将政治意识形态色彩淡化，将利益代表功能的强化以及行为模式的多样化作为改革的切入点。实际上，西方国家政党本身在发生变化，其变化的方向就是向利益集团所表现出来的特征靠近。也就是说，当代政党将愈来愈不像传统政党。

2. 利益集团政治改变和丰富了西方国家传统政治决策的机制

现代资本主义民主政治机制发生了比较重大的变化。公民一方面通过参与选举表达自己的政治要求，间接地参与政策制定过程；另一方面通过选举外的其他形式、方式和途径直接地参与政策过程。在这一系列形式、方式、途径中，利益集团政治是最重要的一种。从公民同政府的关系来看，我们可以发现当代资本主义政治同传统的资本主义代议民主制在政治机制上所发生的变化。公民、政党、政府间的关系并没有发生根本性的变化，公民仍然参与选举，在执政党的选择和政府的组成方面发挥他们所应该和所能够发挥的作用，但与此同时，公民通过广泛地参与利益集团及其院外活动直接地影响政府的政策制定。与传统的代议民主制之下的政治机制相比较而言，当代资本主义的政治机制变得更加复杂、

① 杰弗里·M贝瑞，克莱德·威尔科克斯．利益集团社会．王明进，译．欧阳景根，校．5版．北京：中国人民大学出版社，2012：92.

多元和丰富多彩。这主要源于集团利益的形成、国家权力的增强和扩张以及公民参政意识和参政能力的提高。

利益集团在接近议会和行政机构的过程中，事实上在起着重要的提供政策建议的作用。利益集团为了自身的利益，常常要对某一问题进行深入而细致的研究。它们搜集情报，并从社会、经济、政治和法律等各个方面提出论点来支持或否定议会或行政部门的观点。如果议员或行政官员要把这类工作做得像利益集团那样有价值，他们需要有一批更精通专业、数量上要比现在多好几倍的工作人员才行。这样，利益集团成为政府决策的好助手。

3. 利益集团政治扩展与深化了西方国家公民的政治参与

在传统的代议民主制时期，普通公民的政治参与是间断的、有限的，主要形式就是定期地参加选举投票。而到了当代，普通公民的政治参与已经扩展和深化了，普通公民通过利益集团及其院外活动的形式直接地参与公共政策的制定。这种政治参与的新形式体现在公民具有了一种新的合法化和制度化的参政形式，他们不满足于参与选举，他们更要参与具体的政策制定，这种政治参与形式无疑是对传统的代议民主之下的政治参与在参与的范围、领域、内容等方面的扩展和深化。

西方社会是一个利益多元化的社会，这就决定了利益集团的首要作用是代表和集中各种利益的作用。利益集团是社会中的一些成员为了共同的利益而结合在一起的社会组织。共同的利益就会促使具有共同态度的人组织起来；而许多利益集团通过不同的手段在其成员中又起着统一观点的作用，由此形成共同的目标，确定哪些是主要目标，打算如何实现这些目标。不仅如此，集中各种利益还意味着利益冲突的不同利益集团之间讨价还价，相互妥协以达成一致的意见。例如，常见的企业和工会间的谈判。利益集团之间的冲突和妥协，使得各方利益更充分地表达，有利于政府最终做出正确的决策。

4. 利益集团政治成为一种新的权力制约机制

利益集团政治是传统的西方民主政治权力制约机制的补充和发展。西方资本主义政治，遵循着一些基本的政治哲学原则和制度运行原则，如私有财产不可侵犯、公民主权、权力分立与制衡、法治、权利平等与政治自由等。西方资本主义的政治制度结构、权力结构、决策机制以及其他政治形式、程序、方式、途径等，都从根本上体现这些原则。在传统的代议民主政治之下，这一原则主要体现为不同的国家机关之间权力和责任的相互制约与平衡。20 世纪以来，随着国家以积极的经济及社会生活的主动参与者和干预者的身份出现，传统的国家机关之间的权力制约机制就远远不能满足资本主义政治的内在要求了。当行政权力不断扩张，当政府只能不断扩大，谁来制约这只看得见的手？利益集团政治的出现恰恰填补了这个空白。

政治权力的制衡不仅来自政府内部，还需要政府外力量的制约，这就是以社会力量来制约政治权力。社会是一个由利益集团组成的综合体，政府的政策是不同的利益集团在政府内外互相影响和斗争的结果。在《政治过程》一书中，戴维·杜鲁门把利益集团看作“民主政治进程不可缺乏的组成部分”，强调利益集团接触政治决策者是西方式民主政治的体现。[①] 政治的真正意义在于两次选举之间的决策过程，因而，要给政治一个令人信服的

① 奥恩斯坦，埃尔德．利益集团、院外活动和政策制订．潘同文，等译．北京：世界知识出版社，1981：252－254.

概念，就必须考察各集团、各种利益和政府机构之间的相互关系。这就意味着，在多元化的西方社会，利益因素驱使利益集团向政府施压，这种压力有时会改变政府或统治阶层的政治偏向，而使政治决策更理性。例如，在对待中国的最惠国待遇问题上，与人权问题挂钩是意识形态偏见的表现；而 1994 年克林顿政府把人权与最惠国待遇问题脱钩也正是利益集团施压的结果。[①] 因此，独立的社会组织（利益集团）不仅是统治过程民主化的一个直接结果，也是民主过程本身运作所必需的，其功能在于使政府的强制最小化，保障政治自由，改善人的生活。

5. 西方国家对利益集团的规范和吸纳

利益集团能量巨大，其影响几乎无所不在。而且，利益集团在院外活动中，为了达到影响立法的目的，不可避免地会“以集团的财力资源为敲门砖，采取招待乃至贿赂等手段”，导致腐败案件的发生。[②] 面对利益集团的巨大影响，西方国家和社会对利益集团也做出相应的反应。首先，西方各国政府机构制定了一些利益集团活动的政策规定，用以规范利益集团的行为。例如美国于 1946 年出台的《联邦院外活动法》，要求院外活动的集团和个人必须向国会登记，定期报告活动经费，并在国会记录中公布。其次，除了利用法规、政策来规范利益集团活动外，西方国家政府还将利益集团的代表吸收进政府机构，例如法国和意大利在二战后分别建立了经济和社会委员会、全国经济和劳工会议，负责向政府提出有关经济和社会方面的咨询建议。另外，西方国家政府还让一些利益集团拥有公法权力，参与一定的国家事务的管理，比如英国的律师协会在律师管理和自律方面，享有相当于政府机关的权力。总体上看，利益集团在西方民主政治中发挥了很大的作用，但也引发了一些问题，例如导致政策偏向某些特定的利益，以及可能造成政治腐败和贿赂等问题。因此，西方国家也通过立法加强了对选举资金的监管，以确保利益集团的活动合法、透明和公正，也确保其在西方民主政治的框架内正常运转。

利益集团政治及其所反映出的政治机制方面的变化对于西方资本主义政治的存在和发展至关重要，但这并未改变资本主义政治的基本性质。它最终服务的还是私有财产制度。正如资本主义政治制度中的其他具体制度一样，利益集团政治尽管也可以成为劳动者阶级表达利益和要求的一种途径，但是，归根结底它必然成为有产者阶级的政治形式。

在线自测

扫一扫　练一练

① David M Lampton. America’s China policy in the age of the finance minister: Clinton ends linkage. The China quarterly, 1994, 139.

② 谭融．美国利益集团政治研究．天津：天津大学出版社，2020：102.

第五章 西方国家的议会制度

议会制度是现代西方国家民主制度的支柱之一。议会的产生、形成和发展对资产阶级民主国家的建立产生了深远的影响。“资产阶级的共和制、议会和普选制，所有这一切，从全世界社会发展来看，是一大进步。”① 议会制度从萌芽直至今天，已发展成为一种较为完善的国家政治制度。20世纪以来，随着西方国家职能的扩大和行政权力的扩充，“议会至上”的传统地位和权力被削弱，西方国家的议会制度也在不断变化中。

第一节 议会制度的产生与发展

议会，也称国会，是现代西方国家的代议机构（民意代表机关），议会制度也是代议制实行的具体形式。议会是资产阶级革命的产物，是资本主义政治发展的必然结果。西方各国议会在国内的法律地位和职能不完全相同，但各国宪法和法律都规定了议会是国家的最高立法机关。

一、西方国家议会的起源

议会的“胚胎”是中世纪后期的封建等级会议，它首先出现在英国。1066年诺曼底公爵威廉征服英国后，建立起强大的封建君主集权统治，而这种统治是通过御前会议这个咨询机构进行的。御前会议主要包括三部分人：世俗贵族、教会贵族和王室官员集团。国王通过御前会议进行司法审判，调处贵族与国王之间以及贵族与贵族之间的矛盾。到亨利二世时，御前会议主要以“大会议”（parliament）的形式活动，其职能也发生了重要变化。由于大会议被亨利二世作为推行君主集权改革的工具，因而它的政治职能日益强化。国王在每一项改革措施出台前或讨论重大政治问题时，总要召集大会议，与教俗大贵族协商后作出决定。这时的大会议已经表现出下述特征：第一，对于国王提交给它的任何重大政治问题，大会议都可以自由讨论；第二，通过大会议确定和颁布有关教士特权的习惯，使它具有了一定的立法功能；第三，大会议充当了国家最高法庭，进行司法审判。后来，随着大会议越来越多地讨论、协商、处理重大政治事务，会议更加频繁，而且随着贵族力量的增强，贵族的参政意识也越来越强，并把大会议当作与国王进行讨价还价的舞台，大会议也就具有了贵族会议的性质。

中世纪欧洲贵族和王权的斗争非常激烈。当王权强大时，可能会把君主制度推向极

① 列宁．列宁选集：第4卷．3版．北京：人民出版社，2012：38.

致，建立统一的君主专制政体，从而破坏贵族赖以生存的封建权利义务体系，这就必然会引起贵族的抵抗乃至叛乱。1215 年 6 月，英国的贵族联合武装反抗国王约翰一世，约翰一世被打败，接着贵族聚集在伦敦，迫使约翰一世签署了一份历史性的文件，这就是《大宪章》。它的主要内容有三个方面：第一，宣告国王无权擅自征税，除传统的封建捐税外，任何赋税的征收都须“经全国公意许可”，实际上就是要获得大会议的同意；第二，宣告国民有协商的权利，征税、立法等都应与国民普遍协商，征得全国人民普遍同意，为此国王应召集教俗贵族和其他有关人员进行咨询；第三，确立了“王权有限”的原则，宣告王权应受制约以及国民有权合法驱除暴君。此外，它还宣告了国民享有人身自由的权利，规定国王对自由民不得非法拘留、监禁、没收财产、剥夺法律保护权，或加以放逐、伤害、搜查、逮捕等，这些规定为后来的人权发展奠定了法律基础。《大宪章》在英国议会史上最有意义的是，规定一个由 25 名贵族组成的委员会有权随时召开大会议，大会议有权对国王行为是否正当做出裁决。这个教俗贵族参加的大会议就由作为国王工具的御前会议转变为能与国王相抗衡的贵族会议，这也意味着 25 人的贵族委员会可以通过召开大会议对国王进行监督，对国王掌握的行政权力进行制衡。同时，《大宪章》的这些内容表明，它虽然只是一份文件，但具有法律的性质，“它居于国王之上，连国王也不得违反”[①]。

13 世纪中叶，大会议的构成发生了一个重要变化，即大会议里先后增加了乡村骑士和城市市民代表。这个变化最初发生于 1258 年 6 月在牛津召开的大会议，大贵族逼迫国王通过了激进的政府改革文件《牛津条例》，除了规定大会议每年定期召开 3 次会议外，还规定每个郡选出 4 名骑士，负责监督地方政府工作。但是，没过多久，亨利三世下令取消该条例，再次引发了贵族的叛乱。1264 年，以西门·德·孟福尔伯爵为首的贵族反对派击败国王，对国家的控制权实际上落入以西门为首的大贵族手中。为了应对当时国内外的政治形势，西门决定寻求平民支持，以加强自己的统治地位。1265 年，在威斯敏斯特召开了著名的“西门国会”，参加这次会议的除了教俗贵族外，还有每个郡派出的 2 名骑士代表和每个城市派出的 2 名市民代表。“西门国会”标志着大会议的性质实现了由贵族会议向等级代表会议的转变，也意味着骑士阶层以及社会等级更低的市民开始走上全国的政治舞台，这一方面是因为随着工商业发展，英国的社会经济结构发生了重要变化，另一方面则是因为贵族在与王权对抗中需要寻求第三种力量的支持。第三种力量的进入，也导致大会议的结构发生变化，逐步形成了教会贵族和世俗贵族与市民和骑士分开集会的格局，由此形成了贵族院和平民院，即上议院和下议院。

和英国相似，法国几乎在同时也出现了封建等级会议，这就是法国历史上的“三级会议”。法国的等级划分比英国更为严格，高级僧侣称第一等级，世俗贵族称第二等级，城市市民称第三等级。第一次三级会议是在 1302 年菲利普四世时召开的，三个等级的代表各自独立为一院，分别开会，遇有政见不一致时，由三院一起投票决定，尽管第三等级所代表的人口远远多于僧俗和贵族，但每院都只享有一票权利。当时之所以召开三级会议，是因为法国正对外交战，财政不支，而菲利普四世向法国教会征税遭到罗马教皇拒绝，不得不召集各等级代表寻求支持并筹款。通过三级会议增加财政收入的方法也被后世许多封

① 温斯顿·丘吉尔．英语国家史略：上册．薛力敏，林林，译．北京：新华出版社，1983：234.

建主效仿，17 世纪以前，法国国王和地方政府多次举行过这种形式的等级会议。但法国三级会议的发展却不如英国的大会议那样顺利，它从未成为一个常设机构，无固定会期，什么时候召开完全取决于国王的意志和筹款需要，一旦财政危机或国家危机消除，三级会议就停止，而且它也没有立法活动。由于法国君主专制制度的高度发展，三级会议长期中断，从 1614 年开始的 175 年里没有召开三级会议。直到 1789 年，法国出现了深刻的社会和政治危机，国王路易十六才被迫重新召开了三级会议。

二、现代西方国家议会的产生

现代议会制度在渊源上固然可以追溯到中世纪等级代表会议，但严格而论，它并不是等级代表会议的简单继承，而是资产阶级革命的产物。

1. 英国议会的产生

都铎王朝时期（1485—1603 年），大会议虽然仍是等级代表组成的议会，但封建国王为了巩固和发展自己的权力，不得不利用议会来拉拢贵族、争取市民支持，从而实现对国家的统治。而贵族则把议会作为限制王权、保障封建特权的重要工具，同样，新兴资产阶级也需要一个强有力的政府来保证统一的市场和资本原始积累的顺利进行，因而愿意通过议会支持王权，同时也利用议会来争取和保护自己的权利。于是，议会充当了国王与教俗贵族、市民三方进行博弈的政治平台，结果一方面都铎王朝强化了君主权力，另一方面议会地位和权威也有所提高。因此，都铎王朝是一个议会与王权共生共荣的时代。经过这一百多年的发展，“王权有限”和“王在议会中”的观念已广为人知，成为英国政治传统的重要内容。但是，随着资本主义的发展和资产阶级力量的壮大，议会必然与王权的专制主义发生尖锐的对抗。到了 16 世纪，议会特别是议会下院的独立性逐步增强，议会与王权的冲突时常发生。伊丽莎白一世统治时期，下院与王权的冲突日益频繁，资产阶级和资产阶级化的地主、贵族开始把议会作为捍卫自己利益、进行反对封建统治斗争的公开场所，斗争也更加激烈，愈来愈具有阶级对抗的性质，“市民阶级与封建阶级的蜜月”结束了。

1603 年，苏格兰国王詹姆斯·斯图亚特继承英国王位，英国进入斯图亚特王朝时期。詹姆斯一世（1603—1625 年在位）对法国和西班牙等国的绝对专制王权推崇备至，无视英国的政治文化传统，根本不把议会放在眼里，曾三次解散议会；他不关心英国的海上贸易，不重视建设海军，引起了资产阶级和新贵族的强烈不满。查理一世（1625—1649 年在位）继位后，与议会的关系更加恶化，由于议会不同意随意征税，他竟然于 1629 年解散议会，开始了长达 11 年的“无国会”时期。在此期间国王横征暴敛，为所欲为，导致各种社会矛盾迅速激化，并最终引爆了苏格兰人民起义。1640 年，为了筹措军费，镇压起义，国王不得不于 6 月重开议会。早已对查理一世感到愤怒的议员们强烈抨击国王及其宠臣的暴政，查理一世气急败坏，再次将议会解散，使得这次议会只存在了三个星期，史称“短期国会”。结果局势更加紧张，全国各地纷纷要求召集议会。在这种情况下，新议会于 11 月开幕，这次议会一直保留到 1653 年，史称“长期议会”。长期议会开幕后，反王权的力量在下议院通过了一系列激进的法律、法令：一是通过了《褫夺公权法》，以叛国罪处死了国王的帮凶；二是撤销国王镇压异己的星座法庭和其他特权法庭；三是宣布废除一切未经议会同意的非法税收，并废除国王终身征收关税的特权；四是通过《三年法案》，规定至少三年召开一届议会，未经议会同意国王不得解散或终止其会议。1642 年，下议院又通过了一系列进一步的政治要求，其中最重要的内容就是国王只能在议会所信任的人中任命大臣和政府高级官员。[①] 长期议会的措施表明，英国的大会议已经由等级会议转变成为资产阶级议会，成为与国王权力分庭抗礼的另一个权力中心。双方最后终于刀兵相见，内战爆发。战争的结局是议会组织的军队获得胜利，查理一世被俘。1649 年 1 月，国王查理一世被送上断头台，随后君主制被废除，“无用而又危险”的上议院也被废除。此后，经过斯图亚特王朝短暂的复辟，议会又恢复了两院制。但是，复辟王朝的倒行逆施迫使资产阶级和新贵族发动了 1688 年的“光荣革命”。这场不流血的“光荣革命”所达成的最重要妥协就是：一方面议会承认威廉三世和玛丽二世共同统治英国，另一方面威廉三世接受议会提出的《权利法案》，确立了立宪君主政体。《权利法案》以及 1694 年通过的新的《三年法案》、1701 年的《王位继承法》是这期间最为重要的法律，它们规定：议会至少三年召开一次，每届议会不得超过三年；未经议会同意国王不得停止任何法律或停止法律的实施；未经议会准许，国王不能征收赋税；未经议会同意，国王不得招募或维持常备军；议员在议会内有演说、辩论和议事的自由；议员应通过自由的选举产生，臣民享有向国王情愿的权利；等等。至此，英国终于确立了议会高于国王的地位。此后，英国王权继续衰落，而议会权势不断上升。1831 年，辉格党政府提出议会改革法案，经过议会内外的斗争，这项法案于次年生效。议会改革法案调整了选区，向新兴工业城市分配或增加了下院议员席位，并改变了选举的财产资格限制，使多数资本家获得了选举权，保证资产阶级的代表进入下院。所以，恩格斯认为“1831 年的议会改革是整个资本家阶级对土地贵族的胜利”[②]。到 19 世纪 30 年代，议会取得了至高无上的地位，成为英国国家政治生活的中心。

2. 法国议会的产生

法国是在大革命中完成了由等级会议向资产阶级议会的转变的。18 世纪下半叶，法国封建专制制度出现深刻危机，迫于内政和外交的压力，国王路易十六于 1789 年 5 月重新召开三级会议。路易十六召开会议的目的是要向第三等级征收新税，并提出以增加第三等级代表的名额作为交换条件。第三等级对此并不满足，遂提出取消等级划分、三个等级代表联合开会和按人数表决等动议。对于这些动议，路易十六武断拒绝，于是第三等级代表退出三级会议，单独开会，并在 6 月 17 日宣布它本身为国民议会。路易十六准备用武力解散国民议会，得知这一消息的巴黎市民于 7 月 14 日举行起义，攻占了象征封建统治的巴士底狱，法国大革命由此爆发。三级会议宣告解体，国民议会开启了法国资产阶级议会的历史。

国民议会召开后，通过决议宣布立法权不可分割，立法权属于国民议会，国王不得干预国民议会的权力，国王无权否决国民议会通过的一切决议。接着，国民议会又自行改称制宪会议。1789 年 8 月 26 日，制宪会议通过并颁布《人权和公民权宣言》（即《人权宣言》），宣告了人权、法治、公民自由、平等和保护私有财产等资本主义的基本原则。此后，

① 阎照祥．英国政治制度史．北京：人民出版社，2012：155－157.

② 恩格斯．英国工人阶级状况//马克思，恩格斯．马克思恩格斯选集：第 1 卷．3 版．北京：人民出版社，2012：71.

制宪会议又颁布了一系列法令和措施，废除封建等级制，取消行会制度，没收并拍卖教会财产等。以路易十六为代表的法国封建专制势力极力抵制革命。1791年6月20日，路易十六乔装出逃，企图勾结国外力量扑灭革命，中途被识破并被押回巴黎。被激怒的广大人民群众要求废除国王，实行共和，但君主立宪派反对继续推进革命，主张保留国王。9月，在君主立宪派的主导下制定了1791年宪法，规定法国实行君主立宪制，常设的一院制的国民议会“协同国王的批准”行使立法权，而“最高行政权专属于国王”。但是，路易十六仍然对抗国民议会的立法行动，企图恢复君主专制制度，国民议会终于失去了对国王的耐心。1792年8月，法国人民举行了第二次起义，结束了君主立宪制，成立了共和国，即为法兰西第一共和国，并经过选举成立了新的立法机关——国民公会。国民公会积极开展制定新宪法的工作，1793年6月，国民公会通过了新宪法的草案，随后举行公民投票，通过了新宪法，是为1793年宪法。可是，公民投票的结果表明，弃权者多达430万人，远远多于180万的赞成人数。结果，这部宪法被搁置，“放入国民公会大厅内的一个盒子里”①。但是，1793年宪法宣布主权属于人民，最高立法权属于由直接选举产生的立法会议，规定了以议会为核心的政治结构，被认为是最能体现人民主权精神的宪法，奠定了法国现代议会制度的基础。

3. 美国国会的形成

美国是一个由移民组成的国家，没有封建主义的传统，也没有封建等级会议的历史。一方面，美国是由原英国殖民地独立后形成的国家。独立前，各殖民地都以某种形式承认英国的主权和英国国王的最高统治权。因此，北美的殖民地都有一个经英国国王任命或批准的总督。另一方面，在17世纪初北美建立殖民地的过程中，英国的议会政治已经逐步成熟，于是殖民者就把英国的代议制理论和实践经验带到了北美，使各殖民地都建立了议会。除宾夕法尼亚州外，各个殖民地议会均实行两院制，下议院均由选举产生，上议院或由选举产生或由英国国王任命。议会有权制定法律、法令，但殖民地议会下议院的地位和权力都很弱，而且立法不得与英国的法律冲突。总督掌握殖民地的行政权，并监督议会的立法，代表英国政府行使对殖民地议会立法的否决权。

1756—1763年的“七年战争”后，英国陷入财政上的巨大困难。英国政府和议会为了把财政负担转嫁到殖民地人民身上，在十年的时间里颁布了一系列针对北美殖民地“不可容忍的法令”。这些法令的现实目的就是强征暴敛，政治上则是要炫耀英国议会对殖民地的权力。这样，北美殖民地与英国之间的关系日趋恶化。经过代议制理论熏陶与实践的殖民地人民认为，人民选举的代表组成议会，是要保护人民的权利，其中最珍贵的就是财产权，而征税就意味着剥夺财产。但是，英国议会里没有殖民地人民选举的代表，却要向殖民地人民征税，这意味着未经殖民地人民或其代表的同意而夺走其财产。为此，殖民地人民提出了“无代表不纳税”的口号。然而，英国政府所采取的压制政策不断升级，最终导致北美殖民地与英国彻底决裂。1776年7月4日，来自13个殖民地的代表召开第一届大陆会议，通过了由杰斐逊起草的《独立宣言》，宣告解除对英国国王的一切效忠，废除与英国的一切政治联系，各殖民地成为自由而独立的国家。独立后的这些国家都很自然地

① 郭华榕．法国政治制度史．北京：人民出版社，2005：128.

拒绝了原宗主国的君主制度，建立了共和政体。鉴于殖民地时期的经验，独立后的一段时间里，各州盛行“议会至上”的理论，关注对行政权的防范，把行政权力置于议会的严格监督和控制之下。

独立后的第二年，第二届大陆会议通过了《邦联条例》，但由此产生的美利坚邦联并不是一个真正的统一的国家。它是由13个独立的国家组成的“一个脆弱的友好联盟，而不是一个国家的政府”，好似一个“头脑听从四肢的怪物”。[①] 邦联也建立了一个议会式的机构即邦联议会，但其权力非常有限，运行机制也十分脆弱。面对独立后出现的国内外复杂问题，邦联议会实际上很难有所作为。这种情况引起政治精英们的忧虑和思考，在他们的推动下，来自各成员国的代表于1787年5月25日在费城召开了制宪会议，决定建立一个统一的国家和强大有力的政府。在制宪会议上，代表们毫不犹豫地决定采用议会制度，并在113天的时间里对美国的议会制度进行了讨论和设计。宪法经制宪会议通过后又交给邦联的各国批准，于1788年7月2日由邦联议会正式宣布生效，联邦制的美利坚合众国宣告诞生。1789年4月初，经选举产生的第一届联邦国会成立并开始工作。根据宪法，“立法权属于由参议院和众议院组成的合众国国会”，这就是说，美国国会实行两院制。

三、西方国家议会的发展

西方国家的议会产生以后，它的发展大致经过了三个时期。

1. 西方国家议会的建立时期

17、18世纪，欧美主要国家相继爆发资产阶级革命，资产阶级的议会成为国家政治的中心。这个时期资产阶级一方面要摧毁封建旧制度和王权专制，另一方面要建立适应资本主义发展、反映资产阶级要求的新制度，因此，这个时期的议会政治具有以下基本特征：

第一，以夺取政治权力、巩固资产阶级革命成果为主要政治任务。巩固资产阶级对国家权力的占有，继续清除残存的封建制度，为资本主义的发展开辟道路，就成为西方各国议会的首要任务。英国资产阶级革命后，资产阶级控制的议会通过立法将制定法律和同意政府预算开支的权力确定为议会所有。法国第三等级抛开三级会议，自行组成国民议会，并通过制定的宪法和颁布的一系列法令，废除封建专制和等级制度，进一步彰显了议会的权力。美国资产阶级革命和独立战争的领袖们，经过了从议会至上到三权分立制衡的探索，在制定宪法时对未来议会的组成、结构、运行机制以及议会与行政部门的制约平衡机制进行了充分的讨论和精心的设计。

第二，重申启蒙时期所确立的资产阶级的基本政治原则，包括人民主权、自由、平等、法治和人权等。西方国家议会建立之初，有关议会的重要制度都反映着民主政治的基本精神。如英国议会1689年制定的《权利法案》、法国1789年制宪会议通过的《人权宣言》、美国国会通过的宪法前十条修正案（被称为《权利法案》），都明确宣告或体现了主权在民、保障人权、促进平等、张扬法治的精神。

第三，议会不断加强权力，完善其内部的各项制度和规则。在此期间，还存在残余的

① 转引自谭君久．当代各国政治体制：美国．兰州：兰州大学出版社，1998：21.

封建势力，且在有的国家王权还在继续与议会较量，因此资产阶级通过加强议会权力来巩固本阶级的统治，并通过斗争与妥协相结合的策略，一步一步地限制和削弱王权，逐步确立了议会在国家政治中的中心地位。

2. 西方国家议会权力的全盛时期

进入19世纪，与自由资本主义的发展相适应，议会政治也逐渐成熟。西方主要国家的议会进入了全盛时期，有的国家甚至标榜“议会主权”。

英国的议会进入“全能时期”是在19世纪40—60年代，议会不仅是国家的最高立法机关，而且是最高权力机关，不仅制定和修改普通法律，还制定和修改宪法性法律，在国家政治生活中居于至高无上的地位。英国宪法学家戴雪认为，议会享有不受限制的“法律主权”，“英国法律不承认任何团体或任何个人拥有推翻或废止议会立法的权力”。① 在法兰西第三共和国（1870—1940年）和第四共和国（1945—1958年）时期，法国实行强议会、弱政府的体制，一直是以议会为国家政治生活中心，议会不仅拥有立法权、财政权，而且拥有组建和更迭政府的权力。在美国，虽然实行严格的“三权分立”体制，国会与行政、司法部门相互平行而制衡，但在19世纪，国会通过各常设委员会控制着政府各部的大小事务，“国会不仅保留了它原来已有的权力，……它的任务和职责越来越多”，实际上形成了“国会至高无上”的体制。② 考察英、法、美三国议会发展的历史，议会全盛时期的到来，正是与资本主义大工业的发展相联系的，恩格斯指出，“凡是大工业代替了工场手工业的地方，工业革命都使资产阶级及其财富和势力最大限度地发展起来”，结果，“资产阶级在社会上上升为第一阶级以后，它也就在政治上宣布自己是第一阶级。它是通过实行代议制而做到这一点的”。③

3. 西方国家议会的功能调整时期

20世纪以后，西方国家议会的权能有了新的调整。这些调整适应了资本主义从自由向垄断的变化。这个时期的调整主要有以下特征：

第一，议会的最高权力机关的地位受到挑战，其传统的立法功能有所削弱。英国虽然在法理上仍然奉行“议会至上”原则，但实际上议会早已丧失了作为最高权力机关的地位。而在美国，实行的本来就是三权平行而制衡的体制，不存在所谓最高权力机关。在法国，1958年后第五共和国实行的半总统制使得总统地位上升，凌驾于立法权和行政权之上。第二次世界大战后，由于各国行政集权发展的共同趋势，议会的立法功能被削弱，立法的范围有所缩小。虽然政府创议的任何法律议案，最终还是要经过议会审议，且只有以法定程序通过后才能具有代表“公意”的权威性，而政府的行政立法也必须基于议会的授权，同时议会还可以对委任立法施加影响和控制，但政府也可以通过提出立法纲领和立法计划、影响议员的投票意向以及行使否决权来影响和干预立法，从而在立法过程中获得更多的主导权。

第二，随着西方各国行政权的膨胀，议会的政治生活和政治决策的中心地位不复存

① W I 詹宁斯．法与宪法．龚祥瑞，侯健，译．北京：三联书店，1997：98.

② 威尔逊．国会政体：美国政治研究．熊希龄，吕德本，译．北京：商务印书馆，1986：175，8.

③ 马克思，恩格斯．马克思恩格斯选集：第1卷．3版．北京：人民出版社，2012：299－300.

在。20世纪后，西方国家的行政权逐渐成为国家的决策中心，议会则沦为行政决策的配合者，亦即如马克思所指出的“议会形式只是行政权用以骗人的附属物而已”①。随着西方政党政治、利益集团政治的发展，解决许多重大政治问题的场所已经移到了议会之外，议会的权力遭到削弱。20世纪后的英国内阁尤其是首相在制定政策和处理政治事件中处于核心的地位，并通过议会党团有效地控制着议会的议程。20世纪后的美国总统与他们的先辈们相比，无疑拥有更多的职权，可以通过向国会提出国情咨文等形式来指导国会立法，决定着美国政治的方向。法国的1958年宪法明确地确立了总统作为国家权力正常行使的仲裁者和保证人的地位，成为“选举出来的专制者”，而议会则退到了政治生活和决策的边缘。

第三，与立法功能的退化相对照，议会的其他功能却日显突出。现代议会的立法过程，实际上发挥了把政府的政策公开化，并通过传媒把政府的政策以及其中包含的政治价值传递给选民的功能。议会中的质询、辩论、投票以及政党之间的互动，都有可能引起选民的关注，促使选民了解政策制定的过程，直接或间接地影响着选民的政治态度和价值观念。此外，无论是在议会内阁制还是在总统制的国家，政府成员都必须具有议会政治的经验，其中许多人本身就有长期担任议员或者与议会打交道的经历，因此议会也自然地成为政治领导人的录用、训练和成长的场所。

第二节　议　员

一、议员的任职资格、产生方式和任期

1. 议员的任职资格

议员是议会的细胞，是议会组织中的最基本单位。在西方民主制度相对完善和发达的国家，由于议员地位和作用的重要性，各国都根据本国情况对议员的任职资格提出了具体要求，主要包括以下几个方面：

（1）国籍资格。

为保证当选的议员忠于自己的国家和民族，议员候选人必须是本国公民，这一点同选民资格要求基本一致。但在国籍资格这一点上有更为严格的要求，对于归化的移民（即被接纳并授予国籍的移民）竞选议员，一般规定必须在具有国籍一定年限后才能取得候选人资格。如美国宪法规定，移民取得美国国籍7年后才能竞选国会众议员，取得美国国籍9年后才能竞选参议员。在美国第115届国会（2017—2018年）中，有18名众议员和5名参议员出生在美国之外，占议员总数的4.2%。② 又如在澳大利亚，移民必须至少归化5年以后才能竞选国会参众两院的议员。

（2）年龄资格。

考虑到年龄与人的能力、责任感之间的相应关系，不少国家对选民与候选人的年龄资

① 马克思，恩格斯．马克思恩格斯选集：第3卷．3版．北京：人民出版社，2012：139.

② Maurice Ray，ed. Who is serving in the United States congress?. New York：Snova Publishers，2019：13.

格要求是一样的，但也有许多国家对两者的年龄资格提出了不同的要求。在两院制国家，由于设立两院的目的之一是让两院相互制衡，并倾向于让上院较为稳健，而对下院有所牵制，因此上院议员候选人的年龄资格要求通常比下院的更高一些，如美国国会众议员必须年满 25 岁，参议员必须年满 30 岁。

（3）居住资格。

对议员的居住资格存在两种不同的主张。有一种理论认为国家议会是代表整个国家行使国家权力的，国会议员就应该是全国性的代表，因此有的国家对国会议员候选人没有居住资格的限制，有意成为民意代表者可以在任何选区参选，如英国。但是，另一种理论却认为，议员是由其所在选区或行政区的选民选出的民意代表，因此也应该是那个地方的居民。并且通常情况下，拥有选举权是拥有被选举权的前提，而许多国家本来就要求必须在所在选区居住才能获得选举权，尽管各国对居住期限长短的要求会有所不同。例如，1999 年 9 月，希拉里·克林顿在纽约州购置了房产，因为她当时已决定在第二年参选纽约州的国会参议员，而作为纽约州的居民正是参选的必要条件。

（4）职业资格。

为确保政治体制的分权制衡，免除议员在政治上或经济上依附政府或私人利益的压力，西方国家一般对议员有职业资格要求以及职业不相容要求的规定。职业资格要求是选举前必须满足的，否则不能参选，不能列入候选人名单。不相容要求则是可以在当选后再做出选择，虽然当选有效，但若不能满足这一要求，也不能取得议员身份。不过，一般情况下，议员参选人会考虑到不相容原则的要求，一旦决定参加竞选就会辞去相关职务。议员当选后，如果接受不相容的职务或从事与议员职务不相容的事业，就会丧失其议员身份。

（5）保证金制度。

基于财产资格限制的选举权是中世纪西方国家议会政治落后的表现。20 世纪以来，随着各国普遍取消选民的财产资格限制，候选人的财产资格限制也逐渐被取消。但为了保证选举的严肃性，防止有人借选举蹭热度、博眼球甚至胡闹，一些国家规定了保证金制度（参见第三章）。选举保证金固然具有防止参选过滥的作用，但由于西方国家议会选举主要依靠政党来组织操作，不乏募集经费的渠道，再加上保证金的标准也不高，因此保证金制度对候选人的限制实际上微不足道。

（6）提名限制。

候选人的提名是选举中的一个重要环节，只有通过法定提名程序才能成为候选人。西方各国选举法一般都规定提名权属于选民或政党，但实践中提名权往往被大党所垄断。一些国家的选举法规定，提名候选人之前，必须获得一定数量选民的支持，一般以签名的形式进行。在奥地利和比利时，国民议会议员候选人的提名只需要获得 100 名选民的支持，而在其他国家，提名限制的最低额要远远高于这个数额，如意大利提名众议院候选人需 500～1 000 名选民联署，提名参议院候选人需 300～500 名选民支持。

（7）其他资格要求。

除上述一般性资格要求外，各国对议员的任职资格还有一些必要的规定，力图确保议员候选人在道德、健康方面比选民有更高的标准。如精神病患者、无行为能力者不得作为候选人，严重刑事犯罪者、刑满但被剥夺政治权利的期限未满者也不能取得候选人资格。

在一些承认双重国籍的国家，持双重国籍者不能成为议员候选人。

知识链接

西方五国议会的基本构成

国家	议院名称	议员人数定额	女性人数（占比）	平均年龄
英国	上议院：贵族院	800 左右	227（28.95%）	70.00
	下议院：平民院	650	224（34.46%）	51.00
法国	上议院：参议院	348	122（35.06%）	60.44
	下议院：国民议会	577	218（37.78%）	49.09
美国	上议院：参议院	100	25（25.00%）	64.03
	下议院：众议院	435	125（28.74%）	57.97
德国	上议院：联邦参议院	69	28（40.58%）	56.02
	下议院：联邦议院	598*	258（43.14%）	47.30
日本	上议院：参议院	248	64（25.81%）	57.22
	下议院：众议院	465	46（9.89%）	55.53

* 德国联邦议院因比例代表制议席分配的平衡结果，实际人数会超过定额，如 2021 年选举产生的第 20 届联邦议院议员总人数为 736 人。

资料来源：各国议会联盟官网（https：//data. ipu. org/content/parline-global-data-national-parliaments），2023-05-24.

2. 议员的产生方式

西方国家议员的产生方式有三种：选举、任命或因特殊身份成为议员。由于议会组织结构不同，各国议员产生方式存在着差异。一院制的议会和两院制议会的下议院，议员由选民直接选举产生，一般按照普遍、平等、直接的原则，按地域及人口划分选区，其具体方式或采用多数制（一般有相对多数制、两轮多数制），或采用比例代表制（参见第三章）。两院制的议会上院议员的产生则有多种方式：

西方国家议员的产生方式

（1）选举产生。

选举是多数国家上院议员的产生方式，主要有由选民直接选举和间接选举两种方式。如美国国会参议院的参议员（每州两名），历史上曾规定由州议会选举产生，1913 年第 17 条宪法修正案生效后改为由各州选民直接选举产生。上议院议员由选民直接选举产生的还有意大利、日本、澳大利亚等。间接选举产生的议员如法国参议员，是由选举团选出的，而选举团则按省组成，由本省的国民议会议员、大区议会议员、省议会议员、市议会议员组成；荷兰议会一院（上院）议员由省议会选举产生。

（2）国家元首或政府任命产生。

一些两院制国家，上院部分议员由国家元首和其他国家官员任命产生。如意大利总统依据宪法，有权任命在社会活动、科学和艺术方面有巨大成就、为国争光的 5 名公民为终身参议员。英国女王有权任命终身贵族，终身贵族则可以成为上议院议员，如撒切尔夫人卸去首相职务后被女王授予勋爵爵位，因此进入上议院。德国联邦参议院由各州政府按人口比例指派的 3 至 6 名州政府成员组成，共 69 人，“每个州的代表团通常由该州的行政长官或者州长率领，必须根据该州政府的决定，统一地进行投票”①。

（3）因特殊身份成为议员。

某些两院制国家的上院议员，是由于其本人的特殊身份而成为议员的。一些共和制国家规定总统卸任后进入参议院成为终身参议员，如意大利。而在英国，上议院议员原有王室贵族、世袭贵族、大法官（由首相提名、经英王任命）、高级僧侣（教区大主教）和因功受封的终身贵族共 1 300 多人，其中除教区大主教卸职后离开上议院外，其余都为终身议员。20 世纪末，英国政府推动新一轮宪政改革，1999 年将上议院的世袭贵族议员的人数固定为 92 名，取消了 600 多名世袭贵族的上议院议员资格。2007 年、2011 年，英国政府先后发表关于上议院改革的白皮书和报告，阐述了由民选议员与任命议员组成的混合型上议院的方案。② 但是，上议院的改革下一步将如何进行，在英国一直是一个备受争议的话题，世袭贵族是存是废，民选议员与任命议员的比例，至今均尚未确定。

事实上，很多国家上院议员产生的方式并不局限于一种，常常同时采用几种方式。

另外，在一届任期内，无论是一院制还是两院制，无论是上院还是下院，当议员因死亡、职业不相容或其他原因出现空缺时，还会出现替补产生的议员。

3. 议员的任期

西方国家的议员，除终身的和世袭的以外，一般都有一定任期。议员的任期长短不一，一般来说，一院制国家的议员任期为四到六年，两院制国家上院议员的任期长于下院议员，而且实行定期部分改选。美国众院议员任期两年，期满后全部改选；参议院议员任期六年，每两年改选其中的三分之一。日本众议院议员任期四年，到期全部改选；参议院议员任期六年，每三年改选半数。法国国民议会议员任期五年，到期全部改选；参议院议员任期六年，每三年改选二分之一。这种上院任期较长、每届只部分改选的设计同样体现了让上院的立法倾向比较稳健、与下院相互牵制的意图。另外，西方各国一般都允许议员连选连任，对连任届数不加限制。

二、议员的权利与义务

议员是议会工作、任务的主要承担者，是行使议会各项职权的主体。议员参与政治活动，必然有一定的权利和义务，这是其行使政治权力的基础。为保证议员在政治生活中的重要作用，西方各国对议员的职权、特权、义务等都有专门的规定或宪法性习惯。

1. 议员的职权

议员的职权指议员作为议会成员所享有的与其职务活动有关的权利，包括提案权、质

---

① Eric Langenbacher，David P Conradt. The German polity. 11th edition. Lanham，Maryland：Rowan and Littlefield，2017：233.

② https：//www. parliament. uk/business/lords/lords-history/history-of-the-lords/（英国议会官方网站—议会的历史—贵族院改革），2022－10－22.

询权、讨论和表决权。

（1）提案权。

提案权是议员最基本的职权，是指议员向议会提出议案或建议，由议会进行审议的权利。原则上议员对议会议决的各个事项都有提案权，但有些国家（如日本）规定，议员对于应由内阁提出的预算、对外条约、皇室财产的处理等事项，没有提案权，对行政机关的行为（如总理对人事官的任命或军队调动的命令等）也没有提案权。为了防止议员滥用立法提案权，保证立法提案的广泛性和严肃性，各国都对议员提案权进行了一些限制性规定，如要求议员联名、限制提案内容、限制议员个人提案的审议时间等。如日本规定议员提案必须有一定人数的附议才能成立，关于政府预算的提案必须有众议员 50 人、参议员 20 人以上附议。

（2）质询权。

质询权即议员对内阁提出质问并要求回答的权利，是内阁制国家议会议员代表选民监督政府的重要手段。大多数国家都以法律形式规定，被质询的政府及其组成人员接到质询后必须在规定的时间内予以答复，政府机关和公职人员为质询提供材料是必须履行的一项义务，以保障议员的质询权。如法国宪法规定，每周有一次会议"优先保留给议员提出质询和政府的答复"。日本宪法规定："两院得各做关于国政之调查，并要求有关证人出席及提出证言与记录。"为了防止质询权的滥用，各国也对质询权做出了一些必要的限制，如时间的限制、内容的限制等。

（3）讨论和表决权。

议员的讨论和表决权，指议员对议题和议案加以讨论，并对其结果表示赞成、反对或弃权的权利。议员的表决权受到法律的保护。有的议会规定，经五分之一以上出席议员的要求，可将议员表决结果载入会议记录，以表明各议员的责任与态度。无论议员对议案抱有何种态度、投票时持何种立场，都不能追究其责任。同时，议员可以放弃表决权，西方国家议员回避表决时常用的方法是表决之日不出席会议。

2. 议员的特权

为保证议员更充分地和更方便地执行职务，各国宪法都明文规定了议员的各项特权，主要包括人身保护权、言论免责权和生活保障权。

（1）人身保护权。

西方国家的议员，由于身份特殊，一般享有特殊的人身保障，即议员非经议会批准不受逮捕或审判的豁免权利。除在法定场合外，议员在议会开会会期中不被逮捕，会期前被逮捕的议员，如在其议院要求下，必须在会期中释放。在议会闭会期间，非经议院常设机构的许可，议员不得被逮捕、拘禁和刑事审判。如果议员违法犯罪，则经议院多数讨论通过后，可将其开除，再交由司法机关审理。议员的人身保护权并不是绝对的，一般规定现行犯不受保护。

（2）言论免责权。

言论免责权是议员的特殊言论自由，指议员在议会内的所有发言、动议及表决等，享有不受法律追究的权利。这种权利是绝对的和永久的，旨在确保议员为履行职务而在议会内充分发言、表达政治见解。大多数西方国家对这项特殊保障不设限制，只有少数国家有限制性规定，如德国规定该项特权不适于诽谤性的侮辱。当然，言论免责权并不是纵容议员在议会中肆无忌惮、信口开河、不负责任地去演说。各国的议会法和议事规则大都在确认言论免责权的同时，规定议员不得利用发言扰乱社会秩序，不得随意议论他人私生活，不得发表无礼的言论等，如有此类言行，议长可对该议员行使惩罚权。

（3）生活保障权。

生活保障权指议员享受各种经济福利和生活待遇的权利，实际上是对议员工作的一种物质支持。为保证议员保持政治上的独立性，免受各种利益集团的利诱，西方各国一般都明确规定了议员享有的待遇。国家一级的议会议员都是专职的，不能兼职，报酬非常丰厚。议员按规定领取年薪、津贴和补助，并享受其他福利。通常，议员年薪为国家公务员薪金的最高额，津贴则包括出席会议的旅途津贴、会期住房与伙食津贴，而且议员还可以领受各种形式的补贴。2022 年美国参议员和众议员的年薪为 174 000 美元，众议院议长和参议院多数党领袖的年薪为 223 500 美元，众议院少数党领袖和参议院少数党领袖的年薪为 193 400 美元，以上议员的薪水并不包括额外福利、办公室开销、员工工资以及其他津贴等，因而实际收入要比年薪更多一些。英国议员年薪有所不同，2022 年下院议员的年薪为 81 932 英镑，上院议员没有固定工资，他们每次出席会议可以领取津贴和报销费用。上院议员的日常津贴为每日 300 英镑，只要出席上院辩论就可以领取，同时上院议员可以领取与出席会议相关的旅行费用津贴，例如火车、飞机等交通费用，还可以申请报销其他费用，例如租金、办公室维护费用等。

3. 议员的义务

议员的义务与议员的权利相辅相成，都是议员法律地位的反映。议员的义务是指法律规定或根据宪法惯例必须履行的责任或必要的行为约束，是一种强制性的要求。议员的权利是选民赋予的，因此向选民负责是议员的义务中最重要的部分。为实现选民委托，对选民负责，议员在议会中必须勤奋工作，忠于职守。为了维持议会的正常秩序，保证议会的权威性和效率，议员必须出席议会会议，参加投票表决，同时必须遵守会议纪律和议事规则，否则就要受到惩处。另外，在美国等一些国家，为保证分权与制衡原则的贯彻，议员当选后通常不得兼任司法、行政以及其他法律规定的职务。

三、议员的政治活动

议员的重要政治活动首先就是履职，即行使法律赋予他们的各项权利。在议会的立法中，议员行使发言权、提案权、表决权；为了了解社会、经济和政治状况，议员行使调查权，进行广泛的社会调查；在监督政府和国家公共事务管理方面，议员可以行使质询权；在议会发起倒阁和罢免政府官员时，议员可以行使提案权和表决权；在制定公共政策方面，议员们参加议会的专门委员会，讨论重大问题，参与决定重要政策。许多议员还要参与议会自身的管理活动，维持议会秩序，为其他议员提供服务和帮助。

议员作为选民的代表，要反映和表达民意。西方国家的议员，以“代议士”或“民意代表”自居，服务选区、选民，服务利益集团，将民情民意反映给政府和公共管理机关。议员一般在选区设立办公室，安排工作人员收集民情民意。议员们也经常深入社会基层，走访选民，会见重大事件的当事人，以期获得真实的资料。议员的这项工作实际上是搭建人民和政府之间的桥梁，是一项“古老”的政治活动，因为早在欧洲封建等级会议时代，“代议士”的工作就已经开始了。

西方国家议员参加定期举行的选举，争取当选、连任，也是他们的重要政治活动，这既是求得政治生存的手段，也是他们实现个人政治抱负的机会。议员参加选举，就是要取得、保住议员职务。由于西方国家议会的选举周期一般是3～5年，因此议员们要在频繁的议会选举中竭尽全力，力求当选和连任。参加选举，要进行许多社会活动，如募集竞选经费，搭建竞选班子，研究社会问题和竞选策略，而且，联系选民和利益集团拉票，也是了解民意和社情的过程。另外，参选的议员还要时刻面临竞争对手的挑战，所以他们不得不小心应对社会各方面的指责和政治攻击。对于大多数议员来说，这些活动要耗掉他们大量的时间、金钱和精力。

西方国家的议员们也经常参加其他社会活动，包括一些礼仪上的公务活动。比如，有些议员兼任社区、学校的名誉职务；有些议员受邀参加外事活动；有些议员出席典礼，颁授荣典；更有一些知名议员充当特使，斡旋于世界各国。

进入20世纪后，西方各国基本实现普选。社会经济生活的复杂化和危机的频发，迫使政府放弃自由放任的政策，结果导致政府机构因广泛参与经济管理而迅速膨胀。政府工作的专业化，使得各部门的权力、行动、目标越来越不可能控制在极少数人手中。历史遗留的对政府的恐惧心理已经消失，现实生活需要政府的广泛干预，政府因其相对于议会的效率优势而获得了超过议会的权力。

西方各国政府绝大多数实行的是首长负责制。首长负责，能够随时对出现的问题做出迅速的反应，避免争论带来的拖延，相比之下，议会则往往陷入漫长的辩论、妥协、表决的程序，在这方面是无法与政府相提并论的。20世纪以来，相对于行政部门的强势，尽管议会的权力有所削弱，但议会也并没有因此就成了“橡皮图章”。在正常情况下，议会表决仍然是政府实行重大决策时绕不过去的一道程序，只有经过议会的批准才能使政府的政策行为合法化，政府才能放手推行自己的政策主张，推动政府的各种工程项目。议会不仅代表选民制定国家法律，也代表选民对政府进行监督和制约，议会的这种作用是其他机构无法替代的。

第三节　议会的体制和内部组织结构

一、议会的体制

西方国家的议会，在体制上存在两种形式，即一院制（unicameral system）和两院制（bicameral system）。议会发展史上也曾出现过多院制（multi-cameral system），但只限于个别国家，且时间都不长。

1. 一院制

一院制指议会只拥有一个议院并由它行使议会全部职权的制度。目前，欧洲的几个微型小国均实行一院制，即列支敦士登、安道尔、圣马力诺、摩纳哥。实行一院制的西方国家还有希腊、葡萄牙、卢森堡、马耳他、新西兰和北欧的瑞典、丹麦、挪威、芬兰、冰岛等国。其中，有的国家历史上曾经实行过两院制，后来改成了一院制，例如，新西兰、瑞典、冰岛分别是在 1951 年、1971 年、1991 年由两院制改为一院制的。

一院制议会的起源可以追溯到欧洲的中世纪后期，最早出现在威尼斯共和国和瑞士的一些城市共和国中。当时的议会由成年男性市民组成，他们通过选举、抽签等方式参与议会的讨论和决策。这些议会主要负责管理城市民生、商贸、审判等事务。随着欧洲国家的发展，议会的地位和权力逐渐得到加强，逐渐成为国家权力的核心机构之一。

威尼斯大议会（Great Council of Venice）是中世纪后期和文艺复兴时期威尼斯共和国的最高立法和监察机构，也是欧洲历史上著名的一院制议会之一。威尼斯大议会由成年男性贵族组成，并且议员的产生也经历了由选举到世袭的转变。最初，威尼斯大议会主要担负威尼斯共和国的安全监管职责，负有维持公共秩序和保护自由贸易的责任，后来它逐渐发展成为威尼斯共和国最高权力机构，有决定共和国的重要事务和作出重大决策的权力，共和国总督不能违反大议会的决定，同时要接受议会的监督。威尼斯大议会在议员选举、议事规则等方面具有一定的独特性，在欧洲议会的制度发展中有着重要的影响。

2. 两院制

两院制指议会设有两个议院，并由两个议院共同行使议会职权的制度。目前，实行两院制的国家有英国、美国、法国、德国、日本、意大利、西班牙、荷兰、比利时、奥地利、瑞士、澳大利亚、加拿大等。实行两院制的国家大体上有几种情况：一是资本主义发展历史较早；二是国家规模较大，需要兼顾人口和行政区域的代表性；三是实行联邦制，例如，论人口和面积，瑞士是个小国，但因为实行联邦制，也设立两院。在这些国家里，议会分为上议院（贵族院、参议院）和下议院（平民院、众议院、国民议会）。

现代两院制议会起源于英国。英国议会最初只有一个议院，13 世纪中叶，英国议会逐渐形成两大势力，1343 年形成两院。代表大封建主利益的教会贵族和世俗贵族组成一股势力，发展成为上院，即贵族院；另一股势力由代表中小贵族和上层市民利益的骑士与市民组成，发展为下院，即平民院。资产阶级革命后的共和时期，贵族院一度被废除，在君主制复辟后又恢复，且“光荣革命”后一直保留了下来，实际上也是妥协的结果。随着时代的发展和进步，当代各国议会两院制已经发生了明显的变化。

在两院制议会中，两院的地位、分工及相互关系并不相同，大致分为两种情况：一种是两院的地位和权力大致相等，另一种是下院的地位和权力高于上院。美国参、众两院是典型的两院平等的例子，在这种体制下，任何法案都必须经两院通过才能成立，如果一个议院否决，该法案就无法通过。法国议会两院在立法过程中的协作，也具体表现了两院制国家议会两院之间平等分工的关系。法国宪法规定，一切法案都应在两院之间依次审议，以通过一项一致的文本。一项法案在成为法律前在两院之间的穿梭往来被称为“穿梭审议”，而法国立法实践中一半以上的法律是在两院“穿梭审议”后通过的。法国的两院制一方面借参议院制衡体现多数意见的国民议会；另一方面又强调了多数意志，授予国民议会最后决定权。日本参、众两院的关系属于第二种情况，日本众院在某些方面拥有特殊权限，尽管参院有不同决定，但在这些方面仍以众院决定为整个议会的决定。再如，当参议院没有通过众议院的法案时，如众议院再次以 2/3 多数重新通过，该法案即成为法律。众院拥有独立倒阁权，一般而言，这种体制的安排都是下议院的地位和权力要高于上议院。

例如，英国上议院的权力远远小于下议院，这是随着资产阶级统治的巩固，经过多次议会改革，上议院的权力不断遭到削弱的结果。

两院制议会的两院一般各自分别举行会议，只有在法律规定的某些情况下才举行联席会议。举行联席会议的情况大多属于礼仪性场合，如出席总统宣誓，议会的开幕式、闭幕式等。有些国家则规定通过联席会议完成某种选举，如瑞士由两院联席会议选举政府。由于在一般情况下两院不能举行联席会议，因此各国两院制议会大都设置了由两院各自派出成员组成的联合委员会。

长期以来，西方政治学家和法学家对议会应实行两院制还是一院制争论不休。主张一院制的学者认为：第一，一院制机构单一，程序简便，利于行使权力；第二，一院制能提高立法效率，有利于适应社会的发展和变革；第三，一院制便于对行政的监督。有的学者从卢梭的公意理论出发，认为主权是公意的运用，而公意只有一个，因此实行两院制势必导致国家主权的分裂。如果两院意见一致，其中必有一院属于多余；如果两院意见有分歧，必有一院因不能代表公意而不应设立。

主张两院制的学者认为：第一，两院制可以使议会代表不同的利益，有利于调整社会内部各利益集团的关系；第二，两院制便于相互制衡，防止立法草率；第三，两院制有利于平衡、缓和议会和行政机关的关系，健全国家权力体制。有的学者秉承孟德斯鸠的分权学说，主张“立法机关由两部分组成，它们通过相互的反对权彼此钳制”[①]。他们相信立法机关由两个部分组成可以保证权力的相互制约，防止议会专制。

当然，一个国家的议会采用哪种体制，取决于该国的实际情况、人们的观念、客观的历史背景等诸多因素。大多数西方国家由于资产阶级民主的根基比较深厚，人民具有操纵复杂精巧政治机器的能力，更愿意采用两院制，因为两院的互相牵制更能体现出代议制度下权力的制衡原则，更能保障资产阶级民主政治的稳定性。西方的小国则多实行一院制议会，因为其国土面积小、人口少、行政区划较少，政治、经济、社会事务相对简单，一院制就足以满足政治生活的需要。

二、议长与议会的组织和领导

议会在具体运作上的组织和领导者即是议长。议长是议会的主持人和对外的代表人，是议会组织结构的核心要件。在西方国家，议长通常从议员中选举产生，也有少数国家规定可以从议员以外的人中选举。所谓选举只是一种形式，实际上是由多数党挑选出来的，一般由具有长期议会经验的多数党资深议员担任。有的议长由政府高级官员兼任，如美国参议院和印度联邦院的议长由副总统兼任；有的议长由议员轮流担任，如奥地利联邦议院由各州派出的首席议员依州名字母的先后顺序轮流担任。

关于议长的职权，各国宪法或议会法规定不一，但其主要职权是对内主持议会活动，对外代表议会。一般来说，议长对内职权主要有：（1）召集和主持会议。议长要决定议事日程，向各委员会分派所要审议的法案。议长的这一职权应严格按照相关法律和规则，还要同议会的议事日程保持一致。（2）主持议会辩论。议长有权决定议员是否在议会上发

① 孟德斯鸠．论法的精神：上册．张雁深，译．北京：商务印书馆，1982：163－164.

言，以及发言的顺序和时间，有权打断或制止某位议员不适当的发言，有权宣布停止议会的辩论和质询，个别情况下甚至可以调动议会警察以武力维持议会秩序。(3) 主持议会表决。议长可以根据议会所讨论的事务的性质来决定表决的方法，确认并宣布表决的结果。(4) 在有些国家，议长有权主持制定议会议事规则，有权任命议会调查委员会、调解委员会和联合委员会的成员，有权任命议会工作人员。在对外职权方面，议长代表议会进行活动，如兼任国家公职，负责与总统或政府首脑联系工作，在特殊情况下代行总统职务等。

议长一经就职，对外就是议会的代表，对内则是维护秩序的权威。在没有意外的情况下，一般一届议会中议长会自始至终任职，在议长之外，还会有1～2名副议长协助议长的工作，并在议长缺席时担任临时议长。作为秩序的维持者，议长需要采取不偏不倚的中立态度来充分保证各方面的权力。在有的国家，议长是不参加投票的，只有出现赞成票、反对票相等的情况时，议长才投出关键一票，如美国参议院议长由副总统兼任，只是在这种情况下才享有一票裁决权。

议长在处理议会与政府的关系、平衡各方利益、协调议会党团立场、决定议事程序等方面都起着不可替代的作用。由于西方各国不同的政治传统、不同的政治环境、不同的政治力量对比以及某个特定时期政治议题的特殊性质，各国议长在议会中的影响力差异很大。在美国，议长有权决定将一项议案交给哪一个委员会讨论，这在一定程度上影响该议案的命运，加上政党领袖对议员的纪律约束较为松弛，议长因此拥有相当大的权威。而在英国，政党领袖的巨大影响力使得议长在很大程度上只是一个秩序维持者，议长的权力既受多数党控制，又受两党斗争的制约，更多起的只是程序上的作用。

议会的领导机构有个人和集体两种类型。个人型的领导机构就是上文所述的议长领导制。集体型的议会领导机构可分为：(1) 议会主席团（如德国、丹麦、荷兰），一般由议长、副议长和议会秘书组成，其职能主要是主持日常立法工作，议决议会活动的重要事项，以及领导议院办公厅的行政工作，制定议院预算等。(2) 议长会议（如瑞典、芬兰），一般由议长、副议长或议会工作委员会的主席、议会党团领袖组成，主要负责审查议会的工作，安排议会的议事日程，或协助议长领导议会工作。

三、议会的委员会

1. 委员会在议会中的地位和活动方式

委员会制度是现代议会的一项基本制度，绝大部分国家的议会中都有各类委员会。随着社会经济的迅速发展，国家和公共事务的日益复杂，相应政府部门工作的专业化、经常化和针对性，都促使议会必须有专业的分工来胜任繁重的立法和监督工作。正如美国政治家、学者威尔逊所说："国会中最有效的工作就是在离开众议院或参议院议员席的常设委员会中进行的。"① 正因为如此，这些委员会也就成了各派政治势力讨价还价、进行政治交易的场所。

委员会的人选一般通过选举、推选或选派方式确定，其人员构成是议会内各党派力量

① 威尔逊．国会政体：美国政治研究．熊希龄，吕德本，译．北京：商务印书馆，1986：41.

对比的反映，多数党占的名额居多，且重要委员会的主席一般由多数党议员担任。这种浓缩式的“小议会”效率较高，审议后的法案由全体会议通过的可能性也较大。目前西方国家的议会工作大部分在各种委员会中进行，有人据此将委员会称为“行动中的议会”，委员会成为议会的工作核心，是议会的耳目、手臂和中枢。从这个意义上说，一个议会是否有完善的委员会制度，是区分这个议会是“清谈议会”还是“工作议会”的重要标志。

委员会的功能既包括对立法建议的详细审议，也包括对财政预算和决算的讨论和修订。在许多国家，委员会还具有监督政府、调查公共事件的作用。在美国，委员会是一项议案能否被通过的关键环节。出于各委员会之间权力的相互尊重和议员之间的默契，极少会有人试图通过全体会议把议案从委员会中调出来。为听取各方意见和进行调查，美国国会各委员会有举行听证会的权力，被传唤人员必须出席作证。如果蔑视委员会的要求，即被视为对整个国会的蔑视。为提高工作效率、减轻工作负担，美国国会的许多委员会内，又细分为负责更具体工作的小组委员会，小组委员会在很多场合下代表其所属的委员会，地位同样重要。

与美国不同，英国议会的委员会地位相对较低。由于政党对本党议员的严格控制，很多立法交易都由政党领袖完成，委员会自然失去了用武之地。同时，英国议会的委员会不能决定一部法案的命运，而只能提出修改建议，由全院会议加以定夺。随着行政权力的增强，多数党核心议员组成的内阁基本主宰了议会的立法活动，但议会并没有放弃对政府各部门的监督。在各立法委员会之外，英国议会又特设了各部门委员会，对政府各部门进行监督。

2. 常设委员会

常设委员会指在议会一届会期或一次会期期间一直存在和进行活动的委员会，一般在每届新议会成立时组成，任期与议会一届任期或一届会期相同。常设委员会的主要任务和工作是审议议案，并对政府行政部门的工作进行监督。

常设委员会包括专门委员会和非专门委员会两种。专门委员会一般与相应的政府部门活动有关，如财政、外交、教育、国防、民族和社会事务等，审议与此领域相关的议案，因此其工作范围一般同相应的政府部门的职责和权力保持一致。如美国、加拿大、日本、荷兰、西班牙等国都设有专门委员会，英国下院还设有苏格兰委员会、私议案委员会等与某项特殊议题有关的委员会。非专门委员会指无专门职责或职权的委员会，可以审议由议会交付的任何议案。在英国，下院设立的非专门委员会是以英语字母的顺序排列的。

各国议会中的常设委员会数目不一，有的国家只有 2 个，而有的国家却有近 30 个，一般与议会的大小、立法期的长短以及各国的政治传统有关。议会委员会专门化程度高，各委员会的地位很不平等，有的重要，有的不太重要。美国众议院中的委员会按其重要程度，可以分为三等：(1) 独占性委员会，如拨款委员会、规程委员会。众议院议员如果成为这种委员会的成员，就不得兼任其他委员会的成员。(2) 半独占性委员会，如司法委员会、武装部队委员会。众议院议员只能成为一个半独占性委员会的成员，最多同时兼任一个非独占性委员会的成员。(3) 非独占性委员会，如哥伦比亚区委员会等。由于这类委员会不那么重要，众议院议员可以兼任两个委员会的成员。德国按《基本法》设立的联邦议院常设委员会有：外交事务委员会和国防委员会；同时，又按议会议事规程设立 30 多个常设委员会。很明显，前者比后者重要得多。有的常设委员会在这个国家特别重要，而在另一国家就不那么重要。因此，一个常设委员会重要与否，完全取决于一国的政治需要。

知识链接

日本众议院的常设委员会

委员会名称	成员人数	委员会名称	成员人数
内阁委员会	40	国土交通委员会	45
总务委员会	40	环境委员会	30
法务委员会	35	安全保障委员会	30
外务委员会	30	国家基本国策委员会	30
财务金融委员会	40	预算委员会	50
文部科学委员会	40	决算行政监督委员会	40
厚生劳动委员会	45	议院运营委员会	25
农林水产委员会	40	惩罚委员会	20
经济产业委员会	40		

资料来源：日本众议院官网（https：//www. shugiin. go. jp/internet/itdb _ english. nsf/html/statics/guide/committees. html），2022－12－06.

常设委员会的人选，一般按各党派在议会中占有议席的比例分配，由各党派幕后确定。以美国为例，“在第116届国会开幕时（2019年1月），众议院民主党人对共和党人的比例为54％对46％，而总的来说，这就是20个众议院常设委员会中大多数委员会的大致比例”①。常设委员会由主席领导，其职权大小因各国议会制度的不同而有差异。美国国会中的常设委员会主席权力较大，可以安排委员会议事日程、任命专题小组成员、授权法案的审查、决定召开委员会会议及听证会的时间和程序。在英国议会中，委员会的作用本身较小，故委员会主席的权力也较小。各委员会的主席通常由执政党的议员担任，也有些国家，由执政党的议员担任重要的委员会主席，反对党的议员担任次要的委员会主席。

3. 临时委员会

临时委员会，又称特别委员会，是为处理某一具体问题而专门设立的委员会。它仅仅是在会议期间按照会议决议就某一专门议题或案件进行审理、讨论和调查，不是每届议会都设立。如英国下院特别委员会、美国和法国的调查委员会和特设委员会等。临时委员会或特别委员会在完成其专门任务后便予以解散。

临时委员会分为两种：一种是审议某个具体问题的委员会，如英国议会的非专门委员会，它们没有特定的立法领域，可能就一个或若干个特定立法或立法草案的根据进行审查，委员会的名称则用序数词编号，如第五立法授权委员会等。另一种是处理临时发生的或专门性问题的委员会，调查结束或处理完毕后即告解散。这类委员会主要处理不属于常设委员会管辖或分属几个常设委员会管辖的综合性问题，尤其是社会特别关注的某个问

① Roger H Davidson, et al. Congress and its members. 17th edition. Washington：CQ Press，2020：181.

题，通常称为调查委员会，如美国“水门事件”曝光后，国会成立了以民主党参议员萨姆·欧文为主席的“水门事件”特别调查委员会，又称欧文委员会。又如，2021年1月6日国会大厦骚乱事件发生后，当年6月美国国会众议院就成立了“1月6日委员会”，负责就该事件展开调查。

4. 联合委员会

联合委员会只存在于两院制议会中，充当两院之间的媒介。在两院制国家中，当议会需要做出与两院共同有关的决定，或者审议和处理两院意见不一致的议案时，便成立特别的两院联合委员会。在前一种情况下，联合委员会是为两院管理工作和研究某些重要问题而设立的。如美国第118届国会设有出版联合委员会、税收联合委员会、经济联合委员会、图书馆联合委员会4个联合委员会。在后一种情况下，联合委员会又称为两院协商委员会，它由两院议长在本议院中任命若干人组成。协商委员会对两院有争议的法案进行斟酌，并制定出妥协方案。日本国会的参众两院协议会就属于这种情况，它由两院各派9名议员组成，在两院出现分歧需要协调时举行会议，决定须出席人员2/3以上多数通过，通过的协议案即为两院的决定，不得再做修改。

四、议会党团

1. 议会党团的重要性

政党政治是现代政治的基本特征之一，自政党产生以来，议会就成为政党政治活动的重要舞台，为了加强政党在议会中的战斗力，各国议会中大多有议会党团这一组织。议会党团是指为协调政党或政治倾向相同的议员在议会中行动的一种组织，一般由同一政党或者虽然不是同一政党，但政治倾向相同或相近的议员组成，并以该党名称命名或以几个政党的名字联合命名。

按照组成的政党数量不同，议会党团大致可分为三种类型：(1) 由一个政党单独组成本党的议会党团。在大多数政党里，当其议员达到一定数量时都会采取这种组织形式，并以该党的名称命名。(2) 由两个以上的政党的议员组成一个议会党团。如德国基督教民主联盟和基督教社会联盟联合组成基督教联盟党党团。(3) 跨国议会党团。在某些区域性国际组织的议会中，由各成员国有关政党的议员组成议会党团，如欧洲议会中的欧洲人民党党团和欧洲社会党党团。

对于议会党团的法律地位，各国的规定不尽相同。从严格的意义上讲，议会党团不是正式的议会组织，而是政党在议会中的组织。但是，因为议会党团的影响非常大，有许多议会问题专家都认为，议会党团才是议会中最具有权力的组织。为加强各种专门问题的深入研究，及时调整各方面的利益，各议会党团都组织各种专门委员会，以便控制某一方面的事务。议会表决时，党员议员必须服从本党议会党团的决定，如有不同政见，可以缺席，不参加表决，但不得采取相反立场，否则将会受到党的纪律的处分。党纪的松严程度、党员议员的违纪处理，不同国家、不同党团差异很大。

议会党团是议会内政治活动的基本单位，对于选举议长、确定议会日程、选举议会常设委员会等，都具有重要作用。组成议会党团的目的是协调本党议员的意见，使他们在议会中能采取统一行动。在通常情况下，各议会党团的作用和影响与其规模成正比。议会党团的职责主要包括：(1) 协调本党议员或联盟党团议员在议会的行动，确定对其他党派提出的议案的态度；(2) 组织指挥本议会党团在议会及各种委员会中的活动；(3) 选择议会中的盟友和对手；(4) 观察、研究议会内政治的发展形势，并提出相应的对策；(5) 参与、争夺对议会事务的领导，提名议会中需要选举产生的职位（如议长、各种委员会的主席和委员）的本党候选人。

各国议会党团中，两党制的英国和美国是两个极端。在英国，议员的当选和连任主要依靠的是政党的力量，选民投票时主要关心的是政党而不是哪一个候选人。这样，议员就不得不接受党的领袖的纪律约束，竞选时旗帜鲜明地表明自己的态度，极少会有议员敢于不顾政治前途而违抗党的领袖的命令。而在美国，议员当选主要依靠的是自己在本选区的影响力，政党起的只是辅助作用。所以，议员关注的是选票，在议会投票时往往更注意照顾本选区选民的利益，并不唯政党领袖马首是瞻，党团的作用较小。在实行多党制的国家，如法国、德国、意大利等，议会党团的作用也非常大。议员要想在议会中有所作为，必须属于某一党团，由于政党较多，常有议员宣布退出某一党而加入另一党的事情发生，而几个党的议员组成一个联盟党团的情况也时有发生。

2. 议会党团领袖

一个议会党团由该党在议会中的全体议员组成，其内部结构并不复杂，最高决策机构一般是议会党团全体会议，它选举议会党团主席、副主席、各工作委员会负责人。有的国家的议会党团还设立由议会党团主席、副主席以及一些德高望重的本党议员组成的议会党团主席团。有些国家的议会党团又分为许多委员会，用以专业化地处理各类事务。

议会党团由领袖领导，各议会党团都推选自己的领袖，这些领袖或称执政党领袖、反对党领袖，或称多数党领袖、少数党领袖，他们都是议会中最有势力的人物。党的领袖在议会中发挥重要作用，多出任党团主席。但有的国家（如德国）议会法规定，执政党领袖如出任政府总理或部长，则不得担任议会党团主席。除了领袖之外，议会党团还设有副领袖、议会督导员。

督导员又叫党鞭（Whip），“Whip”一词起源于狩猎术语“Whipper-in”，本义是“用鞭子驱使猎狗追逐猎物，同时避免它们走失”。19 世纪中期，英国出现最早的党鞭，后来逐渐发展完善，现今英国党鞭制度主要包括首席党鞭、副党鞭和助理党鞭。在西方国家许多政党中的党鞭制度实际上就是政党的内部约束机制，主要活跃于议会内的党团组织中，党鞭成为政党在议会中执行党纪的负责人（参见第四章），由党的领袖指派或由议会党团选举。为促使本党议员按要求投票，党鞭会“视情况需要使用原则性的论点、威胁或奉承”，“他们可以通过让其领导人了解其政党内的总体情绪来帮助化解困难的问题”。[①]

议会党团以政党的名义活动，所有成员都根据党的决定和纪律进行议会活动，这是现代政党政治在议会中的体现。当然，有些议员可能对政党的决定和纪律置若罔闻，这取决于议会活动的政治条件，包括一国的政治文化、政党的背景和纪律、议员本人的背景等。

---

① Mark Garnett，Philip Lynch. Exploring British politics. 4th edition. London：Routledge，2016：198.

第四节 议会的权力

一、立法权

立法权即制定、修改和废除法律的权力，是西方国家议会作为立法机关的基本权力，也是议会最重要的权力。立法权包括立法创议权、通过法案权和修正权。立法创议权主要是指提出立法议案的权力。通过法案权主要是指经过讨论或者辩论，然后经法定程序表决通过议案或否决议案的权力。修正权是指对已生效实施的法律进行修改的权力。

西方各国议会的立法范围各异。有的国家的议会是最高或唯一的立法机关，其立法权高于其他任何国家机关，议会可以制定包括宪法在内的任何法律。但是，有些国家议会的立法范围是有限的，有些国家则规定议会是一个能进行立法的国家机关，同时其他机关也可以立法。一般而言，议会制国家奉行“议会至上”原则，其议会立法权受限制较少，如英国、日本、澳大利亚等国。而总统制、半总统制国家、联邦制国家则对议会的立法权有一定的限制，如法国和美国。法国现行宪法规定，制定和修改有关公民权利、国籍、婚姻制度、继承权和赠与、刑罚、刑事诉讼程序、大赦、税收、货币制度、选举制度、设立各类公益机构，以及经济计划（包括企业国有化）等方面的法律，属议会专有权限。对于国防的组织体制、地方单位的行政管理、教育、民事规章制度、劳动权、工会权和社会治安等，议会只能确定一般原则，其具体细则和实施措施则由政府通过行政命令制定。由此可见，法国议会的立法范围受到宪法的严格限制。

在议会发展的鼎盛时期，绝大多数国家对议会的立法范围没有限制，有的国家（如英国）的议会立法权甚至不受基本宪章或宪法约束，独占性地拥有建立和改变法律、政府的宪政权力。但随着西方国家陆续过渡到垄断资本主义以后，特别是第二次世界大战后，西方国家的立法权有所萎缩、虚化，立法范围也有一定缩小和限制，主要表现在：议会已不是唯一的立法机构，立法创议权更多地掌握在政府手里，法案的通过或法律的修改常常受政府限制和牵制，议会的立法功能被削弱。

事实上，在现代政治体制的国家中，一切正式的法律都必须经议会通过。虽然各国议会实际立法权有大有小，受政府干预程度的差别很大，但其程序性的确认是必不可少的。在三权分立的美国，总统可以以行政命令的形式绕开国会，但行政命令一旦与国会法律发生冲突，国会法律还是完全可以权威性地压倒行政命令。在总统制的法国，虽然政府可以用“阻挠投票”的程序干预议会讨论，控制议事日程，但除非使用公民投票这一非常手段，议会的确认程序还是很难避开的。正常情况下，政府在控制议会之余，双方是一种合作的关系。政府行为需要议会法律的认可，议会则尽可能地发挥自己的作用，行使立法权。在责任内阁制国家，虚位的国家元首只是一种民族团结统一的象征，是立法认证的最后程序。对议会负责的首相或总理握有行政的大权，但政府的权力源于议会立法授权。议会拥有几乎绝对的立法权，不受行政权力的干预，更不存在遭国家元首否决的问题。法院虽然有时会宣布议会立法违宪而使其失效，但这种情况是极少出现的。总之，虽然随着行政集权的发展，议会的实际立法功能有所萎缩，但议会的立法权力在法理上居于至高地位仍然是毫无疑问的。

二、预算权

预算权即同意预算权，是西方国家议会的传统权力，直接从等级会议的同意国王征税权发展而来，也是议会制约政府的重要手段。

1. 预算监督

预算是国家未来一个财政年度的收入、支出计划。议会通过批准预算授权行政机关花钱，这是议会掌握国家收支、控制和监督政府财政的重要手段。议会通过行使预算监督权，不仅能在财政上直接约束政府，而且能够间接制约政府的施政措施。

在早期，议会进行预算监督只议决一个特定的数额，由国王按自己认为合适的方式使用，后来议会坚持要了解批准使用的资金是如何开销的，最后，议会自己决定这些资金如何使用，而且议会为特定目的划拨的经费禁止被挪用于其他项目。因此，即使不能直接控制政府的施政措施，议会通过实施该项措施予以预算上的约束，依然在很大程度上达到了制约政府的目的。议会有权审议、修改或否决政府的财政预算案，也可以说就是审议、修改或否决政府的施政方针。

各国议会拥有的预算监督权大小有所不同。多数国家的议会对预算拥有绝对的决定权力，而几乎所有议会都对政府预算拥有大小不等的修改的权力。在具体的权力上，不同国家议会的预算权有所差别。有些国家的议会可以削减和增加政府的收入与支出；有些国家的议会可以削减支出，但不可以增加支出；而有些国家的议会可以削减支出，只有经过政府的同意才能增加支出。

鉴于预算权的重要性，许多国家的议会对预算监督权的行使做出了特殊的规定。根据大部分国家的宪法和惯例，预算案的提案权只属于政府或议会，其他国家机关或人员无权提出。在内阁制国家，预算案一般先由财政部门的预算机关综合各部的计划编制，并交内阁会议讨论通过后，再提交议会审议。美国过去实行立法预算制，即国家财政预算由国会自行编制，不由行政首长统筹总编。1921 年《预算与会计法案》生效后，美国行政管理和预算局根据各部门各机构的预算方案，统一汇编，送交总统审核，然后总统向国会提出预算咨文，连同联邦预算案送交国会审议。在议会实行两院制的国家里，预算案应先向下议院提出，经下议院审议通过后再送交上议院通过。在英国，上院对下院通过的预算案无权否决。

需要指出，与立法权一样，当今西方国家议会的预算监督权也呈现出一种逐步被削弱的趋势。一方面，政府在编制预算时可能会动手脚，使预算中的项目并不反映真实的收支状况，由此使议会难以实现有效的制约；另一方面，预算的草案通常是由政府提出的，即使是规定由国会起草预算案的美国，事实上也是由政府提出的，议会的监督权受到一定程度的制约。

2. 财税监督

财税监督权是议会最原始的权力，是议会控制、监督政府最有效的手段，常常被称为“钱袋子权力”。议会的财税监督包括决定国家财政、税收、关税、借贷的权力，以及对决算的审查和公共资金审计。西方各国的财税监督权都由议会掌握，政府每年的总收入和总支出都要得到议会的批准，支出的分配细目也要经过议会的同意，政府的支出只能限于议会批准的范围。

在当代西方资本主义国家，税收、举债属于政府财政政策中的重要内容，涉及政府施政的理念和方针等问题。大多数西方国家的税收、举债问题的决定权掌握在议会手中，非经议会批准，政府不得行动，议会的此项权力构成了对政府的有力制约。瑞典规定："未经议会授权，内阁不得以国家名义进行任何借款或承担任何财政义务。"葡萄牙的法律规定："法律设置税种并规定纳税人的纳税范围、税率、优惠及保障。任何人不得强迫缴纳没有宪法依据和法律未予规定缴纳与征收的税种。"多数国家都有类似的规定，税收及筹款法案必须在议会批准后才能进行。

决算是对每个财政年度预算案执行情况的小结，一般由财政部门汇编制定，送请审计机关审核后，转呈议会审议通过。如美国、巴西等国的议会设有专门的审计署或审计院，以防止国家资金的不当使用及滥用。审计范围可包括总统的账目，立法、行政、司法机关的账目，以及所有公共财产管理单位或人员的账目。

现代政府的财政税收非常庞杂，只有十分专业的人员才能真正有效地加以审查。议会中，规模最为庞大的委员会就是财政方面的委员会。美国众议院有专门的预算、筹款、拨款三个委员会。英国由全院委员会作整体分析，各部门委员会对口审查，还有国家账目委员会进行专门审计。法国则由财经和计划总委员会在听取其他委员会意见后再进行专门审查。此外，还有庞大的专业工作助手，专门协助议员审理政府的财税议案。

三、监督权

监督权是议会监督政府的职权，即议会对政府的行政行为进行监督的权力。对政府的监督是各国议会的基本职权之一，这是议会作为人民的代表机关对政府进行经常性控制的一种手段，体现主权在民思想。议会对政府的监督主要有以下几种方式。

1. 质询

质询是非总统制国家中议会对政府实行监督的一种重要权力。依据质询权，议员可以向政府就其施政方针、行政措施及其他事项进行质询，并要求政府予以答复。通常由议员采用口头或书面形式向政府首脑或政府部长提出问题，要求解释、说明和答辩。政府对议员的质询必须做出答复，从而使议会起到对政府的督促和纠正作用。用英国宪法学家詹宁斯教授的话来说："一个议员想要纠正一件错事，还是想要攻击哪个大臣，提出质询的权力总是重要的。它迫使各部在它们的行动中谨慎小心；它能防止一些小小的不公平之事，这些事情相当普遍地和官僚主义联在一起；它迫使行政人员去注意个人的不平之鸣。"[①]

各国对质询的方式和时间均有专门规定。质询的提出可以是书面的或口头的，同样，对质询的答复也有书面和口头两种形式。质询所涉及的内容不限，可以是政策、社会事件，也可以是政府或政府官员的行为。但被质询者有权对一些他认为无关紧要或应当保密的事实拒绝答复。例如，在法国，政府部长有权以"公益不允许"为由拒绝答复质询。在英国，政府也经常以有损国家利益和安全为由拒绝答复质询。有些国家规定，在内阁例会

① 詹宁斯．英国议会．蓬勃，译．北京：商务印书馆，1959：123.

期间，每个星期有专门时间以供议员用于质询和政府官员答复。英国议会规则规定，下院开会期间，每周一至周四下午2点半至3点半为质询时间，每周三下午为首相回答议员质询的时间。法国宪法规定，议会开会期间，每周有一次会议专供议员质询和政府答辩，届时政府总理和各部部长都要出席。

质询是一种满足民众知情权的议会监督方式，一般不以决议形式提出，也不会付诸表决，因此质询作为议会对政府的监督权是有限的。在行政集权趋势日盛的今天，质询权常常被用作政党斗争的武器，具有鲜明的政治化烙印。各国议员之所以热衷于质询，是因为反对党一方是想尽量表现自己以期在下次大选中得到更多选票，而执政党一方是想为政府纠正错误信息或辟谣提供讲坛。

2. 听证

听证是议会、议会常设委员会或议员为了解某一情况，传唤或接受有关政府官员、利益集团代表和公民个人到议会或议会常设委员会作证，说明和证实某些情况。听证具有一定的询问和调查性质，通常是在议会或常设委员会、小组委员会上调查某一情况时采用。在审议重要法案时，有关委员会为听取公众、利益集团代表或特邀专家的意见，也会举行听证会。

美、英、日等国都有听证制度，且听证具有一定的强制性。举行听证会的委员会有传讯权，被要求作证的组织和个人如拒绝出席或作证，司法部门可以以“藐视议会”的罪名对其提出刑事诉讼。

3. 调查

调查权是议会监督政府的固有权力。议会立法时，必须掌握充分的信息和通晓立法所调查的对象，才能制定出正确和完善的法律。为此，议会有权对政府机关的活动进行调查，并有权得到证言和有关记录。为了加强立法和监督政府的工作，各国宪法和法律都授予了议会组织专门机构对政府行为和政策涉及问题进行调查的权力。

议会的调查权起源于瑞典的督察专员制度。根据瑞典宪法的规定，督察专员是由议会任命的高级公职人员，议会督察专员有权参加法院和行政机关的任何会议，取得任何机关的会议记录和相关文件，任何文件不得对督察专员保密，任何官员都有向督察专员提供信息和报告的义务，不得拒绝，否则要被处以罚金或被采取其他惩罚性措施。督察专员制度是议会的重要监督机制，有助于确保行政机构、司法机构的合宪性、公开性和有效性。督察专员有权对政府、私营公司和非营利组织等机构进行监督。这种督察专员制度为西方各国采用和效仿，但多数国家的法律对此并无明确的规定，而是以宪法习惯或议会传统的形式予以确认。美国联邦最高法院在“麦格雷恩诉多尔蒂案”的判决中，确认了国会的调查权，丹麦、芬兰、挪威等国也相继确认了议会的调查权。

根据各国的政治实践，议会进行的专项或综合调查范围一般包括：(1) 围绕行使立法权进行的调查，即立法权的补充；(2) 选举调查；(3) 政治调查，即对有关行政部门及其工作人员违法行为的调查；(4) 涉及有关国家机关和国家机关工作人员侵犯公民权利的调查；(5) 对重大经济问题进行的调查。

议会调查一般由各相关的议会工作委员会负责，有时几个委员会可以联合或分别对某一问题进行调查。调查的方法是传唤证人、听取证言、查看记录等。在调查时，任何机关或公民个人都有义务提供证词和记录。议会行使调查权时，一般不得使用搜查、扣押、逮捕等警察手段，不得对证人施加不正当的心理压力，但在少数国家，议会的调查具有司法机关的一些权限，如德国调查委员会为获取证据，可相应地运用刑事诉讼的若干规定。

议会调查权力的大小，取决于议会在该国的法律地位。在议会调查工作中做得比较完善的是美国和英国。1946 年的美国国会改革法确认监督政府是国会的职责，并决定在国会参、众两院分别设立政府工作委员会，负责对联邦各行政部门进行总体监督，同时代表国会统一检查各委员会的监督工作。两院中的各委员会负责对其所对应的行政机关进行日常监督，负责决定监督课题，进行专题调查并提出处理意见。英国议会下议院自 20 世纪 60 年代以来陆续建立了 13 个特别委员会，对政府的行为和政策进行审查和监督。此外，英国议会还设有议会督察专员，负责应议员要求对政府部门的失职行为独立地进行审查。议会督察专员有权查阅政府部门的相关文件，向提出申诉的议员报告调查结果。

4. 倒阁

倒阁权只存在于议会内阁制国家和半总统制国家，不过后者对倒阁权有更多的限制。在内阁制国家，内阁必须得到议会的支持和信任，若议会对内阁表示不信任，内阁必须集体辞职，或提请国家元首下令解散议会，重新举行大选，由新议会决定内阁的去留。在近、现代议会制国家中，倒阁权被认为是议会监督政府最重要、最有效、最具威胁性的一种手段。但是，如果议会发动的不信任案投票未能获得多数通过，则政府将留任直至下次议会选举。

倒阁权产生于英国，随后被议会制国家普遍采用。在西方国家议会实践中，议会行使倒阁权可以采取五种不同的方式：（1）议会拒绝通过政府提出的某一重要政策的议案；（2）议会否决政府就某一项政策向议会提出的要求给予信任的议案；（3）议会通过决议对政府的行为和政策进行谴责，即通过“谴责决议案”；（4）议会通过对内阁或政府中某一重要成员（首相或内阁部长）的不信任案；（5）议会通过一项反对政府提案的反提案。

西方国家议会的倒阁权

由于行使倒阁权的后果是导致政府的垮台，如果倒阁的发生过于频繁，势必会造成政局动荡，因此一些国家为了保持政局稳定，对倒阁权的运用作了许多比较严格的限制。如法兰西第四共和国时期，政党林立，往往多个政党联合才能组阁，致使政府更迭十分频繁，内阁危机不断，短短的 11 年多的时间里，走马灯似地更换了 20 届内阁，最长寿命的内阁不过 1 年多，最短命的内阁竟然只有两天。[①] 正是在这种背景下，由戴高乐主导进行了宪制改革，法国开启了第五共和国政体，从议会制改变为半总统制，在提升总统的地位和权力的同时，对议会倒阁权的行使作了严格的限定。宪法第 49 条规定，不信任案的提出必须至少有国民议会 1/10 议员签名联署；不信任案至少要在提出 48 小时后才能进行表决；表决时只计算不信任案的赞成票，不出席会议、投弃权票均按支持政府者计算，并且只有在赞成票占国民议会全体在册议员的半数以上时才算通过。

---

① 吴国庆．法国政党和政党制度．北京：社会科学文献出版社，2008：127.

德国基本法对联邦议院的限制则采取了另一种方式，德国基本法规定，联邦议院有权对联邦总理（不是对联邦政府）表示不信任，但联邦议院不能仅仅通过单纯的不信任案就迫使联邦总理下台，而必须同时以多数票选出一名新的联邦总理，才能迫使现任总理下台。这种方式被称为“建设性不信任投票”（constructive vote of no confidence）。在联邦议院通过建设性不信任案后，联邦总统必须遵照联邦议院的决议将现任总理免职，任命新总理。原总理下台后，原联邦各部部长也必须同时下台。在德国这样的多党制国家，议会要通过单纯的不信任案比较容易，但要同时选出一名新的总理却比较难。德国基本法的这一规定，实际上限制了议会的倒阁权。另外，政府也拥有对付议会倒阁权的反制手段，其中最重要的就是请求总统解散议会，重新大选。因此，议员在权衡是否提出对政府的不信任案时也会十分慎重。议会的倒阁权就是在这种制衡与反制衡的博弈中起着有限却十分重要的作用。

倒阁权一般属于议会下议院，但也有国家由两院行使，如意大利宪法规定“政府应取得两院信任”。2010 年 12 月 14 日，意大利议会反对党发起对总理贝卢斯科尼的信任投票，投票在参众两院同时举行。结果，不信任案在参议院的 308 张选票中只获得了 135 票赞成，而在众议院，贝卢斯科尼的支持者和反对者势均力敌，最终不信任案以 311 票赞成、314 票反对、2 票弃权未获通过，贝卢斯科尼惊险过关，得以继续执政。在有的国家，议会也可以单独对内阁中的某一成员（政府首脑除外）表示不信任，但这不属于倒阁的范畴。

5. 弹劾

弹劾权是议会对违法、失职的政府首脑和高级行政官员、高级法官进行控告并追究其法律责任的权力。弹劾由立法机关提起，有别于司法机关对违法犯罪行为的追究。弹劾权是议会最后的撒手锏，弹劾权的行使是资产阶级控制官吏、笼络人心的一种手段，但往往也可能因统治集团内部的冲突引起，是阶级内部争权夺利、派系倾轧的一种反映。

近代的议会弹劾制度始于 14 世纪的英国，当时议会为了限制王权以加强自己的地位，设立了弹劾制度。1342 年，英国国王爱德华三世在议会的强大压力下，颁布敕令，宣布贵族院有权控告和审判国王的高级官员。在英国资产阶级革命期间，国王在其宠臣斯特拉福德的鼓动下与议会作对，议会逮捕了斯特拉福德并对他提出弹劾。在武装市民的压力下，国王被迫在上院审判斯特拉福德后作出的死刑判决书上签字。革命胜利后，弹劾制度被保留了下来，并在 1701 年通过的《王位继承法》中得到确认。根据《王位继承法》，国王对被议会弹劾之人不能给予赦免。从那以后，弹劾制度被许多西方国家效仿，如美国、法国、德国、意大利、日本等。

一般来说，在实行内阁制的国家，议会弹劾的对象范围比较狭窄，只有总统和最高法院法官。而在实行总统制的国家，如美国，国会的弹劾权可适用于“一切高级联邦官员”，包括总统、副总统、政府部长、联邦法院法官等，范围比较广泛。另外，许多国家规定弹劾不适用于军官，因为军官犯罪由军事法庭审理。弹劾也不适用于议员，因为议员是“民意代表”，不算官吏，议员犯罪不用弹劾，而是经议会同意后交由司法机关管辖。

西方各国弹劾案的提出与审判，主要有以下五种方式：（1）由两院中任何一院单独提出或由两院联席会议共同提出，再由宪法法院审判，如德国；（2）由议会下院提出弹劾案，由上院进行审判，如美国；（3）由下院提出，在普通法院审判，如比利时；（4）由两院共同组成特别机构提出弹劾案并进行审判，如日本；（5）由两院共同提出，在特别高等法院审判，如法国。

从西方各国的实践看，议会行使弹劾权是非常慎重的。美国自1789年宪法颁布以来，只有13名联邦官员受到众议院弹劾，12人受到参议院审判，最终12名受审者中只有4人被判定有罪（都是法官）。1868年在位的约翰逊总统受到弹劾，结果被宣告无罪。1974年尼克松总统因“水门事件”在众议院一片弹劾声中提前挂冠而去，使此次弹劾未果。2016年当选总统的特朗普更是成为美国历史上首位两度遭到弹劾的总统，但也未被定罪。一般认为，弹劾权是国会手中备而不用的重要武器，是牵制行政和司法机关的重要手段。弹劾虽然少，却很像是一把达摩克利斯之剑，时刻起着一种威慑作用。

第五节　议会的立法工作程序和议事规则

议会议事决策须遵循一定的程序和原则，遵循确定的议事规则。从一定意义上说，议会立法质量的好坏，取决于它的程序是否健全以及它的规则是否科学合理。

一、议会的立法工作程序

议会的主要工作是立法，对政府的监督也常以立法的形式进行。议会的立法功能是一个完整的过程，一部法案，从提出到最后由国家元首签署，要经过多个环节，为保证立法的严肃性和公正性，各国议会的立法活动都遵循法定的程序。虽然各国议会的具体运作程序不尽相同，但各国议会的立法程序都可以大致划分为提出法案、审议法案、通过法案和公布法律四个阶段。

1. 提出法案

一部法案是某些人根据社会的需要或代表某些集团的利益构想出来的，这种思路要整理成文，通过法定的形式提交给议会。根据目前西方各国的宪法和立法实践，有权提出法案的主体主要有：

（1）议员。在许多国家的宪法中，有议员是提出立法建议的主体的规定。如美国宪法规定，立法提案权属于国会两院议员，所有议案必须由议员在他所在的议院提出，而其他机关和个人无权提出法案。在美国政治实践中，政府没有提案权，行政部门草拟的议案只能通过一位议员提出，美国总统也只能委托议员提出法案。有些国家规定，议员的提案只有得到一定人数的议员赞同或附议之后才能有效，如日本，议员提出法案，在众议院须有20人以上附议，在参议院须有10人以上附议。德国联邦议院议员须有20人以上支持和联名才能提出法案。而有些国家议员个人亦可提出法案，如英国。另外，有些国家规定议员不能提出财政法案，如英国、法国、意大利、加拿大等国。

（2）政府。大多数西方国家的宪法都规定政府有权提出法案。有些国家依照宪法惯例，政府提出的法案在议会中享有优先权。还有些国家规定有关财政预算和收支方面的议案必须由政府提出。在今天的实际政治运作中，议员的提案权更多表现为一种程序，尤其像英国这样的议会内阁制国家，政府提案才是议会付诸讨论的法案的主体。现代英国议会议员和政府虽都有提案权，但在每年审议的法案中，只有10%左右是由议员提出的，80%以上是由政府提出的。英国政府不仅准备每年的立法规划，而且设有专门的统一的机构起草法案，负责把政府各部的政治文本“翻译”成法律文本，将政府的政策转化为法律草案，这些政府草案占据了所有提案的绝大多数。在法国，总统和总理都有立法创议权。总统可以用向国民议会宣读咨文的方式，直接要求将某些政策变成立法。政府在立法及议程中的地位优于议会，总理拥有绝对的自由权代表政府享有立法提案权，其提出的“法律草案”要比议员提出的“立法提案”更为重要，议会不得向政府发号施令，干预政府的立法考虑。在德国，从1949年至2021年，“平均每年有180份法律草案提交给联邦议院。其中大多数（58%）是由政府正式发起的。在那些最终成为法律的议案中，来自政府的占80%左右”①。在美国，总统每年都向国会提交国情咨文和经济咨文。咨文虽然不是提案，但实际上确定了国会每年立法的优先次序和基本倾向。第二次世界大战以后，根据总统咨文提出的立法已占美国国会立法的大多数。总之，从立法实践来看，各国议会审议和通过的大多数议案都是由行政部门提出的。

（3）议会中的委员会。西班牙、意大利、日本等国的法律明文规定，议会的委员会有权依法定程序提出法律草案。奥地利、瑞典等国的法律虽无明文规定议会中的委员会有法案提出权，但有关于委员会修改或重新起草政府或议员提交的法案的权力的规定，因而这些国家议会中的委员会实际上拥有法案的提出权。美国宪法规定，法案由议员个人提出，但议员提交的法案是否进一步提交给全院大会，则要由各相关的委员会决定。从这个意义上说，委员会也有向议会提出法案的权力。

（4）国家元首。有些国家明文规定国家元首有立法创议权，如法国和意大利宪法均规定总统有权向议会两院提交并宣读咨文。在保留君主制的西方国家，虽然君主都已不掌实权，但一般赋予君主向议会提出立法建议的权力，如比利时宪法和法律规定国王有权向议会提出立法建议。尽管这些建议通常是基于宪法惯例或实践，或者形式多于内容，或者只是由国王将政府的立法计划纲要提交议会，如英国国王在每届议会开始时在上院发表的演说，实际上是由内阁一手策划的，概括了新一届政府的立法纲要，国王只是代为宣读而已。

（5）一定数量的公民。有一些国家规定，一定数量的选民可以行使创制权，提出立法的动议。美国一些州的法律规定，如有3%以上的选民签名，就可以提出法律草案。意大利的法律规定，5万以上的选民签名就可以提出法律草案。

除上述五类主体有权提出法案外，有的国家还规定地方当局、法人公司、社会团体有权提出法案。有的联邦制国家的宪法规定，州议会拥有提出法律草案的权力。

2. 审议法案

审议法案是议会对列入议程的法案进行审议和辩论，其中包括委员会的审议和议院的辩论。在讨论时，议员可以对法案提出赞成、反对或修改的意见。审议法案是立法过程中

① Klaus Larres, Holger Moroff, Ruth Wittlinger, eds. The Oxford handbook of German politics. Oxford: Oxford University Press, 2022: 169.

最重要的环节。

在对法案正式审议之前，一般要进行审查。比如，在英国，法案分为公议案（public bill）和私议案（private bill）。公议案由政府或议员提出，内容多涉及政府政策和公共利益；私议案由非政府机构提出，涉及提案人权益而非公共利益。议会优先安排对公议案的审议。在美国，议长接到议案后，交给相关的委员会处理，委员会经审查后决定是否交由大会审议。在日本，议长接到议案后，必须转给有关委员会，经委员会审议通过后的议案才可以纳入议会的议事日程。

在西方国家议会的立法活动中，对议案正式审议通常有一读、二读与三读程序。一读程序比较简单，是指法案由委员会审查后交给议会讨论、辩论或提出修改意见，随后进行表决。法国国民会议就采用这种程序。

二读程序是指议会大会在法案提交委员会之前，对法案的原则进行辩论、讨论，完成一读；法案转交委员会进行审议修改，委员会提出审议报告，再由议会大会针对委员会的报告进行第二次讨论、辩论，最后进行表决，这是二读。希腊和荷兰目前就采用这种程序。

三读程序比较复杂，在具体的做法上各国也不尽相同。在不同的三读程序中，各国委员会在议会立法功能中发挥的作用是不同的。在美国，由于议会中的委员会首先介入审议程序，并有权搁置法案，因而作用很大。在英国，议会大会首先对法案进行讨论和表决，然后交由委员会修改，委员会无权搁置法案，因而委员会作用较小。

英国下议院审议法案的三读程序通常为：（1）一读。宣布法案的名称或者要点，如通过法案便列入议事日程，并确定议会大会讨论和辩论的日期。（2）二读。宣读法案全文，并就法案的一般内容和原则展开讨论，这个阶段最为重要，要进行针锋相对的辩论。（3）三读。法案经二读后分别送达有关的委员会审议，委员会只能根据议院的辩论意见进行修正，但无权搁置议案；然后提交全院大会进行三读并付诸表决。

美国的三读程序与英国有所不同，法案审议的程序是：（1）一读。在全院宣读法案的名称和法案的要点，若表决通过，则列入该院议程，法案即由议长提交相关的常设委员会审议。委员会的审议往往是议案成败的关键阶段，委员会对送来的法案拥有近乎绝对的处置权，可以决定是使其快速通过，或是搁置拖延，或是大幅度修改，或是干脆否决。（2）二读。议长接到委员会的审议报告后，要向全院大会宣读经委员会修订的法案全文，这就是二读。二读如获通过，即将该议案编入相应的议程。首先是全院辩论，议院按照议事规则，在议长或议长指定的议员主持下展开发言辩论。辩论结束后，对法案的各种修正案进行表决。（3）三读。在对法案进行最后的文字修改后向全院大会宣读，并进行最后表决。

3. 通过法案

通过法案是指采用表决的形式使法案成为法律。西方国家议会通过法案采取议员表决的方式，一般来说，法案或修正案均要求以“绝对多数”即过半数通过。但根据法案的重要程度，“绝对多数”的含义会有所不同，区别主要体现在这个“绝对多数”的分母不同。有的一般法案规定为赞成票达到出席会议人数的过半数即为通过，有的则为所有在册议员的过半数（但其中又有未出席者按反对还是按赞成计票的区别）即为通过。而对于某些特别重要的法案，如宪法和宪法性法律，则要求以特别多数通过，如赞成票要达到3/5、2/3或3/4等方能通过。

议会对法案的表决方式有公开和秘密两种。公开的表决方式有：（1）呼声表决。议员高呼"是"或"不"，主持人根据其呼声高低判定结果。（2）起立表决。赞成和反对的议员轮番起立，由主持人点数报出表决结果。（3）点票表决。议员按赞成和反对排成两队通过两名计票员，由计票员记录通过的人数。（4）唱名表决。由主持人逐一点名，点到姓名者即答以"是"或"不"。秘密投票表决方式一般应用于重大法案，随着电子表决系统的应用，秘密投票表决又成为"按键表决"。

在美国，一般情况下，国会和州议会以及地方议会议员的投票不采用秘密投票表决，他们的投票记录是对选民公开的。据认为，这是现代代议民主制的需要和保证：选民有权检查议员是否代表民意，有权了解议员们在议会里投票赞成什么、反对什么。

在议会两院制的国家，下院通过的法案只是"议决的法案"（act），不是"法律"（law），下院议决的法案，必须采用上述立法程序经过上院通过之后才能成为法律。如果两院通过的法案文本有出入，还必须进行协商。如果先通过法案的一院对后通过法案的另一院的修改表示赞成，双方即达成一致。对于双方意见不能统一的处理方式，各国有所不同。在英国，因上院只有搁置权，故下院只要坚持己见就可达到目的，不过事实上，自1949年限制上院权力的议会法案通过以来，"仅有四个法案以这种方式进入法典，达成妥协的情况要常见得多"[①]。在美国，一般是成立一个两院协商委员会，协商出一个折中方案后再提交两院批准。如还是无法达成一致，法案便告夭折。在法国，法案必须经两院通过，若两院产生分歧甚至相互否决，法案只能在两院间往返，此时政府可进行干预，由总理召集两院混合委员会协商。若协商成功，混合委员会拟定的文本可由政府提交两院通过；若协商失败，政府可在两院再读之后，要求下院做出最后决议。

在某些国家，议会通过的某些重要立法（特别是宪法草案或宪法修正案），必须提交公民复决，即由公民（或国内某些地区的公民）通过投票直接对其表态并做出决定。公民复决是特殊的立法程序，是在立法机关之外进行的表决，主要有以下几种方式：

（1）强制性或必要的公民复决：指某些特定的法案经议会通过后，必须交公民复决。法国1958年宪法规定，修改宪法的草案或提案应由两院以相同的文本表决通过，经公民投票通过后才能生效。

（2）有条件的强制性公民复决：指某些由议会通过的法案，是否要交公民复决，由国家元首、政府或一定数目的议员来决定。如在奥地利，议会可根据多数议员的决定，将通过的法案交全民公决。

（3）请求性的公民复议：指对于议员通过的法案，可根据一定数量的议员或公民的请求而提交全民公决。瑞士联邦宪法规定，联邦法律如有5万公民签名提议，或有全国23个州的8个以上州的提议，就应该交付全民公决。

① Meg Russel，Daniel Gover. Legislation at Westminster：parliamentary actors and influence in the making of British law. Oxford：Oxford University Press，2017：38.

4. 公布法律

公布法律是议会立法程序中的最后一个阶段。所谓公布法律，是指议会通过的法律在法定刊物上予以公布，使该法律正式生效。多数国家的法案在议会通过后须经国家元首签署，并在法定刊物上加以公布。国家元首的签署公布有两种类型，一是程序性的，二是实质性的。

程序性的签署是指国家元首在习惯上或法律上对议会提交的法案没有否决或提出修改的权力，签署只是一种例行公事。英国国王、日本天皇、德国和意大利的总统，都是这种情况。有权进行实质性签署的国家元首可以对议会提交的法案做出选择性处理。法国总统可以在收到议案 15 天内要求议会对整个法案或法案的部分条文重新审议，议会不得拒绝总统的要求。在美国，总统更是拥有几乎绝对的否决权，国会如果想推翻总统的否决权，必须以 2/3 多数重新通过该法案，但在两党势均力敌的美国，这是很困难的。

西方国家的宪法或专门性法律一般都对法律的公布程序做出了规定。在法律公布环节，有些国家还要经过宪法法院的审查，如法国，如果被宪法委员会认定违宪，就宣布该法律不能生效。法律公布的形式，各国大都以国家元首令附法律文本的形式刊登在政府公报或法律公报上。如德国的《联邦法律公报》和《联邦公报》，法国的《法兰西共和国公报》，瑞士的《联邦公报》等。

对于公布法律的期限，一些国家的宪法法令或条例做出了明确的规定。法国规定法律在议会通过后的 15 天内公布，意大利规定在总统签署后的 1 个月内公布。有一些国家还规定，若法律本身没有规定生效期限，则应在公布后一定期限内生效。芬兰规定法律从公布之日起生效，意大利规定为 15 天后生效，德国规定为两个星期后生效。

二、议会的主要议事规则

1. 议会的会议与会期

西方国家的议会通过会议进行活动，只有按规定举行的会议才有议事和立法决策的能力。议会的会议一般在一定期限内举行，议会只是在一定的会期中才具有议事和决策的能力。因此，西方国家的议会都规定了会期，定期开会，行使权力。议会的会议，一般可分为常会和非常会议两种。

常会（或称例行会议）即定期召开的议会会议。各国宪法或议会法对常会的日期和次数的规定不一。美国规定，国会每年至少召开一次，一般在 1 月 3 日中午召开，于 7 月 31 日休会，“在 2010 年到 2019 年之间，国会平均一年有 104 天在开会”[①]。日本规定国会每年召开一次例行会议，一般在 12 月中旬召开，会期为 150 天。法国规定，两院常会每年分两次举行，第一次从 10 月 2 日开始，会期为 80 天，第二次从 4 月开始，会期不超过 90 天。英国议会每年召开两次常会，第一次会议从 1 月或 2 月开始，持续至 7 月末或 8 月初，第二次会议从 10 月末或 11 月初开始，终于圣诞节

西方国家议会的主要议事规则

① Roger H Davidson, et al. Congress and its members. 17th edition. Lanham, Maryland: Rowan and Littlefield, 2020: 5.

前夕，前后共 8 个月左右。但也有国家对议会常会举行会议的日期和会期长短都无明确规定。

非常会议（包括临时会议、特别会议和紧急会议）指议会在例行会议之外，遇有特殊或紧急情况（如战争、自然灾害、国内动乱以及出现重大经济、社会问题等）而需要召开的会议。有权要求召开非常会议的人员一般是国家元首、议长、议会主席团、政府和一定数量的议员，各国对此规定并不完全一致。

议会的休会，指议会的任何一院可以通过决议在议会的会期中止活动。不少国家的法律规定，议会的休会必须经两院的一致决议。如果两院意见不一致，其中一院议决休会的有效期必须限制在一定时间之内，如日本《国会法》第 15 条规定不得超过 10 天。休会期间，议会原则上停止一切活动。

西方国家议会都有一定的任期，任期届满进行换届选举，产生新一届议会。而在议会内阁制国家中，如果因议会政党重新组合内阁得不到议会多数的支持，或者因议会对政府投不信任票，或者政府推行的某项政策得不到议会多数的支持等，则内阁可宣布解散议会，即在法定任期内使议员失去资格，重新举行大选。

2. 议会议事的法定人数

为了保障议会活动的正常秩序，提高议事效率，确保议员能依法行使职权，西方国家的议会一般都以法律的形式规定了议事规则。除了极少数国家外，议会开会都有最低出席人数的要求，这就是法定人数规则。议会要议事或通过决议与法案，必须有一定数量的议员出席或一定数量的赞成票，其做出的决议才能进入和通过相关程序，才具有合法性和有效性。

各国议会规定的法定人数不尽相同。美国及多数欧洲国家议会规定的法定人数为议员总数的 1/2 以上。有些国家有特殊的规定，如英国议会开会的法定人数上院只有 3 人，下院为 40 人。日本宪法规定国会开会的法定人数为全体议员的 1/3 以上。除此之外，各国议会对通过决议所需人数也有不同的规定。英国议会的规定是：上院为 30 人，下院为相对多数。日本国会通过法案所需的法定人数为出席者的半数以上。不过，多数国家的议会规定，通过法案所需的法定人数应是议员总数的半数以上。

3. 会议公开

会议公开是西方国家议会普遍遵循的原则，指议会活动在国民的监督和批评下进行，议会会议公开举行，议院大会允许旁听，允许新闻媒体跟踪报道以及公开发表议事记录。有的国家还设有专门的电视频道对议会进行实况转播。但是，旁听者和报道者若不如实反映情况，则要负民事或刑事上的责任。议员的辩论发言和表决记录公开，利于选民监督。

在某些国家，如英国、法国、美国、日本等，根据一定数量的议员提议或政府的要求，经议院表决通过，可以举行秘密会议。秘密会议就是除了议会议员外，其他人一律不得出席的会议，同时不得旁听，不得报道，议事记录也不得发表。有的国家宪法规定，即使是秘密会议，国务大臣和政府部长经有关议院许可，也可以出席。委员会除举行听证会外，一般不公开，不过经委员会主席同意，允许有关新闻记者列席，以便采访报道。

4. 一事不再议

一事不再议原则是西方国家议会的惯例，即在议会中有关某一个议案的问题在同一会期中不再重复进行审议。在同一会期中，议会所否决的法案不得再行提出，但不包括下院已通过，却遭上院否决，而下院再次讨论通过的情况。如对议会所否决的法案有异议，只能在下次会期中的会议上重新提出。实行这条规则主要是为了节省时间，提高议事效率。这条原则也是在控制议会党派斗争中很重要的议事规则。

在线自测

扫一扫 练一练

第六章　西方国家的政府制度

政府有广义和狭义之分。广义的政府是整个国家统治机器的总称，涵盖立法机关、行政机关和司法机关等所有国家权力机关。狭义的政府指的是负责直接实施国家政治、经济、文化、外交、军事等所有重大政策的执行性机构，即独立于立法和司法的行政机关。本章所论述的政府制度大体上限于狭义的政府。伴随着政府职能的不断扩展，行政机关在西方国家的政治体制中处于越来越强势的地位。因此，相对于立法机关和司法机关，政府对国家的政治生活和社会生活的影响更大、更直接，其活动也更引人瞩目。本章所讨论的问题包括西方国家的元首制度和政府制度的发展演变、政府的产生及组成原则、政府的职能和组成原则、政府机构的设置等。

第一节　国家元首制度

当今世界各国不论领土大小、人口多寡、发展水平高低，也不论实行何种政体，都要设立和产生自己的国家元首，以履行宪法赋予的职责。

一、国家元首的概念和特征

1. 国家元首的概念

从历史的角度来看，国家元首不是近代社会才有的，事实上国家形成的时候它就已经存在了。在古代社会，君主是绝大多数国家的统治者，他们大权独揽，享有种种物质上和精神上的特权，因此国家元首就是国家权力的最高执掌者和体现者，亦即君主。资产阶级革命之后，推翻了封建专制君主的统治，普遍建立了资产阶级民主政治，分权制衡成为资产阶级国家重要的政治原则。于是，国家最高权力不再集中于君主一身，而国家元首的含义和发挥的作用也相应发生了很大的变化。

在现代国家，国家元首是国家的象征，是主权国家对内和对外的最高代表。鉴于国家元首职务的重要性，西方有些国家的宪法明文规定了谁是国家元首，例如意大利现行宪法第 87 条规定“共和国总统是国家元首，代表国家的统一”①。还有些国家的宪法虽然没有明确规定谁是国家元首，但从权力的配置来看谁是国家元首的问题并无争议，例如，从法兰西第五共和国宪法赋予总统的地位和职权就可以毫无疑问地做出判断：总统就是法国的国家元首。

---

① 《世界各国宪法》编辑委员会．世界各国宪法：欧洲卷．北京：中国检察出版社，2012：752.

需要注意的是，国家元首和政府首脑是两个不同的概念。国家元首是专门行使代表和象征国家的职能的机构，而政府首脑则是领导和指挥政府工作的行政首长，两者在国家机关体系中的分工是不同的。当今世界上多数国家，国家元首和政府首脑这两个职位分设，由不同的人担任。在实行议会君主制的国家如英国和日本，国家元首分别称为国王和天皇，政府首脑称为首相；而在实行议会共和制的国家如德国和意大利，国家元首称为总统，而政府首脑称为总理；在实行总统共和制的国家如美国，总统既是国家元首，同时又兼任政府首脑，直接领导政府。

2. 国家元首的特征

在不同的国家，国家元首的称谓、产生方式及权力划分会有所差别，但又都具有一些比较明显的共同特征。

(1) 对外代表国家。

在国际活动中，国家元首是国家的最高代表，是国家的象征。国家元首的言论被视作其国家的声音，国家元首的行为也被视作其国家的行为。例如，当国家元首向外国派遣使节或接受外国使节递交的国书时，他不是以个人的身份而是作为国家象征来行事的。因此，国家元首在国际活动和国际交往中享受最高规格的国家礼遇，并且在外国领土上享有完全的外交豁免权，而外国对他的尊重事实上体现的是对他所代表的国家的尊重。

(2) 对内象征最高国家权力。

国家元首是国家机构的重要构成，是一定政权组织的“头脑”。不论元首在国家政治生活中的实际权力如何，他都处在国家的最高位置，享有无上的荣耀和显赫的威望。特别是那些曾为本国作出过杰出贡献的国家元首，不仅在任时备受敬仰，而且卸任后仍为国民所铭记。

(3) 依照宪法行使职权。

在西方国家，对于国家元首可以行使什么职权、应该怎样行使职权以及与其他国家机关的关系如何等，宪法都有明确的规定。尽管国家元首权力的大小、范围各有不同，但凡是最高国家权力的行为，都要以国家元首的名义宣布和行使，具体来说包括公布法律、发布命令、统帅武装力量、宣布赦免、颁发荣典等。

二、国家元首的分类

国家元首制度现已成为西方国家整个宪政制度的一部分，但由于政治体制、文化传统、历史进程、民族特性各不相同，其类型也多种多样。在这里，我们可以根据国家元首的组织构成、产生方式、发挥的作用等不同标准来进行分类。

1. 按国家元首的组织构成来划分

国家元首的组织构成指的是国家元首这一职位由多少人来担任，据此可以将不同国家的国家元首划分为个人元首和集体元首。

(1) 个人元首。

个人元首即由一个人来出任国家元首并由其单独代表国家，也称个体元首、单一元首。西方国家大部分都实行个人元首制，如英国、美国、法国、德国、日本、意大利、瑞典、西班牙、爱尔兰等。从世界范围来看，实行个人元首制的国家占绝大多数。

（2）集体元首。

集体元首即由地位平等的两个人或两个以上的成员所组成的集体来共同担任国家元首职务，行使国家元首职权。实行集体元首制的国家主要有瑞士、圣马力诺和安道尔。

瑞士联邦宪法规定由议会两院选举产生的联邦委员会来集体行使元首职权。该机构包括七名委员，任期均为四年，各委员之间地位平等、权力相同。联邦委员会设有一名主席来主持联邦委员会的会议，并承担某些礼仪性职责。联邦主席由联邦委员会成员轮流担任，任期一年，不得连任。联邦主席在国务处理方面没有比其他委员更大的实际权力，一切重要决策均需七名委员通过投票表决的方法来共同决定，且主席同其他委员的投票权一样。

圣马力诺这个欧洲小国实行双执政官制，其国家元首由两名权力相等的执政官共同担任，任期半年，不能连任，三年后可再次当选。执政官由大议会选举产生，既是国家元首，又是政府和议会首脑，对外代表国家。

位于法国和西班牙之间、同属小国的安道尔亦实行双元首制。根据该国宪法，法国总统和西班牙乌盖尔地区主教同为其国家元首，称为“两大公”，双方各派常设代表处理安道尔事务。

2. 按国家元首的产生方式来划分

当今西方各国的国家元首大多是通过世袭和选举这两种方式产生的，前者主要适用于君主制国家，而后者主要适用于共和制国家。

（1）世袭的国家元首。

在君主制国家，国家元首统称君主，其具体称谓多种多样，称国王的最多，如英国、荷兰、瑞典、丹麦等，还有的称天皇（日本）、大公（卢森堡）、亲王（摩纳哥）。这些君主都是终身任职，其职位根据世袭原则代代相传。那么，王位是如何继承的呢？一般来说，扶长立嫡是常规，可分为三种情况：一是王位只传给男性后裔，且长子优先；二是王位继承者不限于男性，但男性优先；三是由国王的第一个孩子继承王位，不分男女。根据英国 1701 年的《王位继承法》，同为英王子女，男性排位优先于女性，且王位的继承者不得是天主教徒，也不得嫁娶天主教徒。不过，在 2011 年该法被修订，王室女性和男性被赋予了继承王位的相同权利，而英国国王不得与天主教徒结婚的禁令也被废除。目前，西方国家中只有日本仍把皇位继承权限定在男性皇族的范围内。2022 年 9 月，英国女王伊丽莎白二世去世，在位时间七十年，成为英国历史上在位时间最久的君主，继位的查尔斯三世是英国历史上立储后担任王储时间最长、登基时年龄最大的君主。值得一提的是，近年来，少数君主制国家由于各种原因而出现了君主提前退位的现象：2013 年比利时国王阿尔贝二世退位，菲利普继位；2013 年荷兰女王贝娅特丽克丝一世退位，威廉-亚历山大继位；2014 年西班牙国王胡安·卡洛斯一世退位，费利佩六世继位；2019 年日本天皇明仁退位，德仁继位。

（2）选任的国家元首。

在实行共和制的西方国家，国家元首称为总统。他们由选举产生，并有一定任期，不过有的不能连任，有的可以连任一次或两次，如美国宪法第 22 条修正案即规定“任何人不得当选总统职务两次以上”。这些元首的选举办法主要分为直接选举和间接选举。其中，法国由选民直接投票选举总统，而美国、德国和意大利的总统则是间接选举产生的。例如，德国选举总统的机构为联邦大会，它由联邦议院全体议员和各州议会依比例代表制原则选举的等额代表组成。2022 年 2 月，德国联邦大会举行了总统选举，联邦议院的 736 名议员和各州选出的代表共 1 472 人参加了投票，时任总统施泰因迈尔获得 1 045 人的支持，获得连任。

3. 按国家元首发挥的作用来划分

国家元首发挥的作用主要涉及的是国家元首实际行使权力的状况如何，对决策过程施加的影响是大还是小，依此标准来划分，可分为虚位元首和实权元首两种类型。

（1）虚位元首。

虽然国家元首作为国家的代表都享有很高的法律地位，但有些国家的元首只履行象征性、礼仪性的职责而缺乏对国家的实际管理权力。他们被称为虚位元首，是位高而权虚的元首。属于此种情况的主要有议会君主（立宪）制国家和议会共和制国家。

在议会君主制下，君主作为国家元首仅仅在形式上拥有广泛权力，国家的实际权力掌握在内阁手里，并且内阁向民选的议会而非君主负责。比如在英国，从理论上说，国王是一切权力的来源，是大权独揽的统治者，但实际上许多法律规定的王权都不由国王本人行使，而由议会、内阁、法院等以国王的名义行使，这就是所谓的“临朝而不理政”。当国王统而不治的这种宪法惯例形成之后，又逐渐形成与其有内在逻辑联系的另一宪法惯例，即“国王不能犯错误”，其含义是指：国王永远没有是非错误，国家政策中出现的一切错误，都不能归咎于国王，国王亦不必为此而负政治责任。形成“国王不能犯错误”的原因是，随着责任内阁制的确立，国王的一切政务活动都由内阁来安排，以国王名义公布的法律和决议也需经首相或有关大臣副署。既然如此，要求国王为其作出的实际上不取决于其意志的决策负责就是不合理的，因而这种政治责任应当由内阁来承担。表面上看，“国王不能犯错误”好像是在为国王的行为开脱责任，但它其实是对国王行使权力的限制，因为要使国王永远保持政治上没有错误的形象，国王就不能介入国家的政治生活，若介入国家的政治生活，就难免会犯错误。于是，国王就这样巧妙地被排除在国家决策之外了。在 2014 年 9 月苏格兰独立公投之前，曾有媒体报道称伊丽莎白二世为联合王国可能分裂而担忧，并希望苏格兰人选择留在英国，但皇室官员随即辟谣说女王仍保持政治中立，无意于影响公投结果。当然，英国国王不再是政治生活的中心人物并不意味着他就是可有可无的。在现代社会，英国国王仍然发挥着下列积极作用：他是英国政治连续性的标志，体现着对传统的珍视；他是国民拥戴和效忠的对象，是国家统一和民族团结的象征；他是加拿大、澳大利亚、新西兰等一些英联邦国家的国家元首（通过其任命的总督来行使元首职权），充当着维系英联邦的纽带；他是政府的顾问，享有被咨询权、鼓励权和警告权。与议会君主制国家类似，在议会共和制国家，总统也处于虚位状态，他发布的命令和决定需经总理或有关部长签署才能生效，他同样不对自己履行职务的行为负责。

（2）实权元首。

与虚位元首不同，实权元首既享有很高的地位，又掌握国家的实际权力，有的还兼任政府首脑。属于这种情况的包括实行二元君主立宪制政体的国家、实行总统制共和制政体的国家和实行半总统制共和制政体的国家。

在二元君主立宪制国家，君主集立法、行政、司法和军事大权于一身，宪法和议会虽然存在，但宪法是钦定的，而议会则是并无实权的咨询机构，政府对君主而非议会负责。这种政体产生于资本主义发展较晚、地主阶级长期拥有巨大势力的国家，是资产阶级与地主阶级联合专政的一种统治形式，较之议会君主制带有更浓厚的封建专制的色彩。明治维新至 1945 年之间的日本曾是二元君主立宪制的典型国家，天皇根据宪法“总揽统治权”，并以其为首组成专制机构来统治国家。第二次世界大战之后根据新的宪法，天皇仅仅是日本国民整体的象征，只能根据“内阁的建议和承认”，“行使本宪法所规定的国事行为，并无国政的权能”[1]，从而由战前那种天皇拥有极大权力的专制主义的近代天皇制转变为“象征天皇制”，日本由此成为议会君主制国家。目前，就世界范围来看，只有约旦、摩洛哥等少数非西方国家仍保留二元君主立宪制。

在总统制共和制国家，总统既是国家元首又是政府首脑，拥有十分广泛而庞大的权力，典型的如美国和南美洲一些国家的总统。在法国等半总统制共和制国家，总统同样是国家权力的中心，并与内阁总理分享行政权，当两者同属某个政党或政党联盟时，总统能够更容易地贯彻其政策意图。

知识链接

西方五国的国家元首（2023 年 5 月）

	英国	法国	美国	德国	日本
元首称谓	国王	总统	总统	总统	天皇
元首姓名简称	查尔斯三世	马克龙	拜登	施泰因迈尔	德仁
担任元首时间	2022 年	2017 年	2021 年	2017 年	2019 年

三、国家元首的权力

由于西方国家的国情各不相同，国家元首的职权范围、性质和实际行使方式也差别极大，但仍可将他们通常拥有的职权加以概括如下。

1. 公布法律权

法律是国家意志的表达和体现，为确保所有国家机关、团体和公民遵守法律，法律在经立法机关通过之后都必须交由国家元首签署并公布。公布法律是立法过程中最后的也是必要的一道程序，未经公布的法律不具有法律效力。在实际政治生活中，国家元首的公布法律权分为两种情况：一种是仅有签署权而没有否决权；另一种是既有签署权也有否决权。

国家元首的公布法律权

在有些国家，元首的公布法律权只是程序上的职权，亦即国家元首对议会通过并送交的法律总是无条件地公布，没有批准或不批准的权力。如日本天皇根据宪法规定就只能按内阁的建议与承认来公布法律，德国

① 《世界各国宪法》编辑委员会．世界各国宪法：亚洲卷．北京：中国检察出版社，2012：494.

总统和意大利总统也都属于这种情况。英国国王虽然在理论上仍然保留着否决法案的传统特权，但 18 世纪初以来形成的宪法惯例是对议会通过的法案只能予以批准。如果国王不批准法案，那就意味着对政治的干预，将会冒很大的政治风险。

在另一些国家，元首的公布法律权包括批准和否决议会所通过的法律的权力，其典型代表有法国总统和美国总统。根据法兰西第五共和国宪法，总统可以要求议会就其通过的法案或其中某些条款进行重新审议，而议会不得拒绝，这使总统得以在很大程度上影响立法。美国总统也可以通过行使否决权来干预国会的立法。美国宪法规定，总统收到国会通过的法案后必须在十天内签署或者否决，如签署则法案即成为法律，如否决则须在十个工作日内将法案连同异议书退回国会。国会收到总统的异议书后，如果两院分别以三分之二多数再次通过该法案，即可推翻总统的否决而使法律生效，否则法律将被废弃。另外，如果总统收到国会通过的法案十天期满后国会仍在开会，总统既没有签署也没有否决，则法案就自动生效。但若此时国会已经闭会，该法案应如何处置，宪法却未作规定，留下了一个漏洞，被总统利用来拒绝他不满意的法案。如果总统收到法案时离国会闭会已不到十天，总统就可既不签署也不否决，并借口无法将法案退回国会而把它束之高阁，实际上也就否决了该法案，而且对这种否决国会也没有机会推翻它。这种否决被称为“搁置否决”或“口袋否决”。

知识链接

美国总统的否决（1981—2021 年）

总统姓名	在任时间	常规否决	口袋否决	被推翻否决
罗纳德·里根	1981—1989 年	39	39	9
乔治·H. W. 布什	1989—1993 年	29	15	1
威廉·J. 克林顿	1993—2001 年	36	1	2
乔治·W. 布什	2001—2009 年	12	0	4
巴拉克·奥巴马	2009—2017 年	12	0	1
唐纳德·J. 特朗普	2017—2021 年	10	0	1

资料来源：美国参议院官网，2022-11-06.

2. 发布命令权

发布命令权就是元首采取发布命令、敕令或者规则等方式来补充立法权的一种重要权力。西方国家的君主、总统或者集体元首大多拥有此类权力，以应对战争、罢工、灾害等危机事态或特殊形势。例如，法国总统马克龙上任后曾数次宣布国家进入“经济与社会紧急状态”，并制定紧急措施，以应对“黄马甲运动”和新冠疫情等冲击；2019 年美国总统特朗普曾签署“国家紧急状态”行政令，并动用约 80 亿美元修建美墨边境墙。不过，对大多数国家来说，元首发布的命令纯为补充法律的细则，不能用来改变法律或者停止法律的效力。

3. 外交权

在国际关系中，元首的一切具有法律意义的国际行为都被看成是其国家的行为，而元首享有的这种对外的最高代表权亦即外交权。它的具体内容主要包括与外国签署国际条约、接见外国来使和接受其递交的国书、派遣驻外使节，等等。由于条约具有法律效力，因此各国在将签署条约权赋予国家元首的同时，也常常规定条约需经过议会的审查批准，如意大利宪法规定，“共和国总统有权派遣和接受外交人员，批准国际条约（必要时须事先获得两院授权）”①。有的情况下条约甚至需经过公民投票才能生效，如法国宪法规定，总统在必要时需将条约提交公民复决。美国的制度较为特别，总统缔结条约不仅要经过参议院的“咨询和同意”，而且参议院批准条约需获得出席参议员的三分之二同意。但是，美国总统与他国签订行政协定无须国会批准，因此，总统往往通过签订同样有效且合法的行政协定来达到自己的外交目的。在1789—1839年，美国与外国签订的条约数量为60个，而行政协定为27个；在2009—2016年，即奥巴马任总统的8年里，条约数量为31个，而行政协定却多达1 565个！②

4. 统帅军队权

国家元首拥有对本国海、陆、空军及其他武装力量的最高指挥权，包括调动军队、任命将帅、宣战媾和等，这是西方国家的通行做法，体现了军队是国家的军队，而非某个政党或某届政府的军队。统帅军队权是识别国家元首的重要标志，不过在有的国家如英国，元首的这一职权只是挂名的，而另一些国家的元首如美国总统和法国总统在名义上和实际上都是武装力量的统帅。

5. 任免权

各国元首都拥有任命一定数量的公共机构高级官员的权力，但他们的任免范围不尽相同，权力亦有“虚”有“实”。政府首脑及政府组成人员、驻外大使和公使都是由国家元首来任命的，还有些国家的元首拥有任免法官、检察官、高级军事将领的权力。

6. 赦免权

国家元首的赦免权指以命令的方式赦免罪犯或给已定罪的罪犯减轻刑罚的权力，包括大赦和特赦，前者适用于某一时期内犯一定之罪的所有罪犯，而后者仅针对特定的人。2018年5月，法国总统马克龙首次动用赦免权，将一位73岁妇女的无期徒刑减为20年有期徒刑；2020年底美国总统特朗普赦免了其首任总统国家安全事务助理、曾在“通俄门”调查中作伪证的迈克尔·弗林，不过这一赦免引起了相当大的争议。

7. 荣典权

尽管在实际生活中，任何国家机关、团体均可在一定范围内授予荣誉，但国家元首代表国家授予的荣誉称号和勋章理所当然地被看作是国家的最高荣誉。这种荣誉一般授予那些为国家做出过重大贡献的人，但往往也会考虑到政治的需要。以英国为例，作为荣誉之源的国王常常通过册封贵族和授勋来表彰各行各业的杰出人士。有时，首相想要任命为阁员大臣的人在下院选举中没能当选，而依照宪法惯例阁员大臣又必须为议员，那么提请国王册封其为终身贵族（可自动成为上院议员）就可以解决这一难题。2023年4月，德国总

① 《世界各国宪法》编辑委员会．世界各国宪法：欧洲卷．北京：中国检察出版社，2012：752.

② Cal Jillson. American government : political development and institutional change. 10th edition. London：Routledge，Taylor & Francis Group，2019：344.

统施泰因迈尔向前总理默克尔颁发了“大十字勋章”，感谢默克尔在危机时刻为将德国和欧洲团结在一起所做出的贡献。

除此之外，议会制国家的元首还拥有召集议会的权力，以及根据政府首脑的请求解散议会的权力。总统制国家的元首没有此种权力。

四、国家元首的特殊待遇

国家元首是国家的最高代表，根据国际惯例和本国宪法而享有一些特权和特殊的待遇，主要包括以下三个方面。

1. 外交特权和尊荣

在对外交往中，元首的崇高地位会受到国际社会的普遍尊重，这体现的是对元首所代表的国家及其人民和政府的尊重。当一国元首对他国进行国事访问时，东道国会给其最高规格的外交礼遇和接待，并为其举行包括鸣礼炮、奏国歌、升国旗、检阅三军仪仗队在内的欢迎仪式。除此之外，国家元首还享有完全的外交豁免权，他不受诽谤，人身不可侵犯，行动和通信自由也不受限制。

2. 不受司法管辖的特权

国家元首不仅出访时免受他国刑事、民事司法管辖，在国内也不受普通法院的管辖。无论他是刑事上犯罪还是政策上有过错，只要他仍然是国家元首，普通法院就不能起诉他和传讯他，更不用说对他进行审判和将他定罪了。对议会君主制国家来说，君主属于统而不治的虚君，因此他既不负政治责任也不负法律责任。在实行总统制和半总统制的共和国，出于维护其尊严及减轻对其职权行使的干扰的考虑，作为国家元首的总统亦享有类似的免受普通司法管辖的特权。不过，总统的这种特权只限于在任期间享有，一旦被解职或卸任而成为普通公民，其司法豁免权就告终结。举例来说，法国前总统萨科齐曾被指控在竞选总统时收受非法政治献金，但因拥有豁免权而使自己免遭调查。但当他卸任后不久，司法部门便对他展开了多项调查，并最终于 2021 年判处他 3 年有期徒刑——包括 1 年实刑，而他也由此成为法国历史上第一位被判实刑的前总统。除此之外，西方很多国家的宪法还规定了总统犯有叛国、贪腐、滥用职权等罪行时可由特定机构加以弹劾。

3. 享有物质生活的特殊待遇

西方国家的元首都享有非常优厚的、远高于普通人生活水平的物质待遇，这既是出于维护其尊贵形象的考虑，也是为了确保其能全身心地投入工作而不必为生活烦忧。不过，由于社会制度及经济发展水平的不同，国家元首的这种待遇相差很大。对于现今仍然在位的绝大多数君主来说，不仅拥有为数可观的王室资产，而且享受着国家提供的高额供奉，日本等国还在相关法律中规定君主收入不纳税，以及皇室用品免除进口税。共和制国家的总统虽然在物质待遇方面比不上这些君主，也没法依靠权力的世代相传而积聚庞大的家族财富，但任期内他们同样可以过着富足的生活。以美国为例，总统的待遇就包括：年薪 40 万美元，每年 5 万美元的额外开支津贴，10 万美元的免税旅行补贴，1.9 万美元的娱乐补贴，轿车、喷气机、直升机若干，专用游艇、影院、健身房、网球场和室外温水游泳池，以及与家人一起居住在白宫，并使用戴维营别墅……

第二节　政府与内阁概述

一、政府与内阁的含义

政府被很多学者看作国家的要素之一，它是随着阶级和国家的出现而产生的。最初的政府只承担非常有限的职能，因为当时的社会规模小，事务也少。后来随着社会生活的日益复杂化，政府职能不断扩大，政府机构的设置也越来越完善。

1. 政府的含义

作为国家机器重要的组成部分，政府一般以暴力和强制手段为后盾，具有凌驾于其他一切社会组织之上的权威性和强制力。它是统治阶级行使国家权力、实施阶级统治的工具，并代表统治阶级为维护一定的秩序而管理社会公共事务。正如马克思和恩格斯就资产阶级政权所说的那样："现代的国家政权不过是管理整个资产阶级的共同事务的委员会罢了。"① 当然，除了阶级性以外，政府还具有公共性，需要同时履行好统治和社会管理的职能，而其专业化的、有效率的工作是国家长治久安所不可或缺的，毕竟"离开了宪法、议会、司法部门甚至政党，政治体系依然能够运转，但若没有行政机构制定政府政策并保障其执行，它就无法生存"②。

在现代国家，政府的结构、组成和职权都是由宪法和法律加以规定的。政府是包括纵向不同政府层级和横向不同政府部门在内的一个庞大而精密的组织体系。从纵向来看，政府可以根据其管辖范围的不同而划分为不同的层级。例如在单一制国家大多包括中央政府和地方政府，而地方政府又分为省、县市、镇政府等；在联邦制国家大多包括联邦政府、州（或邦）政府和县、市、乡镇政府等。从横向来看，政府根据其职能领域的不同而设置了不同的机构，例如在中央一级可能设有负责本国外交、国防、农业、工业、卫生、环保等事务的政府部门，对此我们将在后面作详细介绍。

2. 内阁的含义

内阁是以政府首脑为中心，由政府首脑和其他重要政府官员所组成的、讨论和决定国家重大政策的机构，它是政府的核心部分。尽管人们常把政府和内阁混为一谈，但严格说起来，这两者并不能完全等同。在英国，由首相任命的政府全套班子多达上百人，既包括全体大臣和副大臣，也包括各部政务次官、其他高级官员和下院拿薪水的执政党议员，而这些人之中只有外交大臣、财政大臣、内政大臣、国防大臣等少数高级大臣有资格入阁，成为阁员大臣。不过，对于大多数国家来说，由于政府组成人员就是内阁成员，故此内阁和政府有时会被当作近似语来看待。

西方各国的内阁规模不尽相同，甚至就是在同一国家，不同政府首脑领导下的内阁也有大有小，但以15～25人最为常见。人数过少，不足以将那些知名且有才干的政治人物纳入进来；人数过多，显然会影响内阁议事和决策的效率。当然，在某一届政府期间，内阁组成

---

① 马克思，恩格斯．马克思恩格斯选集：第1卷．3版．北京：人民出版社，2012：402.

② 安德鲁·海伍德．政治学．3版．张立鹏，译．北京：中国人民大学出版社，2013：248.

也不是一成不变的，有时甚至会多次发生变动。政府首脑改组内阁的原因可能是内阁成员中有人渎职或病故，也可能是想通过改组来改善形象，以提升和修补本届政府在国民中的声誉。2022年8月，日本首相岸田文雄对内阁进行了大规模改组——调整的岗位达14个之多，以应对因部分自民党政客与统一教关系密切而引发的民众不满，以及由疫情反弹、物价飙涨等问题所带来的内阁支持率骤降。此外，内阁成员若发现自己与政府首脑在某些重要问题上意见不合，也有可能辞职，如2003年英国有阁员就因为反对英国参加对伊拉克发动的战争而辞职。2022年10月，英国内政大臣、财政大臣等多名阁员就因为对首相特拉斯失去信心而主动辞职，并最终导致特拉斯被迫辞职，从而成为英国历史上任期最短的首相。

二、近代内阁的起源与发展

内阁（cabinet）一词源于法文，原指英国国王单独会见侍从和顾问的私人房间，或举行秘密会议的小房间，后来用以指代政府中起领导作用的决策机构。因为英国的内阁出现时间最早，而且它长期的实践对后来其他国家的内阁运作有很大影响，所以我们在这里将以英国为例，阐述近代内阁的起源与发展。

1. 内阁的由来

近代内阁于18世纪出现在英国，在此之前协助和辅佐国王处理日常工作和行政、司法事务的机构是枢密院。因为枢密院人数很多，召集不便，且不利于议事和保守秘密，所以国王就经常召集枢密院下设的外交委员会的少数重臣到密室举行秘密会议，久而久之，该委员会就被称为“内阁”。到17世纪后期，外交委员会已取代枢密院成为掌握实权的最高行政机关，而枢密院则慢慢成为历史的陈迹。

最初形成的内阁只是备国王咨询的一个辅助机构，行政权仍然掌握在国王手里，内阁会议按习惯也仍由国王主持。随着议会中辉格党和托利党的出现，为避免因两个政治派别之间的倾轧而导致政府瘫痪，国王只得从多数派议员中任用大部分大臣。1694年，国王威廉就从现实的工作需要出发建立了辉格党人占优势的政府。威廉之后的安妮女王厌恶党人，不愿重用党派色彩很强的人，而希望用无党派的内阁来治理国家，但是到1708年，由于辉格党成为下院的多数派，安妮女王也只能被迫接受清一色的辉格党集团进入内阁以保证政府的顺利运转，由此形成了内阁由多数派议员组成的惯例。

2. 内阁的发展

内阁从18世纪初起成为英国政治生活的中心。之后的一个多世纪里，伴随着议会权力的上升和王权的衰落，内阁由向国王负责转变为向议会负责，形成了现代意义的内阁。这期间先后发生了一些有重要意义的政治事件，形成了若干新的宪法惯例，并被主要政治力量认同和接受，从而使近代的责任内阁制得以确立。

1714年，安妮女王驾崩无嗣，德国的汉诺威选帝侯依据《王位继承法》继承了英国王位，称乔治一世，成为汉诺威王朝的第一位国王。乔治一世因长住德国而不了解英国情况，又不懂英语，他从1717年开始就经常缺席内阁会议。1721年，辉格党领袖罗伯特·沃波尔出任第一财政大臣，开始经常代替国王主持会议，这以后，乔治一世就索性不再出席内阁会议了，沃波尔便开始被人们称为“首相”（the Prime Minister），也就是第一大臣。由于沃波尔连续执政长达20年，控制下院，主持内阁，独揽行政大权，英国逐渐形成了国王不参加内阁会议的传统，而内阁也借此摆脱了国王的控制，逐渐成为一个真正独立的机构，并集中行使最高行政权，沃波尔也被认为是英国历史上的第一位首相。

到1742年，辉格党发生分裂，沃波尔因得不到下院多数支持而辞职，由此形成了内阁需要获得议会多数支持的先例。1781年，英国军队在约克敦投降，宣告了英国在北美战争中的失败，受到猛烈抨击的诺斯内阁在议会反对派的强大压力下被迫集体辞职，这是议会倒阁和内阁集体负责制的开始。两年后，乔治三世任命的首相小皮特因遭议会反对而提请国王解散议会，“诉诸选民裁决”，并成功赢得了新一届议会的多数，得以继续执政，由此创造了政府通过解散议会抗衡议会倒阁权的惯例。1834年，首相皮尔遭到议会多数反对而效仿小皮特解散议会，但在新选出的议会中，其支持者仍居于少数，于是不得不辞职，这也成为一条惯例。上述四个事件创造的四条惯例，共同构成了内阁向议会负责的机制，使得责任内阁制这种政府体制臻于完善。

在英国内阁的发展过程中，有两个值得注意的变化。一是内阁中贵族的影响力下降乃至趋于消失。19世纪中叶前，上院与下院的权力大致平衡，首相也大多出身于贵族。选举制度的改革打破了这种平衡，民选的下院开始被视为主权的拥有者，而上院日渐失去势力。二是内阁中贵族成员越来越少，而下院议员的比例则不断增加。在此之前，内阁中贵族成员与下院议员的人数基本相当，但到了19世纪末，内阁中的贵族人数就只有接近三分之一了，而20世纪80年代后内阁中一般仅象征性地保留两三名贵族成员，至于首相由下院议员担任也成为常规。一些贵族为了更好地参与政治甚至选择放弃自己的贵族身份，例如，英国1963—1964年间的首相霍姆就是放弃贵族爵位后通过补选进入下议院，继而再进入唐宁街主政的。

另外，还有一个值得注意的变化是在内阁中形成小内阁，亦即所谓的“阁中之阁”。在第一次世界大战以前，英国的全部政府大臣都是内阁成员，故称全内阁。后来，随着拿薪水的政府成员越来越多，一些低级大臣便被排除在内阁之外。第二次世界大战后，阁员大臣一般为20人左右，仍不利于有效议事及快速决策。为了增进效率和实现重大决策的统一、保密，首相便往往从内阁大臣中挑选几名亲信阁员，以作预先的讨论和协调，而他们也因此被称为核心阁员。这种小内阁在第二次世界大战以来的大多数政府中都存在，而且事实上它也不是英国所独有的，其他国家视政府首脑的领导风格不同也有可能出现类似的小内阁。

第三节　政府的体制

政府体制所涉及的是狭义的政府的体制，即一个国家行政机关尤其是中央行政机关的组织形式。目前西方国家的政府体制主要可分为四种类型，即内阁制、总统制、半总统制和委员会制。

一、内阁制

内阁制又称责任内阁制或议会内阁制，是指由内阁来总揽国家行政权力并对议会负责、奉行责任政府原则的政府体制。内阁制起源于英国，后来传入绝大多数英联邦国家。在西方国家中，内阁制是最为普遍的一种政府组织形式，它可以与共和制政体结合，也可以与君主制政体结合，前者如德国、意大利、奥地利等，后者如英国、日本、挪威、丹麦、西班牙等。内阁制的特点主要表现在以下几个方面。

1. 议会中的多数党或多数党联盟执政

在内阁制国家，由在议会选举中获得多数席位的政党或政党联盟的领袖出任政府首脑并组织政府，内阁成员亦来自多数党或多数党联盟。

责任内阁制要求政府的产生建立在议会（在议会两院制国家，则是下院）同意的基础上，而且只有持续地获得议会多数的信任才能有效开展工作，这决定了具备执政资格的只能是议会中的多数党或多数党联盟。由于议会是经国民选举产生的代表机构，因此在其支持下组建的政府也被认为是受选民委托、代表民意的合法政府。需要说明的是，政党制度对于内阁制政府的运作起到至关重要的作用。在两党制下，政权长期由两个大党轮流把持，执政党一般能够稳定地单独控制议会的过半数席位，而其任命的内阁也会是一党内阁，英国就是这样。在多党制下，很容易出现议会中没有任何政党获得过半数席位的情况，因而没有政党能单独执政，于是就需要两个或两个以上的政党通过联盟来组建联合政府、分享内阁职位。此时，一旦联合执政的各政党之间出现较大的政策分歧，政府垮台便不可避免。从第二次世界大战后直到20世纪90年代初的意大利就是个典型的例子，据统计，这一时期平均每届内阁的寿命只有七八个月，远短于其他内阁制国家。不过，在德国和北欧国家，要么议会的倒阁权受到限制，要么精英之间存在广泛的共识，联合政府也可以是长久的。

2. 国家元首为虚位元首，由政府首脑掌握行政实权

内阁制下的国家元首和政府首脑不是由同一个人来担任，这使得代表国家和管理国家的两种功能分离开来。国家元首不论是君主还是总统都只是虚位元首，不掌握实际权力，他们必须超脱于政治斗争之外，才能更好地代表国家。当政局动荡和党争激烈时，国家元首可运用其非党派角色，居间调停及斡旋，以促成对话与和解。政府首脑不论是首相还是总理都是实权拥有者，他们要带领所属政党去积极应对其他政党的挑战。只要能够确保对议会多数席位的控制，政府首脑就可以宣称自己的政府获得了选民的授权，并按照本党的政策纲领来管理国家。在实际政治中，国家元首不负政治责任，他们颁发的一切法律和命令都需要政府首脑或相关部门领导的副署才能生效。政府首脑则需负政治责任，他们是行政机关的最高领导人，可以任命内阁成员并通过内阁而掌握一切行政权力。尽管政府首脑往往需经国家元首任命，但这种任命只是程序上的，在政治上，首相或总理都不对国家元首负责，而是对议会负责，因为其权力合法性的基础在议会。

3. 内阁向议会负连带的政治责任

内阁制下的内阁是一个集体决策机构，共同对所制定的政策而向议会负责。也就是说，内阁政策必须获得议会支持，在政治上必须与议会多数保持一致，内阁对议会的责任是一种政治责任。当议会中的反对派通过对内阁的不信任案时，内阁成员应全体辞职或提请国家元首解散议会，通过重新大选来决定原内阁的去留，此即所谓“倒阁”。这就是说，内阁对议会的责任是一种连带责任，内阁成员是“共进退”的。如果议会通过了对内阁的不信任案，那么在新内阁产生之前的一段时间里，由原内阁临时负责处理国家政务，称之为“看守内阁”。因为看守内阁只是过渡性的，所以它无权制定重大的内政、外交和国防等政策，其职能仅限于维持国家机器的正常运作并为即将举行的大选做筹备工作等。尽管在不公开的内阁会议中阁员们可以各抒己见，但决策一旦作出就必须对外保持一致，而不

允许发表不同的言论，否则就得主动辞职或被解职。为集思广益，政府首脑也需要认真听取和尊重阁员的意见，而不能绕过或无视多数阁员的反对一意孤行。在 2016 年英国脱欧公投后，首相特蕾莎・梅正是因为其脱欧协议的关键条款无法得到内阁和议会的支持，最终只能被迫辞职。不过，内阁集体责任制并不意味着部长或大臣就不用承担个人责任了，当他主管的部门的工作有严重疏漏时，他需要为此承担相应的后果而不管事先是否知情。当然，现实中内阁集体负责制和部长、大臣个人负责制之间的界线比较模糊，而且部长、大臣的个人责任体现出来的不仅是对议会负责，也包括对政府首脑负责。

基于政府对议会的政治责任，政府首脑及各部门的领导人应该定期向议会报告工作，以接受议会的监督和质询。在内阁制国家，政府成员往往全部或部分是议员，他们既在政府担任某一行政职务、分管本部门工作，又要参与议会活动以帮助实现本届政府的政策意图，即实行立法与行政混合的体制。一方面，这有利于议会更有效地监督政府，使身为民意代表的议员及时了解政府的所作所为，并有针对性地展开批评。譬如，当议员发现政府存在营私舞弊行为，或者对政府的政策有疑问时，可以按一定的程序来向政府首脑及各部门的领导人提出质询，被质询者必须作出解释。如日本宪法第 63 条规定："内阁总理大臣及其他国务大臣，不论其是否在两议院之一保有议席，均应随时就有关议案发言而出席议院。另外，在被要求出席答辩或说明时，必须出席。"① 但另一方面，立法与行政的这种混合导致政府很容易控制和操纵议会的立法。

二、总统制

总统制指由总统兼任国家元首和政府首脑并直接领导、组织国家政务管理的政府体制。虽然从世界范围看实行总统制的国家很多，但在西方国家中采用总统制的极少，最为典型的就是美国。总统制主要有如下特点。

1. 总统既是国家元首又是政府首脑

在总统制国家，总统既行使国家元首的权力，又作为政府首脑领导和管理政府。以美国为例，尽管其宪法中并未直接出现"国家元首"和"政府首脑"这两个称号，但从宪法授予总统的权力及其实际运用来看，总统既是国家元首又是政府首脑。一方面，通常属于国家元首的那些权力都是由美国总统来行使的，包括签署和公布法律、统帅武装力量、任命政府高级官员、派遣使节及与他国缔约、决定和宣布赦免，等等。另一方面，美国宪法第 2 条第 1 款明确规定，"行政权属于美利坚合众国总统"，据此总统可以颁布行政命令、领导政府各部门的工作、确保法律被忠实地执行、与外国签订协定，而这些正是身为政府首脑的权力。正因为如此，总统是美国政治中真正的实权人物。特别是第二次世界大战以来，随着美国联邦政府职能的扩大及美国更广泛地介入全球事务，总统权力急剧膨胀，以至于著名历史学家、政治评论家小阿瑟・施莱辛格把总统称为"帝王般的总统"。不过，美国总统永远成为不了帝王，"当奥巴马试图改变移民政策时，法院阻止了他；当他试图

① 《世界各国宪法》编辑委员会．世界各国宪法：亚洲卷．北京：中国检察出版社，2012：497.

打开与古巴的关系时，国会拒绝解除对大多数贸易的长期禁运”①。在严格的三权分立与制衡制度下，总统并不可能为所欲为。

2. 总统和国会权力分立且地位平等

在总统制下，国会并非权力至上，总统也不能专权。行政机关和立法机关作为国家机构的两个分支各自独立，地位平等，既相互制约又密切合作。一方面，总统及政府不是由国会选举产生的，因而不对国会负责，国会不能通过不信任案迫使总统和政府下台。另一方面，总统也不能解散国会。由于总统和国会分别由选民选举产生，都经过了代议民主程序的授权，因此都只对选民负责。为了确保总统和国会能独立行使自己权限范围内的权力，美国宪法还分别赋予了他们抵御对方侵犯的必要法定手段。如果国会通过不利于总统的法案，总统可以运用否决权阻止该法案成为法律；如果总统滥用否决权，国会也可以力争推翻总统的否决。虽然立法与行政的这种分立确易导致对抗，但在实际政治中，为了有效地和高质量地履行国家职能，国会和总统之间也会注意加强协作，如总统与国会议员经常就立法问题进行正式与非正式的磋商。很显然，在另一权力主体拥有相对抗的手段时，如果不进行自我克制、不作必要的让步和妥协，则其自身的目的亦将非常难以达到。

3. 内阁成员均接受总统的领导和监督

在总统制下，政府各部部长由总统提名并任命，因此他们只对总统负责，而不对国会负责。总统在确定部长人选时拥有充分的权力，而部长必须与总统持相同政策立场，并支持总统的政策。在美国，各部首长虽名为“部长”，但实际上可被视为总统的“秘书”，在其主管的部门领域里充当总统的顾问和助手。总统领导下的政府成员集体也被称为“内阁”，但内阁只是充当总统的集体顾问，不采取合议制，最后决定均由总统做出。与内阁制下的内阁不同，总统制下的内阁是否受到重视，往往以总统个人的习惯和好恶为转移，甚至哪些官员属于内阁成员也由总统个人确定，比如中央情报局局长、美国驻联合国大使等，在有的总统任内是内阁成员，而在另一些总统任内却不是。与内阁制国家不同，总统制下的政府各部部长不能同时担任国会议员。就与国会的关系而言，内阁既不向国会负连带的政治责任，也不需要接受国会的质询。所以，美国虽有内阁，但不是内阁制。就与总统的关系而言，内阁成员只是就个人主管的部门向总统负责，接受总统的领导和监督，而且总统可以迫使其主动辞职或解除其职务而无须国会同意，如特朗普总统就曾频繁地解雇政府高官，其中甚至包括国务卿和国防部长等内阁核心成员。在美国历史上，有很多重大决策就是在没有经过内阁讨论的情况下做出的，还有些决策是总统在多数阁员反对的情况下做出的。

4. 总统所属政党不一定是国会多数党

与内阁制国家不同，在美国这样的总统制国家，只有总统所属的政党才被视为执政党。由于总统和国会是分别选举，因此，当某个政党的总统候选人赢得选举时，并不一定也能在国会选举中获胜。加之美国还有“中期选举”，即两次总统选举之间的国会选举（要选举国会的全部众议员、三分之一参议员和部分州长），所以，总统所属政党不一定是

① Cal Jillson. American government : political development and institutional change. 10th edition. London: Routledge, Taylor & Francis Group, 2019: 319.

国会多数党，而且国会两院的多数党也可能不同。事实上，美国政治中还常常出现所谓的分治政府（divided government），即总统职位由一个政党控制，而国会参、众两院中的至少一院由另一个政党控制的局面。分治政府会造成一些重大问题的拖延不决，但也能避免过于激进的变化，促使两党政治家在立法提案问题上做出妥协。有趣的是，“很多美国人至少在内心中青睐行政和立法部门由不同政党控制的‘分治政府’”①，于是他们可能在国会选举时投票给民主党，而在总统选举时投票给共和党。

总统制于18世纪末最早出现在美国，后来又为拉美及亚洲、非洲的其他一些国家所效仿。不过，总统制在实践中运行得并不顺畅。即使是在美国，因三权之间相制衡而产生的政治僵局也时有发生。对此邓小平曾尖锐地指出，美国“实际上有三个政府”，“对内自己也打架，造成了麻烦”。② 政治学家林茨在其《总统制的危机》一文中也认为，议会制亦即内阁制比总统制更有益于稳定的资产阶级民主制度。

三、半总统制

半总统制又称半总统半议会制，是一种兼有内阁制和总统制特点的混合型政府体制。法兰西第五共和国是这种体制的典型，其诞生的背景是二战后实行内阁制的第四共和国深陷于党派倾轧、政局动荡、治理不善等困境，且无力应对阿尔及利亚的兵变危机。面对危机，戴高乐发表了著名的“贝叶演说”，阐述了兼顾吸收议会制和总统制优点的制宪思想，并且他主持了第五共和国宪法的起草、讨论、修改和交付公民表决通过的全过程，使法兰西第五共和国政体于1958年10月5日正式诞生。由于戴高乐在创立法国半总统制过程中发挥了不可替代的重要作用，因而该体制也被称为“戴高乐体制”。与总统制和内阁制相比较，半总统制的主要特点体现在如下几个方面。

半总统制的
主要特点

1. 总统是国家元首和国家权力的中心

戴高乐创立半总统制的最主要目的，就是要加强总统权力，使之成为维持国家稳定的保证，同时适当削弱议会权力，确保内阁具有相对稳固的地位。根据法兰西第五共和国宪法，总统由全民普选产生，是国家元首兼武装部队的统帅，是民族独立和领土完整的“保证人”，是公共权力正常行使的“仲裁人”。总统享有召集议会特别会议、公布法律、发布命令、赦免和外交等职权，还可以不通过总理而直接颁布紧急命令、发布总统咨文。总统有权要求议会就其通过的法案进行重新审议，有权将一切有关公共权力机构组织、国家经济社会政策及公共服务事业改革的法律草案提交公民投票通过生效，甚至还有权解散议会。上述权力中有很多是美国总统都没有的，所以很多学者认为，从某种意义上说，半总统制政府中的总统权力要比总统制政府中的总统权力大得多。那么，对于如此大的权力是否存在有效的责任追究机制呢？基于主权在民的原则，半总统制中的总统最终是要负政治责任的，因为他和议会一样都是由民选产生的，故此需要定期接受选民的评判。同时，宪法还保留了对总统滥权的最后防御机制，即弹劾，但只能是针对总统的叛国及严重渎职行

---

① 斯蒂芬·施密特，等．美国政府与政治．梅然，译．北京：北京大学出版社，2005：188.

② 邓小平．邓小平文选：第3卷．北京：人民出版社，1993：195.

为。不过，法国总统的权力过大也一直备受争议，故此在2008年修宪时进行了限制，主要包括：明确规定总统连任不得超过一届；赋予议会对总统某些重要人事任命的否决权；限制总统特赦权的适用范围；对总统国家危机全权处理权的行使期限做出限制。[①] 这些限制旨在恢复国家机构间权力的平衡，但是否有效仍需时间观察。

2. 总统与总理分享行政权

根据法兰西第五共和国宪法，总理领导政府的活动，保证法律的执行，但内阁会议却由总统主持，经内阁会议审议的法令和命令也由总统签署，这种由总统和总理来共同行使行政权力的制度被称为二元行政或行政双头制。在半总统制的实际运行中，总统享有对国家大政方针的最高决策权，而总理则负责政府的日常管理。对此戴高乐曾评论道："总统任务的性质、范围和期限意味着他不要无休止地全神贯注于应付政治、议会、经济和行政上的经常事务。相反，这是法国总理的复杂任务。"[②] 不过，总理人选是总统根据议会中的党派力量对比情况确定的。遵循惯例，总理大多由国民议会的多数党或多数党联盟的领袖人物出任，而各部部长则由总统根据总理的提名来任命。

3. 总理及内阁要对议会负责，也要向总统负责

在法国，总理及内阁是由总统任命的，而且总统可不经议会同意免除总理职务，故总理被视为总统之下负责行政事务的官员。但是，如果议会下院国民议会通过对政府的不信任案或不同意其施政纲领，则总理必须率领政府辞职。也就是说，议会可以倒阁，总理及内阁只有获得议会多数的信任才能工作。因此，法国的政府体制就兼有了总统制和内阁制的特点，总理既要向总统负责，又要向议会负责，谓之"双重责任"。不过，在实践中，总理往往更多地向总统负责，因为议会即便倒阁成功，总统还是能够通过解散议会来支持他所认为称职的总理。例如，1962年当国民议会通过对蓬皮杜政府的不信任案时，戴高乐总统就宣布解散国民议会和重新大选，接着蓬皮杜获得了新选出的国民议会的信任，并被戴高乐任命为新一届内阁的总理。此外，在法国的半总统制下，对议会倒阁权的行使设置了非常严格的限制，比如法国宪法第49条规定，不信任案表决时仅计算赞成票并须获全体议员的绝对多数始能通过。此外，政府还拥有其他一些影响议会的手段，比如法国现行宪法规定：政府成员可以列席两院会议，当他们要求发言时，议会应听取他们的意见；政府总理有立法创议权；等等。

有人曾统计过，"随着21世纪的到来，在全世界的民主政体中，半总统制占微弱多数"[③]。虽然所有的半总统制国家都存在总统和总理，但不能仅仅将此作为识别半总统制的特征，更为关键的是要分析总统与总理以及议会之间的关系和权力配置。

四、委员会制

委员会制是指政府最高权力由一个合议机构来掌握的政府体制。当今世界只有瑞士联

① 张莉．法国2008年宪法修改述评．国家行政学院学报，2009（4）．

② 转引自吴国庆．当代各国政治体制：法国．兰州：兰州大学出版社，1998：60．

③ 大卫·J塞缪尔斯，马修·S舒格特．总统、政党与首相：分权如何影响政党的组织和行为．杨潇，译．北京：社会科学文献出版社，2016：6．

邦共和国采用这种特殊的政府体制。尽管如此，委员会制在瑞士获得的成功及长期被沿用的事实表明它是适合该国国情的。正如有学者指出的，“瑞士人引以为豪的是，他们发展了一个高度合作、协商和民主的政治体系，该体系遏制了该国的语言和其他分歧，让每个人都可以直接参与国家事务”①。这里主要根据瑞士的政治现状来阐述委员会制的主要特点。

1. 联邦委员会为最高行政机关

瑞士联邦政府是一个由七名委员组成、称为联邦委员会的机构。这七名委员经充分的协商后由议会两院（联邦院和国民院）选举产生，任期四年，每次国民院改选后即全部改选，可连选连任。联邦委员的选择一般以其行政才能为主，大多选自议员，一旦当选就需辞去议员职务，也不得兼任其他公私职务。自20世纪50年代末起，由于自由民主党、基督教民主人民党、社会民主党及瑞士人民党长期控制着议会两院的绝大多数席位，因此联邦委员的职位总是由这四个党瓜分。这种稳定的四党联合内阁确保了瑞士政局多年来都没有发生大的动荡，从而也有利于保持其政策的连续性。为了维护各州的权利，瑞士还曾经规定同一个州不得选出一名以上的委员，这一规定现虽已被废止，但实践中内阁的组成习惯上还是会考虑地区、语言和宗教等因素。

知识链接

瑞士联邦委员会的组成（2023年10月）

姓名	职务	政党
阿兰·贝尔塞	联邦主席兼内政部长	社会民主党
薇奥拉·阿姆赫德	联邦副主席兼国防、民防和体育部长	基督教民主人民党
伊尼亚齐奥·卡西斯	联邦委员兼外交部长	自由民主党
居伊·帕姆兰	联邦委员兼经济、教育和研究部长	瑞士人民党
伊丽莎白·鲍梅-施耐德	联邦委员兼司法和警察部长	社会民主党
艾伯特·罗斯蒂	联邦委员兼环境、交通、能源和通信部长	瑞士人民党
卡琳·凯勒-祖特尔	联邦委员兼财政部长	自由民主党

资料来源：瑞士联邦政府官网（https：//www.admin.ch/gov/en/start.html），2023-10-04.

2. 联邦委员会实行合议制

与其他西方国家不同，瑞士的联邦委员会奉行合议制原则，即一切问题均需经过委员们的集体讨论才能作出决定。在议事时各委员的权限是平等的，即使是联邦委员会主席的权限亦与其他委员相同，最后的决定是根据少数服从多数的投票结果来作出的，且必须有四名以上委员同意才能生效。虽然每个联邦委员领导政府的一个部，但他们无权对本部的重大问题单独作出决定，任何决定都只能由联邦委员会集体作出并以其名义公布实施，而且在官方通告中也总是这样开头：“联邦决定……”。一旦联邦委员会作出了决定，则全体委员就必须为其后果而共同承担责任，且任何委员都不得公开反对它。如果联邦委员会内部存在较大分歧，无法做出决定，则交由联邦议会作最后裁决。

① Clive H Church. Political change in Switzerland：from stability to uncertainty. London：Routledge，2016：14.

3. 联邦委员会为集体元首

如前所述，瑞士实行的是集体元首制，由联邦委员会集体行使元首职权。联邦委员会设有联邦主席和副主席各1名，由7名委员根据进入联邦委员会的先后顺序轮流担任，任期1年，期满不得连任。联邦主席没有任何特权，其地位与其他委员平等，他的职权大多为荣誉性和礼仪性的，主要是主持政府即联邦委员会的会议，并在国内代表联邦出席各种礼仪活动，对外代表瑞士出访。同时，他作为联邦委员会的一名委员，和其他委员一样也领导所主管的部。与总统制下的总统不同，瑞士的联邦主席并不能一个人掌握最高行政权；与议会共和制下的总统不同，他是掌握行政实权的政府的一个成员。因此，在瑞士，“名副其实的国家元首并不是联邦主席，而是由各位有同等职权的联邦委员所组成的整个政府”①。

4. 联邦委员会是议会的执行机构

在瑞士的委员会制下，作为最高行政机关的联邦委员会不得与作为立法机关的联邦议会相对抗，而只是后者的执行机构并要对其负责。根据瑞士联邦共和国现行的宪法，议会所通过的法律，联邦委员会必须服从并予以执行，而不得否决或退回议会要求复议。联邦委员可列席议会的会议，报告政务，陈述意见，也可以提出法律草案，但他们没有表决权，只能服从联邦议会的决定并接受其监督。与内阁制国家不同，瑞士的联邦主席无权提出解散议会两院中的任何一院，而联邦委员提出的议案若被议会修改或否决也不必辞职，换言之，议会没有倒阁权，不能通过不信任案来推翻联邦委员会。

第四节　政府的组成与机构

一、政府的产生及组成原则

西方各国政府的产生过程并不完全相同，但通常都需经过三个步骤，即任命政府首脑、提名政府成员，以及获得特定机构的确认。除此之外，组成政府时还需要遵循一些共同的原则。

1. 政府的产生

政府如何产生，主要取决于政府体制。在实行总统制的国家，总统一般由选民直接或间接选出。如美国，总统不是由选民直接选举产生的，而是先由各州选民选出选举人团，再由选举人团选举总统，然后由总统提名、任命政府成员组成政府。但是，总统提名的人选需要获得国会参议院的批准，如参议院否决总统提名的人选，则总统须重新提名。1989年，布什曾提名前参议员约翰·托尔为国防部长，但在审查中有人指控他有酗酒的习惯，并且与某些防务承包商关系过于密切，结果参议院以53票对47票否决了对他的提名。②也有被提名人在备受争议的情况下被迫主动要求撤回提名的，如2021年初，拜登总统提名的行政管理和预算局的局长人选坦登就被迫撤回了自己的提名，因为她在社交媒体上发表过很多尖酸刻薄的评论，激怒了参议院的温和共和党人，从而使获得确认的希望渺茫。

① 奥斯瓦尔德·西格．瑞士的政治制度．刘文立，译．武汉：华中师范大学出版社，1988：33.

② 谭君久．当代各国政治体制：美国．兰州：兰州大学出版社，1998：205.

在实行内阁制的国家，政府首脑由议会（一般是议会下议院）选出，然后由政府首脑提出政府成员名单，再经国家元首任命后，政府即宣告成立。议会的选举结果实际上取决于议会里的党派构成，因此最常见的结果就是由多数党领袖出任总理或首相。如果议会中有三个甚至更多的政党，且没有任何政党能单独占有议会的多数议席，就必须由两个以上的政党结成联盟，凑足过半数议席才能组阁。英国长期以来都是个两党制国家，其政权在二战后由保守党和工党轮流执掌。但是2010年议会选举时，原本较小的自由民主党异军突起，导致保守党和工党都没有获得多数席位，于是两党都竞相争取与自由民主党联合组阁，最后保守党与自由民主党经过艰苦的谈判，双方各做了一些让步才达成组阁协议。接着，保守党领袖卡梅伦到白金汉宫觐见了国王，受命出任首相并组阁，自由民主党领袖克莱格则担任副首相。

在实行半总统制的法国，总统和总理共享行政权。总统任命总理，然后根据总理提名任命政府成员。但由于议会有倒阁权，总统任命总理时不能不考虑议会中的党派力量对比，任命国民议会中多数党或多数党联盟的领袖人物出任总理，并由他来组成政府。2000年修宪之前，法国总统任期为7年，而国民议会任期为5年，因此国民议会改选后，控制议会多数席位的有可能不再是总统所属的政党或政党联盟，此时总统只能任命与自己相对立的多数党领袖为总理，于是就出现了法国政治中特有的“左右共治”现象，即由分属左右两翼的总统与总理来掌管政府、治理国家。“此时总统变成一个有名无实的领袖，与总理和政府对立，但他只有权轻微地、偶然地干预公共事务，主要是在外交和国防政策领域。”[①] 这种“左右共治”的格局容易造成总统与总理之间的掣肘，不利于政府运转。因此，2000年法国通过修改宪法将总统任期改为5年，与国民议会任期同步，从而大大降低了“左右共治”出现的概率，但未来再出现共治格局的可能性仍无法排除。2022年4月，马克龙成功连任法国总统，但在6月的国会议会选举中，他所领导的中间派联盟未能获得过半数席位，被迫与其他政党领导人就联合组建政府展开商谈。尽管当时的媒体报道过马克龙与左翼联盟或右翼联盟合作的可能性——那将使法国再度出现共治，但最终马克龙选择了独自组建政府，而这意味着他接下来推行的每项政策都得在议会寻求其他政党的支持，并因此将要做出很多让步。

知识链接

法兰西第五共和国独特的“左右共治”

时间	总统	总理	共治格局
1986—1988年	密特朗 （社会党）	巴拉迪尔 （保卫共和联盟）	左翼总统与右翼总理
1993—1995年	密特朗 （社会党）	希拉克 （保卫共和联盟）	左翼总统与右翼总理
1997—2002年	希拉克 （保卫共和联盟）	若斯潘 （社会党）	右翼总统与左翼总理

① Robert Elgie, Emiliano Grossman, Amy G Mazur, eds. The Oxford handbook of French politics. Oxford: Oxford University Press, 2016: 184.

对于任何一个国家的任何一届政府的首脑来说，挑选政府成员都是其面临的首要任务，在此过程中需综合考虑多种因素。首先，需考虑对首脑本人的政治忠诚度，确保内阁成员中有足够多的与自己在政治立场上一致的人，以便更好地贯彻自己的政治主张。美国总统特朗普在组阁时就把忠诚放在特别重要的位置，其阁员中有多位是共和党内较早宣布支持他的政客，且在政治观念上与他相契合。英国首相特拉斯2022年9月组建的内阁也被媒体戏称为“忠诚内阁”，因为她所挑选的内阁成员大多为其密友或支持者。其次，需考虑执政党内或执政党联盟内各派力量的平衡，即要注意把一些党内资深“大佬”或重要的政治盟友安排入阁，以便换取他们的支持。在德国，2021年联邦议院选举后，社会民主党与绿党、自由民主党达成联合组阁协议：社会民主党的朔尔茨出任政府总理，另有7名社会民主党成员为内阁的部长，绿党和自由民主党则分别获得7个和5个部长职位。而在日本，因为长期执政的自由民主党内部派阀林立，所以每届内阁的组建都是各派力量平衡的结果，同时“为了给予更多政治家公平的机会，有必要依据当选次数这一客观基准筛选合格者，并通过频繁进行内阁改造快速实现大臣轮换”[①]。最后，阁员的选择还需注意考虑政治能力和经验，以及背景的多样性，必要时甚至可以超越党派界限来物色合适的人选。尽管政府的绝大多数成员都来自执政党或执政党联盟，但任命少数能力出众或具有代表性的非本党成员出任某些职位的确可以起到点缀的作用。2007年萨科齐当选法国总统后任命的内阁就是这方面的典型：15名部长中有7名女性，而且在法国历史第一次出现了北非裔内阁成员，来自反对阵营社会党的贝尔纳·库什内还出任了外交部长。

2. 政府的组成原则

西方国家在组成政府时，有一些必须遵守的原则，主要包括：

（1）相容原则或不相容原则。这里的相容或不相容指的是政府成员的职务与议员的身份是否相容。在总统制国家，由于实行严格的三权分立与制衡，因此政府成员不得同时为国会议员，即实行不相容原则，比如美国就是如此：如果某个议员要被总统邀请入阁，担任政府部长，就必须辞去议员职务，反之，如果某个政府官员想竞选议员，就得辞去在政府的职务。例如2021年3月，美国国会参议院投票批准来自新墨西哥州的国会众议员德布拉·哈兰出任内政部长，而她也因此辞去了国会众议员的职务，成为美国历史上首位原住民出身的内阁部长。在半总统制国家，政府成员与议员这两种身份也不可兼有，法国宪法还专门规定凡是接受政府职务的议员，必须在30天内放弃议员身份。在委员会制国家，政府成员虽然选自议员，但亦规定得先辞去议员职务，即实行的是不相容原则。在内阁制国家，为了便于议会更好地监督和控制政府，则实行相容原则。具体又分两种情况：在英国、加拿大、澳大利亚、新西兰等国，政府大臣或部长都必须是议员，若丧失议员资格，则不得继续担任政府职务；在日本，宪法规定总理大臣必须是议员，内阁成员一半以上应从议员中任命，不过，实际情况是绝大多数阁员都是议员。

西方国家政府的组成原则

（2）禁止兼职和从事营业性活动的原则。西方大多数国家都在宪法和法律中对政府成

① 山口二郎．日本内阁制度．吕耀东，等译．北京：社会科学文献出版社，2017：56.

员的兼职行为加以禁止，以避免所兼任的职务对其公权行使造成不利影响。如德国基本法第66条规定，联邦总理和各部部长不得担任其他领取报酬的职务，不得担任营利性企业的管理人员，且非经联邦议院批准，也不得参加董事会。瑞士宪法亦规定，联邦委员会委员在任期内不得担任联邦政府或各州的任何其他职务，也不得从事任何其他职业。法国则是在公务员法和刑法中规定，禁止公务员以职业身份从事一切有利可图的私人活动。为了防止政府官员以权谋私，有些国家还规定他们在从政期间必须公布个人及家庭的财产状况，以接受社会监督。

（3）现役军人不得入阁原则。文官政府及军人不得干政是西方国家长期遵从的传统，在这方面最具代表性的有日本和美国。日本在二战期间曾因为军人把持内阁并发动侵略战争而给全世界人民带来深重的灾难，为了吸取教训，二战后日本宪法第66条特别规定，“内阁总理大臣及其他国务大臣必须是文职人员”[①]，不得是现役武官。美国也规定，凡在联邦政府任职者均不得为现役军人，如果军人要出任政府官职，则不论是担任总统还是部长，都必须先退役。因此，日本的防卫省大臣和美国的国防部长都是文职官员。1947年的美国《国家安全法案》还规定，国防部长在任职前的7年时间里不能是现役官兵，除非国会通过表决给予其豁免，而马歇尔、马蒂斯和奥斯汀都是因为获得了豁免才成为国防部长的。现役军人不得入阁还意味着军队必须接受文职官员的领导，亦即，关于战争与和平以及军事问题的最高决策者是选举产生的政治领导人而不是军队将领。

二、政府机构的设置

政府机构是行使国家行政权力和履行政府职能的机关，负责执行立法机关制定的法律，处理内政、外交、军事等方面的行政事务。

1. 政府各职能部门

职能部门是政府内设的最基本的部门，代表政府行使某一方面的职权，并具体执行议会和政府所制定的政策。西方国家政府各部门的设置与政府职能的作用领域及发展演变有密切关系。最初所设置的政府部门大多是与政治统治、巩固政权及国家安全相联系的，如内政部、司法部、国防部等。随着经济社会的发展，政府干预范围不断扩展，政府机构的设置和数量有了很大变化，特别是其中承担经济管理、文化教育、科技发展、社会服务等职能的政府部门越来越多，也变得越来越重要。不过，由于部门过多和分工过细，不利于政府进行集中管理，因此20世纪70年代后，一些西方国家又通过机构改革进行了合并和精简，例如把职能相近的几个部门合并成一个大部，以防止部门机构过于臃肿，提高政府工作效率。

英国的政府部门分为内阁部和非内阁部两类，内阁部由内阁的国务大臣处理政治事务，并由名为“常务次官”的资深公务员来具体掌管部门内行政工作，非内阁部则由常务次官或副常务次官掌管。很显然，前者与后者相比在政治上重要得多，故此一般所指的英国政府各部都是指内阁部。2022年10月成立的苏纳克政府共有24个内阁部，即内政部，财政部，司法部，国防部，外交、英联邦和发展部，教育部，卫生和社会保健部，就业和养老金部，交通部，科学、创新和技术部，住房和社区升级部，环境、食物和乡村事务

① 《世界各国宪法》编辑委员会．世界各国宪法：亚洲卷．北京：中国检察出版社，2012：497.

部，能源安全和零排放部，商业和贸易部，文化、媒体和体育部，内阁办公厅，总检察长办公室，上院领袖办公室，下院领袖办公室，苏格兰总检察长办公室，出口融资部，苏格兰事务部，威尔士事务部，北爱尔兰事务部。[①] 英国政府各部的设立、废除、合并比较灵活，但通常保持在 20 个左右，部内的组织分为司、处、科几级，其中司为部的基本单位，大部有几十个司，而小部的司的数量要少得多。

美国联邦政府各部都是由历任总统根据实际需要提议并通过国会立法创立的，而要裁撤某个部也必须获得国会的同意。美国最开始仅有国务院（主要掌管外交事务）等 3 个部，后来逐渐增加，目前稳定在 15 个部，即国务院、财政部、国防部、司法部、商务部、劳工部、内政部、农业部、卫生与公众服务部、住房与城市发展部、交通运输部、能源部、教育部、退伍军人事务部，以及 2002 年才设立的国土安全部。这其中，20 世纪下半叶设立的政府机构最多，而国防部则是拥有政府雇员人数最多的。美国政府各部都通过部长向总统负责，部长属政务官，与政府共进退。各部的组织结构也基本相同，即在部以下设局、处、科等，分设局长、处长和科长，他们大多数是职业文官，长期任职。

法国政府各部的设置和变动完全是由总统和总理为完成既定行政目标而自行决定的，因此其数量和职权都会随政府更迭而频繁变化。第五共和国成立以来，中央各部曾经多达 30 个，后来通过大部门体制的改革而精简为约 15 个。例如，2022 年 7 月组建的法国政府共有 16 个部，分别为经济、财政与工业及数码主权部，内政与海外部，欧洲与外交部，掌玺、司法部，武装部队部，劳动、充分就业与职业融入部，国民教育与青年部，高等教育与研究部，农业与食品主权部，生态转换与区域团结部，能源转换部，文化部，卫生与预防部，团结、老人生活自理与残障人部，公职与政府转变部，体育与奥运会及残奥会部。虽然法国政府各部之间的差异性很大，但部内结构却长期保持相对稳定，一般情况下，“多数部共有 5 层，即部长，部长办公厅，司、局、委员会，处，科”[②]。

2. 政府首脑的办事机构

政府首脑的办事机构原是为协助政府首脑处理日常事务、加强与各职能部门及社会组织间的联系和磋商而成立的，但在一些西方国家，它们的权力甚至超过了内阁各部。

英国首相集政府首脑、议会领袖和党魁三个重要职务于一身，是英国权力最大、地位最重要的人物，但其办事机构相比其他国家来说却很小，目前只有一个首相办公室，由一些公务员和特别顾问组成。这个办公室原先下设四个机构，2001 年后被重组为三个部门：政策和政府小组负责为首相准备建议，协调跨部门政策的制定和实施；沟通和战略小组负责处理与媒体的关系，并向首相提供各种事实信息；政府和政治关系小组负责处理政党和选区的事务。

美国总统办事机构是 1939 年罗斯福政府期间成立的，二战之后随着总统权力的扩大，其权力和人员也迅速膨胀。总统办事机构的成员由总统任命，多为总统亲信，他们直接受总统领导。目前，美国总统的办事机构共有 17 个，大部分是代表总统进行政策性领导工作的。其中比较重要的有：白宫办公厅，作为美国总统办事机构的中枢，负责汇总情况，拟订方案，

---

① 英国政府官网（https：//www.gov.uk/government/organisations），2023 - 05 - 28.

② 吴国庆．列国志：法国．4 版．北京：社会科学文献出版社，2019：154.

以备总统决策；国家安全委员会，协助总统制定长期的外交政策，并在国家安全问题上为总统提供有效的军事安排；行政管理和预算局，协助总统编制和审核预算，并搜集政府各部门的活动情况；经济顾问委员会，就制定国内和国际经济政策向总统提供客观的经济建议。

在法国，总统府和总理府分别是协助总统和总理工作的办事机构。总统府设在巴黎爱丽舍宫，被称为法国"隐蔽的政府"，其机构设置和人员编制依惯例和总统个人意志决定。目前，总统府设有总统私人办公室、总统军事参谋部、国家情报和反恐协调处、总统私人秘书处等办事机构。它"有点类似于美国总统的办公厅"，但"要小得多，只有40个人到50个人，再加数百名后勤工作人员"[①]。总理府则设在马提翁大厦，其中较为重要的机构是办公厅和总秘书处。前者负责同总统私人办公室的联系，监督政府各部委的工作。后者协助总理组织政府工作，准备和传送重要文件，将政府拟定的法律草案送交议会，把议会通过的法案交总统和有关部长签署，保管总统、总理签署的法律、条例，以及安排政府成员答复议会质询，等等。

3. 政府的直属机构

西方国家的政府除设有政府各职能部门外，还设有管理特定公共事务的若干政府直属司、局、委员会等机构。如法国政府设有电子通信和邮政管理局、能源管理委员会、最高视听委员会、竞争总局、民航总局等直属机构；日本政府设有国家公共安全委员会、公正交易委员会、消费者事务局、个人信息保护委员会、宫内厅等直属机构；德国政府设有联邦航空办公室、联邦海事和水文局、联邦铁路局、联邦情报局等直属机构。在英国，为数众多的公共机构在某种程度上也可以看作是政府的直属机构，因为它们也是管理特定公共事务的行政机构，如公务员委员会、气候变化委员会、刑事案件审查委员会、护理质量委员会等。上述直属机构的组织形式多种多样，领导体制也各不相同，但从总体上看，它们反映了行政管理复杂多变的客观需求，很好地起到了对职能部门的补充作用。

与其他国家相比，美国联邦政府直属的独立机构既数量多又职能广。所谓独立机构，是指为了某个目的以国会立法形式设立的、独立于联邦政府各部的政府机构。它们有独特的组织系统和特殊的工作程序，以所谓"超党派"的独立的事务性机构自居，对美国社会生活的方方面面进行最直接的管理和干预。就其作用和性质而言，美国的独立机构大致可以分为两类：政府公司和独立管制机构。政府公司全部或部分为政府所有，是较新形式的官僚组织。它是政府机构，管理的却是准商业性质的公共事业。政府公司在日常业务中拥有很大的自主权，它设有董事会，但没有股东，也不必为其利润交税，代表性的如田纳西河流域管理局、美国邮政总局、进出口银行、联邦监狱产业公司等。独立管制机构则是在某个经济领域负责制定和执行有关规章和规则，以维护公共利益的政府机构。不同于联邦政府各部及其他独立机构，独立管制机构具有这样一些特点：第一，不仅享有普通行政机构的行政权，还享有一定的准立法权和准司法权，可在国会委托立法授权下制定规章并进行管理，也可受理申诉并作出具有约束力的裁决；第二，其成员由总统经参议院同意后任命，一旦任命之后便独立工作，不受总统的约束，总统不得随意免除其成员的职务；第

① 小G宾厄姆·鲍威尔，等．当代比较政治学：世界视野．10版．杨红伟，等译．上海：上海人民出版社，2017：257.

三，独立管制机构一般不实行首长负责制，而实行委员会负责制。目前，美国最重要的独立管制机构包括联邦储备委员会、联邦贸易委员会、联邦通信委员会、公平就业机会委员会、证券交易委员会、联邦选举委员会等。

第五节　政府的职能和决策体制

一、政府职能的范围

1. 政府职能的含义和基本内容

政府职能是指政府为巩固政权、管理社会公共事务而应承担的职责和履行的功能，它所要回答的是政府“应该做什么”和“不应该做什么”的问题。在阶级社会里，政府一般都担负着政治统治和社会管理这两大类职能，西方国家的政府亦不例外。政府职能是国家本质的外部表现，是服务于统治阶级利益的，但它也必须与社会生产力发展水平相适应，并随之而改变其方向、性质和内容。从根本上说，政府职能的问题涉及如何处理好政府与市场的关系，或者说政府可在多大程度上介入市场，以及市场应具有多大程度的自主性。这就是说，“该放给市场和社会的权一定要放足、放到位，该政府管的事一定要管好、管到位”①。

今天的西方国家都建立了成熟的市场经济，其经济实力位居全球前列，拥有很高的科技水平和先进的产业结构，与此同时又都面临着人口老龄化、能源短缺、环境污染、犯罪等各种社会问题，这使它们的政府职能出现了很多相互重合的地方。概括而言，西方国家的政府职能包括如下一些基本内容：

（1）直接动用军队、警察等国家暴力机器，镇压工人群众的反抗，并以强制方式将社会控制在既定的秩序范围之内；

（2）完善民主程序，加强政府制度建设，推动公民参与政府决策过程，并促使政府在责任性、回应性、透明性方面有大的改进；

（3）积极参与国际交往和开展外事活动，以增进本国长远安全与利益，并在国际上维护本国声誉、扩大本国影响；

（4）通过财政、金融、货币等宏观调控手段来调节市场，预测、管理和监督本国的经济和财政运行；

（5）扶持基础设施和新兴产业的发展，提供社会经济发展所必需的基本公共物品和公共服务；

（6）限制垄断和不公平竞争，解决环境污染等外部负效应问题，维护市场秩序及确保市场经济的有序运行；

（7）调节收入分配，为弱势群体提供基本的社会保障，为市场经济的正常运作创造相对稳定的社会条件；

（8）制定有关人才培养、科技进步、文化事业的发展规划，实现既定的科技、教育、文化等战略目标。

---

① 中共中央文献研究室．习近平关于社会主义政治建设论述摘编．北京：中央文献出版社，2017：119.

2. 政府职能的发展概况

虽然不同类型国家的政府职能会有所不同，同一国家在不同历史时期的政府职能也不同，但就西方国家而言，其政府职能的发展大体上都经历了四个阶段。

第一阶段是从 18 世纪后期到 20 世纪初，“守夜人政府”的小政府理念盛行。在自由资本主义时期，亚当·斯密的古典自由主义理论获得了普遍的认同，其主要观点是：市场的每个参与者都会在经济人理性支配下作出理性选择，以追求他或她的私利，而市场将在供给和需求之间，根据价格的自然变动，引导资源向着最有效率的方面配置，就好像是有一只看不见的手在指导和调节整个经济的运行。既然市场是完美无缺的，那么政府对市场所作的任何干预都是不合理的，而管得最少的政府也就是最好的政府。这意味着政府应消极地充当“守夜人”的角色和采纳自由放任的政策，而实践中政府所承担的职能仅限于为市场的充分发展创造一个稳定的、良好的环境，即保卫国家不受外来侵犯、保护社会成员的财产和人身安全，以及提供最基本的公共设施和服务。

第二阶段是从 20 世纪 30 年代到 60 年代，积极干预的大政府思想大行其道。自由资本主义的发展曾经带来过经济的繁荣，但它也导致了资本的集中和生产的垄断。在世界性的经济危机多次爆发后，人们终于认识到，单纯依靠市场机制无法解决就业问题及实现经济资源配置最优化。在此背景下，以凯恩斯为代表的一些经济学家认为，自由市场经济中的有效需求不足是常态，这是市场本身无法解决的，必须依靠政府来干预经济，采取措施来弥补市场缺陷。受这股思潮的影响，西方一些国家的政府开始扩大直接投资和增加货币供应，强调运用财政和货币政策来全面干预经济，提高人民福利，以实现“免于恐惧的自由”，其中最具代表性的就是美国的罗斯福新政和英国的贝弗里奇计划。随着政府干预领域的扩展，行政权不断膨胀并渗透到社会生活的各个领域，行政机构和人员也大量增加，行政机关的行政行为几乎成为无所不能之物，这种现象被称为“行政国家”。

第三阶段是从 20 世纪 70 年代到 80 年代末，“政府会失灵”成为共识，而市场价值被推崇。尤其是以货币主义学派、理性预期学派和供给学派为代表的一些经济学家全力批判了凯恩斯主义，他们指出政府干预实际上效率极低，而扩张性财政政策则是滞胀和赤字的主要原因，要想走出困境，政府应当充分发挥市场机制作用，将自身角色限定为市场规则的制定者、裁判者以及外部负效应的救治者。这些流派帮助促成了美、英等部分西方国家的政策转变，比如美国里根政府降低了联邦政府对企业经营的控制，开始支持市场自由竞争、降低税收和公共开支，而英国撒切尔政府也通过紧缩公共开支、改革社会福利制度、推行国企私有化等一系列措施，使英国经济逐步摆脱危机、恢复活力。

第四阶段是从 20 世纪 90 年代起至今，政府与市场并重的混合型管理模式成为潮流。20 世纪 90 年代后，西方国家的一些左翼政党重新复兴，并在选举中纷纷获胜。这些政党提出了将市场机制优点和社会公正理念结合起来的第三条道路，推行“市场+政府”的混合型经济管理模式。第三条道路获得了美国总统克林顿、英国首相布莱尔、法国总理若斯潘、意大利总理普罗迪等西方政要的大力支持，而他们在经济方面的观点是“既不采取自由放任主义也不采取国家干预政策。政府的任务是提高宏观经济的稳定性，发展一种鼓励人们自立而不是依赖的税收和福利政策”[①]。虽然进入 21 世纪后有些国家又发生了新的政

① 杨雪冬，薛晓源．“第三条道路”与新的理论．北京：社会科学文献出版社，2000：26.

权交接，但以市场为主导、以政府宏观调控为辅的“二元”模式并未被抛弃。市场失灵和政府失灵的双重可能使所有国家的政治家都认识到不能再单纯依赖市场或政府：市场在有效配置资源、调节供求关系及促进公平交易方面有其优点，而政府在消除贫困和疾病、反对垄断、加强失业和养老保障、应对移民问题、维护国家安全等方面亦是不可或缺的。

总体上看，西方国家政府职能的发展呈现出两个并行的趋势：一是政治统治职能逐渐强化，包括维持统治秩序和维护国家主权、领土完整和加强国防力量，以及完善民主监督和责任机制、实现行政权力合法化等内容；二是社会管理职能的市场化，表现在政府压缩了福利项目，将政府承担的一些职能通过外包推向市场，放松了对企业的管制，以及更多地倡导“掌舵而非划桨”。

二、政府决策的主体和机构

在现代社会，任何一个国家的统治者都要通过政府的决策和执行来实现其所代表的国家意志和国家利益，而决策机制直接关系到决策的质量和决策的效率。这里，我们着重介绍西方国家的政府决策主体和机构，以及政府决策的过程。自西方国家进入垄断资本主义时期后，社会关系越来越复杂，社会问题不断增多，为了充分利用行政官员的技术专长和提高行政效率，各国议会纷纷授予政府制定具有一定法律效力的公共政策的权力，此即为委托立法。第二次世界大战后，大多数西方国家都强化了行政权，并大量地运用委托立法来作为干预经济的法律手段，于是政府决策的重要性日益显现出来。在现行的代议民主制下，政府决策主体和机构一般来说都是多元化的，不过政府首脑、内阁会议、内阁委员会和咨询机构往往起着支配性的作用。

1. 政府首脑

政府首脑是政府的最高决策者，有权决定本国内政外交的一切重大政策。第二次世界大战后，政府首脑的权力不断强化，并形成高度的集中，这很大程度上是由下列因素促成的：第一，政府首脑因拥有任免政府成员及改组内阁的权力而使得部长和大臣们越来越依附于他；第二，现代政府所面临的复杂的国内外形势越来越需要政府特别是其首脑快速作出决策；第三，政府首脑参与的各类活动使他很容易成为新闻媒体报道的焦点并成为内阁政策的权威发言人。

在英国，首相处于政府权力结构的顶端，以至于有人称其为“选举出来的独裁者”，还有人认为“内阁政府”已经变成了“首相政府”。在美国，总统“既是一个国王，又是一个首相”，因为他不仅是政府首脑还是国家元首。在法国，虽然宪法规定政府由总理领导，但总统才是事实上的国家权力中心，尤其当其所属政党为议会中的多数党时，几乎可以说是“无可争议的君主”。在德国，甚至政府体制本身就被称为“总理民主制”，因为总理在联邦政府内有突出的地位，他决定政府政策的方针，而且是唯一由议会选出的内阁成员。在日本，“与明治宪法时期相比，今天的首相拥有无可比拟的更大权力”[①]，但由于自民党内部派阀林立，首相集权程度取决于其在党内地位是否稳固。

① Kishimoto Koichi. Politics in modern Japan: development and organization. Tokyo: Japan Echo Inc., 1997: 79.

2. 内阁会议

内阁会议在政府决策中的作用会由于政府体制的不同而有大有小，但从形式上看，西方各国政府的大部分政策都是经内阁开会和商讨才予以确定的。

英国的内阁会议一般每周召开 1～2 次，由首相随时召集，在唐宁街 10 号首相官邸举行。内阁会议由首相主持，首相可以将自己认为必要的问题提出来以供讨论，也可以决定停止某一问题的讨论。在内阁会议上大臣可以自由发言，除非意见分歧很大，否则不采取投票形式，且即使举行投票也不是依投票结果来做决定，而是以首相意见为准。不过，一些重要阁员的反对的确会使首相感受到很大的压力，有时甚至可能导致首相下台——约翰逊就曾因为遭到内阁集体反对而被迫辞职。英国的内阁会议是秘密召开的，与会成员对会议情况必须守口如瓶。内阁会议一旦作出决定，则所有大臣都必须坚决维护和积极推行，即使与自己观点相悖亦是如此。

与英国相比，美国的内阁会议更多地带有总统个人的风格和工作特点，因为宪法明确规定行政权属于总统个人而非整个内阁。总统召开内阁会议的频率各不相同，“里根召开了 36 次内阁会议，而克林顿只召开了 6 次”[①]。由于内阁成员都是总统的助手，因此他们在内阁会议上只有发言权和建议权，而且其意见是否被采纳也完全取决于总统。有时，总统会与个别部长讨论某项政策问题，然后会单独作出决定。在另一些时候，总统会找少数内阁成员，再加上白宫的某些高级官员聚在一起，讨论并作出某项重大的政策决定，这种带有私人性质的顾问圈被称为“厨房内阁”。如果总统觉得某个问题容易引起较大争议，还可能不与内阁成员协商就直接作出决定，而对此内阁成员只能服从。例如，美国总统特朗普就曾不顾多名内阁成员的劝阻，执意推行更为严厉的贸易限制措施，单方面发动贸易战。

法国的内阁会议又称为部长会议，它由总统主持，在巴黎总统府爱丽舍宫举行，出席人员包括总理和各部部长，其职责主要是讨论国际、国内的重大问题，向总统就某个主题提出意见和建议，并协调政府各部的行动。作为法国政府决策的核心机构，内阁会议是商讨和决定国家重大政策的重要场所。如遇到突发的骚乱、疫情等紧急事态，总统还会召开紧急内阁会议，例如 2019 年 10 月 14 日，法国总统马克龙就曾召开内阁紧急防务会议，讨论如何应对土耳其在叙利亚北部发起的军事行动。

在德国，内阁每周三上午开一次会，由总理主持，参加人除了总理和各部部长之外，还包括总理办公室主任、总理议会国务秘书、总统办公室主任、新闻界负责人、总理私人顾问和秘书。[②] 而在日本，“内阁每周至少在周二和周五开两次会，很少超过两个小时，有时只有 15 分钟”[③]。

3. 内阁委员会

在议会内阁制国家，随着政府需要处理的事务及其紧迫性增加，内阁委员会开始出现

① Marc Landy. American government：enduring principles，critical choices. 4th edition. Cambridge：Cambridge University Press，2019：246.

② Klaus Larres，Holger Moroff，Ruth Wittlinger，eds. The Oxford handbook of German politics. Oxford：Oxford University Press，2022：144.

③ Ian Neary. The state and politics in Japan. 2th edition. 2019：120.

并发展迅速。内阁委员会由相关部门的政治家和公务员组成，原是为减轻内阁工作压力、为内阁做一些预备性工作而设置的常设委员会，后来逐渐成为内阁决策的一种重要的辅助性机构。内阁委员会 19 世纪就出现在英国的内阁中，后来又为历届政府所沿用。内阁委员会在英国政府决策体制中处于十分重要的地位，它实际上承担着政府大部分决策的任务，因为“大多数政策的详细讨论通常委托给内阁委员会，其决定和建议报告给全体内阁，并通常由全体内阁接受”①。通过经常邀请有关文官和专家参加，内阁委员会既大大减轻了内阁会议的工作量，也提高了决策的专业化水平。不过，内阁委员会虽然存在了一个多世纪，但公众对它的了解并不多。根据已公开的资料，英国内阁的常设委员会主要涉及防务、内政、外交、经济、情报、立法等重要问题，其成员的选择、主席的任命等都由首相来决定。在特蕾莎·梅和约翰逊担任首相期间，内阁委员会均为五个。德国联邦政府同样会根据需要而设置内阁委员会，如科尔内阁 1990 年设立的“德国统一内阁委员会”，默克尔内阁 2018 年设立的“数字化内阁委员会”和 2019 年设立的“气候保护内阁委员会”。“内阁委员会的参加者在 1969—1972 年间是部长、国务秘书和其他政府官僚各占三分之一。”② 这些委员会通常由联邦总理任主席，由主管部长任副主席，例如气候保护内阁委员会由总理默克尔直接领导，成员包括副总理兼财政部长、环境部长、内政部长、经济部长、农业部长、交通部长等，旨在推动相关立法，实现气候保护目标。

4. 咨询机构

现代政府决策离不开咨询，正是众多智库（亦称思想库、智囊团和脑库）的帮助，才使政府得以获取各类有价值的专业信息和分析报告，从而为科学而理性的决策打下良好的基础。智库的出现对于改善政策系统和提高决策质量有着积极的影响，它们是“现代国家决策链条中不可缺少的一环”，而其数量及成熟程度也成为衡量一个国家公共决策水平的重要尺度。正如习近平所指出的，“智库是国家软实力的重要组成部分，随着形势的发展，智库的作用会越来越大”。③ 在西方国家，决策咨询制度是政府决策的重要组成部分，政府常常有意识地扶持咨询机构的发展。

知识链接

主要西方国家的智库数量和排名

国家	美国	英国	法国	德国	意大利	日本	瑞典	西班牙	瑞士
智库数量	2 203	515	275	266	153	137	101	95	93
全球排名	1	4	6	7	11	13	16	17	18

资料来源：James G McGann. 2020 global go to think tank index peport（2021）. https：//repository. upenn. edu/think _ tanks/18，2022 - 05 - 06.

上述智库都围绕着某些具体的政策领域来开展调查研究和综合分析，而研究课题可以

① Mark Garnett，eds. The routledge handbook of British politics and society. London：Routledge，2020：15.

② 沃尔夫冈·鲁茨欧．德国政府与政治．7 版．熊炜，王健，译．北京：北京大学出版社，2010：211.

③ 中国社会科学评价中心．全球智库评价报告．中国社会科学评价，2016（1）.

是政府部门委托给它们的，也可以是它们根据形势发展需要而自行选取的，或者是通过与政府部门的沟通而共同确定的。这些咨询机构有着高素质的研究人员和构成合理的研究队伍，而且还注重现代科学技术手段的运用，因此它们的研究报告大多为政府所看重，成为决策的重要参考。比如，布鲁金斯学会、美国企业研究所和传统基金会这“三个特别的智囊团在美国政策制定中发挥着特别重要的作用”①。同时，西方国家的智库不论是官方的还是半官方的，抑或是民间的，都非常强调站在中立和超脱的立场上开展研究，以确保研究结论的客观性和准确性，这种相对独立的研究往往有利于产生有价值和有分量的智力成果，从而为优化政府决策服务。

三、政府制定政策的过程

学者们曾经提出过多种决策模式来描述政府的决策过程，例如精英决策模式认为决策是由位居社会最高层并拥有极大权力的少数精英作出的，集团决策模式认为决策反映的是社会各种利益集团之间力量的平衡，渐进决策模式认为决策是在各方互动并达成共识的基础上对既有政策进行修修补补的结果。也有人倾向于从理性角度，把政府决策看作是界定问题、搜集信息、拟订方案、分析择优的一个理性过程。对决策科学化的诉求在一定程度上就意味着理性化的可得，尽管理性可能是有限的理性。

1. 决策创议

决策创议指将某个问题提上政府议事日程，它是决策过程的首要环节，没有创议就不会有决策。在西方国家，执政党是政府决策的主要创议者，因为选举获胜后兑现之前政纲中的承诺是理所当然的。政府首脑及其亲信有时也会针对特定领域提出决策创议，如尼克松和基辛格在开启中美外交大门的过程中就发挥着举足轻重的作用。重要智库同样是决策的创议者之一，比如日本政府原先推行的“综合安全保障战略”和“环太平洋合作构想”等大政方针就来自综合研究开发机构的报告。除此之外，得益于信息量大、覆盖面广、传播迅速、受众广泛等特点，大众传媒也常常通过引导舆论而影响政府的决策议程。不过，公共问题要想成功地进入政府的决策议程，不仅需要有人在背后推动，也需要把握住时机，即所谓的“政策之窗”。尽管它们的数量稀少，且不可能持久存在，“但是公共政策的重大变革却常常是由于这些机会的出现而导致的”②。

2. 决策制定

决策制定是政府围绕某个公共问题而确定决策标准并选择能有效解决问题的方案的过程，包括对问题的细致分析，以及备选方案的拟订、审议和综合比较。由于问题的清晰确认需要搜集大量的信息，因此政府内部和外部的咨询机构都能给其提供必要的帮助，西方国家还普遍采用了听证会的形式来听取公民代表和利益集团的意见。备选方案的拟订、审议和综合比较则更多的是政府有关部门的工作，在政府首脑及内阁正式决策前，它们需要发挥创造性思维来设想出各种新颖而独特的方案，并运用成本-收益分析来考量所有选择的后果，然后提出操作性强的建议。当然，某个方案被采纳可能不是因为其效益更大，或者

① B Guy Peters. American public policy：promise and performance. London：Sage Publications，2016：79.

② 约翰·W金登．议程、备选方案与公共政策．丁煌，方兴，译．北京：中国人民大学出版社，2004：210.

可行性更高，而是因为所处的环境使其获得了大多数政治力量的支持。还需要说明的是，决策制定的方式不仅会因为政府体制的不同而不一样，也会因为问题性质的不同而发生变化。肯尼迪总统的弟弟、时任司法部长的罗伯特·肯尼迪在《十三天》一书中，生动地叙述了古巴导弹危机的前前后后，它提供了美国政府在危机时刻快速决策的一个良好范例。

3. 决策执行

决策执行是将政府出台的政策付诸实施的过程，它直接决定着政策的意图能否实现以及能在多大程度上实现。虽然决策制定往往是许多主体共同作用的结果，但在决策执行阶段却基本上只有官僚组织在承担执行任务，因而从某种意义上说，“官僚机构几乎独自贯彻法律和管制，且在执行这些事务的过程中，它们能够拥有许多自由裁量权”①。为了建立一支高素质的、负责任的和专业化的官僚队伍，西方国家从 19 世纪下半叶开始推行文官制度改革。1870 年，英国议会根据著名的《诺斯科特-杜威廉报告》，首先制定并实施职业文官制度，而美国国会在 1883 年通过了《彭德尔顿法》，用以功绩制为基础的文官制度取代了之前流弊极多的政党分赃制。与英、美不同，法国、德国和日本在历史上都曾存在过强大的中央集权官僚体制，它们直到第二次世界大战后才真正形成比较完整的现代文官制度。虽然文官的范围各国并不相同，但他们都是经考试录用的，且具有必要的专业技能，奉行政治中立原则，无违法与重大过失即可长期任职。由于有这样一支数量众多的常任文官队伍，政府得以避免了大的人事动荡，而这对增进政府工作效率、确保政府政策的延续性，以及巩固资产阶级的统治秩序都是极为有益的。

4. 决策评估

决策评估的任务是考察政府的某项政策是否达到目标，亦即要评价这一政策的成功之处以及存在的不足。长期以来，决策评估不仅为传统的政治分析所忽视，也不受政府的重视，而如果没有对于决策的某种评估，政府就不可能及时吸取以往失败的教训。决策评估要求评估者搜集有效的、可靠的信息资料，运用各种科学的评估方法，按照特定的评估标准，对决策过程进行系统的研究和分析，以作为未来实施政策调整及制定新政策的依据。与原先只注重决策制定相比，决策评估的兴起反映了人们对决策过程有了更全面的认识：有良好意图的政策未必能达到预期的效果，而这既有可能是因为方案规划出错，也有可能是由于执行机构不力。自 20 世纪 70 年代末以来，西方国家掀起了一场声势浩大的以效率和结果为导向的新公共管理运动，在此期间绩效评估被广泛运用于政府管理中，从而也进一步推动了决策评估的繁荣。以美国为例，1993 年通过的《政府绩效与结果法案》和 1995 年通过的《联邦采购改革法案》都是鲜明绩效导向的，布什政府还建立了项目评估评级工具（PART），使公共项目对其结果负责，而奥巴马政府则尝试了一种改进绩效管理的不同方法，即要求每个内阁级部门和其他八个大型机构都制定三到八个“高优先级绩效目标”来指导该机构。②

---

① 小G宾厄姆·鲍威尔，等．当代比较政治学：世界视野．10 版．杨红伟，等译．上海：上海人民出版社，2017：133.

② Steven J Balla，William T Gormley. Bureaucracy and democracy：accountability and performance. Washington：CQ Press，2018：52－54.

5. 决策调整

决策调整指决策制定者依据决策评估反馈的信息，结合问题和环境的变化，对决策内容和形式予以部分改变或全部改变的行为。一般情况下，对既有决策的修正、更新和增删是最常见的调整方式，但如果先前的政策被发现是低效的、无效的甚至是错误的，或者无法解决面临的困难和问题，那么政府也有可能废止它并代之以新的政策。2019 年 12 月，德国政府推动制定的《气候保护法》正式生效，但到 2021 年 4 月 29 日，联邦宪法法院却裁定其部分内容违反宪法，而德国各青少年团体更是控诉它将沉重的减排负担推到 2030 年之后，届时严格的排放限制将侵犯青少年一代的人身自由。之后德国政府迅速回应，如联邦环境部长宣布德国 2030 年减排目标从目前的 55%提高到 65%，并将提前五年即于 2045 年实现气候中性。2021 年 5 月 12 日，德国联邦政府提交了修订后的《气候保护法》，并在随后获得议会两院通过。总体而言，通过及时进行决策调整，纠正失误或偏差，政府可以尽快实现政策目标并减少损失，而且也有利于政策的相对稳定。不过，频繁的决策调整也会造成对已经投入的政策资源的浪费，并损害政府部门的形象。

在线自测

扫一扫　练一练

第七章　西方国家的司法制度

司法制度是政治制度的重要内容。司法机关是国家机器的重要构成要件，是实行政治统治和维护社会、经济、政治秩序的重要工具。在西方国家“三权分立”体制下，司法权是与立法权、行政权相并行的国家权力，司法机关作为国家机关的重要部分，相对于立法机关、行政机关而独立存在。本章所讲的司法制度不仅包括行使司法审判权的法院，也包括其他司法性的组织和组织体系、职能和活动的原则以及相关的工作制度等，如法院和审判制度、检察机关和检察制度、司法行政管理制度、法官制度、律师制度、陪审制度，等等。

第一节　西方国家的法律传统与司法原则

西方国家的司法制度，是在继承古代罗马时期的法治传统，并在反对封建专制统治的过程中，适应资本主义生产方式的发展，适应保护财产权和人身自由的要求形成和发展起来的，体现了资产阶级国家的性质。因此，西方各国的法律体系和司法制度的基本原则都是一致的。但是，由于各国历史渊源、文化传统、经济社会和政治发展的道路有很大差异，因此，各国法律的具体内容、表现形式和适用方式都表现出不同的特点，由此形成了不同的法系。所谓法系，是指若干国家和地区的法律具有某种共同特征和传统的现象，主要表现在各国法律的历史渊源、继受关系和法律结构、表现样式、适用模式等。西方国家主要有两大法系：大陆法系和英美法系。

一、欧美国家的法律传统和渊源

1. 罗马法的起源、完成及特点

罗马法是存在于古代罗马的奴隶制国家整个历史时期的法律，包括从罗马共和国产生至西罗马帝国灭亡时期的法律，也包括公元 7 世纪中叶以前东罗马帝国的法律。在氏族社会向阶级社会过渡时期的罗马王政时代（公元前 8—6 世纪），用来调整规范社会关系的行为规则是人们普遍遵守的习惯。随着氏族制度的彻底瓦解和奴隶制的产生，王政时代结束，建立了罗马共和国（公元前 509—公元前 27 年）。随后，罗马法就发展起来。罗马法集中体现了罗马奴隶主阶级的意志，也反映了古罗马发达的商品交换的社会关系。

罗马共和国时期，首先发展的是只适用于罗马市民的市民法，它是基于习惯和制定法汇编形成的，其最重要的成就是公元前 5 世纪出现的《十二铜表法》。公元前 451 年，罗马元老院将当时的法律习惯编纂成十二表法公布于罗马广场，由于这些表法都刻在由青铜铸成的牌子上，所以又称《十二铜表法》。该法以规范性法律条文的形式规范人与社会、人与人之间的权利和义务关系，根本改变了早期罗马习惯含糊不清的状况，使成文法成为罗马法的最基本的样式，被认为是“一切公法和私法的渊源”，罗马法发展史上“独一无二”的里程碑。[①]

共和国后期和罗马帝国的前期，是古罗马的全盛时期。随着商品经济的发展和外来人口的增多，又发展了不仅适用于罗马市民，也适用于外邦人以及外邦人与外邦人之间关系的法律，这就是万民法，意为“各民族共有”的法律，从一定意义上说，实际上就是罗马统治范围内的“国际法”。万民法和市民法互为补充，加上元老院的决议、裁判官的告示以及罗马法学家对法律的解释等，共同构成了罗马法的体系。在罗马法的发展中，法学家发挥了十分重要的作用，推动了罗马的法和法学的发达。到共和国后期，法学家活动非常活跃，他们著书立说，解释法律，参与诉讼，编纂法典，参加立法活动，大大丰富了罗马法的内容。许多法学家还被皇帝授予法律解答权，他们的解答也成为法律的重要渊源。

公元395年，罗马帝国正式分裂。476年，西罗马帝国灭亡，定都于君士坦丁堡的东罗马帝国成为罗马帝国唯一继承者，并且国势日盛。公元6世纪，查士丁尼一世大帝励精图治，意图恢复罗马帝国的伟业，非常重视法律建设。为此，他设立了一个由著名法学家组成的专门委员会来编纂古罗马的历代法律，最后形成了《查士丁尼法典》《法学总论》《学说汇纂》《查士丁尼新律》等四大法律文献，被后世统称为《查士丁尼民法大全》，简称为《查士丁尼法典》。该法典系统地搜集和整理了自罗马共和国时期至查士丁尼为止所有的法律和法学著作，卷帙浩繁，内容丰富，因此也被称为《罗马法大全》。它的编纂完成标志着罗马法已极其发达和完备，对后来欧洲各国的法学和法律的发展产生了深远的影响。

在古罗马全盛时期，罗马统治者以武力扩大其版图，在其征服的地区强行适用罗马法，在一些从未受过罗马统治的国家，罗马法因其发达和完备而得到采用，从而使罗马法成为“商品生产者社会的第一个世界性法律”[②]，并且影响了后来资本主义发展时期欧洲大陆各国的立法，成为大陆法系的主要渊源。即使独立于罗马法之外发展的英国法和英美法系，在私法方面也参照了罗马法的某些规定。

2. 日耳曼法的形成和影响

日耳曼法是日耳曼人入侵西罗马帝国后建立的早期封建王国所颁布的法律，是由日耳曼人原有的部落习惯逐渐发展形成。随着日耳曼人南侵并建立“蛮族国家”，日耳曼部落的风俗习惯经过采集和记录，被宣布为各民族属地的法律，并成为日耳曼法的主体来源。在日耳曼人入侵罗马以后，实行属人主义，即对本部落成员适用部落习惯，对被征服的罗马臣民适用罗马法，在日耳曼法与罗马法发生抵触的时候则以日耳曼法为准，于是，日耳曼法与罗马法日渐融合。公元5—9世纪，日耳曼法也逐渐走向成文化，各日耳曼王国以各自的习惯法为基础进行了汇纂，先后编制成比较系统的成文法典，即所谓“蛮族法典”，基本内容包括土地制度、债权制度、婚姻家庭制度、刑事制度和诉讼制度等。其中最有影

① 朱塞佩·格罗索．罗马法史．黄风，译．北京：中国政法大学出版社，1994：76.
② 马克思，恩格斯．马克思恩格斯选集：第4卷．3版．北京：人民出版社，2012：259.

响的法兰克王国的《萨利克法典》就是一部习惯法记录，发源于萨利克部族中通行的各种习惯法，法典较早的抄本共65条，主要内容是刑法和诉讼程序问题，也包括一些民法的法令，详细列举了各种违法犯罪应科处的赔偿金。和《萨利克法典》一样，这些“蛮族法典”大多数用拉丁文写成，同时吸收了若干罗马法的术语；但盎格鲁-撒克逊法律和北日耳曼各民族的法律用本国语言写成，并受到了基督教的影响。日耳曼法开始只是记载一些具体案件的判决，后来又出现了国王颁布的大量法令。这些在日耳曼法与罗马法相结合的基础上发展起来的封建地方法，不仅是整个中世纪欧洲法律的基本因素之一，而且对后来的资本主义法律也产生了重要影响，对英国法的影响尤为显著。

二、大陆法系与英美法系

1. 大陆法系的形成

大陆法系是欧洲大陆各国在继受罗马法的基础上，融合其他法律成分，逐渐发展而成的世界性的法律体系的总称，因此又称罗马法系。其特点是以民法法典为基础，以法典化的成文法为主要形式，故而又称民法法系、成文法系。大陆法系以欧洲大陆的法国和德国为代表，是西方国家中历史悠久、分布广泛、影响深远的法系。

罗马法是大陆法系的主要渊源。罗马法虽属奴隶制社会的产物，但规定法律保护私有权，包括关于契约、婚姻、所有权和债权、家庭和继承等方面的规范，对“简单商品占有者的一切本质的法的关系”都作出了“无比明确的规定”，[①] 因此，随着资本主义的发展，罗马法重新引起了欧洲大陆各国的兴趣和重视。11世纪，《查士丁尼民法大全》在意大利被发现，直接引发了罗马法复兴运动。此后的几个世纪里，各国的法学家们普遍开展罗马法的研究，开设罗马法课程。

大陆法系及其特点

随着资产阶级革命的胜利和资本主义制度的确立，各国为适应资本主义经济、政治、文化发展的需要，纷纷效仿罗马法制定成文法典，而法国最先成为成功的典范。拿破仑于1799年取得政权后不久，为了消除法律不统一的现象，他领导了大规模的立法活动，编纂了包括民法、民事诉讼法、商业法、刑法和刑事诉讼法的一系列法典。其中最著名的就是《法兰西民法典》，拿破仑领导并参加了参议院对它的讨论和修改，共召开了102次讨论会，因此又称它为《拿破仑法典》。该法典肯定了资产阶级革命胜利的成果，被认为是在法国大革命的激荡下，“以同一个罗马法为基础”制定的“典型的资产阶级社会的法典”[②]，它开创了制定有完整体系的成文法的模式，标志着近代大陆法系的模式的确立。《法兰西民法典》公布之后，立即风靡于欧洲的大部分国家，比利时、卢森堡等国直接采用它作为自己的民法典，有的国家则以它为蓝本制定自己的民法典。

1896年的《德国民法典》是欧洲大陆成文法典的另一个范例。这之前，德国各个“邦”（王国、公国等）在继受罗马法、教会法的基础上，都形成了自己的法律或法典。1871年德意志帝国建立后，为了克服法律的分散状态，即着手制定统一的民法典。起草的法典获得参议院同意后，于1900年1月1日开始施行。《德国民法典》受到《法兰西民

①② 马克思，恩格斯．马克思恩格斯选集：第4卷．3版．北京：人民出版社，2012：259.

法典》的影响，但在法典编纂技术与民法学发展两方面，克服了后者的一些缺漏和技术上的缺陷，以概念细密精确、用语严格准确著称。《德国民法典》为促进德国的政治统一发挥了重要作用。

大陆法系不仅深刻影响了欧洲大陆各国法律体系的形成，也影响到欧洲以外的国家和地区。各国的法律在承受的过程中，由于历史影响不同和选择不同，又形成了以《法兰西民法典》为蓝本和以《德国民法典》为蓝本的两个支系，属于前者的除了法国外，还有比利时、荷兰、意大利、西班牙、葡萄牙和拉丁美洲各国，又称为拉丁法系或法国法系，属于后者的除了德国，还有奥地利、瑞士等国。日本明治维新以后，学习欧洲大陆的罗马法系，尤其是引进德国的法律体系，所以一般被归入大陆法系的德国分支，但在第二次世界大战后又吸收了英美法系的某些特点。民国时期的中国法律也属于大陆法系，并且受德国的影响较深。

2. 英美法系的形成

英美法系又称普通法系，是以源于日耳曼习惯法的普通法为基础发展起来的法律的总称。其特点是以普通法为基础，以判例法为主要形式，因此又称判例法系。它首先产生于英国，也称为英国法系。该法系之所以又称为英美法系，是因为美国独立后，继续沿用英国法，同时又适应美国社会的发展制定了一些成文法来弥补普通法的不足，成为普通法系的重要分支。

英美法系里的普通法，是依据古老的地方习惯和“遵循先例”的司法原则，在不同时期的判例的基础上发展起来的。公元5世纪以前，不列颠曾经是罗马帝国的一个行省，和欧洲大陆国家一样通行罗马法。公元5世纪中叶，日耳曼人南侵的同时，其中的一部分盎格鲁-撒克逊人渡海进入不列颠，建立起盎格鲁-撒克逊人的王国。但是，当时的英国实际上处于各地封建领主的割据状态，国王不过是名义上的最高统治者，行政、司法和军事权力都不统一。6世纪末，基督教传入英国，后来英格兰全境基本上都皈依了罗马基督教。因此，在诺曼征服以前，英国各地施行的是日耳曼的习惯法，但是又与地方习惯、罗马法以及教会法并存，法律十分混乱。

从1066年诺曼底公爵威廉征服英国以后，英国的法律制度的发展呈现出与欧洲大陆法相分野的走向。诺曼征服者从撒克逊贵族手里夺取了土地，为了镇压撒克逊人和农民的反抗，便大力强化王权，实行中央集权。同时，为了统治的便利，缓和同撒克逊人的矛盾，在司法审判中大量适用撒克逊人的习惯法。亨利二世（1154—1189年在位）时，为统一司法权实行司法改革，建立中央巡回法院。被委派定期到各地巡回审判的法官，在办案时，除依据国王的诏书和敕令外，主要是依据日耳曼人的习惯法和地方习惯。他们对日耳曼人的习惯法和地方习惯加以筛选梳理，将他们认为正确、合理而且与国王的立法不相抵触的习惯和惯例确认为判决的依据，并且彼此认可各自的判决。这样，一些经常被引为依据的习惯便以判例法形式成为普遍适用的普通法。由于采用判例法，法官和律师也就具有了特殊的作用，他们精心研究古今的判例，产生了大量权威的研究判例的著述，成为英国法的渊源之一。

英美法系的渊源中还包括一种特有的衡平法。它是从14世纪开始发展起来的一种与普通法并行的、主要适用于民事纠纷的法律原则和诉讼程序。由于资本主义市场经济的发展，财产关系、民事关系更趋复杂，在无法从普通法法院获得公平处理的情况下，有的当事人便向国王请愿。国王便运用王权直接进行干预，委托大法官以公平或良知即所谓“衡平”原则予以处理。15 世纪末又进一步设立衡平法法院，专门负责审理衡平案件。大法官和衡平法法院在处理这类案件时，也采用了“遵循先例”的原则，逐渐形成了一整套独特的判例和准则。衡平法诉讼程序相对比较简单，不设陪审团，一般采用书面形式审理。“衡平法遵从法律”，不得有意推翻普通法，只是对普通法的补充，但衡平法法院可以对普通法法院的诉讼过程进行干预。这样，在民事案件中便形成了两种判例法、两种法院、两种诉讼程序，因而也产生了一些弊端，诉讼程序复杂，成本高昂，常常引起两种法院之间的对立。因此，英国议会于 1873 年通过《最高法院审判法》，废除了普通法法院和衡平法法院并列的双轨制，建立起单一的法院体系，统一适用普通法和衡平法。

随着英国的殖民扩张，而后由于美国的强盛，英美法系传入美洲、亚洲、大洋洲和非洲的广大地区，英美法系也发展成为世界主要法系之一。承受英美法系的国家有加拿大、澳大利亚、新西兰等，印度、巴基斯坦、缅甸、马来西亚、新加坡、南非等国也深受其影响。

3. 两大法系的比较

大陆法系与英美法系，在通过法律手段规范和调整资本主义的经济、社会和政治关系方面，本质上是相同的，但是，由于历史渊源和发展过程不同，二者又存在巨大的差别，主要表现在以下几个方面：

第一，大陆法系受到罗马法的直接影响，不仅继承了罗马法成文法典的传统，而且采纳了罗马法的体系、概念和术语，故又称罗马法系。而英美法系包含了较多的日耳曼法因素，被恩格斯认为是“不依赖于罗马法权威而向前发展的、传播于世界各大洲的唯一的日耳曼法”①。

第二，大陆法系在法律形式上以成文法为基本样式。成文法即制定法，是国家机关制定和颁布的严格的条文形式的规范性法律文件，并且法典化，构成条例清晰、概念明确、体系完整的成文法典，包括宪法、行政法、民法、商法、刑法、民事诉讼法、刑事诉讼法，而不包括判例。英美法系却以判例为其正式的法律渊源，虽然也制定了成文法作为补充，但判例法在整个法律体系中仍然占有重要地位。判例法就是基于法院的判决而形成的具有法律效力的判例。在当代，英美法系虽然也借鉴大陆法系制定了成文法，但其中相当一部分不过是对其判例的汇集和修订。

第三，大陆法系国家的立法和司法分工明确，成文法或制定法只能由代议制的立法机关制定，法官要严格执行法律规定，不得违背立法精神，只能援用成文法中的规定来审判案件，对成文法的解释也需要受成文法本身的严格限制，也就是说，法官只能适用法律而不能创造法律。而英美法系国家的法官在审案时不仅可以援用成文法，也可以援用已有的判例，而且，法官的判决一经做出，不仅对本案有效，同时也创造了新的判例，成为以后法院判案的依据。因此，法官不仅适用法律，也在一定的范围内创造法律。所以，有人将英美法又称为“法官法”。

---

① 马克思，恩格斯．马克思恩格斯选集：第 3 卷．3 版．北京：人民出版社，2012：487.

第四，大陆法系重视法律的理论概括，法典通常设有总则并重视总则的作用，法典的体系排列严整，讲求概念明确、逻辑严密、语言精练。在司法活动的推理形式和方法上采取演绎法，即从一般到特殊，法官的作用在于从既定的成文法律中找到适用的法律条款，将其与特定的事实相比照，推论出必然的结果。而英美法系国家的法官则是采用归纳法，从特殊到一般，法官在判案时强调“遵循先例”，在确定事实之后，首先考虑的是以往类似案件的判例，将本案与判例加以比照，从中找出适用本案的法律规则或原则。

第五，大陆法系国家的法律一般分为司法法和行政法两个法律体系，二者之间互相独立，同时实行普通法院与行政法院分离的双轨制，一般设立专门审理行政诉讼的行政法院，法官经考试后由政府任命。而在英美法系国家，传统上，公民控告政府行政部门的程序和普通民事诉讼没什么区别，只不过是政府成为当事人而已，因此没有专门设立行政法院。

第六，大陆法系国家的诉讼程序以法官为重心，强调法官职能，具有纠问程序的特点，而且，多由法官和陪审员共同组成法庭来审判案件。英美法系国家的诉讼程序则以原告、被告及其辩护人和代理人为重心，法官主要是充当双方争辩的“仲裁人”而不能参与争论，并且实行陪审团制度。

三、西方国家的司法原则

尽管西方国家的法律分为大陆法系和英美法系，并且存在不同的支系，但各自的共同特征也是很明显的，都遵循若干基本相同的司法原则。

1. 司法独立原则

司法独立是西方国家司法制度的一条重要原则。西方国家的所谓司法独立，包括三层含义：第一，法院、法官只服从法律，根据法律规定的程序独立行使司法审判权，司法机关独立于其他权力机关。一方面，司法机关不受行政机关的干涉，这主要是针对王权的专横和暴戾，因为封建国王专制统治时期，国王往往通过其直接控制的官吏干涉和操纵司法审判，随意逮捕、审讯甚至处死臣民。另一方面，司法机关也不受立法机关的干涉，这则是针对“议会专制”的危险提出来的，在各国资产阶级革命后曾经奉行“议会至上”的一段时间里，出现了议会任意侵占司法部门权力，甚至宣布法院关于财产争议的裁决无效的现象。[①] 因此，司法独立也是西方国家奉行的“三权分立”原则的重要体现，其目的是保障自由，“如果司法权不同立法权和行政权分立，自由也就不存在了”[②]。第二，在司法系统内部相互独立，即一个法院的审判活动不受另一个法院的干涉，即使上级法院也不能干涉下级法院的审判，只能在下级法院做出审判以后，通过上诉程序依照法律进行审理，做出更改或维持原判的判决。第三，法官独立，即法官只根据法律独立审判，不仅不受任何外界的包括检察官控诉的影响，而且同一法院内部也不存在上下级服从关系。法官判案按

① Alfred H Kelly，Winfred A Harbison，Herman Belz. The American constitution，origins and developments. New York：WW Norton & Company，1983：77.

② 孟德斯鸠．论法的精神：上册．北京：商务印书馆，1978：156.

照“自由心证”的原则，即针对具体案情，根据经验法则、逻辑规则和自己的理性良心来自由判断证据和认定事实。

司法独立是在近代欧美各国新兴资产阶级反对专制国王控制司法机关而进行的抗争中提出和发展起来的。司法独立适应了保护资产阶级的私有财产和公民的人身安全和其他基本权利和自由的要求，在历史上具有重要的进步作用。马克思和恩格斯积极评价了司法独立的历史进步性，充分肯定司法权与行政权彼此完全独立的必要性，恩格斯指出，司法权和行政权“这两种权力的混合势必导致无可救药的混乱”①。恩格斯曾经警告说，如果政府可以干涉司法，挑选对政府“最忠顺的分子组成”法庭，就必然会妨碍法庭的公正审判，法庭就会“对国王百依百顺，而使被告毫无保障”。② 因此，马克思赞成，独立的法官既不属于被告，也不属于政府，“法官除了法律就没有别的上司”③。但正是这一点也决定了司法独立的历史局限性，因为法律是统治阶级的意志的体现，而在资本主义国家，法律“不过是被奉为法律的”处于统治地位的资产阶级的意志。④ 法律是资产阶级控制的立法机关制定的，而法官只是解释法律。

随着资产阶级革命的胜利和资本主义制度的确立，西方各国都将司法独立原则写进了宪法或宪法性法律中。如二战后制定的德国基本法规定：“法官独立行使职权，只服从法律。”意大利宪法规定：“审判以人民的名义进行。法官仅服从于法律。”“司法部门构成独立自治的体系，不从属于其他任何权力。”⑤ 1946 年的日本宪法规定：“所有法官依良心独立行使职权，只受本宪法及法律的拘束。”⑥

司法独立主要是审判独立，即法院和法官的审判活动独立于立法机关和行政机关，独立行使司法审判权，但不包括司法行政权。司法独立并不意味着法院、法官可以为所欲为。首先，法院和法官不仅根据法律审判，而且必须在宪法和法律的规范下行使职权。其次，在三权分立的体制下，三大权力机关是相互制约的，法院也受到政府、议会的制衡。最后，西方国家的三权分立原则并不排斥三大权力机关之间的依赖、协助和合作，法院在许多方面还必须依赖政府、议会的协助和配合。例如，各国除宪法法院和最高法院是由宪法直接设立外，下级法院一般是由议会立法设立的，并且通过法律规定法院人数，确定法官的薪俸，法院运转所需要的开支也是由议会通过预算。而政府对法院的配合与牵制也是多方面的，法院做出的判决，需要由作为执法机关的政府部门来执行。同时，司法行政权是由政府行使的，包括司法人员的培训、选拔、考核、调动、晋升和处分等，一般是由政府的司法行政部门来管理的，当然，毋庸置疑的是司法行政部门不得干预法院、法官的判案。因此，法院、法官的判案是独立的，但作为一个权力机关不是也不可能是完全独立的，法院与政府、议会一样，本质上都是国家机构的重要组成部分，是维护统治阶级的法律和秩序的工具。

---

① 马克思，恩格斯．马克思恩格斯全集：第 2 卷．2 版．北京：人民出版社，2005：532.

② 马克思，恩格斯．马克思恩格斯全集：第 11 卷．2 版．北京：人民出版社，1995：257.

③ 马克思，恩格斯．马克思恩格斯全集：第 1 卷．2 版．北京：人民出版社，1995：180－181.

④ 马克思，恩格斯．马克思恩格斯选集：第 1 卷．3 版．北京：人民出版社，2012：417.

⑤《世界各国宪法》编辑委员会．世界各国宪法：欧洲卷．北京：中国检察出版社，2012：191，753，754.

⑥《世界各国宪法》编辑委员会．世界各国宪法：亚洲卷．北京：中国检察出版社，2012：498.

2. 法律面前人人平等原则

法律面前人人平等是资产阶级革命中提出的“平等”原则的重要体现，也是近代以来西方国家的一项基本社会政治原则。对此，第二章第三节关于西方国家法治原则的内容中已有阐述。这里需要进一步说明的是它作为西方国家的重要司法原则的意义及它在司法制度中的体现和运用。法律面前人人平等意味着权利的平等，具有两个方面的含义：一是对任何特权的防范，即法律确认和保护公民在享有权利和承担义务上处于平等的地位，不允许任何人有超越法律之上的特权。二是公民权利的保护，即在法律上宣布公民有获得“平等保护”的权利，任何公民都可以通过控诉制度请求法院排除侵害、提供保障，换句话说，就是对任何歧视的防范。最早确认这一原则的政治性文件就是1789年的法国《人权宣言》，它宣告，“在权利方面，人们生来是而且始终是自由平等的”。“法律对所有人都一视同仁，无论保护还是处罚”。① 这就是说，任何人都既应受到平等的法律保护，又同等地依法治罪。

由于工人阶级和广大人民群众争取平等权利的长期斗争，同时也随着资产阶级统治的成熟和社会的进步，西方国家逐步在法律上废除了宗教、门第、血缘、种族、性别等方面的歧视和不平等，这些发展也体现在各国先后制定的宪法和宪法修正案中。美国是最早确认权利平等的国家之一，1868年生效的第14条宪法修正案规定，凡是合众国的公民，“任何州都不得制定或施行任何剥夺合众国公民的特权和豁免权的法律；非经正当法律程序，不得剥夺任何人的生命、自由或财产；也不得在其管辖范围内拒绝给予任何人以平等的法律保护”②。这以后不久，1874年制定的《瑞士联邦宪法》规定，“联邦公民在法律面前一律平等。在瑞士没有地位、出生、身份或家庭的特权和臣属关系”。“男人和妇女权利平等”③。二战后，由于反法西斯战争的胜利，德国、意大利、日本制定的新宪法都写进了权利平等的内容，并且更为全面、具体，如1949年德国的《基本法》第3条规定，“一、法律面前人人平等。二、男女平等。三、任何人不得因其性别、血统、种族、语言、出生地和出身、信仰、宗教或政治观点而受歧视或优待”。④ 在人民群众争取平等权利的运动高涨的背景下，各国议会先后制定了有关权利平等、平等保护的法案，这些发展是广大人民群众为争取平等而长期斗争所取得的成果，也是社会的巨大进步。但是，正如恩格斯指出的，“平等应当不仅仅是表面的，不仅仅在国家的领域中实行，它还应当是实际的，还应当在社会的、经济的领域中实行”⑤。资本主义制度下的这种法律面前人人平等不可能超出资本主义社会的局限，只是法律上、形式上的平等，而不可能是实际的平等。

3. 公平审判原则

在西方国家，公平审判历来被认为不仅是司法独立、民主、平等原则的体现，而且是这些原则的最终目的。但是，什么是公平？什么是公平审判？可以从法律的角度，也可以从道德、伦理的角度，或者从哲学方面来加以阐述，因此众说纷纭，标准不一，各国宪法

① 周威．法兰西宪法典全译．北京：法律出版社，2016：3.

② 美利坚合众国宪法//谭君久．当代各国政治体制：美国．兰州：兰州大学出版社，1998：353.

③ 姜士林，等．世界宪法全书．青岛：青岛出版社，1997：1135.

④ 《世界各国宪法》编辑委员会．世界各国宪法：欧洲卷．北京：中国检察出版社，2012：178.

⑤ 马克思，恩格斯．马克思恩格斯选集：第3卷．3版．北京：人民出版社，2012：484.

和法律规定所采用的表达方式也不相同。一般认为，合乎“正义”或合乎“自然公正”就是公平。所谓“自然公正”又叫“诉讼程序中的公正”。而诉讼程序中的“公正”有两层意思，一是公平，二是平等，即“秉公执法”和“平等待人”，或者说“公正无私”和“不偏待人”。英国学者认为，在审判活动中，有两条公认的准则：第一，凡是与本人有关的案件，当事人不能自断，也就是说，法官不能自己审理自己的案件或与自己的利益有关的案件。第二，法官断案必须听取纠纷双方当事人的意见，应平等地告知当事人各方，他们有同等的机会和权利来接受审判，允许被告为自己辩护。①

在制度实践上，公平审判表现为以下三个方面：

（1）公正的法院。这是指法院的设置和活动必须合乎宪法和法律，只有这样的法院才能正确地行使审判权。在欧洲的历史上，曾经存在过的宗教裁判所、星宫法院等特别刑庭，都以暴戾专横著称，没有法定的诉讼程序，也不可能有公正的审判和处罚。宗教裁判所是罗马教皇镇压一切反教会、反封建的有异端思想甚至仅仅是同情异端的人的工具，星宫法院是英国国王掌握的专门审理政治案件的刑事法庭，成为镇压反封建斗争和迫害进步势力的工具。因此，资产阶级革命胜利后，欧美各国都在宪法里明确规定，法院必须依法设立，禁止私自设立法庭和设立特别法庭。英国1689年的《权利法案》就规定，“设立审理宗教事务之钦差法庭之指令，以及一切其他同类指令与法庭，皆为非法而有害”。至今仍在适用的1874年《瑞士联邦宪法》规定，“任何人均有权就其应按照司法程序审理的案件要求由依法设立的有管辖权的独立、公正的法庭进行审判。禁止设立特别法庭”。② 二战后的德国、意大利、日本的宪法都做了不得设置“特别法院”“其他法院”的类似规定，这里所谓的“特别法院”“其他法院”指的就是不合乎宪法、法律规定而私设的法庭。一切非法的和私设的特别法庭都是不公正的，合乎正义的、公正的法院必须是合乎宪法和法律的法院，受这种法定的法院和法官的审判是公民不可剥夺的权利。对于无不法行为的人来说，将因受法定法院和法官的审判而受到保护，获得法律救济；而对于不法行为者、违法者来说，接受法定法院、法官的审判则是一种不可逃避的责任。

（2）公平的诉讼程序。司法审判中的“公正”强调的是程序性的公正，显然，提供一种程序性保障不一定就能取得公正的结果——实质性的公正，不过，没有程序性保障，就根本谈不上实质性公正，程序公正的积极意义就在于它是实现实质性公正的前提。没有公平的诉讼程序，就不可能有公正的审判。法国1789年《人权宣言》宣告，“除非在法律所规定的情况下并按照法律所指示的手续，不得控告、逮捕或拘留任何人”；美国宪法修正案中规定“非经正当法律程序，不得被剥夺生命、自由、财产”；等等。这些都体现了程序公平的精神。

公平的诉讼程序具体包括：一方面，在整个诉讼过程中，各方当事人都有相同的控诉、申诉、辩护、上诉的权利，不得因出身、性别、种族、职业、宗教信仰等不同而受到区别的对待。另一方面，通过一系列原则和制度来保证诉讼程序的公正。因此，西方国家的宪法和法律对司法程序和当事人在诉讼中的权利都做了比较详细、具体的规定。这类规

---

① 龚祥瑞．西方国家司法制度．北京：北京大学出版社，1993：126－127.

② 《世界各国宪法》编辑委员会．世界各国宪法：欧洲卷．北京：中国检察出版社，2012：563.

定主要有：无罪推定，即任何人在未经判决被宣告为犯罪，应假定其无罪；被告有权知道自己被拘留或逮捕的理由；被告享有予以迅速而公开的审判的权利；被告有权获得律师的帮助，为其辩护；被告有权保持沉默，不得被迫自证其罪；被告有权同原告证人对质；任何人不得因同一犯罪行为而两次受到审判；任何人不得受残酷和非常的刑罚；等等。

（3）公正的处罚。公正的处罚是公正的法院经过公平的诉讼程序而达成的必然结果。1789年的法国《人权宣言》中就已宣告，“法律对于所有的人，无论是施行保护或处罚都是一样的”。后来，这个原则在大陆法系国家的民法、刑法法典中都有十分具体的规定，在英美法系国家的判例和制定法中也有许多阐述和规定。公正的处罚主要有两个方面的含义：一是凡属同种犯罪，均处同种刑罚，也就是说，刑罚必须公平划一，对于犯有同种罪行的人，不论其身份、地位、种族如何，都应受同样的处罚，而不应区别对待。二是罪罚相当，任何人所受之刑罚应与所犯之罪对等，既不能重罪轻罚，也不能轻罪重罚。第二次世界大战后，为了确保公平审判原则的实现，西方各国开始实行法律援助制度，即低收入和无收入的公民在诉讼中可以请求政府提供诉讼费用资助或律师援助。这种制度的设立，使得贫困的当事人不至于因贫困而失去法律保障，具有积极的社会意义。

西方国家的司法原则体现了资产阶级司法的民主性和进步性，相对于中世纪的宗教裁判所和星宫法院的专横残暴与残酷野蛮的刑讯逼供，是人类法律制度史上的巨大进步，体现了资本主义的现代政治文明。但是，在依然存在资本与劳动的对立和不平等的前提下，这些进步的实质性意义仍然是有限的，仍然是形式上的平等和公平掩盖着事实上的不平等与不公平。

第二节　西方国家的司法机关

一、西方国家的审判机关及其体制

司法机关有狭义和广义之分，狭义的司法机关专指审判机关即法院，广义的司法机关还包括检察机关，有的甚至也包括司法行政机关。这里首先讨论狭义的司法机关——法院。

1. 法院的特性

法院是代表国家行使审判权的机关。西方学者通常认为，法院作为审判机关应具有以下特性：

（1）被动性。法院行使审判权也是在执行法律，但与行政机关执行法律不同。行政机关的活动是主动的，无须等待告发，可以自定“议事日程”，而法院奉行“不告不理”的原则，也就是说，它必须等待告诉，然后才能受理案件，进行审理。如果没有当事人的告诉，法院是不能主动行使审判权的。

（2）普遍性。所有的公民都是法院审判权的管辖对象，任何公民依法都有资格向法院申请通过审判提供法律保护，任何公民如果涉案都应接受法院的审判。

(3) 依法性。法院是适用法律的机关，其职能是解释和适用法律。政府机构可以不时地在法律许可的范围内行使某种自由裁量权，而法院只能依照法律做出判决，法律的规定越是具体详细，留给法院的自由裁量权就越小。

(4) 等级性。法院以等级为基础分为不同审级，组织结构呈金字塔形。基层的是为数众多的初审法院，只审理轻微的民事、刑事案件；然后是为数较少、一般按较高一级行政区或司法巡回区设立的上诉法院，不主动复审，只根据当事人提出的上诉对案件进行复审和纠错；最高一级则是处于金字塔顶端的终审法院。

2. 法院的分类

西方国家的法院组织严密，体系庞杂，权限有别，可以按照多种不同的标准来进行分类。主要有以下几种分类：

(1) 民事法院与刑事法院。

按审理案件的性质来分类，法院有民事法院与刑事法院之分。民法主要是调整社会平等的主体（自然人、法人以及非法人组织）之间的人身关系和财产关系的法律规范，如债权关系、租赁关系、合同关系、继承关系等。刑法是对犯罪行为科以刑罚的基本法律。由于这两类案件在起诉、审结方式和责任承担方式方面都有较大差别，因此，许多西方国家都分设民事法院和刑事法院，以英国最为典型。但也有一些国家没有此种分设，而是由普通法院统一审理民事、刑事案件，如美国。

(2) 普通法院与专门法院。

按管辖权范围可以区分为普通法院和专门法院，审理一般的民事、刑事案件的是普通法院，按管辖权受理特定范围的案件的是专门法院。普通法院一般按行政区或司法管辖区建立，而专门法院是按特定领域和范围或特定的组织建立的，如专门处理死亡者财产管理问题的遗嘱验证法院，专门审理武装部队中的官兵以及文职官员的犯罪案件的军事法院，其他如少年法院、劳资关系法院、海事法院等，有的国家设有专门的宪法法院、行政法院，以及根据本国的特殊需要而设立的某些专门法院，如美国的联邦税务法院，等等。

(3) 单一制法院与联邦制法院。

前面的分类针对的是单个法院，如对法院组织体系进行分类，则可以有两种区分，其中一种区分是依据法院的审级和隶属关系，单一制和联邦制下的法院体系架构是很不相同的。在单一制国家，如英国、法国和日本，虽然法院的审级与行政区划并不一定完全重合，但是都是由按照不同审级设立的各级法院所组成的全国统一的审判体系。而在联邦制国家，基于联邦制的分权原则，联邦法院和联邦成员单位的法院相互独立，成为两个互不隶属的组织系统，体现联邦政府与成员政府（州、省政府）的权力划分。最典型的就是美国，存在联邦司法系统和 50 个州的司法系统。两个司法系统适用的法律范围也不同，州法院适用本州的宪法和法律，联邦法院适用联邦宪法和法律。也有一些联邦制国家的法院系统不如美国复杂：一种情况是各州（省）有各自的法院系统，既处理州法律的问题也处理联邦法律的问题，同时在联邦设立一个最高法院，其主要职能是裁决联邦与州的关系、州与州之间的关系问题，如加拿大和澳大利亚；另一种情况则是只有一个法院系统，既处理涉及联邦法律的案件，也处理州法律的案件，如德国。

（4）大陆法系法院与英美法系法院。

法院组织体系的分类还有一种区分就是根据法系的分类。由于西方国家的法律体系存在大陆法系与英美法系的分殊，与此相适应，西方各国的司法机关也形成了两种相互区别的体制类型：大陆法系国家的法院体系和英美法系国家的法院体系。前者由于成文法典的传统，法律结构比较单一，因此，其法院组织系统也比较单一。后者由于判例法的传统，法律结构比较复杂，法院组织系统也比较复杂。

3. 主要西方国家的法院组织

这里，按国别介绍几个典型国家即法国、德国、英国、美国的法院组织系统。

（1）法国的法院组织。

如前所述，法国是大陆法系的典型国家，法院组织分为普通法院和行政法院两大系统，前者审理一般的民事、刑事案件，后者审理国家机关、官员与公民之间的争议案件，二者自成系统，互不隶属。由于二者时有管辖权的争议，因此在二者之上设立了一个争议法庭。

法国普通法院系统中的民事法院和刑事法院各有四个审级，即初审法院、高等法院、上诉法院和巡回法院、最高法院。

【初审法院】初审法院是法国最基层的审判机关，一般有一至两名法官，设在区镇。审理民事案件的初审法院又称诉讼法庭，其工作是调解民间纠纷，审理诉讼金额较小的民事案件。审理刑事案件的初审法院旧时叫治安法庭，后改称违警法庭，主要审理限于两个月有期徒刑的轻微刑事案件。

【高等法院】高等法院是第二审级法院，通常设在各省的省会，一般有三位法官，其中一人为庭长。高等法院分为审理民事案件的大审法院和审理刑事案件的轻罪法庭。大审法院对诉讼金额较大或案件性质较为复杂的民事案件有初审权，如涉及国籍和个人身份、发明专利、财产清理、文书鉴定的争讼等；此外，大审法院也可以受理诉讼法庭的上诉案件。轻罪法庭对刑期在两个月以上或罚款 2 000 法郎以上的轻罪有初审权，也可以审理与轻罪相联系的违警案件。

【上诉法院和巡回法院】法国的第三审级法院分为上诉法院和巡回法院。上诉法院可以受理初审法院和大审法院判决的民事、刑事案件的上诉。现法国本土设有 28 所上诉法院，海外省 3 所，每个上诉法院由一名审判长和若干名法官组成，管辖范围一般包括数省。巡回法院，又称重罪法院，负责审理严重违法的重罪案件。巡回法院不是常设的，通常每季开庭一次，由一名审判长、两名上诉法院法官以及九名陪审员组成。此外，还有国家安全法院，由政府指派一名审判长、两名法官和两名校级以上军官组成，主要审理颠覆活动的案件。

【最高法院】最高法院为普通法院系统的最高审判机关，是终审法院。最高法院分设民事审判庭和刑事审判庭，分别受理民事案件和刑事案件的上诉。最高法院有权撤销任何下级法院的判决，但它并不对原案的事实进行审理，只审理原案所适用的法律是否得当。如果维持原判，案件即告终结。如果认为原判不当，可将原判撤销，将原案和法律上应做的“正当解释”一并送至原判法庭的同级法庭再审，下级法院必须遵照执行。

（2）德国的法院组织。

德国是个联邦制国家，但是，与美国不同，德国的联邦法院和州法院是同一个系统，联邦法院在各州没有另设联邦下级法院，州法院就是联邦法院的下属法院。德国的普通法院系统是由661家地方法院、116家地区法院、24家州高等法院和联邦法院构成的法院体系。[①] 各州法院不仅适用州的法律，也适用联邦法律。

【地方法院】地方法院是德国普通法院系统中的基层法院，通常由一名法官主持，审理各种民事和轻微刑事案件。在较大的城镇，地方法院一般分设几个法庭，每个法庭由一名法官主持。有的刑事案件由两名法官审理。地方法院审案时，通常有两名陪审员参加，陪审员从当地居民中遴选。

【地区法院】地区法院是地方法院的上级法院，既审理地方法院无权管辖的初审案件，也审理不服地方法院判决的上诉案件。地区法院按民事、刑事分别设立民事上诉庭、民事初审庭和刑事上诉庭、刑事初审庭，刑事初审庭又分为初审小法庭和巡回法庭，巡回法庭专门审理重大刑事案件，如谋杀案等。

【州高等法院】州高等法院是上诉法院，不受理初审案件，分设民事庭和刑事庭。民事庭由三名法官主持，有权改变地区法院的判决。刑事庭分为小法庭和大法庭，小法庭由三名法官主持，大法庭由五名法官主持。他们不对事实进行复审，只对适用法律的观点做出裁决，有权命令下级法院重新审理。当事人如果不服州高等法院的裁决，可上诉到联邦法院。

【联邦法院】德国设立联邦最高法院、联邦行政法院、联邦财务法院、联邦劳工法院、联邦社会法院，分别审理一般法律的、行政的、财务的、劳工的、社会的案件，它们分别是这些领域的最高审级的法院。这五大法院均由德国基本法直接设立，地位并列，是同一等级的联邦终审法院。同时，德国基本法还规定，“为维护司法的统一性”，对于五大法院，“设立一个联合审判委员会”。[②] 其中，联邦最高法院是民事和刑事案件的终审法院，它“有1名法院院长和另外150名法官，以合议方式在6个刑事庭和13个民事庭任职”，“每个法庭由6至8名法官组成”，但“法庭很少在法官满员的情况下采取行动”，而是“通常由5名法官组成的小组审理案件”。[③] 联邦最高法院是最高上诉法院，主要工作是审理上诉案件，以保证各州法院的法律解释的统一。但是，对全国性刑事案件，如谋反、叛国案等，联邦最高法院拥有初审权。包括它自己初审的刑事案在内，联邦最高法院的判决都是终审判决。但是，如果审理的案件涉及宪法解释的问题，就要移送到宪法法院去审理。

在上述五大法院之外，德国在联邦层级上还设立了专门处理工商业法律保护的联邦专利法院、处理联邦文官和法官惩戒诉讼案件的联邦惩戒法院、处理涉及联邦国防军军人案件的联邦军人法院等，经它们审理的案件可以上诉至联邦最高法院。

---

① 孙佑海，李曙光．德国法院与司法制度．北京：法律出版社，2020：65.

② 《世界各国宪法》编辑委员会．世界各国宪法：欧洲卷．北京：中国检察出版社，2012：191.

③ Klaus Larres，Holger Moroff，Ruth Wittlinger，eds. The Oxford handbook of German politics. Oxford：Oxford University Press，2022：204.

知识链接

德国法院组织结构图

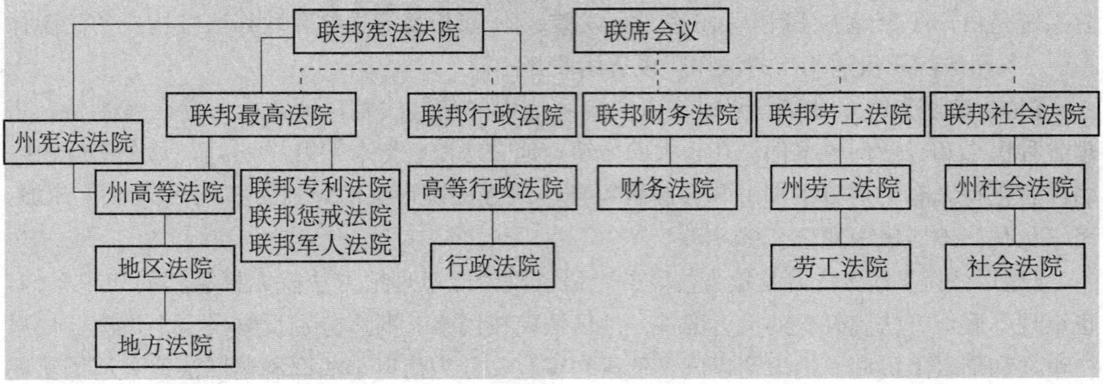

（3）英国的法院组织。

英国是英美法系的源头，其法院组织系统也是英美法系的典型。但是，由于历史的原因，英国并不存在单一的法院组织体系，而是存在英格兰和威尔士、北爱尔兰、苏格兰三个司法管辖体系，它们大体相似，却又各自独立、自成一体。由于英国法院组织体系杂乱，程序烦琐，加之实行判例法，因此，打官司首先得搞清楚应在哪儿打。这里主要介绍英格兰和威尔士的司法体系。

【郡法院和治安法院】郡法院是基层的民事审判机关，专门处理诉讼标的在一定金额以下的民事案件，根据 1995 年的设定，涉及合同和侵权案件，原告的赔偿要求不超过 20 000 英镑，有关信托、抵押和解除合伙人的衡平案件标的不超过 30 000 英镑。[①] 郡法院不是按行政区而是按司法区设立的，通常由一名巡回法官主持开庭，另有一名书记官管理法律文件及其他法律事务。基层的刑事审判机关是治安法院，又称速决裁判法庭，主要审理可判处六个月以下监禁的轻微的刑事案。治安法院的法官叫治安法官，治安法官大多数是兼任的，一般是从业律师，只是兼职在法院接受办案任务，由国家按劳付酬，因而又称“付酬法官”。在英格兰和威尔士大约有 240 个治安法院，而“它们由 23 000 名治安法官组成”。[②] 另有少数专任法官，领取薪俸，故又称“支薪法官”。

【高等法院和皇家刑事法院】高等法院是审理较大的民事案件和来自郡法院的民事上诉案的法院。高等法院又分为分工不同的三个部分：一是王座法庭，审理契约、财产损害、侵权伤害、海事诉讼和海损纠纷等类案件；二是大法官法庭，审理有关信托、抵押、公司法、遗产纠纷、专利争执等类案件；三是家事法庭，审理有关家庭纠纷、离婚、儿童监护、遗嘱查验等类案件。高等法院有法官数十名，其中一人为院长，王座法庭和家事法庭由院长和若干名法官组成，大法官法庭则由大法官和若干名法官组成。

皇家刑事法院，又称刑事法院或皇家法院，1972 年设立，取代了此前的巡回法院、季审法庭。皇家刑事法院由高等法院法官、巡回法官和皇家法院兼任法官组成审判庭行使

---

① 奈杰尔・福克曼，道格拉斯・鲍德温．英国政治通论．苏淑民，译．北京：中国社会科学出版社，2015：388.

② Mark Garnett，Philip Lynch. Exploring British politics. 4th edition. London：Routledge，2016：236.

审判权，既受理不服治安法院判决的上诉案件，也审理有管辖权的初审刑事案件。英国在英格兰和威尔士划分了六个司法巡回区，每个区又设立三种审级的巡回审判庭。第一审级审判庭由高等法院的法官主持，审理重大刑事案件，可判处最重为终身监禁的刑罚。第二审级审判庭由高等法院的法官或者巡回法官主持，审理可起诉的一般案件。第三审级审判庭具体办案的是巡回法官或者皇家法院的兼任法官，审理的是可起诉也可以速决的较小的刑事案，如盗窃、一般伤害等。皇家刑事法院审理案件必须召集陪审团。

【上诉法院】上诉法院建立于1966年，由原来专理民事上诉的上诉法院和刑事上诉法院合并而成。上诉法院由上诉法院法官和各高等法院院长以及若干名法官组成，分为民事庭和刑事庭。民事庭又称民事上诉法院，主要审理来自郡法院、高等法院以及全国劳资关系法院、各种行政裁判所的上诉案件。审理上诉案件时，一般是根据初审法院的证据笔录进行复审，也可以命令下级法院重审。

刑事上诉法院就是上诉法院的刑事庭，主要受理不服皇家刑事法院判决的上诉案件。该院通常由三名上诉法院法官组成上诉庭，可以要求高等法院的法官参加上诉庭。上诉庭经过审理，可以撤销原判的定罪，或者做出新的判决，降低或改变刑罚，或者命令重新审判，也可以驳回上诉。

【从上议院到最高法院】直到2009年，英国的民事、刑事案件的最高上诉审判机关一直都是议会上议院。上议院的议员在名义上都是最高上诉机关的法官，但实际上，最高司法审判权是由国王从资深法律专家中册封的12名终身贵族和大法官行使。大法官同时担任上议院议长，并且是内阁成员，领导大法官部，他有权推荐全国所有的高级法官，任免全国的治安法官。上议院审案一般只需要3至7人即可开庭，可以邀请曾任高等法官的上议院议员参加，审理时不阅案卷，只听取双方律师陈述，其裁决以上议院决议形式作出。上议院的判决都是终审判决。

但是，到了20世纪末，上述情况发生了重大变化，英国一直有人推动宪制改革，支持这项改革的主要理由就是上议院掌握司法终审权，有立法权与司法权混淆之嫌，有违三权分立的原则。1997年大选时，英国工党就提出了推进宪制改革的主张，2003年6月布莱尔政府正式提出包括设立最高法院在内的宪制改革建议，经过英国国会上、下两院的详细审查和讨论后，于2005年通过了《宪制改革法案》，其中第三章规定成立最高法院，将司法权从国会分离。改革的一项重要成果就是2009年10月1日英国最高法院的成立，取代上议院作为最高司法审判机关，也成为英国宪政史和司法史上的一个重要里程碑。根据2005年《宪制改革法案》，英国最高法院由12名法官组成，设院长1人、副院长1人。最高法院法官必须具备如下资格：担任高等法院法官2年以上或者合格执业律师15年以上，并且必须通过由大法官（即内阁司法大臣）召集的遴选委员会的选拔。遴选委员会人数为单数且不少于5人，成员中应包括最高法院正、副院长以及由苏格兰、北爱尔兰的司法任命委员会各派出的1名委员。遴选委员会提名的人选经由司法大臣送交首相审核，由首相呈送国王正式任命。[①]

英国最高法院的成立及其特点

① 2005年宪制改革法案（Constitutional Reform Act 2005）. 英国政府立法网（https：//www. legislation. gov. uk/ukpga/2005/4/contents），2023-06-26.

作为终审上诉法院，最高法院的管辖权包括审理各管辖区法院的上诉案件：审理来自全国的民事上诉案件以及来自英格兰、威尔士及北爱尔兰三个司法管辖地区的刑事上诉案件，审理对公众具有普遍影响的法律争议，最具有公共意义和宪法意义的案件。任何上诉案件必须得到下级法院的许可，否则最高法院不予受理。[①] 在英国退出欧盟之前，欧盟事务方面，英国最高法院有权独立解释由欧盟通过的法律，并确保英国各级法院履行由欧洲人权法院作出的裁决。对于这项改革，有人曾经预言，“无论改革的主张多么具有吸引力，如果在英国践行，将会面临相当大的困难”。[②] 不过，从 2009 年 10 月 1 日成立至今已运行整整 14 年，根据英国最高法院官方网站公布的已决案件清单，截至 2023 年 10 月，共判决案件 1 054 件，平均每年约 75 件。这些案件大都受到公众的普遍关注，涉及金融危机、恐怖主义、人权保护、商业纠纷、同工同酬、性别取向歧视、家庭问题和离婚诉讼等，以及对欧盟通过的法律进行独立解释。[③] 英国最高法院不设陪审团。一般案件由 5 名法官组成合议庭审理，对于特别重大的案件可增加到 9 名。

【案例】

2016 年 11 月 3 日，英国高等法院裁决，根据英国“议会至上”的宪政基本原则，政府在正式启动“脱欧”程序前必须获得议会投票同意。英国政府随即上诉至最高法院，最高法院从 12 月 5 日开始审议此案。2017 年 1 月 24 日，英国最高法院就“脱欧”程序案做出终审宣判，政府在启动“脱欧”程序前须经过议会通过批准，这意味着，议会将在英国“脱欧”进程中掌握主导权。当天，最高法院 11 名法官以“8 票对 3 票”的结果，驳回了英国政府对“脱欧”程序案的上诉。英国最高法院院长廖柏嘉宣布，最高法院裁定，政府不得在绕过议会的情况下，启动“脱欧”程序，英国最高法院同时裁决，英国政府无须就“脱欧”问题获得苏格兰、威尔士及北爱尔兰地方议会的批准。

【苏格兰法院系统】苏格兰在历史上采用罗马法，1707 年合并成为英国一部分后，在法律上保持独立性，法院也自成系统。苏格兰的基层法院有只管辖民事案件的郡法院和兼管民事、刑事案件的郡官法院。苏格兰最高法院包括苏格兰高等法院、苏格兰高等民事法院，分别受理刑事和民事的上诉案件。历史上，英国上议院无权审理来自苏格兰的刑事案件，因此，苏格兰高等法院对刑事案的判决就是终审判决。在民事领域，英国上议院可以受理来自苏格兰高等民事法院的上诉案件，但是须有两名苏格兰大律师确认上诉理由。英国最高法院成立后，延续了上议院对苏格兰司法管辖权的安排。

（4）美国的法院组织。

相对于其他西方国家，美国的司法权在三权分立体制中的权力最重，法官的地位最

① 最高法院的作用（Role of The Supreme Court）. 英国最高法院官方网站（https：//www. supremecourt. uk/about/role-of-the-supreme-court. html），2023 - 05 - 08.

② 奈杰尔·福克曼，道格拉斯·鲍德温．英国政治通论．苏淑民，译．北京：中国社会科学出版社，2015：400.

③ 已判决的案件（Decided Cases）．英国最高法院官方网站（http：//www. supremecourt. uk/decided-cases/index. html），2023 - 10 - 05.

高。美国是一个联邦制国家，有联邦宪法和法律、州宪法和法律两套法律体系，联邦宪法和法律具有最高地位。法院同样存在两个并立的法院组织系统，联邦有最高法院，各州也有州的最高法院。这两套法院之间没有从属关系，适用各自的宪法和法律，但在司法管辖的范围上有所分工，构成一个“二元的”法院系统。美国每个州都同时设有州法院和联邦法院。有些案件两种法院都可以受理；有些案件只有州法院才能受理，而另一些案件只有联邦法院才能受理。联邦法院的管辖权受联邦宪法和法律的限制，只能行使由联邦宪法赋予和由国会立法规定的联邦司法权力。州法院审判案件时，在适用法律方面，不仅受州宪法和州法律的限制，也要受联邦宪法和法律以及联邦所签订条约的约束。

1）联邦法院组织体系。

美国联邦法院系统由 94 个联邦地区法院、13 个联邦上诉法院、1 个联邦最高法院和专门法院组成。

【联邦地区法院】美国联邦司法系统在全国设立 94 个联邦司法区，每个区设立 1 个联邦地区法院，为联邦司法系统的最低审级。每个地区法院至少有 1 名法官，最多的达到 27 名。每个州至少有 1 个地区法院，较大的州可能设立 2 至 4 个地区法院。其中 89 个地区法院分布在全国 50 个州，另外哥伦比亚特区和波多黎各准州各有 1 个地区法院，另有 3 个地区法院分别设在海外属地关岛、美属维尔京群岛和北马里亚纳群岛。联邦地区法院是初审管辖法院，但联邦地区法院审理的案件可能涉及不同州的公民，这时，法官也要应用有关州的法律。经联邦地区法院判决的案件，大多数可以上诉到联邦上诉法院，少数可以直接上诉到最高法院。

【联邦上诉法院】又称联邦巡回法院。美国 50 个州划分为 11 个司法巡回区，此外，首都华盛顿哥伦比亚特区作为 1 个巡回区，每个巡回区设立 1 个联邦上诉法院，共 12 个上诉法院。每个巡回区所管辖的地域范围大小不同，如第二巡回区只管辖纽约和康涅狄格两州，第九巡回区则管辖加利福尼亚等太平洋沿岸诸州、夏威夷和阿拉斯加两州以及关岛和北马里亚纳群岛。每个联邦上诉法院法官人数 6～28 人不等。上诉法院只有上诉管辖权，受理辖区内不服联邦地区法院判决的案件的上诉。此外，还有 1 个特别的联邦巡回上诉法院，办公地点也设在哥伦比亚特区，与其他 12 个上诉法院地位相同，但其管辖的地理范围涉及全国，管辖的案件仅限于涉及专利、商标、版权、合同、国内税收等专业领域的上诉案件，以及索赔法院和国际贸易法院判决的案件的上诉。

【联邦最高法院】美国联邦最高法院是唯一由宪法直接规定设立的法院，也是联邦法院系统中的最高上诉法院。其组成人数曾几经增减，从 1869 年开始，最高法院由 1 名首席法官和 8 名大法官组成。自 1873 年以来，美国联邦最高法院形成了每年工作 36 周的惯例，从 10 月份的第一个或者第二个星期一开始一直到次年 6 月底。如果必须在休庭期之前作出判决，最高法院偶尔会稍微延长工作时间，如 1971 年的“五角大楼文件案”和 1974 年的“尼克松案”。在极少的情形下，最高法院可能召开一个特殊的开庭期。[①] 联邦最高法院的初审管辖权十分有限，只适用于两类案件：一类是涉及大使、其他公使和领事

① 亨利·J 亚伯拉罕．司法的过程：美国、英国和法国法院评介．7 版．泮伟江，等译．北京：北京大学出版社，2009：223.

的案件；另一类是以州为一方当事人的一切案件。但联邦最高法院的上诉管辖权却非常广泛，一场官司可能从州法院开始，不过只要涉及联邦宪法和法律，就可以从州最高法院上诉到联邦最高法院。联邦最高法院的首席法官是美国政治制度中最重要的角色之一，主持最高法院的工作，并且在四年一度的总统就职仪式上监督总统的就职宣誓。但他只是作为“首席法官”而不是“院长”，权力和影响主要是“劝说”而不是命令，在做出判决时与其他大法官拥有同等的一票投票权。首席法官主持开庭和法庭辩论，主持关于案件的讨论，在讨论判决的秘密会议上有权首先发言。因此，首席法官对判决过程和判决结果的影响显然超过其他大法官。联邦最高法院全体法官组成一个法庭，审案时一般应全体出席。最高法院判案采取投票表决的方式，以多数意见做出判决，根据表决结果起草判决意见书。当首席法官属于多数派时，便指派一名大法官起草判决书。如果首席法官持少数意见，便由多数方最资深的法官来指派法官起草。判决书除了陈述判决结论外，少数派的法官可以写上自己的意见和理由；如果多数派的法官虽同意判决的结果，但理由和见解并不相同，也可以写出自己的附议意见书。

【专门法院】美国联邦法院系统中分有宪法性法院和立法性法院。最高法院、联邦上诉法院、联邦地区法院，都是根据宪法第 3 条设立的，因此被称为“宪法性法院”。还有国会根据宪法设立的特别宪法性法院，如合众国国际贸易法院、合众国索赔法院。另一些不是根据宪法设立，而是由国会为某些特别的目的设立或者为行使宪法所赋予的立法权设立的法院，被称为“立法性法院”。主要有：联邦权利申诉法院、联邦税务法院、联邦海关法院、联邦破产法院、联邦军事上诉法院等。

2）州法院组织体系。

美国各州有自己的法院系统，而且各州法院的设置、组成和管辖权的配置都有所不同，名称也五花八门。大体上可以分为基层法庭、地方法院、州上诉法院、州终审法院。

美国州法院系统里最初级的基层法庭，大多沿用了源自英国的“治安法官”这一古老的名称。在许多县城、小镇，治安法官通常经选举产生，任期 2～6 年。绝大多数治安法官没有受过法学专业训练，三分之二以上的治安法官未上过大学，有的甚至没有上过高中。不过，他们只处理一些小额的民事纠纷和非常轻微的刑事案件，即处理“微小事务”，“解决一些小麻烦”，被认为“与其说是法律工作，还不如说是社会工作”。①

州地方法院是州法院系统中正式的初审法院，大多数为县法院，是“司法系统中工作压力最大的”法院。处于同一审级的还有市法院、巡回法院、违警法院、季审法院等，它们是各类民事、刑事案件的初审法院。有的县法院也被认为是这些职权不同的法院“集合而成的总体”。

州的最高审级是州终审法院，是州的最高上诉法院，通常被称为州最高法院，但也有的州称为最高审判法院、上诉法院、最高上诉法院等，也有的州分设民事最高法院和刑事最高法院。州的最高审级法院一般有 3～9 名法官。现在，大多数州在地方法院与州最高法院之间建立了州上诉法院作为中级法院，来审查初审法院的判决，纠正其中可能的法律

① 亨利·J 亚伯拉罕．司法的过程：美国、英国和法国法院评介．7 版．泮伟江，等译．北京：北京大学出版社，2009：165－166.

错误。[1] 这样，受理的民事案件和刑事案件由地方法院进行初审，然后可由上诉法院复审，最后少数案件还可以由州最高法院复审。如果案件仅仅涉及州宪法和法律，州最高法院的判决即为终审判决。但如果案件涉及联邦法律，当事人还可以由州最高法院直接上诉到联邦最高法院。

各州还有各种专业法庭和专业法院，如许多州和地方政府设有小额索赔法庭，人们可以直接提出小额钱款的索赔要求，而无须律师代理，手续简便。此外，还有家事法院、遗嘱验证法院、遗嘱处理法院、交通法院等。

知识链接

美国法院组织结构图

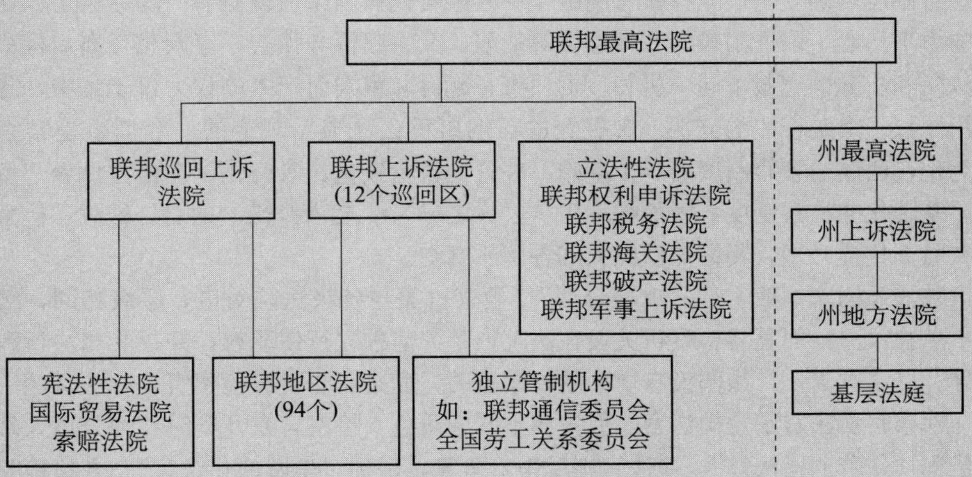

综观西方国家的司法体制，尽管各国的法院设置和组织架构各有特色，但也有以下几个共同点：（1）法院的地域管辖范围与行政区划并不重合一致，尤其是上诉法院。（2）法院的专门化，设置了各类专门法院，如根据案件性质区分的，有税务法院、破产法院、遗嘱验证法院、劳资仲裁法院等，根据特殊人群区分的，如军事法院、青少年法院等。（3）为数众多的一审低级法院、数量较少但管辖范围较大的巡回法院或上诉法院、管辖全国的最终审级的最高法院，构成金字塔形的法院体系。

二、西方国家的检察机关

检察机关是司法机关的组成部分。西方国家的检察机关是代表国家提起公诉、监督审判和判决执行的机关，其基本职能是保证侦查、审判、刑罚执行的合法性。为追究刑事责任、惩治违法犯罪，检察机关有权进行预先调查和侦查，决定是否搜查、逮捕、羁押嫌犯，也有权终止追究刑事责任。各国检察制度各有特色，表现在检察机关的机构设置、组织形式以及与审判机关、司法行政机关的关系诸方面。

---

① 张千帆．自由的魂魄所在：美国宪法与政府体制．北京：中国社会科学出版社，2000：217.

大陆法系国家的检察官制度可追溯到法国历史上早就存在的代理人制度，早先这种代理人只是作为国王私人代表，代理国王处理财政方面的私人事务，有时也代理国王在涉及其私人和家庭利益的案件中提出诉讼。到了13世纪末，随着王权的扩大，国王政务更加繁忙，不能出席法庭审判，便从自己私人代理人中挑选代表介入法庭刑事诉讼，并同时赋予他们在地方领主的土地上监督国王法律实施的职责。1302年，菲利普四世颁布法令对代理人的职责进一步规范，在中央巴黎高等法院的司法审判中赋予代理人"总检察长"的头衔，并向地方王室法庭派驻代理人，他们从属于中央政权，称为"国王检察官"，领取王室俸禄，执行对刑事犯罪进行调查控诉的特殊职能。法国大革命后，对刑事诉讼制度进行了彻底改造，形成了具有现代雏形的检察官制度。1808年，拿破仑颁布重罪审理法典即《刑事诉讼法典》，规定检察官有侦查一切犯罪、向法院提起公诉等权力，这标志着现代检察官制度的确立。设立检察官制度，由检察官代表国家追诉犯罪，既克服了以往个人追诉的力不从心、取证困难、心存恐惧等缺陷，又将起诉与侦查、审判相分离，检察官独立于法院和法庭，克服了同一机关负责侦查、起诉和审判而产生的权力过于集中，容易产生滥用职权、贪赃枉法的弊端。拿破仑的《刑事诉讼法典》规定的一套刑事检察官僚体系，为现代法国检察官制度奠定了基础，并且日益精致化、专门化，在西方世界"率先确立"了系统化的检察制度，因而被称为"公诉之母"。① 随着拿破仑的对外征战，检察官制度也在欧洲传播开来，相继被欧洲大陆各国所继受。

大陆法系国家一般实行"审检合署"，检察机关与各级法院对应，层级相同，级别对等，不单独设立，而是将检察机关设在法院内部，但独立行使职权，并接受司法行政部门的领导。以法国为例，法国没有单独的检察机关，而是在法院设检察官。在法国的法律概念中，检察官和法官都是司法官，但扮演不同的角色，检察官在开庭时作为公诉人站立发言，俗称"站着的司法官"，而法官则是坐着审案，俗称"坐着的司法官"。各级检察官均由总统根据司法部长的推荐任命。最高法院设总检察长1名，首席总检察官1名，总检察官16名。重罪法院均设检察长1名和人数不等的助理检察长。轻罪法庭设首席检察官1名及人数不等的检察官。② 在初审法院不设检察官，但违警法庭开庭时，由轻罪法庭的检察官行使检察职权，有的情况下也可以由法院所在地的警察局长行使检察职权。各级检察官在法院内自成体系，与法官独立办案不同，上级检察官可以对下级检察官下达命令或指示，检察长可以指挥检察官的工作，总检察长直接对司法部长负责。

与法国不同，英美法系国家的检察机关一般独立于法院之外。英国从中世纪一直到19世纪，占主导地位的始终是"传统普通法的私诉体制"，即私人控诉者可以通过多种渠道以私人名义提起刑事控诉。在私诉体制下，虽然大陪审团、地方司法行政官员、警察也可以提起刑事检控，但都只能作为私人控诉者的代表或者以个人名义。虽然早在15世纪英国就创设了律师代替国王出庭的制度，并先后创设了总检察长、副总检察长的头衔，但由于私诉体制的传统在英国根深蒂固，英国的绝大多数刑事案件过去都是由警察当局提起公

① 黎敏．西方检察制度史研究：历史缘起与类型化差异．北京：清华大学出版社，2010：87－101，167．
② 同①166．

诉，而比较重大、复杂的案件，则由警察当局委托公设律师甚至私人开业律师代表它起诉。[①]这种情况一直延续到1986年。这一年，英国设立皇家检察署，才终于确立了由总检察长领导的统一、独立的全国性检察机关体系。总检察长由首相提名任命，总检察长办公室为英国内阁的一个部门。总检察长领导皇家检察署，监督整个检察系统，在涉及国家利益的重大刑事案件中，以政府的名义提起诉讼，同时，他还领导政府法律事务部，充当政府的法律顾问，就政府各部门的政策的制定和实施提供法律咨询，并代表政府出庭。皇家检察署设署长（Director of Public Prosecutions，又译检察长）一名，由总检察长从执业不少于10年的出庭律师或者事务律师中任命，接受总检察长的监督并向他报告工作。皇家检察署在署长的领导下，决定案件的起诉；在重大、复杂的案件中确定适当的指控，并在调查的早期阶段向警方提供建议；准备案件并提交法庭；向受害者和控方证人提供信息、协助和支持。[②] 皇家检察署完全独立于警方和其他政府部门，只要证据确凿，即使被起诉的对象是政府资深大臣，也可以直接提起公诉。皇家检察署署长虽然要通过总检察长向议会负责，但议会不得关注皇家检察署的具体决定，因此，皇家检察署的起诉决定不受议会的影响。[③]

与此同时，英格兰和威尔士地区划分为42个检察区，每个检察区设一名首席检察官，由皇家检察署署长任命。每一位首席检察官对应一位警长，有权对警察机构的侦查结果进行审查，决定是否起诉，但无权直接介入侦查案件。各级检察署实行财政独立，经费独立预算，不受地方当局的控制和影响，也不受警方干涉。这样，检察署是政府的一个部门，充当政府的法律顾问机构，代表政府提起公诉，却与行使侦查权的警察机关相分离，也不同于行使司法权的审判机构，构成检行合署、检警分离、审检分离的格局。不过，上述检察管辖权的制度安排仅覆盖英格兰和威尔士，北爱尔兰和苏格兰地区的检察机关则另成体系。

美国检察机关体系的建立远早于英国，其特点就是审检分离、检行合署。1789年美国联邦政府成立时即设立了总检察长，随着这个职务工作量的不断增大，1870年建立了司法部，总检察长即为司法部长，充当联邦政府的首席法律顾问，由总统提名，经联邦参议院同意后任命。在美国联邦政府中，司法部长在总统内阁中排第四位，是内阁的核心成员，其地位明显高于英国的总检察长。同时设立了一个副总检察长的职务，作为联邦政府的总律师，其任务是在法律纠纷中代表联邦政府出庭，参加法律诉讼。与联邦地区法院相对应，在每个联邦司法区设立联邦地区检察官办公室，由一名联邦检察官和若干名助理检察官组成，全国有94名联邦检察官以及大约1 200名助理联邦检察官。联邦地区检察官由总检察长推荐，经总统提名、参议院同意后任命。[④] “9·11”事件后，美国通过了《爱国者法》，允许总检察长可以不经参议院同意任命临时检察官。但在2006年12月，司法部无缘无故地解雇了8名联邦地区检察官，掀起轩然大波，随后国会参议院开展调查，于次

---

① 李昌道，董茂云．比较司法制度．上海：上海人民出版社，2004：159.

② 皇家检察署概述．英国皇家检察署官方网站（https://www.cps.gov.uk/about-cps），2023-09-16.

③ 李培锋．论英国检察制度的演进及其特点．法制现代化研究，2009（12）.

④ 戴维·马格莱比，保罗·C莱特．民治政府：美国的政府与政治．吴爱明，夏宏图，编译．北京：中国人民大学出版社，2014：286.

年3月20日以94票对2票的压倒性票数，停止总检察长直接任命检察官的权力，如司法部任命临时检察官，则须送交参议院审议。司法部既是联邦的最高检察机关和联邦政府的法律顾问机关，又是司法行政机关，其任务是保障法律的施行，调查、起诉违反联邦法律的行为，维护美国政府的法律利益和保障公民受到平等的法律保护。美国各州也设有总检察长的职务，多由选举产生，只有少数几个州由州长提名、经州参议院同意后任命。州以下的县或司法区，设检察官办事处。

尽管西方各国的检察机关的组织体系不尽相同，但一般都具有以下权力和职责：(1) 参加刑事案件的侦查、提起公诉、出庭支持公诉。(2) 监督法院的刑事审判。(3) 监督判决的执行。(4) 充当政府的法律顾问，为政府提供法律咨询。

三、西方国家的司法行政机关

司法行政机关是进行司法行政管理的机关，是国家行政机关的组成部分，一般设在政府系统内，作为政府的一个部门，如美国的司法部，法国的司法与掌玺部，日本的法务省等。

司法行政机关的主要职责是管理司法行政事务，包括决定法院的组织设置、编制及其调整，提供和管理法院的组织装备，管理监狱和感化设施，负责挑选和推荐司法官员的人选以及其他人事任免、考绩、晋升、奖惩等工作。有的国家的司法行政机关还参加对司法机关的监察工作，负责民法、刑法等相关法律草案的起草。

司法行政机关的职权只限于司法部门的行政管理工作，无权干涉法院的审判活动，这种制度安排有利于保证法院独立审判，但是，由于司法行政机关负责法官的任命、考绩、晋升等，因此，政府可以借此来对法官施加一定的压力和影响。英美法系国家由于实行检行合署，司法行政机关的首长同时兼任总检察长，因此，在维护国家的统治秩序方面具有重要作用。如美国司法部不仅管理法院行政事务，领导整个联邦的检察官系统，而且直接领导作为联邦的警察和执法机构的联邦调查局以及联邦监狱管理局等重要执法机关，实际上形成了检、行、警三者合一的体系，成为维护国家政治统治和社会秩序的重要工具。

第三节　审判制度与诉讼程序

在西方国家的审判实践中，建立了一套体现其司法独立、法律面前人人平等、公平审判原则的具体制度，主要包括法官制度、辩护制度、律师制度、陪审制度等。

一、法官制度

西方国家法官制度是围绕保证司法独立、保障法官独立审判建立起来的。

1. 法官的产生

西方国家的法官，多是任命产生，少数是选举产生。一般来说，最高审级、上诉审级和初审级法院的法官，都是任命而不是选举产生的。如英国法官不论是专职法官还是业余法官，等级森严，由低级到高级共有7类，都是经任命而非选举产生。在美国，所有联邦法院的法官，由总统经参议院同意后任命。自联邦最高法院成立以来，提交给参议院的联邦最高法院法官人选有160名，其中有36人未获得参议院批准。[①] 法国的高等法院法官、上诉法院首席法官由总统担任主席的最高司法会议决定任命，其他法官由司法部长提名、经最高司法会议决定后任命。德国的联邦各类法院的法官由司法部长会同法官选任委员会决定，由总统任命，法官选任委员会由各州司法部长和联邦议院选举的同等人数的议员组成。

选举产生的法官一般是基层和地方法院的法官。如在美国独立后的早期阶段，为了保证法院独立于其他机构和选民的压力，州法官一般由议会选举或州长任命。在19世纪的民主运动的背景下，许多州的法官一度改为民选产生，但不久就暴露出不利于法官保持政治中立的弊端，甚至导致法官为谋取选票而有失公正。后来，大多数州的法官又重新改为由州长或其他机构任命。但基层法庭的法官多半仍由选民选举产生，有任期限制，由于多是兼任法官，难免以诉讼费作为收入，很容易导致贪赃枉法。不过，在西方各国，法官无论是任命的还是选任的，都要求保持公正的法律仲裁者的身份，在审判活动中不得具有政党倾向。如果法官与审理的案件有利害关系或有联系，则必须回避，谓之"自行取消资格"。

2. 法官的保障

为了保证司法独立，保证法官不会因为做出某项判决而遭到政府或议会的报复，西方各国普遍实行了法官保障制度，具体措施主要有：

（1）法官不可更换制。

在西方国家，法官无论经任命还是选举担任，一旦任职，非经弹劾，不得被免职、撤换。西方多数国家实行法官终身制，法官如无过失就应终身任职，如英国、法国、荷兰、加拿大等。美国有些州法院的法官是由选举产生并实行任期制，在其任期内，除非经过弹劾不得被免职或令其提前卸任。实行法官不可更换制，可以使法官摆脱掌握法官提名权和任命权的政府、议会或选民的控制，有利于保障法官独立判案。有的国家还规定，法官享有司法豁免权，执行职务时的言论、行为不受追究；对法官的弹劾只限于叛国罪、贿赂罪或其他严重罪行，而不涉及行使职权中的一般过失。

（2）法官专职制。

西方国家普遍规定法官在任职期间不得兼任其他职务（包括不得兼任政府职务、议会议员），不得从事营利性的职业，不得从事除教学以外的营利性活动，不得从事党派政治活动，也不能竞选议会议员。这些限制一方面是要贯彻分权制衡原则，另一方面也有利于排除其他权力机关的控制，避免党派政治和私人利益的干扰，保证司法的公正。

（3）法官高薪制。

法官应因其服务而获得足够高的薪酬，以保证其崇高的社会地位和体面的生活条件，这样做的理由据说是避免营私舞弊，确保司法公正。这也有利于稳定法官队伍，吸引优秀人才。例如，日本最高法院院长的薪酬与内阁总理大臣相当，其他法官的薪酬与国务大臣相当。美国联邦最高法院首席法官的薪酬与副总统相当。除了高薪外，一些国家还规定了

---

① James Q Wilson, et al. American government: institutions & policies. 17th edition. Boston: Cengage Learning, 2021: 416.

为法官的薪俸提供保障以及采取其他措施以保证法官在任职期间免遭立法和行政部门的报复和刁难，如美国宪法规定，联邦法官只要行为良好就应继续任职，在任职期间所获得报酬只能增加不得减少。德国宪法规定，如因法院组织或管辖区域的变更，法官须调任或停职，应保留其全额薪酬。

（4）法官退休制。

西方各国一般规定，法官任职到一定年龄可以退休，并享有优厚的退休金。如美国历史上联邦法官曾实行终身制，但 1938 年后改变为联邦法官在年满 70 岁且任职满 10 年，或年满 65 岁且任职满 15 年，即可以全薪退休。但只要本人自愿，也可以继续工作。

上述为法官提供的保障是为了保证司法独立，最终目标应该是司法公正，然而，事实上，由于“法官往往不成比例地来自社会中上层，他们通常为白人、男性，成为法官时一般都非常年长”，因而，他们都“形成了惊人的同质态度、信念和原则的集合”。[①] 所以，这些保障措施只具有技术上的意义，却不可能突破资本占据着统治地位的根本限制。

【案例】

曾经是美国最长寿的在职联邦法官韦斯利·布朗，出生于 1907 年，55 岁那年获肯尼迪总统任命成为联邦地区法院法官。年满百岁时虽然住进了养老院，却仍未退休，为确保正常工作，甚至携带氧气瓶出庭审案，直到 2011 年 3 月，已经 104 岁高龄时才停止受理刑事案件，并大大减少了民事案件的听讼。美国的另一位资深联邦法官雷夫利，于 2020 年 12 月 1 日在休斯敦去世，享年 99 岁。直到去世前，雷夫利仍在联邦第五巡回区上诉法院任职。

二、辩护制度和律师制度

被告人在法庭上有为自己辩护的权利，在辩护中有权获得律师的帮助，这就是辩护制度和律师制度。律师是受过专业训练，接受当事人的委托或指定，在法庭内外为当事人提供法律服务的职业人员。辩护和律师制度起源于欧洲。在中世纪法庭审判和宗教裁判中，盛行的是“纠问式诉讼”，又称“审问式诉讼”，审判官集侦查、控诉、审判职能于一身，不论是否有被害人或其他人控告，主动追究犯罪，并且依赖通过严刑拷问所获得的口供，被告人没有任何申诉的权利。随着资本主义商品经济的发展，法律事务日益复杂，有的法院开始允许被告人的亲友协助被告人进行诉讼，并在法庭上做有限的辩护。在此基础上，逐步形成了以对抗制为特征的“抗辩式诉讼”，由诉讼的双方各自搜集事实和证据，适用法律，进行辩论；也产生了被告人及其辩护人针对指控提出有利于被告人的事实和理由，证明被告人无罪、罪轻或应当减轻、免除处罚的辩护制度。与此同时，律师制度也相应地

① 奈杰尔·福尔曼，道格拉斯·鲍德温．英国政治通论．苏淑民，译．北京：中国社会科学出版社，2015：389－390．

发展起来，即辩论不由当事人自己进行，而是由委托的代理人进行，于是，出现了职业的法律辩护人，形成现代律师制度。在民事诉讼中进行辩论的是双方的律师，在刑事诉讼中进行辩论的则是作为公诉人的检察官和被告的律师。资产阶级革命后，为了保证资本自由竞争，保护个人的财产、人身自由和安全，进一步通过宪法规定了被告人获得辩护的权利。1791 年美国宪法第六条修正案规定，被告人享有“以强制程序取得对其有利的证人，并取得律师帮助为其辩护”的权利。[①] 法国 1793 年宪法也规定刑事案件中的“被告应拥有自己选择的或者法定的辩护人”。[②]

律师的基本职能就是提供法律服务。根据服务对象和方式，律师提供的法律服务有以下两种情况：一是参与诉讼，为当事人辩护。在民事诉讼和刑事诉讼中接受当事人的委托，担任代理人或辩护人，从事实上和法律上为当事人辩护。这样有助于排除当事人的情感因素而使辩论趋于理性，通过辩论澄清事实，落实证据，准确适用法律，有助于纠纷的解决，达到维护当事人的合法权利和利益、实现公正的目的。二是担任法律顾问，为政府机构、企业、团体和个人提供法律咨询。在西方国家，律师涉及的业务范围非常广泛，无论是民事还是刑事诉讼，无论是个人还是团体，无论是企业还是政府部门，各行各业，各类业务，都离不开律师的参与和服务。

由于各国的国情和法律文化传统不同，律师制度也有一些差异。英美法系国家由于实行判例法制度，法律复杂，判例浩繁，人们往往需要请律师帮助处理各种问题。英国的律师分为两类：一类是出庭律师，一般精通某种专门法律或某类案件，可以在各级法院出庭辩护，执业满一定年限后有资格被任命为相应审级的法官；另一类是诉状律师，只能在郡法院和治安法院出庭，但他们更多的工作是为当事人撰写诉状，在皇家刑事法院协助出庭律师的工作，充当出庭律师与当事人之间的联络人。在美国，律师业格外发达，据美国律师协会发布的《法律职业 2022 年度报告》，在过去十年里，即从 2012 年到 2022 年，全国律师人数增加了 8 万多人，增长了 6.6%。截至 2022 年 1 月 1 日，共有 1 327 010 名在职律师，每一万人就有 40 名律师，而在 50 个州中，纽约州的比例最高，每一万居民拥有律师 93 人。[③]

相对来说，大陆法系国家的律师人数要少得多。据法国全国律师协会提供的全国律师名录显示，法国有 164 个律师协会，现有 74 000 万名律师，按法国人口计算，每一万人约有 10.88 名律师。[④] 在德国，德国联邦律师协会由 28 个地区律师协会和联邦法院律师协会组成，每个地区律师协会与高等地区法院相对应。截至 2023 年 1 月 1 日，注册的律师为 165 186人。[⑤] 按德国人口计算，每一万居民拥有的律师人数约 19.6 人。

---

① 美利坚合众国宪法//谭君久．当代各国政治体制：美国．兰州：兰州大学出版社，1998：350.

② 周威．法兰西宪法典全译．北京：法律出版社，2016：56.

③ 美国律师协会．法律职业 2022 年度报告（ABA Profile of the Legal Profession 2022）. https：//www. abalegalprofile. com/demographics. php#anchor1，2023-02-17.

④ 全国律师名录．法国国家律师协会官网（https：//cnb. avocat. fr/fr/annuaire-des-avocats-de-france）. 2023-06-26.

⑤ 数字中的联邦律师协会：关于联邦律师协会工作的事实和数据（Die BRAK in Zahlen，Zahlen und Fakten rund um die Arbeit der Bundesrechtsanwaltskammer）. 德国律师协会网站（https：//www. brak. de/die-brak/die-brak-in-zahlen），2023-06-26.

知识链接

美国律师人数发展情况（1900—2022 年）

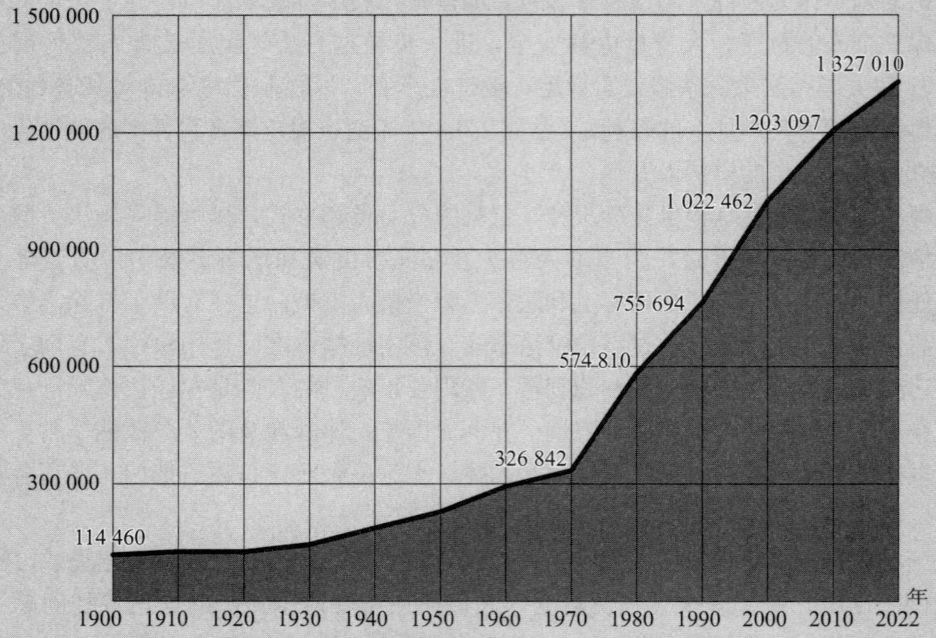

资料来源：美国律师协会．法律职业 2022 年度报告（ABA Profile of the Legal Profession 2022）. https：//www. abalegalprofile. com/demographics. php＃anchor1，2023－02－17.

德国执业律师人数发展情况（1950—2021 年）

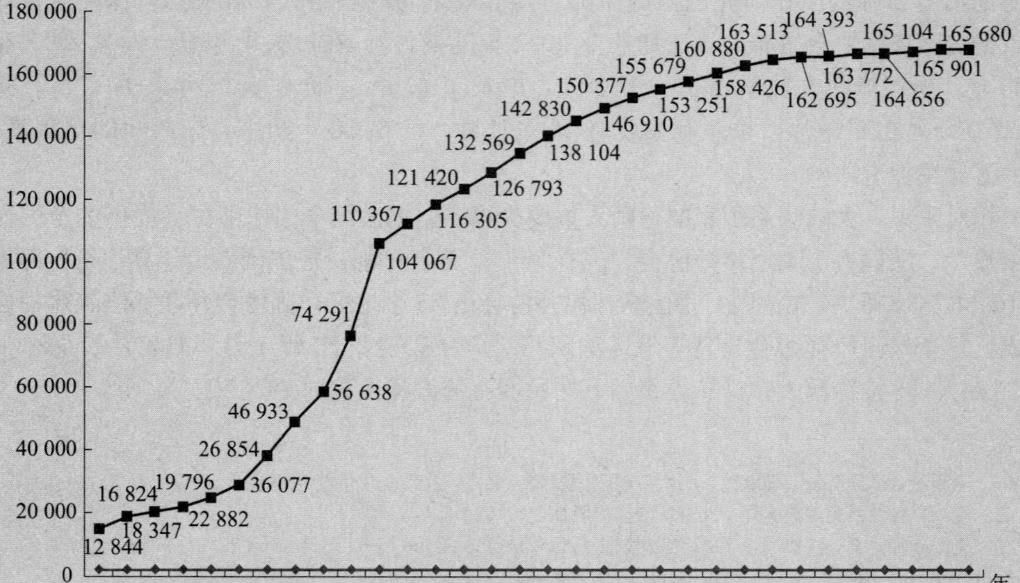

资料来源：Entwicklung der Zahl zugelassener Rechtsanwälte von 1960 bis 2022. https：//www. brak. de/fileadmin/04 _ fuer _ journalisten/statistiken/2021/entwicklung-rae-gesamt _ 2021 _ grafik. pdf，2023－02－17.

在西方国家，律师不仅受人尊重，收入丰厚，而且是通往政界的跳板，不仅法官、检察官都必须具有律师资格，政府官员、议会议员中律师出身的所占的比例也很高。但是，律师的入行门槛也比较高，一般来说应具备以下条件：必须是成年的本国公民，接受过严格的法律训练，毕业于大学法律专业，经过律师事务所实习，通过律师专业协会的考试，取得律师执业资格。例如，在英国，如要取得出庭律师的资格，首先，要受过一定的高等教育，必须提交品格良好的证明书；其次，必须参加一个培养出庭律师的社团（英国有四个这样的社团，即林肯法院协会、内堂法院协会、中堂法院协会和格雷法院协会），完成协会的学术与职业训练，通过协会组织的考试；最后，在有经验的出庭律师指导下实习一年，签署入会誓言，方可成为出庭律师。取得诉状律师资格，必须获得法学学士学位，加入诉状律师组织法律协会并接受该协会的训练，通过律师资格考试，在律师事务所实习二年，才能获得法律协会的执业证书。随着现代社会生活越来越复杂，法律也越分越细，一个律师不可能精通所有领域的法律，因此，律师的专业分工越来越细化，出现了专利律师、合同律师、税务律师、婚姻律师等，专门研究某一领域的法律和办理某一类案件。

律师执业的方式通常是开设律师事务所。在19世纪，律师事务所大多是个人开设，后来即向合伙发展，无论是个人律师事务所还是合伙律师事务所，均以律师的姓名冠名。在西方国家，所有的律师都必须是律师协会的会员。各国都建立了律师职业社团，并且规定只有加入这样的社团才能执业，这类社团既维护律师的声誉和独立性，也制定并执行律师的专业标准，规范律师的职业行为，受理并审议针对律师不正当职业行为的投诉，对违反职业道德的行为施行惩戒措施。如英国成立于1825年的律师协会和成立于1895年的大律师公会，就分别是诉状律师和出庭律师的社团组织。在美国，成立于1878年的美国律师协会是最大的全国性法律职业组织，不仅是律师界的代言人，而且对美国的政治生活产生很大影响。此外，还有各州的律师协会组织，以及许多专门性的律师组织。

三、陪审制度

同律师制度一样，陪审制度也是西方国家司法制度的重要内容。所谓陪审制度，就是指从公众中挑选陪审官或陪审员参加法院的专业法官审理案件的制度。陪审制度在欧洲有比较古老的历史，随着资本主义的兴起而逐步发展成为现代的陪审制度。

陪审制度的渊源可以追溯到古希腊、古罗马。在古希腊的雅典，每年以抽签方式从30岁以上的公民中选出6 000名陪审官，任期一年，每个案件由其中500名陪审官组成陪审法庭审理，以投票多数决定判决。古罗马从贵族、骑士和富裕奴隶主中挑选300～450名陪审官组成陪审法院，每个案件由其中抽签挑选的30～40名陪审官审理。古代雅典、罗马的陪审制度只适用于奴隶主和自由民，不适用于奴隶，奴隶不受诉讼制度保护。随着雅典民主制的衰落和罗马共和国转变为帝国，古代陪审制度逐渐消亡了。

在中世纪，欧洲大陆的德、法等国也曾实行陪审制度。其中最著名的就是缘自古代日耳曼人的民众法庭，当时存在一种土地公有私用的农村公社，公社成员是彼此平等的自由人，他们定期集会，裁决成员间的纠纷，决定对违法者的处罚。后来，随着阶级的分化和国家的产生，为法庭服务和服兵役就成了穷人的重担，9世纪初，由法官和陪审官组成的陪审法庭代替了民众法庭。但是，在较长的时间里，陪审法庭与民众法庭同时存在，仍然保留着民众法庭的传统，民众法庭“仍然是中世纪封地法庭的典范”[①]。1066 年诺曼底公爵征服英国，法兰克人的陪审法庭制度也随之传入英国。开始，就是由行政长官或法官在当事人的乡邻中，选择若干名最熟悉情况也最可信的人，命令他们就其所知，陈述事实真相，以作为裁决的依据，因此，它主要是证人组成的团体。后来，它逐渐演变为有权在法庭上审查证据、作出裁判的陪审官，陪审团的组成也不再要求必须是当事人的乡邻。这样，这种制度便在英国发展起来，并成为现代陪审团制度的直接起源。

在资产阶级革命时期，启蒙思想家从陪审团制度中挖掘出保障人权的意义，强调每个人都有权由“和自己同类的人”来审讯，甚至提出“人民代表参加审判”的口号。因此，资产阶级革命后，各国普遍通过宪法明确了陪审团制度。法国大革命后的 1793 年宪法就规定，在刑事案件中，“起诉状非经陪审员接受或者根据立法院批准，任何人不受审判”；“被告应拥有自己选择的辩护人或者法定的辩护人”；应由“审判陪审团宣布事实和动机”。[②] 美国宪法中也规定，“除弹劾案外，一切犯罪皆得由陪审团审判”；在一切刑事诉讼中，被告人应享有“由犯罪行为所在的州和地区的公正陪审团予以迅速而公开的审判”的权利。[③]

西方国家的陪审团有两种，即大陪审团和小陪审团，这两种陪审团都产生于英国。大、小陪审团曾被欧美各国广泛采用。法国大革命后，曾效仿过，但不久在 1808 年就废除了大陪审团；后来英国也于 1948 年废除了大陪审团制度。现在，美国可能是世界上唯一仍保留大陪审团的国家，因为美国宪法第五条修正案中规定，“除非根据大陪审团的报告或起诉书，任何人不受死罪或其他重罪的审判”，所以，今天的美国联邦法院和大约 20 个州还在适用大陪审团制度。大陪审团又称“起诉陪审团”，只用于刑事案件，主要行使预审的职能，即在庭审之前就听取并审查公诉方提出的证据，并决定是否起诉。如果认为被告应受到审判，就宣布起诉，如果认为证据不足或不能成立，就做出“不予起诉”的决定，原来可能成为被告的人就不会被提交审判。联邦大陪审团由 23 人组成，州陪审团的人数为 7～23 人不等。大陪审团以表决的方式做出同意起诉还是“不予起诉”的决定，表决时并不要求全体一致，但需要陪审团成员的一个特别多数同意，如16/23多数、5/7 多数等。[④]

小陪审团，又称“审案陪审团”。小陪审团虽然仍然比较普遍地在西方各国被采用，但适用范围受到不同程度的限制，英国的英格兰和威尔士实际上 90％的案件都是由一名法官审理而没有组成陪审团，依然十分盛行并始终不渝地坚持这一制度的也是美国。[⑤] 小陪审团一般由 8～12 人组成，可以参与民事、刑事案件的审理。在民事案件中，陪审团要听取诉讼双方的陈述和辩论，再听取法官的法律意见，最后进行讨论表决。在刑事案件中，英、美等国的陪审团负责审查证据，听取辩论，认定案件事实，并通过投票就被告人是否

① 马克思，恩格斯．马克思恩格斯全集：第 25 卷．2 版．北京：人民出版社，2001：575.

② 周威．法兰西宪法典全译．北京：法律出版社，2016：56－57.

③ 美利坚合众国宪法//谭君久．当代各国政治体制：美国．兰州：兰州大学出版社，1998：345，350.

④ 亨利·J 亚伯拉罕．司法的过程：美国、英国和法国法院评介．7 版．泮伟江，等译．北京：北京大学出版社，2009：121－122.

⑤ 同④126.

有罪作出裁决，如果裁定被告有罪，由法官负责适用法律，依法量刑。如果陪审团裁定被告无罪，法官要宣告被告当庭释放，法官的另一个职责是“就法律事宜对陪审团进行指导”。陪审团在做出决定前要退庭进行评议，评议是隔离起来秘密进行。与大陪审团不同的是，小陪审团必须达成全体一致才能决定被告有罪或者无罪。如果出现反复投票依然无法达成一致的僵局，法官必须决定是否移交另一个法官和陪审团重新审判。①

公民有担任陪审员的权利和义务，但有一定的资格要求。关于担任陪审员的资格规定，一般都要求：必须是当地有选举权的公民；年龄一般在18～65岁或21～70岁；身体健康，心智健全；诚实公正，能阅读和书写本国法定的通用文字，没有重罪前科；适合担任陪审员工作。一方面，有资格担任陪审员的公民如被遴选，没有适当理由不得拒绝。有的国家甚至规定，如果拒绝担任陪审员要受罚款处分，但某些职业人员可以免除此项义务，如教师、神职人员、医生、护士、军人、消防员等。另一方面，政府官员、议员、律师、法官、警察、检察官则不能担任陪审员。担任陪审员都是尽义务，只有差旅费、生活补贴、误工补贴之类的津贴。

陪审团的构成要有广泛的代表性，不能因性别、种族、肤色、职业和宗教信仰不同而受到歧视，美国的联邦法院和多数州法院通常有一个陪审团成员的备选名单，以选民登记和驾照持有者名单为基础，尽可能覆盖80%的地区人口。② 挑选陪审团成员的方法主要有两种：一是“抽签”，即在符合条件的候选人中用抽签方式确定陪审团的成员；二是“评选”，即由一名或数名法官通过评议从候选人中选定。也有的地方采用二者结合的方法，即先抽签初选出一定人数的候选人，然后再由法官评议确定正式人选。

现代陪审团制度已经存在了两百多年，开始时曾受到普遍称赞，但是，实际上，对其利弊得失一直众说纷纭。20世纪以来，陪审团制度逐步暴露出它的弊端，主要是：“成本高昂而时间漫长”，陪审团成员“不具备决断复杂的法律问题的能力”，有的陪审员“基于感情因素而意见不一”，陪审团内往往充斥着“个人陪审员之间和稀泥的妥协过程”，等等，被人形象地称为“法律程序中的第五个车轮”。③ 因此，有些国家已经放弃或淡化了这种制度。在民事案件中，大多不再使用陪审团。对于刑事案件则区别使用，如英国1977年《刑事法》规定，谋杀、凶杀和强奸案等重大案件必须经过陪审团审判，一般案件可用陪审团也可不用，而轻微的案件则不再使用。

陪审团制度是由欧洲大陆传到英国、在英国发展起来后又返植到欧洲大陆的，但欧洲大陆国家在移植这一制度时对其进行了改造以适应本国的情况，这在德国最为典型。德国最初在引进时就没有照搬英国的模式，一是陪审团由12名减少到6名，缩小了陪审员备选名单的范围，名单由政府提供；二是取消了陪审团认定事实的权力。二战后，德国则放弃了英美式的陪审团制度，创造了德国特色的参审制，即由职业法官与参审员组成“混合法庭”审理案件。混合法庭又称“参审法庭”，只出现在最低一级的地方法院和第二级次

① 亨利·J亚伯拉罕．司法的过程：美国、英国和法国法院评介．7版．泮伟江，等译．北京：北京大学出版社，2009：144.

② 李昌道，董茂云．比较司法制度．上海：上海人民出版社，2004：238.

③ 比尔·考克瑟，等．当代英国政治．孔新峰，等译．北京：北京大学出版社，2009：403；亨利·J亚伯拉罕．司法的过程：美国、英国和法国法院评介．7版．泮伟江，等译．北京：北京大学出版社，2009：125.

的地区法院，适用于涉及事实和法律问题的初审和上诉案件，而仅限于“法律问题”的上诉案件则是由职业法官独立审理。参审法庭有两种类型：一是由1名职业法官和2名参审员组成，审理不十分严重的刑事案件，又称“小刑庭”；二是由3名职业法官和2名参审员组成，负责审理比较严重的刑事案件，通常称为“大刑庭”。① 参审制与英美式陪审团制度的最大区别就在于，不是由陪审团认定事实并判定是否有罪，而是由参审员和职业法官以合议的方式共同决定定罪和量刑。同时，参审员的遴选程序比较严格，门槛也相对较高。参审员每4年遴选一次，可连任。法国与德国类似，采用一种由抽签产生的9名普通公民组成的陪审团，与3名法官共同组成“混合法庭”，审理后以投票方式判决，需要8票通过才能定罪，而且这种混合法庭只适用于重罪法庭。② 被告和检察官均有权要求与本案有牵连的法官和陪审员回避，且无须说明理由。

第四节　司法审查制度

西方国家普遍实行违宪审查制度，即由司法机关通过司法程序来审查立法和行政机关的行为是否违反宪法，又称司法审查。在司法审查过程中，司法机关要对宪法做出解释并对宪法规定的公民权利和国家机关的权力给予保障，从而维护宪法的最高权威，因此又称宪法保障制度。这种制度是西方分权制衡原则的一种具体体现，也是西方政治制度的重要内容之一。

一、司法审查制度的起源

司法审查制度起源于美国。在美国制宪会议上，最早的方案主张建立一个议案审查委员会，由总统和适当数量的法官组成，有权审查、否决立法机关制定的尚未实施的法律。③ 后来也有人主张赋予法院审查法律的权力，但由于意见分歧，制宪会议没有对这个问题做出明确决定。后来，在争取宪法获得各州批准的过程中，汉密尔顿论述了司法审查权的必要性，他指出，“宪法与法律相较，以宪法为准”，“违宪的立法自然不能使之生效”，主张法院必须有权“宣布违反宪法明文规定的立法为无效”。④

美国联邦法院系统建立起来后，就开始作为宪法解释者运用权力，并在审判有关案件的实践中逐步确立了违宪审查权，其中，最具有影响力的就是1803年的“马伯里诉麦迪逊案”。在对此案的判决中，联邦最高法院首席法官马歇尔论证了宪法与法律的关系及法院的职责。他提出的关键论点是：第一，宪法是“国家的根本法和最高法”。第二，宪法“高于立法机关的任何法律”，违反宪法的法律不能成为法律，当国会制定的法律与宪法相冲突时，法院应拒绝执行违反宪法的法律。第三，“阐述何为法律，乃是司法部门的权限和职责”。因

① 李昌道，董茂云．比较司法制度．上海：上海人民出版社，2004：242.

② 亨利·J亚伯拉罕．司法的过程：美国、英国和法国法院评介．7版．泮伟江，等译，北京大学出版社，2009：307.

③ 麦迪逊．辩论，美国制宪会议记录．尹宣，译．沈阳：辽宁教育出版社，2003：17.

④ 汉密尔顿，等．联邦党人文集．程逢如，等译．北京：商务印书馆，1980：392，393.

此，假如一条法律违反宪法，法院必须依照宪法做出裁决。[①] 通过长篇论证，马歇尔证明了法院应该拥有宣布违反宪法的法律无效的权力，并宣布国会1789年制定的《联邦司法条例》无效。该案的判决确立了美国司法审查制度，不仅对美国的政治产生了深远影响，而且影响了其他西方国家，许多国家在二战后效法美国，建立了司法审查制度。

二、司法审查的机关和方式

1. 司法审查的机关

西方国家行使违宪审查权的机关有两种不同的情况：

(1) 普通法院审查。

普通法院不仅审理一般的民事、刑事案件，也审理宪法案件。美国就是实行这种制度的典型，如前所述，美国的联邦宪法没有直接规定违宪审查权力，更没有规定哪个法院拥有这种权力，而是作为普通法院的最高法院在司法实践中获得了违宪审查权。后来日、加、澳等国在宪法中明确采用了这种制度，如日本宪法就明确规定“最高法院是有权决定一切法律、命令、规则以及处分是否符合宪法的终审法院”。英国的最高法院成立后，由于它既是受理全国民事案件以及英格兰、威尔士和北爱尔兰刑事案件的最终上诉法院，也“专注于具有最大公共和宪法重要性的案件”，因此，英国现在行使违宪审查权的也是普通法院。

行使违宪审查权的机关的两种类型

(2) 宪法法院审查。

宪法法院是行使违宪审查职能的专门法院，不审理普通的民事、刑事案件。这种制度实行于欧洲大陆的德、法、意、奥等国。为了保证不同部门之间的相互制约，宪法法院的法官一般都要由行政和立法部门共同参与任命或者由议会两院分别任命。同时，对宪法法院的法官有严格的资格限制要求。如意大利宪法法院由总统、议会两院联席会议、最高法院和最高行政法院分别任命5人，共15人组成。他们必须选自最高法院或最高行政法院的法官，或者大学的常任法学教授，或者具有20年从业经历的律师，任期12年，到期部分改选，不得连任。德国的联邦宪法法院由16人组成，由联邦议院和联邦参议院各选举8人。他们必须年满40岁，应是政府官员、律师或大学法学教授，具有联邦议院议员的候选资格或担任高级文官的资格，并对法律有特别的研究和富有行政经验。一旦任职，就不再听从联邦议院、联邦参议院、联邦政府以及任何州有关机构的指示（值得注意的是，德国宪法法院和联邦最高法院的办公地点都设在德国西南边境附近的卡尔斯鲁厄，而不是柏林）。法国的行使违宪审查权的机构名称为宪法委员会，由9名法官组成，由总统、国民议会议长、参议院议长各任命3人，他们的任期为9年，每3年改选1/3，不得连任。此外，卸任的总统均为当然的终身成员。宪法委员会主席由总统任命，他只是在双方票数相等时才有最后的决定权。

有的国家宪法法院除了行使违宪审查权外，还审理其他一些宪法性争议，主要有：弹

---

① 斯坦利·I库特勒．最高法院与宪法：美国宪法史上重要判例选读．朱曾汶，译．北京：商务印书馆，2006：28－29.

劾案，如德国、意大利的宪法法院都审理对共和国总统的弹劾案；选举争议，如德国的联邦议院负责审查选举结果，如对审查结论有异议，可向宪法法院申诉并由宪法法院裁决。

一般来说，宪法法院的判决都是最后的判决。法国宪法明确规定，对宪法委员会的裁决不得上诉，裁决对政府各部、一切行政机关和司法机关都有强制力。被宣布违宪的条款，不得公布，不得执行。意大利宪法规定，宪法法院的判决为终审判决，被宪法法院宣布违反宪法的法律，自判决次日起即失去效力。

2. 司法审查的方式

西方国家进行违宪审查的方式主要有两种。

(1) 事后审查。

以美国为典型，即法院不主动审查议会通过的法律、法令和政府的命令、法规，也不能以假想的事实为根据进行审查，而是在审理具体的诉讼案件时就其所适用的法律是否违宪做出裁决。议会和政府颁布法律、法令无须事先征询法院的意见。遵循“不告不理”的原则，即法律生效后，无论是否已有不良后果，如果没有遇到具体的诉讼案件涉及该项法律，法院不会主动审查。法院在对相关案件的判决中也不是直接宣告撤销或废除有关的法律，而只是宣布因为该法律违反宪法而“不执行”或“拒绝执行”，因此，又称为“附带的审查”。由于美国实行判例法制度，法院的判决不仅对下级法院有约束力，而且对做出该项判决的法院也有约束力，一旦法院拒绝适用某条法律，以后就不会再适用，下级法院也不会再适用。所以涉及违宪审查的案件，一般都会上诉到联邦最高法院。如果联邦最高法院的判决宣告某条法律违反了宪法，也就意味着废止了这条法律。

(2) 事前审查。

事前审查又称为“预防性审查”，或“抽象的原则审查”，即在法律生效前，就要经过宪法法院的审查，而不论是否发生了争议。这种方式在法国比较典型。在法国，各项组织法在颁布以前，议会两院的内部规则在执行以前，提交全民公决的法律草案在公决之前，均应提交宪法委员会审查，裁决其是否符合宪法。[①] 不仅如此，法国的宪法委员会还可能直接参与立法过程，对于议会的其他立法，如果在颁布以前政府和有关议院对于议案或修正案能否成立的问题发生争议，可以由总统、总理、议会两院中任何一院的议长，或者 60 名国民议会议员或 60 名参议院议员提出交宪法委员会审议。这两种情况都是在法律生效前进行审查，区别只是在于是否已发生争议，因此都是事前审查。对上述提交审查的法案，宪法委员会应在一个月内作出裁决，紧急情况下应政府的请求，应在 8 天内作出裁决。

除了由有关国家机关提出请求审查的情况外，在德国还可以由公民个人请求宪法法院审查有关法律、法令。这种请求被称为宪法控诉。宪法法院受理这种控诉而审查后，如果裁决法律、法令违宪，此项法律、法令即失效。公民个人提起宪法控诉，并不一定是因为发生了具体的案件，也不一定是因为其个人的利益受到了侵犯，而只要他认为某一法律、法令侵犯了基本法所保障的基本权利或其他权利，就可以提出请求。因此，这也应被看成

① 法国宪法原本没有明确规定宪法委员会是否有权对提交全民公决的法律草案进行审查，但 2008 年宪法修改后规定，提交全民公决的法律草案，应事先接受宪法委员会的审查。

是一种预防性的或抽象的审查。

不过，在意大利和德国，普通法院在审理具体案件时，如果认为所涉及的法律、法令与宪法相抵触，就要将案件移送宪法法院进行审理。事实上，这种审查占了德国宪法法院审查的绝大多数。法国在 2008 年宪制改革后，也引入了这种“移交审查”机制。依新法规定，“如果法院在审理案件过程中发现有法律条款侵犯宪法保障的权利和自由，宪法委员会根据最高行政法院或者最高法院的移交而受理该问题，并应在一定的期限内作出裁决。”[1] 这样，在行政法院或普通法院受理的具体诉讼案件中，如果当事人认为案件所涉及的法律条款侵犯了宪法所保障的权利和自由，法院应中止案件的审理，提交最高行政法院或者最高法院进行审查。如果行政法院或最高法院认为必要，则提交宪法委员会进行审理。这样，不仅形成了“公民直接就法律是否违宪提出异议”的机制，宪法委员会也因此获得了对已生效法律的合宪性进行审查的权力，从而使法国的违宪审查方式兼具“事先审查”和“事后审查”的特点。[2] 不过，法、德、意等国的上述这类事后审查还是有别于美国的附带的审查、事后审查：首先，它是由专门的宪法法院审理的；其次，在普通法院的法官发起并提交宪法审查的情况下，宪法法院才介入审查。宪法法院受理案件后，通过对与该案件有关的法律、法令进行审查，做出裁决后再由普通法院就案件进行判决。

三、司法审查的对象和内容

从司法审查的对象来分，有两类情况：一是审查议会通过的一切法律、法令和行政部门的一切行政法规、行政命令和规章，体现了宪法保障和权力制衡的功能，即保障立法机关和行政机关的行为与宪法相符合。二是就宪法性争议进行裁决，体现了宪法仲裁的功能，即依照宪法来裁决争议和分歧。

西方国家的违宪审查在实行的过程中，虽然具体情况千差万别，但所涉及的问题归纳起来基本上集中在以下三个方面：

一是国家机关之间的权限争执。由于西方国家实行权力的分立与制衡制度，国家机关之间尤其是议会与政府之间可能发生有关宪法权力界限的争议，这种争议有时体现在议会立法对政府的授权上，有时体现在政府的行政行为上。

二是国家整体与部分之间、中央与地方之间以及地方与地方之间的权限争执。在联邦制国家，由于宪法明确划分了中央与地方的权力，这种争执也就比较常见。但即使在实行单一制的国家，这种争议也有可能发生，如意大利宪法就规定宪法法院审理的案件包括国家与省之间、各省之间权限的争执和有疑问的案件。

三是有关宪法保障的公民权利的案件。如言论自由、宗教信仰自由、选举的合法性等。这类审查通常是因为议会的立法或政府的行政法规和执法行为限制或剥夺了公民的某项权利而引起的。

---

① 周威．法兰西宪法典全译．北京：法律出版社，2016：324.

② 吴天昊．从事先审查到事后审查：法国违宪审查的改革与实践．比较法研究，2013（2）.

第五节 行政诉讼与行政裁判制度

一、行政诉讼与行政裁判的性质

所谓行政诉讼，是指当事人对国家行政机关或其工作人员的行政行为不服而引起的诉讼，它针对的不是国家机关工作人员的与行政职务无关的个人行为，也不是与职务有关的政治行为，而是属于行政管理范畴的行政行为，因为该行为造成了对公民、公民团体的权利和利益的侵犯、限制或剥夺。行政裁判指的是对行政诉讼进行审理和裁决。行政裁判权就其性质来说，具有“准行政”“准司法”的性质。

行政裁判权以及相应的机构和一整套制度，是随着资本主义的发展和政治制度的建设和调整而形成和发展起来的。在资本主义的早期，一些西方国家就出现了这种专门处理行政机关以及政府官员与管理对象之间的争议的行政裁判机构。到了20世纪尤其是30年代以后，随着社会经济矛盾大大加深，各国政府广泛地干预经济生活，行政权大大扩张，行政机关所管理的事务越来越繁杂。伴随着这种趋势的是，行政机关制定了大量的行政法规，行政机关限制和干预公民、公民团体的权利和利益的管制行为越来越频繁，因而发生的行政纠纷也日益增多。大量的行政争议案件涌向法院，使得法院不堪重负，而司法程序的复杂性和特殊性又导致许多行政案件久拖不决，严重影响了行政效率。而行政裁判的办法不仅相对于法院审判比较简便和快捷，而且更加专业化，运转成本也较为低廉。这样，既需要扩张行政权来加强政府干预，又要避免行政权威胁公民的基本权利，为此，各国纷纷加强行政裁判权，根据本国的历史特点和司法传统，设置了各有特色的行政裁判机构，形成了行政裁判制度。

由于行政裁判权的“准行政”“准司法”性质，行使行政裁判权的机构既不同于法院，也不同于行政机关。首先，行政裁判机构要受理行政诉讼，通过审理作出裁决，其运用权力的基本样式具有司法的基本特征。行政裁判机构本身的职责就是执行法律，保证行政规章的执行，因此其职责又具有行政性。其次，各国行政裁判的体制各不相同，有的附属于行政机关，有的从属于立法机关，而在有的国家，这种机构甚至有权制定具有法律效力的条例和规章，构成了一种“准立法权”。这说明，西方国家在保持立法、行政、司法三大部门分立的基本架构的同时，又创建了一种将准行政权、准立法权、准司法权集于一身的行政裁判机关，在一定程度上突破了“三权分立”的原则。

二、行政裁判的类型及其沿革

由于各国建立行政裁判制度的历史背景不同，司法传统各异，各国的行政裁判制度也各不相同，包括行政诉讼的范围、行政裁判机构的设置和行政裁判的方式都各具特色。机构的设置往往决定了工作的方式，如适当区分，可以分为以下四种类型：基本上属于行政系统的行政法院，如法国；基本上属于司法系统的行政司法机构，如英国；按行业设置而不附属于任何部门的独立管制机构，如美国；属于立法系统的议会司法督察专员，以瑞典为代表。这里按国家简述如下。

1. 法国的行政法院

法国是西方国家中行政法产生最早，也是最发达的国家，行政法院系统与普通法院系统相互分离、完全独立，是法国司法组织系统的突出特点。其历史渊源来自法国大革命时期的一条禁止性规定，“普通司法机构不得干扰行政机构行使职权”。① 法国大革命后，法国确立了以“三权分立”为基础的政治制度，但是，新兴的资产阶级只是控制了立法权和行政权，垄断法律知识的旧贵族仍在一定程度上控制着司法权。为了防止封建势力利用审判权破坏革命政府的政策和措施，资产阶级提出了政府行政机构必须独立于司法控制，法院不得干涉国家行政事务，由行政行为产生的争议只能由行政机构自行处理的主张，从而确定了行政裁判权与普通法院的司法权相分离的发展走向。1791 年宪法明确规定：法院“不得侵犯行政职权，也不得将行政官员因行使行政职权而传唤至法院”。② 同年设立了国政院，各省设立了参政院，其职责便是审查行政事务中的决定，并建议国家元首撤销不符合规范的行政行为。拿破仑上台后，把审查对行政行为的申诉、准备解决争议的方案规定为国政院的任务之一。③ 1799 年宪法规定：“在执政官的领导下，国政院负责起草法律草案和公共行政条例草案，负责解决在行政事务方面出现的纠纷”④，使国政院兼具立法、行政和部分司法职能。到法兰西第三共和国时期，由于政府社会经济职能的扩大，国政院受理的案件急剧增加，其司法职能得以强化，并吸收采用了司法程序。

法国行政法院系统最受瞩目的首先是设在巴黎的最高行政法院，1953 年由国政院正式改名为最高行政法院。它自成立以来就具有参与立法的职能，法国政府在制定法律草案和行政管理条例时都要征询最高行政法院的意见，最高行政法院又是受理行政诉讼的终审级审判机关，兼具立法功能和司法功能。最高行政法院由司法部长领导，一名副院长主持日常工作，其成员经内阁会议通过后由总统任命，内设 5 个行政诉讼庭，每个诉讼庭又分为 10 个分庭。最高行政法院受理的行政诉讼案件主要有以下几种类型：第一，关于行政行为合法性的诉讼。凡因行政法规而受到损害的公民，都可以要求最高行政法院对该项法规进行审查。第二，关于侵权行为的诉讼。最高行政法院要裁定政府及其官员在执行公务时对公民造成损失的赔偿，凡是政府官员在执行公务时发生的侵权行为都要由国家负责。行政法庭是地方行政裁判机关，受理本地区的行政诉讼案件，并向地方行政长官提供咨询意见。法国全国设有上诉行政法院和行政法庭，其中，上诉行政法院设立于 1987 年，以应对最高行政法院审理的案件越来越多、不堪重负的局面，现在有 9 个上诉行政法院。行政法庭则是在 1953 年由原来的省参政院改制而来，现有 37 个。⑤

由于普通法院体系和行政法院体系二元分离，二者之间常常发生管辖权争议，为此设立了权限争议法庭来解决普通法院与行政法院的权限争议。随着行政法院处理的诉讼案件

---

① 皮埃尔·特鲁仕．法国司法制度．丁伟，译．北京：北京大学出版社，2012：53.

② 周威．法兰西宪法典全译．北京：法律出版社，2016：33.

③ 张千帆．法国的国政院与行政行为的司法控制．中国法学，1995（3）.

④ 周威．法兰西宪法典全译．北京：法律出版社，2016：52.

⑤ 皮埃尔·特鲁仕．法国司法制度．丁伟，译．北京：北京大学出版社，2012：63－66.

日益增多，权限争议法庭的职能也得以加强。权限争议法庭由司法部长兼任庭长，由最高行政法院和最高法院各选出 3 名法官，由这 6 名法官再从最高行政法院和最高法院各选出 1 名法官，共 9 人组成，任期为 3 年。在实践中，司法部长很少审理案件，一般由 1 名副庭长主持日常工作，副庭长由 8 名法官通过内部选举的方式轮流担任。权限争议法庭公开开庭审理，判决为终审判决，普通法院和行政法院都必须执行判决。目前，权限争议法庭每年审理大约 60 件案件，主要涉及两方面的争议：一是如果两个法院体系都认为自己有权审理或者都认为自己无权审理，均须由权限争议法庭作出裁决；二是如果两个法院体系就同一案件作出了相互冲突的判决，可以由权限争议法庭重新审理。

知识链接

法国法院组织结构

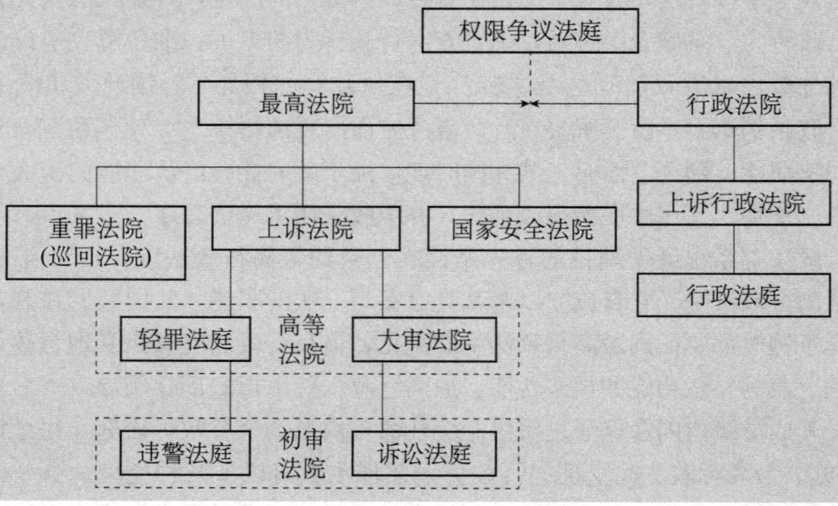

2. 英国的行政裁判所

英国历史上，曾经存在过专门审理政治案件和处理一切有关政府行为的案件的星宫法院及其他特刑庭，15—17 世纪，这类法庭都直接受国王控制。在 17 世纪反对专制国王的斗争中，议会与普通法院联合起来，确立了议会的立法权和普通法院统一的司法权，废除了星宫法院及其他特刑庭，形成了一切诉讼，包括行政诉讼都受同一种法律支配，都由普通法院管辖的传统。因此，与普遍仿效法国行政法院系统的欧洲大陆国家不同，英国只有一种法律即普通法，一种法院即普通法院，“此为英吉利制度的特色”①，这也是英国资产阶级革命前后的历史过程表现出迥异于法国的特点之一。

但是，19 世纪以后，随着科技进步和社会发展，行政争议增多，涉及的事务专业性强，普通法院难以及时、公正地予以处理，于是产生了行政裁判所，作为解决行政争议的仲裁机构。早期的有 1846 年建立的“铁路专员公署”和 1888 年建立的“铁路运河委员

① 戴雪．英宪精义．雷宾南，译．北京：中国法制出版社，2001：360.

会”。进入20世纪以来，“随着议会立法的极大扩展，依据法规建立的行政机构成倍增加。这导致了越来越多的司法与准司法机关对公共管理领域的干涉”，这些情况促进了行政裁判所的发展。[①] 到第二次世界大战后，英国的行政裁判所急剧增加，带来诸多问题：裁判所的设立毫无计划，裁判员缺乏训练，裁判所之间管辖权不清，裁判规则混乱等。为了统一对各行政裁判所的管理，英国议会在1958年颁行了《行政裁判所与调查法》，并于1971年、1992年进行了两次修改，对各类行政裁判所的组成原则、裁判基本程序、上诉以及普通法院对裁判所的司法审查等问题作了明确规定，并设立了全国裁判所委员会，协调、监督各行政裁判所的工作。

英国的行政裁判所都是根据议会制定的部门法律设立，由精通法律和具有行政经验的人士组成，在组织上与行政机关联系，在活动上则保持独立性，它们不属于普通法院系统。在过去的几十年里，裁判所依然保持了相对普通法院的优势，其工作“更趋灵活与专业化”，其“审理程序变得越来越统一和公正”，存在“向司法化发展”的普遍趋势，[②] 裁决案件时更倾向于采用具有司法性质的行政裁判程序。由于各部门的特殊性，各行政裁判所的程序规则不尽一致，但通常都经过案件的受理、证据的收集、庭审辩论等环节，根据事实和法律作出裁决，不受其他机关的干涉。

20世纪90年代以来，在宪制改革的大背景下，英国的行政裁判制度也发生了一系列重大的变革，主要有以下几点：第一，明确地肯定了行政裁判所的司法化发展方向。在2005年《宪制改革法案》出台两年后，又通过了《裁判所、法院和执行法》，这两部“宪法性法律”均宣布裁判所是英国司法体系的组成部分，受到司法独立原则的保障。[③] 第二，2006年，在新成立的负责司法行政管理事务的司法部下设立裁判所服务局，2011年又被纳入统一的女王法院和裁判所服务局，管理所有中央裁判所行政事务。第三，确立了两级裁判所的结构体系。原有裁判所的管辖权全部移交给两级新设立的裁判所，即初审裁判所和上诉裁判所。初审裁判所主要负责审理一审案件，可以处理事实和法律问题。上诉裁判所主要负责受理不服初审裁判所裁决的上诉案件。每一级裁判所都下设若干不同专业领域的裁判庭，包括社会福利、社会权利、税收、移民和庇护、战争抚恤等。[④] 第四，行政裁判所由法律人士和专家组成，分别被授予“裁判所法官”和“裁判所成员”身份，都享有完全独立的司法权。同时设立裁判所高级主席，负责对全国的裁判所进行监督。第五，为确保裁判所公正、独立地处理案件，成立了裁判所程序委员会，负责制定行政裁判所的基本程序规则。第六，建立了行政司法和裁判所委员会，从整体上监督整个行政司法体系，协调法院与裁判所之间的关系。

3. 美国的独立管制机构

美国没有法国那样的行政法院，也没有英国的行政裁判所，但是，随着政府的社会经

---

① 奈杰尔·福克曼，道格拉斯·鲍德温．英国政治通论．苏淑民，译．北京：中国社会科学出版社，2015：394.

② 比尔·考克瑟，等．当代英国政治．4版．孔新峰，等译．北京：北京大学出版社，2009：412.

③ 王建新．英国行政裁判所制度研究．北京：中国法制出版社，2015：72.

④ 同③100－101.

济职能的发展，行政争议也毫无例外地急剧增加，因此，在19世纪后期，与联邦权力扩大、总统权力开始扩张的同时，美国联邦政府开始创设一种独立管制机构。它们由国会通过立法创设，负责管理某个领域的经济或社会事务；它们享有准立法权（即制定规章、发布条例），准行政权（即执行自己制定的条例和国会法律），准司法权（即判断个人或组织是否遵守它们制定的条例，对违反条例的个人或组织处以罚款或其他处罚，并就有关争议做出裁决）。这类机构一般采取委员会的组织形式，以合议的方式做出决定，其成员由总统经参议院同意后任命，一旦被任命就独立工作，不对总统负责，不能被总统罢免。因此，这些机构对管制政策有“广泛的自由裁量权”，其首长享有“广泛的决策自由”。[①] 关于这类机构的独立性，美国联邦最高法院在1935年就“汉弗莱诉合众国案”做出裁决，总统不得以政治理由任意把具有准立法、准司法性质的机构的成员免职，因为国会在创设这类机构时要求它们不受行政部门的控制，它们不是行政部门的机构，具有独立于总统的地位，总统只能根据国会在创设这些机构的法律中所规定的理由，才可将其成员免职。

最早出现的独立管制机构是1887年成立的州际贸易委员会，它是根据国会通过的州际贸易法成立的，负责调控铁路运营和收费。19世纪末20世纪初，美国资本主义由自由竞争转向垄断，联邦政府开始采取国家干预的手段，以保护和发展自由竞争。这一时期，国会制定了一系列包括反托拉斯法在内的经济立法，并成立了相应的经济调节与管理机构来保证经济立法的执行。除了州际贸易委员会外，这类机构还有1914年成立的联邦贸易委员会、1913年成立的联邦储备委员会。20世纪30年代，经济大萧条席卷全球，凯恩斯主义开始备受推崇，在这种背景下上台的罗斯福政府推行“新政”，加强政府在管理经济和社会中的作用，于是又成立了证券交易委员会、联邦通信委员会、国家劳动关系委员会等独立管制机构。第二次世界大战后，随着福利政策的推行和政府干预的加深，又成立了一系列新的独立管制机构，如平等就业机会委员会、消费品安全委员会、全国运输安全委员会、联邦能源管制委员会、环境保护署等。

这些独立管制委员会一般由5～9人组成，设主席1人。委员的任期交叉重叠，一般为5～14年，来自两党的成员人数保持平衡。委员会审理案件采取具有司法性质的程序，首先由当事人提出申诉，委员会如受理就发布审理通告，公布案件所依据的法律和管辖权，当事人提出的事实和法律依据，以及庭审的地点、时间等。通告送达当事人，当事人可以自己出庭或者聘请律师陪同或代为诉讼。

独立管制机构的裁判权所管辖的案件主要有以下两种类型：一是公民或法人对管制机构的规章、命令、决定不服，或者认为该机构或其工作人员在执行过程中违反了“正当法律程序”。二是公民或法人告诉该机构管辖下的公司、企业有违法侵权行为。如当事人对独立管制机构的裁决不服，还可以向联邦上诉法院提起上诉。

除了上述联邦独立管制机构外，美国的50个州以及哥伦比亚特区也都建立了自己的独立的管制委员会，其管制权限涉及州内的各种地方公用事业及其他公共领域的业务，包

① 托马斯·帕特森．美国政治文化．顾肃，吕建高，译．北京：东方出版社，2007：450，466.

括运输、电话电报、有线电视、电力供应、天然气、给排水、城镇污水处理、仓储、安全以及环境保护等。

4. 瑞典的议会司法督察专员

议会督察专员是由议会设置的专司监督法律执行和公职人员行为的监察官员，又称议会司法督察专员或议会专员。这一制度起源于瑞典，后为芬兰、挪威、丹麦等北欧国家所采用，并为新西兰、南非、泰国、阿根廷等国所仿效。

这一制度的历史渊源可以追溯到18世纪初，当时的瑞典国王查尔斯十二世为了整治各地的动乱和官吏的腐败，于1713年设立大法官作为国王的代表负责保证实施国王的法律，并代表王权巡视各地、督察官吏的活动，受理对官吏的控诉和申冤的案件。到了19世纪初，王权衰败，国家权力的重心转入议会手中。议会为了巩固资产阶级统治，保证实施法律和经常性地督察国家和地方行政当局的活动，由议会选举的专员接管了大法官的职能，定名为“议会司法督察专员”。1809年通过的《政府组织法》规定，督察专员应为“通晓法律，行为正直的人”，还规定了督察专员的具体职责和活动程序。1810年议会正式选举了第一位议会司法督察专员，标志着瑞典议会督察专员制度正式形成。

1917年以前，瑞典只有一名议会督察专员，后逐步增加，现有四名议会督察专员，任期四年，连选连任，其中一名为首席专员。瑞典的《议会法》规定，议会督察专员在议会全体会议上经秘密投票选举产生，采取三轮多数制，即获过半数票者当选，如无人过半数，则进行第二轮选举，如果仍无人过半数，应在第二轮得票最多的两位候选人之间进行第三轮选举，得票最多者当选。议会督察专员是否可以是议员，法律上无明确规定，但20世纪以来的议会督察专员都不是议员。根据惯例，专员的人选应为无党派色彩并经协商获得各议会党团一致同意。议会督察专员都受过高等法律训练并具有丰富的司法经验，如曾任最高法院法官和高级行政司法官员。议会司法督察专员独立活动，既不受行政也不受议会干预。但议会督察专员每年要向议会提交工作报告，并先经议会宪法委员会审查和作出评论，再提请议会讨论。议会有权弹劾议会司法督察专员。根据《政府组织法》的规定，议会督察专员监督的范围非常广泛，其主要职能包括以下两个方面：第一，检查、监督法律、法规的执行情况。监督的对象包括中央和地方政府、法院、检察官、军队、警察、监狱以及其他国家和地方机关及其公务员。但是，因为内阁大臣是政治官员而不是执行官员，所以不受议会督察专员的督察，而是由议会选举并由议会直接监督。督察专员不干涉法院的审理和判决，但对于司法程序性问题，如逾期不理，拖延判决，不公平对待当事人、证人等，议会督察专员可以实行督察。每个督察专员每年都要到全国各地调查和视察30个工作日或更多些时间。督察专员在视察和调查过程中，可以出席任何法院或行政机关的审议会，可以根据需要同各有关当局的官员交谈和听取报告，可以查阅官方的记录文件，可以要求检察官提供协助，有时也举行听证会，从中发现有关当局的问题。调查后，督察专员一般要会见有关官员，指出错误，提出意见，并向议会或政府提交调查报告，根据所调查的法律实施情况，提出包括立法在内的建议。第二，受理公民对政府或公务员的不良行政行为或因某项政府命令、决定而受到不公正待遇提起的申诉或控告。任何瑞典公民甚至外籍人，只要对瑞典行政部门和法院及其官员有抱怨，都可以向督察专员提出书面控诉。议会议员也会把他们收到的控诉案转给督察专员处理。监狱的犯人、精神病院的患者或被其他法定部门拘留的人，也可以通过各种形式向督察专员寄送秘密控诉书。在督察专员视察时，抱怨者也可以向专员提出口头控诉。督察专员受理控诉案件，通常在六个月之内处理完毕，少数重大案件可能要长达一两年才结案。

在线自测

扫一扫　练一练

第八章 西方国家的地方制度

自从国家发展到一定规模、告别城邦时代以后，为了政治统治和管理的需要，都要把全国领土划分成若干不同层次的行政区域，并设置相应的各级政府对区域内的公共事务进行管理。相对于全国和中央，这些区域就是“地方”。如何划分地方的边界，如何划分中央与地方的权力，如何设置和组织地方政府，如何规范地方各级政府的运作，这些就是地方制度。地方制度是一个国家政治制度的重要组成部分，地方政府体制和组织形式、运作方式，是地方制度的重要内容。在当今世界，地方政府是国家机器必不可少的组成部分。[①]地方制度与一个国家的规模密切相关，一般来说，人口越多、地域面积越大，国家设置的地方政府的层级就会越多，架构也会越复杂。与中央政府不同，地方政府没有国际法意义上的主权，因此，国防、外交以及全国性的事务必须由中央政府统一管理。但是，中央政府要确保其全国性的法律和政策能贯彻实施，对社会进行有效的管理和监督，就必须依靠地方政府的协助。中央与地方的关系是国家治理中的一个重要问题，毛泽东曾专门就此谈到，在处理两者关系问题上，“有些资本主义国家也是很注意的。它们的制度和我们的制度根本不同，但是它们发展的经验，还是值得我们研究”[②]。本章在讨论地方政府时，主要是指狭义的政府即地方行政机关，但有时也会涉及地方国家机关的其他部分。

第一节 国家结构与地方政府制度

一、国家结构形式的含义与分类

1. 国家结构形式的含义

国家结构形式是国家的整合形式，指的是国家的各个组成部分如何整合成为一个有机的政治共同体。国家结构形式具体表现为国家的整体与部分之间以及中央政权机关与地方政权机关之间相互关系的构成形式。它所要解决的问题，就是明确一国的领土如何划分，以及划分之后如何规范国家整体和各组成部分、中央和地方之间的权限和管辖范围，从而实现管理的统一和协调。国家结构形式与政体都是统治阶级为实现本阶级的统治而组织、管理和控制国家的形式，它们都从属于并反映国家的阶级本质，即国家由谁来统治。政体

① 在联邦制国家，地方政府通常指的是联邦成员单位（如美国的州）所设立的下级政府，而不包括联邦成员政府本身。考虑到后者已被国内学界普遍看作地方政府的一个层级，而且又具有政治上的重要性，因此本章在一般性地论述地方政府时将联邦制国家的成员政府包括在内。

② 毛泽东．毛泽东文集：第 7 卷．北京：人民出版社，1999：32.

体现的是一个国家的横向权力结构和权力分配关系，国家结构形式体现的则是国家政权纵向的整合方式，并且表现为特定的中央与地方关系，而国家正是依据这种关系来确定行政区域、设立不同地方政府层级的。

国家结构形式是国家制度的重要组成部分，是随着国家的产生和发展而形成和变化的。当国家不再把所属居民按血缘关系结合在一起，而是按照地域来进行统治与管理时，就产生了管理全国性事务的中央政府和管理地区性事务的地方政府，也就形成了最初的国家结构形式。当国家的地域还比较狭小时，国家结构也比较简单。随着资本主义的发展，政治、经济、社会和民族构成日益复杂，国家结构逐渐出现了比较复杂的形式。西方各国根据本国国情采用各有特色的国家结构形式，并且一般都要通过宪法加以确认和保护。

一个国家究竟采取何种结构形式，主要取决于统治阶级的政治需要，但也受到该国历史、地理、民族、语言、宗教、文化等多种因素的影响，特别是历史因素和民族因素。一个国家的国家结构形式通常与其历史传统有关，它既包括统治经验的积累，又有国民在历史中形成的相对稳定的心理认同，而民族关系的处理如果没有与其相适应的国家结构形式，势必会影响到统治阶级的政治统治。

2. 国家结构形式的分类

按照比较公认的看法，当代西方国家主要是单一制和联邦制两种结构形式。

（1）单一制。

单一制是一个主权国家的中央政府将国土划分成若干行政区域并设立相应的地方政府的一种结构形式。其主要特点是：第一，全国只有一部宪法，一个统一的法律体系，一个统一的最高立法机关，以及一个统一的行政机关体系和司法机关体系；第二，国民具有统一的国籍，中央政府在国际交往中代表国家统一行使主权，地方政府对外交往不具有主权性质；第三，全国划分为不同的行政单位和自治单位，它们没有脱离中央而独立的权力，中央政府却可以随意变更地方政府的疆界；第四，中央与地方的关系是领导与被领导的关系，地方的权力都来源于中央的授予。在单一制国家，中央政府可以随时根据需要改变和调整地方政府的权力大小、种类和范围，以求在维护中央政府统一权威和发挥地方政府积极性之间达成平衡。

单一制的优点在于：中央政府集中的领导有利于从全局出发实现资源的整体配置，避免区域间的发展不平衡过大；统一的文化、教育有利于本国民众思想观念的趋同与凝聚力的增强，减少了地方分离运动发生的可能性；各项政策、法令从上到下畅行无阻，有利于国家行政效率的提高。不过，在单一制国家里，如果中央政府集权过度，会造成对地方政府积极性的损害。目前世界上大多数国家实行的是单一制，其中属于西方国家的有英国、法国、意大利、日本等。

（2）联邦制。

联邦制是指由两个或者两个以上享有独立权限的地区作为成员单位（州、邦、省）联合组成统一的主权国家。其特点主要表现为：第一，国家有统一的联邦宪法和基本法律，各联邦成员单位也有自己的宪法和法律，如果成员单位的宪法与联邦宪法发生冲突，则应以联邦宪法和法律

联邦制的主要特点

为准；第二，联邦有自己的议会、政府和法院，各成员单位亦设有自己的立法、行政和司法系统；第三，联邦是国际政治的主体，外交权属于联邦政府，但在宪法授权的范围内联邦成员也可以有一定的对外交往的独立性；第四，联邦与各成员单位的权力划分由联邦宪法规定，任何一方不得单方面改变这种划分，联邦宪法的修改需经联邦和成员单位的共同参与。在当今世界近200个国家中，虽然只有20多个联邦制国家，可是它们的人口总数近30亿，而且占了世界大约二分之一的土地。西方的联邦制国家中，最为典型的有美国、德国、加拿大、瑞士、澳大利亚等。

“与复杂的联邦制相比，单一制结构可能看起来简单而有效：一个中央政府掌握所有重要的牌，下级政府只做中央允许它们做的事情。”① 但是，作为一种制度安排，联邦制具有多中心、自治、非集权的特点，因而有较大的包容性。“联邦制的主要优势之一是，与单一制不同，它赋予地区和地方利益有宪法保障的政治发言权。”② 因此，联邦制为具有不同种族、民族、宗教、文化、语言的地区基于联合的愿望整合成一个统一国家提供了一种制度选择。

知识链接

10个主要西方国家的国家结构形式

国家	人口/万人	国土面积/平方公里	国家结构
英国	6 702.60	244 100	单一制
法国	6 804.00	550 000	单一制
意大利	5 885.00	301 333	单一制
西班牙	4 820.00	506 000	单一制
日本	12 455.00	378 000	单一制
美国	33 300.00	9 370 000	联邦制
澳大利亚	2 639.00	7 692 000	联邦制
加拿大	4 000.00	9 980 000	联邦制
德国	8 440.00	358 000	联邦制
瑞士	873.80	41 284	联邦制

资料来源：中华人民共和国外交部官网，2023-10-01.

二、西方国家地方政府制度及其改革

地方政府制度是与中央政府制度相对而言的，它指的是有关地方政府的层级划分、组织形式、职能、机构设置等的原则、政策、法律和惯例的总和。作为一种普遍存在的社会

① Rod Hague, Martin Harrop, John McCormic. Comparative government and politics. 11th edition. London: Red Globe Press, 2019: 182.

② Andrew Heywood. Politics. 5th edition. London: Red Globe Press, 2019: 663.

政治现象，地方政府制度是与国家结构形式紧密相连的。不同的国家结构形式会有不同类型的地方政府，而且国家结构形式所涉及的中央与地方之间的关系本身亦属于地方政府制度的研究范畴。

1. 单一制国家中央与地方的分权

从法理上讲，单一制国家的地方权力是中央授予的，中央主要通过行政控制来实现对地方政府的控制。根据权力的大小，单一制国家又可分为中央集权型单一制国家和地方分权型单一制国家。在中央集权型单一制国家，地方政府在中央政府的严格控制下行使职权，由中央委派官员或由地方选出的官员代表中央管理地方行政事务，地方居民没有自治权，或者即使设有自治机关，亦受中央政权的严格控制。一般认为，法国在 1982 年以前是个典型的中央集权型单一制国家。当时法国的地方政府实体主要有省和市镇两级，省长由中央政府任命，作为行政首长既负责执行本级议会的决议，又具有中央官员和地方官员的双重身份。他们一方面作为地方官员，管理一切地方行政事务；另一方面又代表中央，依照中央的命令行事，对国家内政部负责，并随时可能为中央所撤换。1982 年，法国实行了地方分权改革，并在省之上增设"大区"这一级行政区划，传统上由中央任命的地方行政长官失去了某些方面的权力，而地方议会则相应地获得了这些权力。虽然说中央政府对地方政府的监督仍然广泛存在，但集权的程度显然已大大降低，分权化的发展方向越来越明显。

在地方分权型单一制国家，地方政府由当地居民选举产生，并在中央政府监督下依法自主处理本地区事务，中央不得干涉地方具体事务，典型的有英国、日本和意大利等，它们大多有久远的地方自治传统。以英国为例，大不列颠"所有的乡村和市镇都选举带有常务委员会性质的地方议会来处理各个地区的管理事务。地方议会控制警察、教育、卫生及福利事务"①。与此同时，中央政府通过政府各职能部门来实施对地方的立法、行政和财政控制，若发现地方议会有越权行为，可诉请司法机关纠正。尤其是，中央政府"建立了一种核查制度，对未能达到国家确定的目标的地方议会进行处罚"，"还加强了对地方政府财政的控制，从而控制了支付给地方政府的大部分资金"。② 虽然在地方分权型单一制国家中，地方政府享有较大的行政自主权，但是从法理上讲，地方政府的权力仍是来自中央政府授权，一切活动也仍然应当受制于中央。近年来，随着经济的进一步发展以及经济联系的日益紧密，这些国家的中央政府也增强了对地方政府的监督和控制。

2. 联邦制国家中央与地方的分权

在联邦制国家，国家权力是在联邦和成员单位之间进行分配的，其依据是联邦宪法。例如在美国，联邦政府和州政府的权力都是由美国宪法来授予的，联邦不得侵夺州的权力，而州也不得僭越只有联邦政府才可以行使的权力。美国宪法对联邦和州的权力划分采取"联邦列举、各州保留"的方式，即对联邦政府的权力详细列举，而宪法未明确授予联邦也未禁止各州行使的权力由各州保留。列举的联邦权力主要有管理州际和对外贸易、管理邮政、发行国债、铸造货币、统一度量衡、移民归化、建立并维持军队、宣布战争、缔结条约等，且联邦政府还拥有为执行"列举权力"所"必要而适当的权力"，即所谓的

---

① 迈克尔·罗斯金，等．政治科学．6版．林震，等译．北京：华夏出版社，2001：265.

② Mark Garnett，Philip Lynch. Exploring British politics. 4th edition. London：Routledge，2016：290.

“默示权力”。州政府的权力则主要来源于保留权力，即宪法未明确授予联邦也未禁止各州行使的权力，传统上这些权力包括管理本州商业、维护州内治安、提供并管理州内的公路系统、监督教育，等等。除此之外，联邦政府和州政府还对某些事项共享权力，如税收、公共卫生、汽车安全、毒品控制等。必须指出的是，美国州以下地方政府和州政府的关系与州政府和联邦政府的关系不同，监督州以下地方政府是州政府的保留权力，而且所有县、市、镇、乡和特别区的政府都是由州议会通过立法创造设立或者特许成立的。州的一切权力归州政府，其下设的地方政府只能作为州的代理人或根据州议会的特许行使权力，它们不拥有固有的权力，而只能行使州宪法赋予的权力和由州议会通过立法所授予的权力。“从宪法角度看，美国州与地方政府的关系属于单一制的性质，这就是联邦制下的‘州内单一制’。”①

德国也是在基本法中列举联邦的权力，而将剩余权力划归各州的。在立法方面，联邦和州都有自己专有的立法范围，比如外交、国防、贸易、货币等是联邦专有立法范围，而文教、警察和地区规划等是州的专有立法范围，此外双方还在民法、刑法、经济法、劳动法、土地法等方面共有立法权。不过，德国基本法明确规定：在共有立法的领域，联邦已经立法的，州不可以立法，联邦没有立法的，州可以立法，但是一旦联邦也立了法以后，州的法律则自然失效。由此可见，德国一切重要立法权均属于联邦，州只制定一些服从于联邦法律的地方性法规。尽管如此，由于联邦政府的决策和事务绝大多数要靠州政府来执行，因此各州在政策的执行过程中扮演着重要的角色。在德国联邦制的实际运作中，联邦与州之间的合作是非常广泛的，双方之间的分权更多地表现为管理环节的分权，即联邦政府主要负责制定政策，而州政府主要负责实施和执行政策，这被称为“功能联邦主义”。②其结果就是，德国联邦法律的执行权大都掌握在州政府的各个部门，只有联邦财政、铁路、邮政等方面的执行权由联邦机构掌握，联邦政府只起到监督的作用，这与美国联邦政府和州政府各执行自己的法律显然有区别。

与美国和德国不同，加拿大采取的方式是在宪法中分别列举联邦政府和成员政府亦即省政府的权力，而将没有明确授予省政府的权力保留给联邦政府。

3. 20 世纪晚期以来的地方政府改革

20 世纪 80 年代以来，西方主要国家都着手对地方政府进行改革。虽说财政危机是改革背后的主要动因，但改革不只是追寻市场化与效率导向，它还有着更为广泛的影响。具体来说，改革所引发的变化既涉及中央与地方的关系，又涉及地方政府本身的治理结构。

英国地方政府的改革自始至终都是在中央政府的主导和推动下进行的。在 1997 年之前，英国一直朝着集权化方向发展，表现为对北爱尔兰实施直接管理、缩小地方公共部门的范围和规模、严格控制地方开支、撤销大伦敦议会和 6 个郡议会等。1997 年工党的布莱尔上台执政后，积极推行分权改革，更多地授权地方政府并强调中央与地方的合作。作为其结果，威尔士、苏格兰和北爱尔兰三个地区组成了具有自治地位的一级政府，大伦敦市

---

① 谭君久．当代各国政治体制：美国．兰州：兰州大学出版社，1998：297.

② Frank L Wilson. European politics today：the democratic experience. Upper Saddle River：Prentice - Hall，1999：259.

政府也得以重建并首次直选市长。除此之外，英国政府还通过修订地方政府法，扩大了地方政府权限，并对地方政府机构作了重大改革。例如，《2011 年地方主义法》旨在使地方政府更具独立性和创造性，它规定“地方当局有权做个人通常可能做的任何事情”，但“地方政府仍被要求遵循中央政府发布的指令，缺乏大幅扩展其职能的能力”。①

法国的地方分权改革是于 1982 年拉开序幕的，当年的《权力下放法案》对原先高度集中的行政体制进行了深刻的结构性调整，地方政府被赋予了更多的自治权，特别是大区议会议长和省议会议长获得了更多的权力。1992 年 2 月，法国政府先后颁布了两个重要的法律文件，授予地方政府较大的权力，使它们能自主管理所辖范围内的各项事务。2003 年，法国又通过了《关于共和国地方分权化组织法》的宪法修正案，明确宣布自己是一个“地方分权”的国家。当然，这并不意味着集权传统的终结，而且放权还带来了新地方主义抬头等弊病。为此，萨科齐政府在 2008 年成立了以前总理巴拉迪尔为领导的“地方行政改革小组”，研究地方行政制度改革，以精简机构、改善地方财政状况。2014 年，奥朗德总统推出将本土的 22 个大区缩减为 13 个大区的大区合并计划，于当年 11 月获得法国国民议会通过，随后内阁会议于次年 7 月做出了新的大区划分和大区首府设置的具体方案，从 2016 年 1 月 1 日起，人们看到的就是一张新的法国本土行政区划地图。

知识链接

法国本土的十三个大区

名称	首府	面积/平方公里	人口/万人
法兰西岛大区	巴黎	12 000	1 210.0
上法兰西大区	里尔	31 813	600.0
卢瓦尔大区	南特	32 100	370.0
诺曼底大区	鲁昂	29 906	334.0
布列塔尼大区	雷恩	27 208	321.0
中央-卢瓦尔河谷大区	奥尔良	39 151	258.0
勃艮第-弗朗什-孔泰大区	第戎	47 800	282.0
普罗旺斯-阿尔卑斯-蓝色海岸大区	马赛	31 400	500.0
新阿基坦大区	波尔多	84 100	594.0
大东部大区	斯特拉斯堡	57 441	551.8
奥弗涅-罗讷-阿尔卑斯大区	里昂	69 711	803.7
奥克西塔尼大区	图卢兹	72 724	589.3
科西嘉大区	阿雅克肖	8 680	32.4

注：此表根据中国国际贸易促进会官网资料编制。

德国地方政府的改革主要是地方政府自愿的选择，自 20 世纪 80 年代以来，德国地方政府进行了持久的改革与创新：政治方面主要有地方政府组织结构的变革、直接民主的兴

① Mark Garnett, Philip Lynch. Exploring British politics: 4th edition. London: Routledge, 2016: 298.

起和运用；行政方面的改革主要包括行政区划合并与调整，行政机构改革；政府与市场关系的调整和重组；促进地方分权与增强地方自治能力；在政府管理过程中推动公民参与；密切政府与公民的互动，改进公民服务的方式，提高公民服务质量；推动电子政府建设；从地方政府统治走向地方治理。这些改革和创新使德国的地方政府治理得到了很好的推进，[①] 特别是20世纪90年代以来所谓“新掌舵模式”的新公共管理运动的开展，对提升地方政府能力、增强地方政府回应性都有很大的助益。2006年7月，德国通过了关于联邦制的改革方案，涉及四十多项宪法修正案，它们既限制了联邦参议院在立法上的权力，又赋予了各州在执行国家立法方面更大的灵活性和自主权，而之后第二阶段的联邦制改革法案则试图推动联邦政府和州政府的预算平衡。[②]

日本的地方政府一直拥有较大的自治权，因为其二战后宪法的第8章就以“地方自治”为题，并且明确规定了“关于地方公共团体的组织及运营事项，根据地方自治的宗旨，由法律规定”。[③] 但是，实践中地方政府对中央政府财政的依赖过大，致使自治有名无实，为此日本从20世纪90年代末起也开始推行地方分权和自治体改革。“自2000年4月起生效的《地方分权一揽子法》承诺从根本上改变中央政府和地方政府之间的关系：从‘上下级依赖关系’转变为‘基于平等与合作的关系’。”[④] 尽管如此，中央政府仍然保留着各种监督和限制手段，同时总务省下面设有中央与地方纠纷处置委员会，专门负责协调地方政府与中央部门之间的纠纷。

与其他国家相比，美国的地方政府改革在声势上要弱得多。1981年里根总统曾明确提出“还权于州”的主张，希望把教育、社区发展、交通、社会福利等领域内的43项联邦分类补助计划连同支付这些计划的资金逐步转移给州，但各州和地方政府的态度比较消极，最终没能真正得以贯彻实施。[⑤] 尽管如此，这种强调权力下放的“新联邦主义”仍有别于之前以权力范围的严格划分为特征的二元联邦主义，以及注重联邦和州合作来解决复杂问题的合作联邦主义，其表现就是联邦政府越来越多地运用一揽子资助的方式，从而使得各州在资金使用上具有了更大的灵活性。进入21世纪之后，因为反恐和国家安全的需要，联邦政府在某些领域的权力不断加强，“联邦政府对外国威胁的打击直接冲击了通常由州和地方政府控制的地区，使联邦政府能够凌驾于各州之上”[⑥]。但是，倡导权力下放和扩大州政府权限的新联邦主义并未从根本上扭转，尽管它在政策表现形式上有一些显著的变化。

总体上看，近几十年来西方国家的地方政府改革呈现出两个特点：一是原来具有中央集权传统的西方国家逐步实行权力下放和地方分权，增强了地方政府的自治权力；二是大

---

① 王勇兵．德国地方政府治理及其改革与创新．中国行政管理，2006（10）：87-90.

② Eric Langenbacher，David P Conradt. The German polity. 11th edition. Berlin：Springer International Publishing，2017：325-326.

③ 《世界各国宪法》编辑委员会．世界各国宪法：亚洲卷．北京：中国检察出版社，2012：499.

④ Ian Neary. The state and politics in Japan. 2th edition. Cambridge：Polity Press，2019：133.

⑤ 林尚立．国内政府间关系．杭州：浙江人民出版社，1998：236.

⑥ Todd Donovan，et al. State and local politics ：institutions and reform. 4th edition. Boston：Cengage Learning，2015：65.

多数国家都在根据本国情况对地方政府体制不间断地进行改革，使之能适应不断变化的政治、经济环境。不过，由于每次改革之后又会出现新的问题，因此，地方政府制度要不断改革，不断完善。[①] 当然，与这些改革相伴，各国的中央政府也在不断地调整其对地方政府的指导和控制方式。

第二节　西方国家地方政府的类型与层级

一、西方国家地方政府的类型

当今世界的所有国家都在一个中央政府之下，大多拥有许多个地方政府，如日本有近2 000个地方政府，英国和德国各有 1 万多个地方政府，法国有 3 万多个地方政府，美国有约 9 万个地方政府。要对数量如此之多、彼此差异又很大的地方政府作逐一的考察，这既不可能也没有必要。但是，地方政府之间毕竟存在一些共同之处，如果能够依据地方政府活动的特点来对形形色色的地方政府进行分类，必将有利于更好地了解和总结各国在地方政府建设上的实际经验。在目前的学术研究中，地方政府类型的划分有多种方法，其中最常使用的是按地方政府的设置目的、地方政府与中央政府的关系来分类。

知识链接

美国地方政府数量的变化（1942—2017 年）

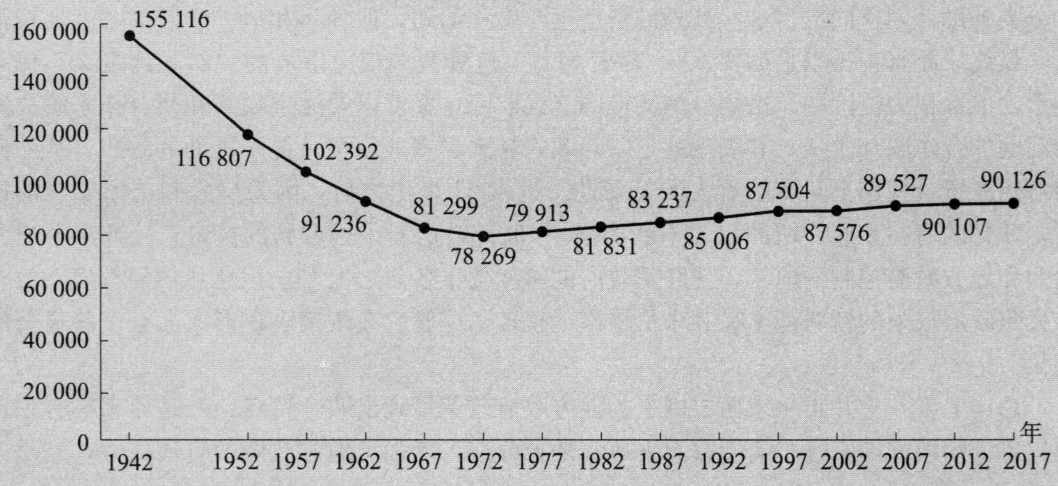

资料来源：美国统计局官网（https：//www.census.gov/library/publications/2019/econ/from _ municipalities _ to _ special _ districts.html），2023－02－16.

1. 按地方政府设置目的所作的分类

（1）一般地域型地方政府。这是指国家基于按地域进行管理的一般需要而设置的政

① 任进．中外地方制度改革的新动向及未来展望．上海行政学院学报，2003（1）：41.

府。按地域划分居民，然后设置不同层级的地方政府来进行治理，这是一切国家自古迄今普遍采用的一种统治方式，它容易形成层层节制的、金字塔形的地方政府结构。作为地方政府中占主导的且数目最多的一种类型，一般地域型地方政府的设立旨在满足所辖地域各项事务的综合管理需要，除此之外并没有其他特殊目的。英国的郡政府，法国的大区政府和省政府，美、德、日等国的县政府，都是一般地域型地方政府。

（2）市镇型地方政府。这是国家基于市镇地区专门管理的需要而设置的政府。市和镇是国家根据社会经济发展状况而在城镇地区组成的国家行政单元，通常要达到一定的人口规模或具备一定的重要程度，不过其管辖范围可能不限于城镇本身，而兼及邻近的乡村地区。随着西方国家工业化、城市化进程，市镇型地方政府的数目逐渐增多，也变得越来越重要，特别是其管辖的人口占总人口比例越来越大。虽然城市可能有大有小，有的设区而有的没设区，但总体上看，市镇型政府“在行政机构设置上，明显地不同于其他类型的地方政府”，它们“在城镇的规划、建设与社会公共服务、福利、治安等方面承担更直接的职责”。①

（3）民族区域型地方政府。这是指多民族国家基于解决民族问题的需要，而在少数民族聚居区域设置的政府。对多民族国家来说，如果没有处理好各民族之间的关系，不仅会影响政治统一和社会稳定，也会危及统治秩序的长治久安，而处理民族关系最重要的就是要推行民族平等的政策，尊重少数民族的特性及自治的权利。西方一些国家为了缓和民族矛盾、促进民族团结，在少数民族聚居区域设立了民族区域型政府，并且赋予其以不同程度的自治权限。如美国印第安人保留地的部落政府，意大利的西西里大区政府、撒丁大区政府，西班牙的加泰罗尼亚自治区政府、加利西亚自治区政府、巴斯克自治区政府，加拿大因纽特人聚居的努纳武特地区的政府，都属于此类民族区域型地方政府。

（4）特殊型地方政府。这是国家基于政治的、行政的或其他特殊需要而设置的政府。这种类型的地方政府通常是作为地方政府的必要补充而出现的，其名称与形式在各国不尽相同。“一般而言，政治性的特殊型地方政府大多在政治地位、政治权力或政治体制的某一方面显示出它与其他地方政府的区别；而行政性的特殊型地方政府则在管理体制、职责重点或管理方式上的某一方面显示出它的不同。”② 在西方国家，前者是为加强对首都、边疆、海外领地的控制而设置的地方政府，比如美国的哥伦比亚特区、日本的东京都、法国的海外省（瓜德罗普、马提尼克、留尼旺、马约特和法属圭亚那）、英国的英属印度洋领地等。后者主要包括为治理环境污染、加强水域管理、开发和保护自然资源、进行某项政策试验等而设置的地方政府，如美国的学区、水区、消防区、公园区、土壤保护区等。美国的这些特别区大多是为某种单一目的而设立的，专门行使某一项管理职能，旨在提供现有普通政府没能提供的特定服务。需要指出的是，美国的特别区虽然也有明确的地域管辖范围，但其管辖范围常常是跨越不同行政区域甚至跨越州界的，故此需要实行区域协调管理。它们的权力大小不一，但都具有很大的管理权和征税权，其经费来源一般是所在特别区的特别销售税或财产税，有些也来自向用户征收的服务税。

---

① 陈嘉陵．各国地方政府比较研究．武汉：武汉出版社，1991：30.

② 龙朝双，谢昕．地方政府学．北京：中国地质大学出版社，2001：56.

2. 按地方政府与中央政府的关系所作的分类

(1) 行政体地方政府。这是一种集政治统治权与行政管理权于一体的地方政府，其长官由中央任命产生，完全隶属于中央政府，服从其指挥并对其负责；它的权力来自中央政府的授权，本身无独立的人格，仅以代表中央政府的资格而在当地行使这种权力；它不设有代表当地居民利益和意愿的代议机关，或者虽然设立了地方咨询机关，但是不享有实际的权力。行政体地方政府虽然有确保政令统一、避免地方主义等优点，但这种集政治统治权与行政管理权于一身的政府形式无法充分发挥地方的积极性，也不能很好地吸纳当地居民参与管理。在古代各国和近代欧洲，行政体地方政府曾经非常流行，因为专制王权可借助它来推进国家整合、实现上令下达、维护中央政府的统治。但当代已经很少有典型的行政体地方政府了，仍然采用这种形式的少数欧洲国家也都采取了相应的改善措施，以适应时代发展的需要。

(2) 自治体地方政府。这是一定地域居民，为在其居住区域管理本地方公共事务，而依据国家法律组成的享有一定自治权的政府。自治体地方政府的基本特征是：国家对纯属地方的事务，不任命行政长官来管理，而由当地公民选举产生的政府来管理。作为一个拥有自身权利（力）、义务和独立人格的公共团体，自治体地方政府同中央政府及上级政府之间不存在直接的隶属与服从关系，而更多体现为一种伙伴关系，尽管也必须接受后者的法律监督。在履行自治权限范围内的事务时，自治体地方政府有依法独立自主处置的权力，不受其他政府的干预。与此同时，它拥有独立的财政来源和法定的某些征税权力，除法定必设的机构外，可自行决定其所需的机构。① 自治体地方政府最典型的是定型于 19 世纪下半叶的英国地方政府，其特点是自治区域内以民选议会为中心，没有一个确定的、强有力的地方行政首长。除此之外，大多数西方国家的基层政府及一部分较高层级的地方政府也都属于这一类型，但它们的组织形式略有差别。自治体地方政府有利于推动参与式民主的发展，能更好地发挥地方的创造性，但过于强调地方利益有时会导致中央政令无法顺利贯彻实施，且可能造成地方政府之间的矛盾。

二、行政区划与地方政府的层级

行政区划即行政区域的划分，是指统治阶级为了实现有效的行政管理，按照政治、经济、人口、民族分布等情况，将全部领土按一定原则划分为若干层级不同区域，并分别设立相应的地方政府的制度。行政区划决定着地方政府的层级结构，也就是说，决定着地方政府纵向的层级应该如何设置。

1. 行政区划应遵循的原则

行政区域怎样划分，与国家本质密切相关，不同类型的国家，行政区划的目的和性质也是不同的，但大体上行政区域的划分必须遵循下列原则：

行政区划应遵循的原则

(1) 推动经济发展的原则。行政区域的划分不能人为割裂或切断固有的经济联系，只有充分考虑经济发展的需要，在已经形成的经济

① 龙朝双，谢昕．地方政府学．北京：中国地质大学出版社，2001：36-37.

区域基础上合理地划分行政区域，才能保证该地经济乃至全国经济持续不断地发展。当区域经济的快速发展与现行的行政区划发生矛盾时，国家应当作出必要的区划调整，以实现区域内各种资源的有效整合，解决经济区域和行政区划错位的问题。从历史的角度来看，西方国家的城市化就是与它的工业化同步的，而旧有城市的衰败及新兴城市的出现也都是区域经济的不同发展水平所造成的。

（2）加强控制和提高管理效率的原则。一方面，行政区域划分的最终目的是要加强统治者对本国所有领土及居民的控制，因此地方政府的层级设置不能太多——正所谓“天高皇帝远”，而且某些具有特别政治意义的区域，如首都所在地、边疆地区、国防要塞、海外领地等，常常需要被划为单独的行政区域。另一方面，要确保政策执行迅速和责任明确，中央政府直接管辖的地方政府也不能过多，否则会损害效率。法国在 1982 年正式赋予大区以一级行政区域的地位，正是为了解决因为省过多而带来的中央政府控制不力的问题。

（3）促进民族团结和发展的原则。一方面，在多民族国家，划分行政区域时应当考虑民族的构成、分布特点及居住状况，避免因为任意地改变原先各民族居住地域的行政区域范围和隶属关系而伤害民族感情，影响民族团结。另一方面，对少数民族聚居的地方，应当尽可能地将其划为一定的民族区域，并赋予相对广泛的自治权，以使这些少数民族能够因地制宜地管理本民族的事务。

（4）照顾自然条件和历史传统的原则。行政区域的划分是自然地理与人文地理相互作用的产物，必须与江河、山脉等自然条件因素相结合，以利于政府的管理和协调。除此之外，行政区域的划分还必须以历史上的行政区划为依据，兼顾历史传统。现在英、法、美等西方国家的行政区划基本上都是从 19 世纪继承发展而来的，不少行政区域的划分已经延续了数百年甚至上千年，划分区域时不能不考虑这些情况。在有些国家，甚至行政区划的名称都长久未变过，比如日本的都、道、府、町（意为“街市”）。

知识链接

日本的行政区划

1 都	东京都	下设 23 个特别区、26 市、5 町、8 村
1 道	北海道	下设 35 市、129 町、15 村
2 府	大阪府	下设 33 市、9 町、1 村
	京都府	下设 15 市、10 町、1 村
43 县	爱知县、长崎县、奈良县等	各县之下普遍设有市、町、村
说明：日本的行政区划分为两级，第一级为都道府县，共 47 个；第二级为市町村，在 2015 年时有 790 个市、745 个町和 183 个村。		

注：表格为编者编制，市、町、村数据来自日本东京都官网。

（5）保持稳定又适时调整的原则。行政区划是国家主权的体现，不能随意变更和调整，否则会影响各个层面的利益冲突，激化矛盾。特别是在联邦制国家，各成员单位往往先于国家而存在，未经成员单位同意，联邦政府不得对其疆域进行调整。尽管如此，为了与经济发展的需要和人口变动的趋势相适应，以更好地维护统治者的利益，行政区划的变更在实践中仍然是不可避免的。

2. 地方政府的层级

地方政府的层级即指地方政府单位在纵向上分为若干级别，地方政府单位形成逐级的隶属关系。目前世界上除极个别微型国家只设有一个层级的地方政府外（如摩纳哥全国为一个市镇单位，即摩纳哥市），绝大多数国家都设有两个或更多层级的地方政府，不过同一国家的地方政府层级数也可能是有变化的。一般来说，层级的多少取决于国土面积和人口规模：国家越大、人口越多，地方政府单位的层级就越多；反之，国家越小、人口越少，地方政府单位的层级就越少。基于向上与中央政府的关系、向下与地方居民的关系这两个方面的因素，地方政府单位从层级上可以分为三类：直接与地方居民发生关系的地方政府，称为基层政府；直接与中央政府发生关系的地方政府，称为最高层地方政府；介于两者之间的其他所有地方政府，称为中间层地方政府。这里，我们先对最高层地方政府和中间层地方政府作简要介绍，而基层政府将在第五节中进行详细探讨。

（1）最高层地方政府。因在地方政府层级中位于第一级，其所管辖的行政区域又称为一级行政区或一级政区。最高层地方政府并不直接面对居民，其设置更多的是从政治统治的需要出发来考虑的，受历史因素的影响也很大。最高层地方政府直接位于中央政府管辖之下，它所拥有的权限虽比中间层地方政府和基层政府更大，但受中央的控制也更严。在单一制国家，最高层地方政府由中央政府根据需要设置，受中央政府直接领导、指挥和监督，主要通过对其下属地方政府的领导、指挥和监督来完成其职责，本身只承担少量的直接管理和服务。在联邦制国家，成员政府可被看作是最高层地方政府，但其设置和调整不能由中央政府单方决定，且其权力源于宪法，在服从联邦法律和主权的前提下可以自主处理内部的各项事务，而不必听从中央政府的直接指挥。

最高层地方政府的管辖范围会因为国家的不同而有大有小，比如，日本一个县的平均人口为200多万，而法国本土一个大区或德国一个州的平均人口约为500万。即使对同一个国家来说，其最高层地方政府的管辖范围也可能差异很大，比如美国加利福尼亚州的人口近4 000万，而怀俄明州的人口只有50多万。为了加强对这些最高层地方政府的有效控制，西方各国所设的最高层地方政府数量亦即中央政府的控制幅度都有一定限度。最高层地方政府的设置通常都很稳定，一些国家甚至将其写入宪法，从而使其变动成为一种修宪行为。例如《意大利共和国宪法》就规定全国划分为大区、省、市，同时列举了20个大区的名称，并规定了成立或变更大区、省、市的法定程序。最高层地方政府需要保证中央政府的政策、法令和决定能在辖区范围内实施，它的另一职责是为下级政府提供协调服务，以协调方式为下级政府解决彼此间的矛盾、争端，发展必要的合作，促进其工作的开展。①

（2）中间层地方政府。中间层地方政府的设置明显不同于最高层地方政府而比较接近基层政府，其设置目的既可能是出于管理上的需要，也可能是基于政治上的考虑，这一点

① 陈嘉陵．各国地方政府比较研究．武汉：武汉出版社，1991：49.

又与基层政府不同。法国、意大利和西班牙的省均属中间层地方政府，而在德国和美国的很多地方，县属于中间层地方政府。事实上在美国，“除了康涅狄格和罗德岛外，所有的州都有县”[①]。影响中间层地方政府设置的因素主要有：国土面积大小和人口多少；基层政府的数量；有效管理的幅度；国家的地方政治体制；等等。不过，中间层地方政府只有在地方政府层级多于或等于三级时才会有。如果只有两级地方政府，就不存在中间层地方政府，如日本。

20 世纪下半叶以来，随着西方国家政府职能的不断扩展，规模较小的基层政府已无法很好地提供居民所需要的各种公共服务，于是基层政府就出现了合并的趋势，数量逐渐减少。与此同时，现代科技发展导致了管理手段和方法的改进，地方自治的推行使上级政府对下级政府的行政控制越来越多地改变为法律监督，相应扩大了有效管理的幅度。这些因素的变化都会导致对中间层地方政府设置的影响：或减少其数量，或减少其层级。相对而言，在地方政府的各层级中，中间层地方政府是最不稳定的，西方国家近年来推行的地方政府改革往往都同调整中间层地方政府相关。

中间层地方政府的职责权限介于最高层地方政府和基层政府之间，比前者要少、要小，而比后者要多、要大。由于它不受中央政府直接领导，又不直接面对居民，因此其作用更多地体现为上传和下达，即在最高层地方政府和基层政府之间充当桥梁和纽带。

知识链接

德国的地方政府

基层政府：市镇	中间层政府：县	最高层政府：州	总数
10 792	401	16	11 209

数据来源：OECD (2021). Subnational governments in OECD countries: key data (brochure). 经合组织官网，2022－10－26.

第三节 西方国家地方政府的职能和机构设置

一、地方政府的职能

1. 地方政府职能的含义和特点

在现代社会，政府职能大多是由各级政府共同承担和完成的，于是就会出现政府职能在中央政府与地方政府之间应如何配置才能确保其得到有效履行的问题，而这个问题对理解地方政府职能的含义来说亦是至关重要的。

（1）地方政府职能的含义。

地方政府职能是指地方政府在国家和地方事务中所起的作用或承担的职责。实践中地

① Kimberly L Nelson, Carl W Stenberg. Managing local government: an essential guide for municipal and county managers. London: CQ Press, 2018: 44.

方政府职能的履行是通过两种方式来进行的：一是根据法定授权或行政委托，在中央政府监督指导下执行其政策和完成其所交办的事项；二是依法自主地处理本地区的公共事务，特别是提供那些受益面只限于本地的各类公共物品。

地方政府职能与中央政府职能既有着密切的联系，又各有侧重点。首先，从联系的一面来看，地方政府职能和中央政府职能都是国家职能的主要表现，必须贯彻统治阶级的意志并服务于统治阶级的利益。地方政府职能的行使不仅是对中央政府职能的承接和延伸，也是对其的补充，没有地方政府职能的行使，中央政府必然不堪重荷。其次，由于中央政府和地方政府所处的地位不同，对经济活动的干预方式以及可供使用的政策工具也不同，因此它们的管理职能在内容和范围上都有一定的差异。中央政府处于最高也是最核心的地位，需要实现国家整体经济的增长与社会公众利益的最大化，所以它的职能应立足于为经济社会发展构建基础性、全局性的制度与条件，比如维护国家安全，开展外交活动，建构全国性的交通网络，对重点水域进行综合治理，等等。除此之外，中央政府还拥有地方政府所不具有的控制货币发行、提高或降低利率、调整税种税率等金融财政手段，所以它需要在宏观调控和收入分配方面发挥更重要的作用。相比之下，地方政府分地域实施的那些职能更多地体现和代表地方的利益，涉及居民日常生活中相关公共服务的提供，尤其是对基层政府而言更是如此。

当然，地方政府职能并非千篇一律的。对实行不同国家结构和政府管理体制的国家来说，地方政府的职能可能差异很明显，如单一制国家和联邦制国家之间，强调集权的国家和鼓励分权的国家之间，地方政府的职能各不相同。即使在同一个国家，因为管辖的地域及人口不一样，不同地方政府的职能也会有差异，如乡村地区的地方政府和城市地区的地方政府的职能就有较大差异。

（2）地方政府职能的特点。

地方政府是国家设置的治理国家部分地域的政府单位，这就决定了它的职能具有如下基本特点：

第一，执行性。地方政府需要协助中央政府或上级政府来完成它们在本地方的事务，因此其职能中有很多内容是中央政府或上级政府基于法律和彼此协议而委托其代为完成的行政管理职能。与此同时，自治体地方政府还需要严格遵守和贯彻本地方民意代表机构的决议。

第二，服务性。地方政府的职能在一定程度上取决于本地方居民的实际需要，因此其范围虽广泛但也很明确，就是要提供本地方居民日常生活所必需的基础设施和公共服务，通常包括供水供电、处理废弃物、资助文化事业、发展地方公共交通、维护地方治安，等等。

第三，有限性。地方政府的主要职责是通过对本地域的治理来维护本地方社会秩序的稳定，促进当地社会的发展，因此其管辖范围不能超越其行政区域，而其职能也以纯属本地的社会事务为主要内容。对于那些涉及国家统一性质的事务，地方政府缺乏协调和控制的能力。

2. 地方政府职能的演变

西方国家地方政府职能的演变主要体现在以下四个方面：

（1）地方政府职能总量的不断膨胀。

地方政府的职能范围会因为国家结构形式、政治力量对比、主流经济理论等的不同而不同，但其总量呈现出不断膨胀的趋势，这是与社会经济的发展相适应的。社会经济越发达，社会公共事务就会越多，而为满足较高的社会发展的需要，政府活动也会随之增加。近两个世纪特别是第二次世界大战以来，西方国家政府的干预力度逐渐加大，而需要解决的各类公共问题也增加了，这使中央政府和地方政府的职能都在扩展。随着中央政府职能的扩展，尤其是“从摇篮到坟墓”的福利国家政策的实施，其财政压力越来越大，于是开始慢慢地把某些经济、社会事务转交给地方政府来承担，从而使得后者的责任变得更重了。在北欧国家，公共部门的就业规模和支出水平在地方政府的增长远高于在中央政府的增长水平，而且公共部门支出的60%发生在地方政府层次。① 其他西方国家虽然没有这么明显的对比，但近些年来的分权化改革的确使地方政府的职能不可避免地扩大了，而其表现就是：地方性法令法规大量涌现，地方政府机构及人员不断增多，地方政府的税收和支出急剧增长，地方政府干预形式日益多样化。

（2）地方政府的管理性、服务性职能日趋重要。

近代以前，地方政府主要负责税收、地方治安等为维护国家机器运转和统治秩序所必需的职责，社会管理职能只被视为是实行政治统治的必要补充。在现代社会，地方政府虽然也承担这些不可缺少的统治职能，但其日常职能的绝大部分却被经济管理和社会服务所占据。这一方面是由于社会公共事务的增多和社会物资资源的增长，地方政府的管理和服务职能不断增强，从而使政治职能呈现出相对减弱或淡化的趋势。另一方面，中央政府在授予地方政府更多自主权和委托其承担更多职能的同时，也强化了自己维护统治的政治职能，这使地方政府可以将精力更多地放在与地方经济社会发展相关的事情上。当然，地方政府管理性、服务性职能的增强最终是有利于缓和阶级矛盾和巩固既有政治秩序的，毕竟民众最基本的需求都是由其居住地的地方政府来满足的。如果地方政府不能提供令他们满意的公共管理和社会服务，就会引起社会混乱，导致民众的愤恨，以致产生严重后果。

（3）地方政府职能出现“职能合并”的倾向。

职能合并是指地方政府间为有效解决共同面临的问题而合作进行管理或提供服务。职能合并主要有两种方式：一是各地方政府间签订契约共同履行某项职能，例如当某郊区政府无力提供消防安全保障或要提供此种保障花费的代价过大时，便可与邻近城市政府签约，转由后者来提供这项服务；二是若干地方政府共同设立一个跨地区的特别机构来负责为这些地方政府的辖区统一提供供水、排污之类的专门服务，如美国的特别区政府、法国的城市共同体和瑞典的地方政府联合会等。自2018年以来，法国出现了另一种形式的城市间机构，即在法国21个主要城市和其周边地区建立了大都市实体，纵向结合了其（继续存在的）成员城市的大部分职能以及与其领土相连的城市的一些职能，并征收大部分市政税，而“意大利也有类似的发展，形成了14个都市间实体”。②

（4）地方政府服务职能的民营化潮流。

地方政府的管理能力和资源是有限的，但所辖居民对其提出的要求却有增无减，在这

---

① 埃里克·阿尔贝克，等．北欧地方政府：战后发展趋势与改革．常志霄，张志强，译．北京：北京大学出版社，2005：2.

② Dirk Berg-Schlosser，Bertrand Badie，Leonardo Morlino. The Sage handbook of political science. London：Sage Publications Ltd.，2020：1041.

种情况下，以政府服务外包为主要形式的民营化改革成为一种普遍的选择，它能使地方政府集中精力于那些应该管、有能力管、也管得好的事情。政府服务外包指政府通过公开竞标及签订合同，向有关市场主体购买民众所需要的公共服务。它是当代政府职能发展的新特点、新趋势。例如，日本的地方政府通常会将清洁卫生、维修公共设施、修建学校等社会公共事务委托给地方自治体、民间团体或私人管理，而且除社会福利设施外，其他社会公共事务委托管理面达80%左右。而在英国，“即使由地方议会保留的服务项目也常常为半独立的部门以商业化模式经营”①。不过，近年来随着地方政府管理能力的提高和财政压力的减轻，以及对公民满意度的日益看重，西方国家公共服务民营化的发展趋势正在放缓。② 同时应当注意的是，民营化必须以发达的第三部门与非政府组织为其先决条件，而这正是西方社会的特点之一。

3. 地方政府职能的具体内容

（1）单一制国家地方政府的职能。

在单一制国家，地方政府的职能会因为中央政府是支持集权化还是倡导分权化而有所不同，也就是说，中央集权型单一制国家与地方自治型单一制国家的地方政府职能会有所不同。下面以法国和英国为例略作说明。

法国曾是一个典型的中央集权型单一制国家，当时的地方政府只能行使中央政府允许行使的那一部分权力，并接受中央政府的严格控制和监督。1982年的权力下放法案使大区、省和市镇三级地方政府都获得了更多的自主权，而且中央政府还将城市规划、住宅建设、职业培训、农村整治、交通运输、社会活动管理、教育文化、环境保护等职能以及司法权、警察权都移交给了地方政府。就当前的行政管理实践来看，大区政府主要负责经济结构和地区布局的调整，省级政府负责社会福利和保障政策的实施，市镇政府提供最基本的公共产品和服务。尽管如此，现实政治生活中中央政府与各级地方政府之间的权限仍然经常交叉和重叠，地方政府职能的发挥仍旧受到中央政府的限制和影响。正如不少学者指出的那样，法国的分权化改革并没有真正改变中央集权的体制，只不过是中央集权体制内的调整而已。

相比较而言，英国的地方政府因为中央政府长期鼓励自治而有着非常广泛的职能，主要包括房屋维修及保护、道路建设及维护、垃圾收集、道路清洁、学校及其伙食供应、车辆维护、道路停车、住宅管理、体育及娱乐设施管理、城市公共卫生、预防和消除各类灾害、管理市场、保护消费者权益、发展信息技术，制定和执行各类规划，等等。其中，仅就教育而言，地方政府“为超过90%的少年儿童提供中小学教育”③。20世纪80年代起，英国地方政府开始实行强制竞争性招标制，这既使地方政府职能的履行方式发生了变化，也使其所管理的地区事务的范围更加广泛，并能够为其居民提供更廉价和更具体的服务。不过，2000年后，伴随着布莱尔政府的改革，“地方议会不再被迫招标，而是被要求获得

① 比尔·考克瑟，等．当代英国政治．4版．孔新峰，蒋鲲，译．北京：北京大学出版社，2009：482.

② 胡伟，杨安华．西方国家公共服务转向的最新进展与趋势：基于美国地方政府民营化发展的纵向考察．政治学研究，2009（3）．

③ 丹尼斯·卡瓦纳．英国政治：延续与变革．4版．刘凤霞，张正国，译．北京：世界知识出版社，2014：425.

最佳价值。它们必须对它们的服务进行定期审查，以确保‘持续改进’正在进行中”[①]。

（2）联邦制国家地方政府的职能。

在联邦制国家，成员单位政府的职能要么是由国家的宪法明确规定的，要么是依宪法而归其予以保留的，相对稳定，州以下地方政府的职能则取决于州法律的规定及本地方的需要，相对易变。这里以美国和德国为例进行简要介绍。

关于美国，首先需要说明的是，由于美国国土面积较大，各地方的情况差异很大。美国州政府的职能十分广泛，具体包括：根据本州公共事务之需要在本州辖区内征收各种赋税，凭本州的信用借贷款项；管理本州警卫组织和维持治安；兴办、管理公共工程和公用事业；管理和促进教育事业；管理工商企业和特殊职业，颁发营业执照，确定特殊行业人员的最低资格；等等。州以下地方政府的主要职责更多地与本地方经济、社会发展相联系，大致有土地的利用与开发，地区环境保护，对本地中小企业的扶持，能源和水资源的相关服务，市民及社区的交通、娱乐、社会救济等。

德国与美国虽同为联邦制国家，但在“典型的德国地方政府结构中，联邦政府没有地区或地方办公机构，州承担大多数的公共任务，包括公共资本投资，它由地方政府来执行，而非通过国家行政部门”[②]。这意味着州及以下地方政府的职能有相当大比例都来自国家委托其代为完成的职责，因此，在德国，联邦与州之间的职能划分更多地表现为决策与执行之间的分工，而不是像美国那样是管辖范围的不同。在行政管理的实践中，州政府的主要职能是：州一级的行政事务和财务管理、州内文化教育卫生、社会治安、环境保护、法律司法等事业；地方政府的主要职能是地方一级的行政和财务管理、地方性基础设施建设、文化教育卫生事业、城市规划等。

二、地方政府的机构设置

1. 地方政府机构的发展及改革

（1）地方政府机构的发展。

地方政府机构即地方的行政机关，指依照国家法律而在地方设立并享有行政权力、担负行政管理职能的国家机构。近代以前，各国地方政府机构不仅规模较小，结构也较为简单：一些国家的地方政府就是由中央委派的少数地方官员及其幕僚所组成的，而有些地方甚至没有专职的地方官员。对早期的这些地方政府来说，税收和治安就是其主要职责，而警察部门、税务机关等则是最重要的机构。随着国家立法、行政、司法功能的相对分化，原先同整个政权结合在一起的政府机构慢慢地形成了相对独立的、专业化程度较高的行政组织系统。为了适应政府干预力度和干预领域的扩大，满足居民多方面的基本需求，地方政府机构不断扩大，特别是增设了垃圾处理、供水供电、道路维护等与区域性公共物品的提供相关联的政府机构。在这一过程中，地方政府机构日益发展完备，出现了以下几个趋势：[③]

---

① Mark Garnett，Philip Lynch. Exploring British politics. 4th edition. London：Routledge，2016：303.

② 赫尔穆特·沃尔曼．德国地方政府．陈伟，等译．北京：北京大学出版社，2005：96.

③ 陈嘉陵．各国地方政府比较研究．武汉：武汉出版社，1991：170－171.

第一，规模不断膨胀，结构日趋复杂，数量不断增多，雇员人数也日益增长。例如，美国州以下地方政府机构工作人员人数，1935 年不到 270 万，到 1979 年超过 1 300 万，而在 2021 年则增加到 1 800 万。

第二，职能分工与专业化程度不断提高，地方政府雇员的专业化、技术化程度也在不断提高。许多地方政府都同中央政府一样采用功绩制、常任制，雇用大量专业技术人员，有些地方政府还建立了自己的文官系统。

第三，地方自治日益扩大，而且取得自治权的已不再限于城市地区，越来越多的基层乡村地域，如美国的乡，正逐步获得自治权。

第四，地方政府组织的结构和形式日益多样化，不仅表现在不同国家、不同时期地方政府机构不同，而且在同一国家的不同地区、不同层级甚至同一层级上也可能存在着多种形式的地方政府机构。

(2) 地方政府机构的改革。

20 世纪 70 年代以来，西方国家先后掀起了以效率为导向的新公共管理运动，而其重要内容就包括对原先官僚制的政府机构的改革，因为政府机构的设置是决定行政效率的关键要素。与此相适应，这些国家的地方政府也展开了改革运动，其措施主要为：第一，将职能相近或职能交叉的地方政府部门合并，以精简地方政府机构和人员；第二，根据一些新出现的社会问题所提出的新要求，增设新的政府机构来加以解决和处理；第三，注意发挥咨询、信息服务和顾问机构的作用，以提高决策的准确性；第四，扩大地方政府及职能部门的自主权，以更好地履行其在供给公共服务和有效管理方面的责任；第五，用企业管理的精神来重塑政府，强调要引入竞争机制及实现公共机构的创新；第六，将地方政府的公共服务职能由直接提供为主转变为以外包为主，以裁撤不必要的机构和提高服务品质。

通过上述改革，西方国家的地方政府得以在一定程度上克服了政府工作效率低下、财政压力过大、工作人员责任心不强的弊病。不过，市场化的发展方向并非没有问题，因为市场本身不完善。各类社会自治组织无法解决现代社会面临的诸多问题，因为它们不像政府那样同时拥有技术优势、高级人才、雄厚资金、丰富信息，也没有命令和动员广大民众的权力。不讲条件地盲目鼓吹外包和民营化会造成职能真空，实际上等于放弃政府应当肩负的责任。

2. 主要国家地方政府机构的设置

地方政府机构的设置既取决于地方的实际需要，也与国家结构有关。虽然它们并不与中央政府机构一一对应，但大多会以其为依据而加以效仿，这里扼要地介绍几个主要西方国家的地方政府机构设置。

英国的地方政府体制是根据 1972 年及其后多次修订的《地方政府法》而建立的。在人口最多的英格兰，大部分地方的政府可分为三个层级，即郡、郡属区、教区或社区。这些地方政府基本上都实行立法与行政相结合的“议政合一”制，其核心是选举产生的地方议会。不过，21 世纪后在伦敦、曼彻斯特等一些较大的城市开始出现作为独立行政长官的民选市长——利文斯通就是英国首位直选产生的市长。英国地方政府的机构设置主要视职能而定，大体上有四种类型：一是提供需求性服务的，例如教育、个人社会服务、住房福利；二是提供保护性服务的，例如维护社会治安、消防和营救、突发事件预警；三是提供生活福利设施服务，例如道路建设、街道清洁、城市规划、公园和露天场所、环境卫生、废物处理、消费者保护、经济发展；四是提供便利性服务的，例如住房供给、图书馆、博物馆和艺术画廊、休闲娱乐中心、墓地和殓葬场。首都所在地设立的伦敦市则由负责交通、治安、突发事件服务机制、规划和经济发展等职能的四个部门来行使其主要职责。①

知识链接

英国直选产生的伦敦市长（2000年以来）

姓名	出生年份	任职时间	所属政党
肯·利文斯通	1945年	2000.5—2008.5	工党
鲍里斯·约翰逊	1964年	2008.5—2016.5	保守党
萨迪克·汗	1970年	2016.5—	工党

法国现行的地方政府体制则是在1982年开始的权力下放改革中形成的，共设大区、省、市镇三级地方政府。大区一级设有大区议会作为大区政府，其议员由民选产生，议长则由议员互选产生。大区议会议长同时也是大区的行政首长，领导各行政部门执行大区议会的决议，他有权把除预算表决和行政财务批准以外的部分权限授予常务委员会。同时，大区驻有共和国专员作为国家代表，由部长会议任命，监督地方政府的活动。省一级设有省议会，享有处理本省事务的全部权力，它可以采取一切重大决策并规定行政机构的工作范围，决定预算及省公共行政部门的设置与发展，以及产业管理。省议会议长是省的行政长官，是本省收支拨款的审核者和省行政部门主管。为有效行使职权，省议会通常设国民教育和总务、社会救济和公共卫生、公共工程和运输、财政委员会等。原先由中央政府任命的省长改为共和国专员，和大区的共和国专员一样只负责监督和处理与中央政府有关的事项。市镇由市镇议会管理，其所选出的市镇长既是行政首长也是中央政府代表，他负责执行市镇议会决议，并通过秘书长和市长助理来领导行政部门的工作。

美国的州政府是由民选的州长来领导的，除此之外，在大多数州，经普选产生的官员还有州务卿、州总检察长、州司库、州审计长。其中州务卿负责公布法律、监督选举和签发公司注册证；州总检察长向州官员提供咨询意见并代表州出庭；州司库掌管州的资金；州审计长批准州金库的支付款项和定期审查使用州资金的官员的账目。这些民选官员在自己所属的部门中拥有很大的权力，他们不受州长管辖，因为他们与州长一样独立、平等地向选民负责。非民选的政府高级官员则由州长来任命，他们所执掌的政府部门通常包括交通运输管理机构、卫生管理机构、公共福利机构、环境保护机构、商贸管理机构、税收管理机构、教育事业管理机构等。在美国，州以下的地方政府主要有县、市和乡。依组织形式不同，县和市可能由县长、市长或县和市的委员会来领导，其职能部门设置包括财政、

① 杰瑞·斯托克．英国地方政府治理的新发展．中共浙江省委党校学报，2007（1）：6-7.

卫生、交通、警察、消防、住宅等部门。另外，各县市还和州一样都有少数民选的独立官员，如司库、治安官、地方检察官、土地测量员、验尸官等。乡镇的政府机构与县市的政府机构类似，只不过规模更小，职能也相对简单些。

第四节　西方国家的城市政府

一、城市的形成和城市政府的演变

1. 城市政府的概念及分类

城市是一定规模和密度的非农业人口聚集的地方，是一定层级地域的经济、政治和文化中心。城市政府则是国家设置在城市地区以履行市政管理职能的地方政府。由于工商业和人口集中的城市与广袤的乡村不同，管理需要不同，为从政治上、行政上适应这种情况，国家设置了不同类型的地方行政建制。市建制是国家为专门管理城市地区而设置的地方行政建制。城市政府是依市建制而设立的地方政府，即市政府。

城市政府可以根据城市规模、城市功能和行政等级的不同而进行划分。按城市规模即城市的人口规模或人口数量，城市政府可以划分为大城市的城市政府、中等城市的城市政府和小城市的城市政府。城市规模不同，城市政府的组织形式、城市政府享有的权力和承担的职能等都会有差异。由于西方各国的总人口、城市化水平各不相同，因而城市人口规模的分级标准相差很大。按城市功能即城市在国家或地区中所发挥的作用，城市政府可以划分为政治中心的城市政府、文化中心的城市政府、经济中心的城市政府等。城市功能反映城市的个性和特点，拥有不同功能的城市其政府的工作重心也不一样，而拥有多种功能的城市在政府的机构设置等方面都更为复杂。除此之外，城市政府还可以按行政等级即城市的隶属关系来进行划分。在许多国家特别是单一制国家，城市因隶属关系不同会具有不同的行政等级，从而城市政府就具有不同的行政等级，并划分为不同的等级类型，如可划分为中央政府直辖的城市政府和非中央政府直辖的城市政府。例如，法国的巴黎市政府是大城市的城市政府，是政治、文化中心的城市政府，是中央政府直辖的城市政府；而凡尔登市政府是小城市的城市政府，是军事要塞的城市政府，是大东部大区默兹省管辖的城市政府。

2. 城市的形成与政府的产生和发展

城市政府的产生是与城市的形成相伴的，“随着城市的出现也就需要有行政机关、警察、赋税等等。一句话，就是需要有公共的政治机构”①。最早的城市距今已有数千年，不过古代的城市规模小、数量少，仅局限于行政、军事、宗教和手工业中心，且主要履行政治统治职能，同时城内还留有大片耕地。中世纪后期，生产力的发展、社会分工的深化及商业贸易的增长促成了商业城市的兴起，它们交通便利、人口稠密，一些城市通过暴力斗争或缴纳赎金从封建统治者那里获得了特许的自治权，履行的功能也日趋多样化，如意大利的威尼斯、热那亚、佛罗伦萨，法国的马赛、里昂，德国的科伦、汉堡、法兰克福等。

① 马克思，恩格斯．马克思恩格斯全集：第3卷．北京：人民出版社，1960：57.

到18世纪下半叶，工业革命带来了城市的迅速发展，大工业城市的数量急剧增加，城市人口增长速度加快，形成了一批近代城市，如英国的曼彻斯特、利物浦、伯明翰，法国的巴黎等。对此演进过程，马克思和恩格斯曾精辟地作出过分析："资产阶级使农村屈服于城市的统治。它创立了巨大的城市，使城市人口比农村人口大大增加起来，因而使很大一部分居民脱离了农村生活的愚昧状态。"[①] 第二次世界大战以后，世界进入现代城市发展阶段，城市人口迅速增长，经济实力大大增强，出现了人口超千万的特大城市和国际化都市，如伦敦、巴黎、纽约、东京等，其中东京以3 700多万人口排名世界第一。

随着工业化生产对劳动力需求的增强，以及人们对新生活方式的向往，西方国家的人口迅速向城市尤其是百万以上人口的大城市集中。以美国为例，1840年90%的美国人住在农场，而到1990年77%的美国人住在城镇；1840年美国最大的都市纽约只有369 000人，20年后它的人口就达到百万，经过1890—1920年的欧洲移民潮，纽约的人口又增加到560万，[②] 而今天仅纽约市区人口就已有800多万。城市化进程的加快带来了交通堵塞、垃圾污染、人口密集、住宅不足等一系列特殊的城市问题或称"城市病"，从而也使城市政府的重要性日益显现。时至今日，城市已成为一种极为普遍的建制形式。虽然各国的城市数量不等、大小不同、行政等级也有高低，但它们在国家政治、经济、社会生活中的作用和地位却日益上升。为便于开展城市的行政管理工作，更好地向城市居民提供必要的服务以满足其日常生活需求，加强对城市及其周边地区的政治控制，西方各国都对城市政府非常重视，有些国家还立法对其职能、机构设置、组织形式作出专门的规定。不过需要注意的是，城市化的加速既可能带来不同国家之间的发展差异，也可能造成一国内部不同区域之间的发展差异。正如有学者指出的，1945年后，美国和许多欧洲国家的区域间不平等曾显著减少，但自20世纪80年代以来，区域间不平等现象日益严重，而后一时期的特点是超级明星城市和落后地区的形成。[③] 另外，少数国家过度的城市化还造成了城市政府负荷过大和城乡发展失调，因此保持适度的城市规模才能够确保有完善的城市治理。

二、城市政府职能的扩大

1. 城市政府职能的含义及特点

城市政府职能指城市政府为实现国家意志、维护城市安全、稳定和推动城市各项事业发展而担负的责任和职能。从性质上看，城市政府职能集中在两个方面，即政治统治职能和社会管理职能。城市诞生之初，生产力水平低下，社会生活内容简单，人口规模不大，城市政府职能以政治统治职能为主，而经济管理和社会服务的职能很少。之所以如此，是因为最初的城市往往是统治者为加强对农村及其周围地区的政治控制而设置的，它们主要充当政治中心，且多位于有军队驻扎的交通要道上。工业革命之后，城市社会生活发生了巨大的变化：机器化大生产对劳动力的需求使越来越多的务农者从农村搬到城市，生产要

① 马克思，恩格斯．马克思恩格斯选集：第1卷．3版．北京：人民出版社，2012：405.

② Stephen A Petersen，Thomas H Rasmussen. State and local government. New York：McGraw-Hill，Inc.，1994：118.

③ Patrick Le Galès. The rise of local politics：a global review. Annual Review of Political Science，Vol. 24，2021：355.

素和社会财富高度集中于城市，使其成为一个国家或地区的经济中心。与此相伴，城市政府在提供公共服务和加强经济管理方面的职能日趋重要，而其政治统治职能的比重随着中央政府集权的加强和统治方式的转变而下降。

与一般地域型政府相比，城市政府职能具有如下特点：第一，城市政府职能的履行所面向的人群大而密集、结构复杂且参与意识强烈。与农村地区不同，城市政府需要管理庞大的人口并为其提供服务，城市居民居住集中，构成多样，且拥有更多表达自身利益诉求和施加影响的制度化渠道，这会使城市政府感受到更大的压力。第二，城市政府职能的范围广泛且对专业性和技术性的要求很高。城市政府职能既包括地方政府固有的职能，如地方发展计划、文教卫生、公路桥梁，也包括城市政府的专有职能，如街道照明、垃圾处理、污水处理、绿化，许多城市政府还行使上级政府授予的某些职能。上述职能中，有很多要依赖特定的专业知识和技能，因此其履行既需要受过良好教育、系统培训的专门人才和技术人员，也需要发挥各类专家顾问的智力支持作用。第三，城市政府职能更多地以直接和法制的方式履行。现代城市人口的日常供给都仰仗城市政府的工作，因此它所提供的服务是面对面的，如果城市政府没有及时提供市民所需的各类服务，势必会破坏正常的城市社会秩序。考虑到这些服务对居民生活及城市发展所具有的重要性，城市政府必须依法行使其职能，使之规范化、制度化、法治化，只有这样才能保证城市生产与生活秩序不会受到影响。

2. 城市政府职能的扩大及城市政府面临的困境

城市政府职能的扩大是与工业化和城市化的加快、社会经济的发展、科技的进步相伴的。随着城市中新问题、新矛盾的层出不穷，城市政府所面临的职责和任务必然会更重，而这也相应地给城市治理水平提出了更高的要求，正如习近平总书记指出的，“一流城市要有一流治理，要注重在科学化、精细化、智能化上下功夫”[①]。在今天的西方国家，城市政府的职能早已突破了早先比较单一的政治统治职能，而向更加多元化的方向发展，特别是经济管理和社会服务职能大大增强，其广度和深度都是以往任何时期的城市所不具备的。举凡城市公共交通、医疗保险、社会福利、教育发展、供水供电及城市建设与规划等，都属于城市政府的职能范围，必须设有专门机构和人员来承担这些职能。

城市政府职能的不断扩大为市民提供了越来越便利的生活条件，保障了快节奏的城市的正常运转，但是它也使城市政府面临着各种困境。首先，城市政府职能和责任的增加，特别是社会保障方面开支的大幅上升，需要与之相称的经费支撑，而政府的财力资源是有限的，且又无获取新资源的良策，于是就陷入了财政危机之中。其次，城市政府职能的膨胀相应地导致了政府机构及人员的大量增加，从而增加了协调和控制的成本，并易滋生官僚主义作风，而这与过度密集的人口一道更是造成了管理危机。最后，城市政府职能的扩张使市民对政府的依赖加大、期望增高，与此同时政府却因资金短缺和管理难题而能力不足，其结果是政府形象受损和普遍存在的信任危机。为了走出这些困境，从 20 世纪 80 年代起，西方国家的城市政府采取了一系列措施来进行改革，比如从原先的直接管理为主转变为间接管理为主，注意引入私营企业行之有效的管理技术和方法，强调成本控制和以结果为导向……不过，对西方一些国家的大城市和特大城市来说，由于其所管理的人口占本

① 习近平：坚定改革开放再出发信心和决心 加快提升城市能级和核心竞争力．人民日报，2018－11－08（1）.

国人口相当大的比例，因此所面临的困境在短期内很难得到缓解。特别是在21世纪后，移民和难民的大量涌入给西方国家的不少城市造成了相当大的困扰，“移民人口的这种聚集，包括许多不允许工作的难民，对城市地区意味着增加地方政府的成本和负担，因为他们的社会福利需求高于全国平均水平”[①]。或许，只有通过减小人口密度来舒缓城市压力，才有助于持久的发展。

三、城市政府的组织形式

在城市行政管理的实践过程中，为了更好地管理城市和发挥城市的功能，西方各国相应地形成了不同特色的城市政府组织形式。

1. 议会委员会制

议会委员会制是指市议会和市政府合二为一、市议会拥有立法权和行政权、市议会负责作出决策并组织其设立的若干城市委员会来执行的城市政府组织形式。英国的大多数城市实行议会委员会制，瑞典、加拿大的多数城市也采用这种体制。议会委员会制的基本特征是：

（1）市议会由市民选举产生的、有一定任期的议员组成，它既是立法机关又是行政机关，有权制定各种政策、法令、章程和决定本市的税率、编制、预算等。

（2）市长由市议员选举产生，兼任市议会主席，除主持市议会以外还承担一些礼仪性的职责。市长无实权，但在市议会表决中当不同意见表决票数相等时，可投决定性的一票。

（3）市议会设有若干委员会，它们相当于市政府的专业职能部门，可根据市议会授权自行处理其主管事务，但必须向议会报告并接受其审核。城市委员会在性质上属市议会的执行机构，它们有不同的种类，因不同的城市而不相同。

（4）市议会任命一些市政官员，与委员会对口设置，共同处理城市管理的日常事务。市政官员对市议会负责，主要有市秘书、司库、教育官、卫生视察员、消防主任等，市议员个人无权对其发号施令。

2. 议会市长制

议会市长制是指立法权和行政权分别由市议会和市长来掌握并相互制衡，但市议会在与市长的关系上处于优势地位的城市政府组织形式。这种体制实行于日本的各城市，以及美国的部分小城市和少数大城市——在美国被称为“弱市长制”。它的基本特征有：

（1）市议会由市民选举产生，有权通过预算和地方性法规决定地方税，并拥有对市长提名的市政府工作部门首长的同意权，以及对市长及行政机构的建议权、调查权和监督权。

（2）市长亦由市民选举产生，不得兼任市议员，他既是本市礼仪上的首脑，又是行政长官，有责任领导本市各行政部门执行市议会的决议。

（3）市政府设有各种行政委员会，如教育委员会、人事委员会、选举管理委员会等，

---

① Eric Langenbacher，David P Conradt. The German polity. 11th edition. Lanham，Maryland：Rowan and Littlefield，2017：332.

其成员由市长提名、经市议会同意后任命，对市长和市议会双重负责。市行政委员会有责任直接向市议会报告工作，并对市长保持相对的独立性。

（4）市长有权召集市议会并向市议会提交地方立法，但市议会与市长相比更占优势，当市议会通过对市长的不信任案，而市长不解散市议会，或者解散后新选举的市议会再次通过不信任案，市长就必须辞职。

3. 市长议会制

市长议会制，是指立法权和行政权分别由市议会和市长来掌握并相互制衡，但市长在与市议会的关系中处于优势地位的城市政府组织形式。法国的城市政府大多采用此种组织形式。它的基本特征为：

（1）市议会由市民选举产生，拥有立法权，它可以监督市行政机构，并负责组织和管理市镇公务，通过市镇预算，管理市镇财产。

（2）市长由市议会在市议员中选举产生，兼任市议会议长，他有权召集议会特别会议讨论紧急事务，也有义务执行市议会决议并受其控制。不过，在执行市议会决议时，市长有一定的自由裁量权。

（3）市长是市的行政长官，市行政机构各部门首长对市长负责，市长对市行政机构有高度集中统一的指挥权。

（4）市长有某种独立的立法权，即制定行政规章的权力，同时他不能被市议会罢免，只能由中央的内政部长罢免。

市长议会制提供了强有力的行政首长的统一指挥，有利于提高行政效率，因而发展很快，20 世纪 90 年代以来的德国城市政府基本上都采用了这种组织形式。美国的强市长制也可以归入这种类型，并且实行于“历史悠久的美国大城市，如纽约、费城和芝加哥，以及 20 世纪初出现的大城市，如洛杉矶和旧金山”①。但是，与法国的市长议会制不同的是，在美国的强市长制下，市长不是由议会选举而是由民选产生，市长不得兼任市议会议员，另外市长拥有立法创制权，且可以否决或部分否决议会通过的立法。

4. 议会-经理制

议会-经理制是指市议会专门聘请一位市政管理专家任经理，由其主持市政府行政工作并实行专业管理的一种城市政府组织形式。议会-经理制是美国最时兴的一种市政组织形式，而代顿市是第一个成功采用议会-经理制的城市，“在今天，55%的人口超过 2 500 人的城市使用这种形式”②。议会-经理制是将企业管理方式移植到市政府管理中来的表现，具有如下基本特征：

城市政府的议会-经理制

（1）市议会由市民选举产生，规模较小，掌握立法权，负责制定各项重要政策，但市议员不得担任市经理和各行政部门首长。

① Kimberly L Nelson，Carl W Stenberg. Managing local government：an essential guide for municipal and county managers. London：CQ Press，2018：52.

② Robert E England，John P Pelissero，David R Morgan. Managing urban America. 7th edition. New York：Chatham House Publishers，2012：74.

（2）市议会公开聘请一位受过专业训练的、有管理经验的市政专家来担任市经理，他被授予履行城市政府职能所必需的全权，包括任免市政府各部门负责人并监督其工作，编制预算草案并负责执行，执行市议会的各种法律案和决议案，等等。

（3）市经理需向市议会负责，并向其提供有关市政府管理方面的意见。市议会不得干涉市行政事务，不得对市行政部门的官员直接行使权力，但有权监督、决定续聘并随时撤换市经理。市经理任期的长短取决于经理的能力和政绩如何，是否能使市议会满意。

（4）同时设有一名市长，由市议会任命或由市民直接选举产生，只作为官方代表行使一些礼仪性的职权，而无权干预市经理的工作。市长没有行政权，对市议会的决议也没有否决权。

第五节　西方国家的基层政府

一、基层政府的范围

基层政府居于地方政府的最低层级，是直接与地方居民发生关系的地方政府。早期的基层地方政府以一般地域管理为其设置目的，所辖地域兼有城镇和乡村，但以城镇依附于乡村为特点，这类地方政府就是农村基层政府。随着社会经济的发展，商品经济的发达，城镇规模的扩大，城市地位的日趋重要，产生了为专门管理城镇而设的地方政府，称为市镇基层政府。第二次世界大战后，发达国家的城市化迅速发展，在一些高度城市化的地区，由于乡村居民不仅数量少而且居住分散，难以组成政府管理单位，于是不得不归并于城镇政府管辖，从而形成新的城乡合一的基层政府，而以城镇为主。[①] 总体来说，西方各国基层政府的数量都很多，但其差异很大，即使是同一国家，基层政府的名称、地位及作用也不尽相同，呈现出多样化的特点。

英国地方政府的层级及构成没有统一的模式，不过在英格兰、威尔士和苏格兰，教区、社区和自治的市镇是主要的基层政府。教区和社区在英国有着悠久的历史，它们分别由人数不多的教区议会和社区议会来管理，其议员大多是义务职，只领取出勤津贴。在人口稀少的教区和社区，也可能由教区议会和社区议会主席指定官员作为代表来进行管理。自治的市镇大多由市议会通过设立各种委员会来进行管理，但近年来在一些较大的市镇也尝试引入了议会市长制，并被认为取得了更好的绩效。在伦敦市，因为所辖人口和区域很大，因此设有 32 个行政区作为基层政府。

法国的基层政府为市镇，目前全国共有 34 945 个市镇。这些市镇的人口规模各不相同，其中 50 人以下及 10 000 人以上的各 900 多个，因而有的只能算是乡镇而有的则是不折不扣的城市。市镇是法国地方政府体制中最为古老的一级建制，起源可追溯到中世纪时期。根据法国《市镇法典》的规定，每个市镇的政权机关由市镇议会、市镇长及若干名市镇长助理组成。宪法规定市镇由选举产生的市镇议会自由地进行管理，市镇长及其助理则由市镇议会在其内部选举产生，负责行政管理工作。市镇长既是国家在市镇的公职人员，

① 陈嘉陵．各国地方政府比较研究．武汉：武汉出版社，1991：43.

又是市镇的最高行政长官，因而具有双重身份。

相比英国和法国，美国的基层政府最为复杂。视情况不同，自治的城市、县、镇、特别区都是基层政府，而且其中有些管辖区域还会重叠。在非农业人口聚居区域，城市就是基层政府，全国有近两万个，人口从几百至几百万不等，且管理体制各不相同。在不设镇的西部一些州，县就是基层政府。在其他大多数州特别是新英格兰地区，镇是最基本的地方政府单位，它们行使县的大多数职能。特别区是为提供某种特别服务而设立的基层政府，它的数量增长很快，而且“在处理跨越现行政府单位边界的迫切问题方面很起作用”①。虽然美国基层政府的形式和结构千差万别，但大多数都具有相当大的稳定性和连续性，这表明美国人普遍认同并接受这样一种被形象称为“百衲被褥”的地方政府组织模式。

二、基层政府的地位和作用

1. 基层政府的地位

基层政府在一国的政治行政体制中处于何种地位，很大程度上取决于国家结构形式，也与历史传统、文化观念、民族习性等有关。不过，西方国家的基层政府普遍都实行地方自治，它相对于上级或中央集权而言是一种分权，相对于官治行政而言则是居民的一种自我治理。地方自治的本质是地方居民自行处理公共事务，它有助于使行政管理工作更切合本地实际。西方国家的基层地方自治大体可分为英美模式和法日模式两种类型：②

英国和美国对基层自治十分重视，把自治权看作是天赋的，是人民所固有的，先于国家而存在。原始社会由个人结合的自由公社便具有自治权。国家出现后，这种固有的自治权依然存在，国家不仅不能干涉，而且应予以保护。因此，英国和美国的地方自治机关行使由国家法律确认的自治权时，中央及上级机关一般不加过问，地方自治机关形式上独立于中央政府之外，自治机关成员由当地居民直接或间接选举产生，他们只具有地方官员的身份，只对本地居民负责，中央及上级政府不得撤换他们。如地方自治机关逾越法定权限时，中央政府只可诉请司法机关加以制止。因此，英国和美国的地方自治较为彻底。不过，由于基层政府财力比较有限，中央政府的财政监督使用得比较广泛。

法国和日本的地方自治理论不同于英国和美国的“人民自治”论，而是主张“团体自治”，认为地方自治的权力不是天赋的，不为地方人民所固有，而是由国家主权所赋予的。在地方制度上，地方自治权具有委托性质，中央政府对于自治事务有最终的决定权。地方政府不论是由中央政府直接任命或由地方居民选举产生，其官员都同时兼具中央官员和地方自治机关官员的双重身份。中央政府对地方政府的监督有立法监督、财政监督，也包括较为直接的行政监督，中央政府可向地方政府发出强制性的指示，地方政府必须执行。

2. 基层政府的作用

同最高层和中间层地方政府相比，基层政府所拥有的职责权限、种类相对要少，但这并不意味着基层政府就不重要，在实际政治中它所发挥的作用是很大的，主要表现在：

---

① 詹姆斯·M伯恩斯，等．美国式民主．谭君久，等译．北京：中国社会科学出版社，1993：1040.

② 刘重春．西方国家农村基层政府体制比较研究．中州学刊，2007（3）：10-11.

第一，为居民直接提供各类公共服务并满足其需求。基层政府没有下一级地方政府单位，因此一切行政管理事务都得靠自身来完成。它是从事直接管理和服务的，需要直接地和无数次地面对广大的居民，且每一个决定或者命令往往都与居民的切身利益息息相关。如果没有基层政府的细致工作，就不会有及时的、有效率的和不间断的公共服务供应，而居民在其衣食住行出现问题时也总是找基层政府来帮助处理。

第二，巩固政权的基础并保障国家政治、社会秩序的稳定。基层政府处在政府工作的第一线，它的行为最受居民关注，而它也最直接地感受到来自民众的压力。正所谓，“基层强则国家强，基层安则天下安”①。作为居民和中央政府、上级地方政府之间的纽带，基层政府要直接处理各种现实的利益关系，要解决各种具体的公共问题，要协调各种尖锐的社会矛盾。这些工作如果没有做好，就会直接影响区域经济的发展和局部地区的政治稳定，乃至影响整个国家的行政管理、社会发展和政治稳定。

第三，推动公民参与治理过程并促进资产阶级民主政治的发展。基层政府是当地居民直接和广泛参与公共事务治理的载体，是充分实现资产阶级民主政治最直接、最具体的地方。在这方面西方国家的主要做法是：组成小型代议机构来直接掌握行政权，加强对行政管理活动的民主监督；直接赋予居民以创制、复决、公债批准、官员罢免等权利，吸纳其参与治理过程，对此美国新英格兰地区的镇民会议被普遍视为直接民主的范例。

三、基层政府的管辖规模

基层政府的管辖规模主要指辖区的地域面积和居民，其中居民的影响更为直接，因为基层政府处理的事务，是由当地居民的活动所形成的。居民的数量多寡，居民的民族构成，以及居民的职业、文化状况的差异，都会反映在居民的活动中，从而对政府形成不同的需要。至于地域的大小、地域内自然地理条件等，也会对居民的活动产生影响。为充分发挥基层政府的效益，满足居民活动所形成的需求，基层政府辖域内的居民应保持一定的规模。“一般来说，城镇地区的基层地方政府单位设置要考虑的因素主要集中在人口数量上，而乡村地区的基层地方政府单位设置要考虑的因素则还包括地域面积、地理形势、民族构成，甚至还要考虑社会经济发展水平和历史状况等一系列复杂因素。”②

基层政府的管辖规模关系到基层政府的活动能否充分发挥效益与效率，因此一直是学者们研究的重点。就基层政府管辖规模同其应承担的职能来看，可以发现三种可资比较的类型，即规模适度、规模过大、规模过小。规模适度的基层政府能独立完成自身应承担的基本职能，政府效益得以较好发挥；规模过大的基层政府难以靠一个政府来全面完成其管理任务，于是常需增设代表机构或工作机构。不过，规模过小的基层政府是西方国家比较多见的类型。以法国为例，全国 35 000 个市镇，其中人口少于 500 人的就有 20 000 多个。规模过小会给基层政府的行政管理工作带来困难：一方面，人口太少意味着税收也少，从而会导致政府财力不足，于是一些必要的基础设施建设和公共服务供应就可能面临资金短缺；另一方面，人口太少意味着服务的供应难以形成规模效应，服务成本增大，从而导致

---

① 习近平春节前夕赴贵州看望慰问各族干部群众．光明日报，2021－02－06（1）．

② 龙朝双，谢昕．地方政府学．北京：中国地质大学出版社，2001：47．

基层政府的服务效率降低。

为了解决这个问题，西方一些国家采取了合并基层政府单位的办法，使之有可能独立完成应承担的基本职责。比如在法国，2010 年至 2020 年间，有 2 550 个市镇加入了合并的浪潮，创建了 823 个“新市镇”，结果是自 2010 年以来，市镇的数量减少了 5%。[①] 不过，上述基层政府合并的效果差距巨大：瑞典和英国合并减幅最大，属于合并效果显著的一类；法国和美国合并减幅最小，合并也没有达到原来设定的目的；德国和挪威合并减幅适中，属于中间类型。[②] 法国和美国的合并政府举措之所以未获成功，除了因为居民深受自治传统熏染而反对合并以外，还因为基层政府间的各种合作组织形式发挥了对合并的替代作用，它们能够集中不同辖区的人力和资源给市民们提供所需的服务。当然，一些辖区规模过小的基层政府近年来也通过各种方式提升了自己的服务能力，从而在一定程度上增强了本地居民对其的认同感。

在线自测

扫一扫　练一练

① OECD (2021). Subnational governments in OECD countries: key data (brochure). http://www.oecd.org/regional/regional-policy，2022-09-20.

② 高秉雄，陈国申．西方基层政府的合并浪潮及对我国的启示．社会主义研究，2006 (2)：97.

后　记

经全国高等教育自学考试指导委员会同意，由全国高等教育自学考试公共管理类专业委员会负责高等教育自学考试《西方政治制度》教材的组编工作。

《西方政治制度》自学考试教材由谭君久教授、陈刚副教授担任主编，蒋永甫教授、田为民教授、刘彩虹、孙昊副教授参加编写。全书由主编谭君久、陈刚统稿。参加本教材审稿讨论会并提出修改意见的专家有：主审清华大学杨雪冬教授、副审首都师范大学谢新水教授。对付出辛勤劳动的编审人员，特此表示感谢。

公共管理类专业委员会最后审定通过了本教材。

全国高等教育自学考试指导委员会
公共管理类专业委员会
2023 年 5 月

图书在版编目（CIP）数据

西方政治制度 / 谭君久，陈刚主编．-- 北京：中国人民大学出版社，2023.12
全国高等教育自学考试指定教材
ISBN 978-7-300-32254-4

Ⅰ.①西… Ⅱ.①谭… ②陈… Ⅲ.①政治制度-西方国家-高等教育-自学考试-教材 Ⅳ.①D521

中国国家版本馆 CIP 数据核字（2023）第 194911 号

全国高等教育自学考试指定教材
西方政治制度
（含：西方政治制度自学考试大纲）
（2023 年版）
全国高等教育自学考试指导委员会　组编
主编　谭君久　陈刚
Xifang Zhengzhi Zhidu

出版发行	中国人民大学出版社		
社　　址	北京中关村大街 31 号	**邮政编码**	100080
电　　话	010－62511242（总编室）		010－62511770（质管部）
	010－82501766（邮购部）		010－62514148（门市部）
	010－62515195（发行公司）		010－62515275（盗版举报）
网　　址	http：//www.crup.com.cn		
经　　销	新华书店		
印　　刷	北京密兴印刷有限公司		
开　　本	787 mm×1092 mm　1/16	**版　　次**	2023 年 12 月第 1 版
印　　张	19.75 插页 1	**印　　次**	2023 年 12 月第 1 次印刷
字　　数	462 000	**定　　价**	58.00 元